가짜 성령세례에 빠진 교회

정이철

서평

비성경적 성령세례는 접신체험

오순절 부흥운동의 성령세례 주장이 한국에서는 복 받는 일의 보증수표로 주창되었습니다. 성령세례에 대한 그릇된 가르침과 함께 어떤 교회 하나가 한국과 세계에서 제일 큰 교회로 성장하였습니다. 이 사건은 한국교회 전체에 경악스런 사건으로 다가왔습니다. 이후 교회가 부흥하려면 이 방법을 활용해야 할 것으로 교회 전체가 확신하게 되었습니다.

어떤 교회 하나가 성령세례 운동을 통해 거대해지니 모두가 그 교회만 바라보게 되었습니다. 모든 목회자들이 대형교회를 만들기 위해 성령세례 교리를 무조건 수용했습니다. 많은 부도덕한 일들이 성령세례 운동으로 온 세계에 명성을 떨친 그 목사에 의해 저질러져도 그 교회가 거대하고 돈이 많으므로 아무런 시비나 반성의 대상이 될 수가 없었습니다. 오로지 대형교회 되는 것을 전부로 삼고 있기 때문입니다.

적당한 조건들을 이행하여 성령세례를 다시 받는다는 것은 절대불변의 진리가 되었습니다. 한국에서 선풍적인 인기를 누렸던 로이드 존스 목사가 같은 주장을 하여 한국교회가 그릇된 성령세례 사상을 받아들이도록 크게 도왔습니다. 로이드 존스가 비성경적인 성령세례 이론을 널리 퍼트렸고, 그것이 지극히 옳다고 크게 주장했습니다.

초대교회 때부터 성령의 사역에 대한 왜곡된 주장은 교회에 큰 어려움을 주었습니다. 예수 그리스도의 구속사역과 분리하여 성령의 독자적 사역을 추구하면 인간의 자기투사를 만나게 됩니다. 이에서 좀 더 나아가면 악령과 접하게 됩니다. 몇 년 전 남아프리카 오순절파 목사가 증언하기를 사탄주의가 오순절 교회에 많이 들어왔다고 하였습니다.

성령의 세례에 대한 왜곡된 가르침의 위험을 정이철 목사가 잘 파헤치고 올바른 교정을 제시하고 있습니다. 한국 교회가 성장을 위해서 무엇이든지 받아들인다는 생각을 바꿀 때가 되었습니다. 올바른 예수 그리스도의 교회를 이루기 위해서 정이철 목사의 토론을 같이 살펴보는 것이 온당하다고 여겨집니다. 널리 일독하셔서 바른 교회의 신앙으로 돌아갈 수 있기를 바랍니다.

2015년 11월
서철원 박사
전 총신대 신대원 조직신학 교수

서평

중생이 성령세례이다

여기 개혁파적 성령세례 이해에 근거한 다른 입장에 대한 매우 강하고도 솔직한 논의가 우리에게 선물로 주어져 있습니다. 우리들은 정이철 목사님의 이 논의를 매우 심각하게 들어야 합니다. 개혁파적 성령세례에 대한 입장을 간단히 표현한다면, "중생이 성령세례이다"입니다. 그런 의미에서 중생하여 교회 공동체를 형성하게 된 사람들은 모두 "한 성령으로 세례를 받았고" 모두 "한 사람을 마시었느니라"(고전 12:13)라고 할 수 있는 것입니다. 이것이 개혁파적인 성령 세례 이해, 즉 장로교회적 성령세례 이해입니다.

이런 입장에서 우리 교계 곳곳에서 나타나고 있는 잘못된 성령세례 주장과 현상들을 파헤친 이 책이 우리들의 교회를 건강하게 하는 데 도움이 될 수 있기 바랍니다. 중요한 것은 우리들이 과연 성경이 말하는 대로 성령 세례를 이해하고, 그 후 날마다 성령님이 인도하시는 대로 사는가? 하는 것입니다. 성령님이 인도하시는 대로 살지 않는 것이야말로 우리가 성령 세례와 거리가 멀다는 것을 드러내는 것이기 때문입니다. 부디 우리 모두 참된 성령님과의 관계를 시작한 사람답게 날마다 성령님의 인도하심 가운데서 살아갈 수 있기를 원합니다.

2015년 11월

이승구 박사
합동신학 대학원대학교 조직신학 교수

목차

서평_ 비성경적 성령세례는 접신체험
서평_ 중생이 성령세례이다

1부_ 기독교의 성령세례

Chapter 1   하나님인가 사탄인가   **10**

Chapter 2   성령세례 예고   **31**

Chapter 3   성령의 세례   **43**

Chapter 4   새로운 성전   **84**

Chapter 5   성령의 충만   **110**

2부_ 안수로 성령세례를 줄 수 있을까

Chapter 6   성령세례를 유도하는 안수   **142**

3부_ 로이드 존스의 성령세례

Chapter 7   성령운동가들에게 뭉개지는 로이드 존스   **202**

Chapter 8   성령운동과 유사한 로이드 존스의 성령세례   **244**

4부_ 참 성령세례와 참 방언

Chapter 9   참 방언은 참 성령세례와 무관했다   **292**

5부_ 성령세례 운동의 변천

Chapter 10   오순절 운동의 성령세례   **338**

Chapter 11   은사 운동의 성령세례   **375**

Chapter 12   신사도 운동의 성령세례   **404**

주   428

"또 이사야가 이스라엘에 관하여 외치되 이스라엘 뭇자손의 수가 비록 바다의 모래 같을지라도 남은 자만 구원을 얻으리니." (롬 9:27)

"그런즉 이와 같이 이제도 은혜로 택하심을 따라 남은 자가 있느니라." (롬 11:5)

1부

기독교의 성령세례

제1장
하나님인가? 사탄인가?

기독교 신앙의 초자연적 진리를 부정하는 자유주의보다 기독교 신앙에 더 심각하게 해를 미치는 것은 그릇된 성령사상이다. 성령에 대해 더 많이 말하고, 더 신비하게 이야기하고, 더 진지하게 사모하고, 더 많이 체험하고 있으나, 사실은 성경의 하나님을 모조하는 사탄에게 깊이 붙들리게 만들어 버리는 무서운 것이 바로 비성경적 성령세례 이론이다. 엄밀히 말하자면, 성령 재세례 사상이라고 해야 옳다. 왜냐하면 그리스도의 보혈로 원죄의 씻음을 받고 성령 하나님이 내주하심으로 '새로운 성전'(고전 3:16)이 된 하나님의 자녀들에게 성령이 또 반복적으로 들어오신다고 가르치기 때문이다. 이렇게 가르치는 사람들은 예수 그리스도를 구주로 믿어 영혼이 거듭난 일반 신자들이 구원의 성령을 받은 상태라고 하고, 이후에는 능력의 성령을 또 받아야 한다고 주장한다. 구원을 주시는 성령이 들어오시고 난 후 능력과 부흥을 주시는 성령이 또 오시고 반복된다는 것이 그들의 핵심적인 주장이다.

"성령을 한 번 받는다고 가르치는 것이나, 성령을 두 번, 세 번 받는다고 가르치는 것이 그리 큰 문제입니까? 성령을 받을 필요가 없다고 하는 것도 아니고 성령을 부정하는 것도 아니지 않습니까?"

이렇게 말하는 사람들은 전혀 이 문제의 중요성과 심각성을 모르고 있는 것이다. 이 문제가 얼마나 신앙의 정체성과 건강한 방향을 위태롭게 하는 것인지 모르기 때문에 이렇게 말한다. 또 어떤 사람들은 다음과 같이 말하면서 구원의 진리의 문제를 더 연구하고 바르게 가르치려는 사람들을 오히려 비웃고 조롱하기까지 한다.

"저런 사람은 어쩔 수 없어! 영적인 체험은 없고 따지기를 좋아하는 성격이니 저럴 수밖에 없지! 차라리 저런 사람은 과학자가 되었어야 했어!"

성령의 세례에 대한 바른 이해는 신앙의 사활이 걸린 문제이다. 왜냐하면 여기서 빗나가면 결국 하나님으로 위장하는 사탄과 접속되기 때문이다. 이 문제는 결국 "하나님인가? 하나님으로 가장하는 마귀인가?"의 갈림길로 우리를 인도하게 된다. 마귀는 하나님의 진리의 인치심을 받지 못하는 허술한 영혼들에게 교묘하게 다가가서 마치 자신이 진짜 하나님인 것처럼 위장하여 침투해 들어간다. 그래서 거짓된 성령의 세례를 받은 사람들은 결국 자신이 하나님을 모셨다고 하나 사탄의 영을 받고서 비극적인 사탄숭배 인생을 살아가게 되고, 그 결과는 하나님의 심판과 영원한 저주에 놓일 수 밖에 없다.

성령의 세례에 대한 그릇된 이론은 이처럼 중대한 사안이다. 그릇된 성령세례 주장은 결코 단순하게 넘길 수 없는 마귀의 심각한 속임수이다. 하나님으로 위장한 사탄이 경계당하지 않고 오히려 경배를 받으면서 영혼들을 농락하는 저주를 끌어들이는 것이 비성경적인 성례세례 이론을 만들어 낸 마귀의 목적이다. 그러므로 우리는 그릇된 성령세례 이론과 주장들에 대해 방관하지 말고 진리의 말씀을 무기 삼고서 끈질기게 압박하고 추적하여야 하고, 조금도 풀어주지 말아야 한다.

사탄은 이미 거짓된 성령세례 운동을 통해 하나님의 사랑과 붙들어 주심을 받지 못하는 사람들 속으로 하나님처럼 좌정하였다. 너무도 많은 사람들이 의심하지 않고 속이는 영을 자기의 하나님으로 받았다. 마귀는 자기의 입맛에 맞도록 조작해 낸 거짓 성령을 현대 교회들 속으로 밀어 넣어 이미 많은 일들을 성공적으로 도모하였다. 이와 같이 쓰나미처럼 교회 속으로 밀려 들어와서 탄탄하게 자리를 잡아버린 거짓된 성령세례 물결은 아무도 쉽게 물리치거나 바로잡을 수 없는 지경에 이르렀다.

훗날 예수 그리스도께서 재림하시어 모든 거짓과 죄악을 소멸하시는 날 마귀가 성령세례라는 명칭으로 퍼뜨린 거짓의 가증함이 명명백백하게 드러날 것이다. 그전까지는 많은 영혼들이 여전히 혼동할 것이므로, 우리는 힘을 다하여 마귀의 미혹으로부터 하나님의 교회와 자녀들을 보존해야 한다. 하나님께서는 이 땅의 대부분의 사람들이 사탄이 조작해 낸 거짓 예수와 가짜 성령에 사로잡히게 될지라도 반드시 하나님의 은혜로 말미암아 참된 진리를 따르는 '남은 자'들이 있을 것이라고 말씀하셨다.

"또 이사야가 이스라엘에 관하여 외치되 이스라엘 뭇자손의 수가 비록 바다의 모래 같을지라도 남은 자만 구원을 얻으리니."(롬 9:27)

"그런즉 이와 같이 이제도 은혜로 택하심을 따라 남은 자가 있느니라."(롬 11:5)

다정하게 들려오는 음성

거짓된 성령세례 사상이 얼마나 심각하고, 또한 얼마나 광범위하게 퍼져 있고, 그리고 얼마나 우리들(사람들)을 속이고 있는지를 보여주는 하나의 사례를 이야기하겠다. 부산에서 초대형 교회를 이끌다가 사람들의 박수를 받으면서 멋지게 은퇴하신 원로목사 한 분을 만났다. 그분은 서울대학을 나왔고, 총신대 신대원에서 공부하였고, 미국의 개혁신학을 가르치는 학교에서 유학까지 하신 분이며, 개척한 교회가 은퇴할 무렵에는 3만 명이나 모이는 초대형 교회로 성장하여 모든 사람들에게 가장 성공한 목회자로 존경받고 계시는 분이다.

그분이 수년 전 미국의 어느 학교에서 한국 목사들을 대상으로 자신의 일평생 목회경험을 담아내는 세미나를 인도하셨다. 나는 강의도 듣고, 또 다른 일도 보려고 무려 10시간 이상을 운전하여 찾아갔다. 그런데 강의는 시간이 지나가면서 조금씩 이상한 내용을 보이기 시작했다. 당시 그 강의 내용을 녹음하지 않았고, 이후 약 2년의 시간이 지나서 정확하게 토씨 하나 틀리지 않게 기억하여 기술할 수는 없으나, 중요한 내용은 지금도 생생하게 기억하고 있다. 이 분은 자신이 하나님의 음성을 직접 직통으로 자주 들었다고 강의했다. 현역 목회자 시절, 교회에 어려운 문제가 생겨서 고민하고 기도하면 예외 없이 하나님께서 그에게 "왜 걱정하니? 네가 하니? 내가 하지!"라고 하시면서 근심하는 그를 책망하셨다고 하였다.

그런 내용이 한두 번 반복되고 말았다면, 나는 큰 문제라고 여기지 않았을 것이다. 하나님께서 깨달음과 책망을 주실 수 있는 것이고, 그 목사님이 그러한 음성을 들었다고 잘못 표현할 수도 있으려니 생각하였다. 그런데 그 다음 날에도, 그 다음 다음 날에도 자신이 하나님의 직통으로 말씀하시는 음성을 들었다는 이야기는 더 자주 반복되었다. 목회 초창기에 자신의 교회의 부목사가 마음에 들지 않아 내보내려고 마음먹고 기도하는데, 그때에도 하나님께서 "형님의 마음으로 부교역자들을 대하고 가르치면 안 되겠니?"라고 직접 말씀하셔서 깜짝 놀랐고 울면서 기도하며 마음을 바꾸었다고도 했다. 하나님이 보여주시는 환상도 보았다고 했다. 교회 주차장 공간이 부족하여 인근의 빌딩을 구입하려고 시도했으나 자금이 없어 고민하였는데, 그날 밤 하나님이 꿈으로 황금열쇠 하나를 보여주셨다고 했다. 그리고 다음 날부터 빌딩 구입을 위한 교인들의 헌금이 넘쳐서 그 빌딩을 쉽게 장만하였다고 하였다.

그 외에도 하나님이 직접 그에게 음성을 들려주셨다는 내용은 자주 반복되었다. 그런데 나를 더욱 힘들게 하는 내용은 이것이었다. 자신이 목회상의 어떤 중대한 문제에 관하여 하나님이 직접 주시는 음성을 듣고 확신을 가지고 당회에 가서 자신의 결정한 것을 발표하면 모든 장로들이 그대로 따랐다고 했다. 모든 장로들이 자신의 영권을 인정하고, 자신이 하나님으로부터 받은 응답을 믿고 수긍하였으므로 자신이 무엇을 결정하여 하자고 하면 모두가 따랐으므로 당회 운영이 너무도 편했다고 하였다. 그러면서 목사들에게 회의를 길게 하려 들지 말고 기도하여 영권을 키우고 하나님의 음성을 들으라고 하였다. 계속 듣고만 있기 어려워서 나는 아주 점잖고 예의 있게 손을 들고 이렇게 말했다.

"목사님에게 하나님이 직접 음성으로 말씀하시고 환상으로 계시를 보여주신다는 것은 성경기록자들에게 특별계시를 주실 때 하나님이 역사하시는 방식이었습니다. 특별계시가 신구약 성경으로 종결되었으므로 목사님이 말씀하신 그런 음성과 환상 체험도 더 이상 나타날 수가 없습니다. 이것이 개혁신학의 가르침입니다."

그랬더니 그 목사님은 "아니에요! 하나님은 지금도 말씀하세요! 너무 급박하여 빨리빨리 말씀하시고 계세요! 하나님이 말씀하시는 것을 부정하면 안 돼요!"라고 하셨다. 여러 사람들이 있는 곳에서 더 이상 거론하고 반박하는 것은 바람직하지 않았으므로 그대로 가만히 있다가 다음 날 예정대로 하루 일찍 미시간의 집으로 운전하여 돌아왔다. 내가 떠나고 없을 때, 그 목사님은 다른 학생들 앞에서 나를 찾으면서 사도행전을 펴고 지금도 하나님의 음성을 직접 듣는 것이 왜 가능한지에 대해서 이야기하셨다고 한다. 하나님이 바울에게 직접 말씀하신 내용을 예로 들면서 하나님이 직접 말씀하시는 것을 믿지 않으면 안 된다고 말씀하셨다고 남아있었던 다른 사람이 전해주었다.

그러나 특별계시가 진행되고 있었던 사도행전의 시대와 완성된 특별계시인 신구약 성경으로 신앙생활하는 지금 이 시대의 신앙 방식이 같을 수 있겠는가? 특별계시의 수납자였던 바울 사도와 다른 사도행전의 인물들에게 하나님이 역사하신 특별한 방법이 어찌 지금 우리들에게도 그대로 적용되고 대입될 수 있겠는가? 그 목사님은 성품이 온유하시고 학력과 모든 면에서 부족함이 없는 분이다. 그러나 만일 그가 학력도 조금 못하고, 그분의 교회가 부산의 대표적인 대형교회가 아니라면 어떠했을까? 일찍

감치 이단 시비 도마 위에 올랐을 것이다. 한국 교회는 돈을 갈취하거나, 신자들의 가정을 파탄시키는 등의 반사회적인 행동을 하지 않고, 특히 학력이나 성품에서 부족하지 않고 모가 나지 않으며, 소속 노회와도 무난한 관계를 유지하면 그릇된 것을 가르쳐도 이단 시비의 도마에 올라오지 않는 경향이 많다. 특히 성령 체험에 대해서 위험한 이야기를 하면 개인적인 문제라면서 더 관여하지 않고 놓아두는 경향이 있다.

그러나 엄밀히 말하면 직통계시 주장은 그 목사님에게 목사직 안수를 준 예장 합동 총회의 신학에도 배치되는 것이다. 만일 그 목사님을 따르는 교인의 수가 30여 명에 불과했다면 어찌 되었을까? 그 목사님을 따르는 교인의 수가 3만여 명이 되었으므로 더욱더 안전하게 목회를 하다가 영예롭게 은퇴하게 된 것이다.

떼굴떼굴 구르는 성령세례

도대체 그 목사님의 하나님은 어떤 분이시기에 중요한 고비마다 직통으로 음성을 자꾸 들려주시고, 때로는 환상을 보여주시면서 해답과 위로를 직접주셨던 것일까? 나는 그 해답을 그분의 또 다른 강의 내용에서 찾을 수 있었다. 자신의 성령세례 체험에 대해서도 이야기하셨다. 전도사 시절 성령의 세례와 능력을 받기 위해 밤에 산으로 갔다고 했다. 기억나는 대로 그분의 말을 생각나는 대로 옮겨보도록 하겠다.

"밤이 새도록 기도했으나 아무런 응답이 없었어요! 비가 오기 시작했는데, 그대로 비를 맞으면서 하나님께 성령의 세례(능력)를 달라고 소리치면서 기도했어요! 갑자기 하늘에서 불이 저에게 임했어요! 온몸이 불덩이가 되어 한참 동안 떼굴떼굴 굴렀어요! 떨어지면 죽을 수도 있는 위험한 바위에서 떼굴떼굴 굴렀어요! 얼마나 시간이 지나갔는지 몰라요! 정신을 차려보니 하늘에 해가 쨍쨍 떠 있는 거예요! 이후 그 일이 일평생의 신앙생활에 중요한 경험이 되었어요!"

70, 80년대를 주름잡았던 유명한 부흥사들에게서 자주 들었던 내용과 아주 유사했다. 이런 이야깃거리가 없는 사람은 부흥사로 간주되지도 않았다. 그러나 이런 일이 성령세례 현상이라고 성경 어디에서 말씀하고 있는가? 성경 어디에서도 이러한 성령세례의 근거를 찾을 수 없다. 이런 이야기를 성령세례 체험이라고 말하는 사람들은 사도행전 2장의 내용을 근거로 이야기한다.

"홀연히 하늘로부터 급하고 강한 바람 같은 소리가 있어 저희 앉은 온 집에 가득하며 불의 혀 같이 갈라지는 것이 저희에게 보여 각 사람 위에 임하여 있더니."(행 2:3-4)

성경의 이 내용은 십자가에서 보혈의 제사로 우리의 죄를 사하신 성자 하나님께서 승천하시어 성부 하나님께 자신을 대신할 성령을 자기의 이름으로 지상 교회에 보내주실 것을 요청하시고(요 14:16, 15:26), 드디어 성령이 지상에 강림하시는 바로 그 장면이다. 구약 시대에도 성령은 지상에서 일하셨으나, 예수 그리스도를 대신하기 위해 예수 그리스도의 이름으로 지상의 신자들과 함께 일하시지는 않았다. 그러나 십자가의 제사가 완성된 후 예수님은 자기를 믿는 자기 백성들에게 자기의 죽으심과 부활의 공로를 적용시키기 위해 자신의 이름으로 성령 하나님을 지상에 파송하기를 요청하셨다. 그리하여 성령은 예수 그리스도를 대신하시기 위해 예수 그리스도의 이름으로 지상에 강림하셨다. 이 일은 신구약의 역사상 단 한 번 벌어진 일이다. 이것이 개인에게 주어지는 성령의 세례 체험일 수 있는 것처럼 말하는 사람들은 신학 개념이 부족한 사람이다. 허영과 교만에 들뜬 허풍쟁이들이 성경의 이 장면을 자기의 개인적 경험으로 승화시키는 말들을 지어낸다.

사도행전은 성령이 지상에 강림하는 모습을 "하늘로부터 급하고 강한 바람 같은 소리가 있어."라고 설명했다. 창조주가 피조물의 세계로 강림하시는 장면을 기술하는 내용이다. 하나님이 백성들과 언약을 체결하시기 위해 시내 산에 강림하실 때에도 땅이 흔들렸다고 하였다(출 19:18). 그 무렵에 중국에서도 큰 지진이 감지되었다는 기록이 있다고 하는데, 그것은 아마도 하나님이 시내 산에 강림하실 때 하나님의 위엄을 감당하지 못하여 일어난 땅의 흔들림이 중국에까지 영향을 미쳤다고 해석할 수 있겠다. 성령이 처음 강림하시던 날 하늘로부터 급하고 강한 바람 소리가 있다고 하는 것은 피조 세계에 강림하시는 창조주의 위엄과 영광으로 이해해야 한다. 오늘날의 모든 신자들은 처음 예수 그리스도를 통해 하나님의 자녀가 되는 순간 이미 지상 교회에 와 계시는 성령의 임재를 경험한다. 그러므로 급하고 강한 바람 소리 같은 현상을 경험할 수가 없다.

사도행전은 또한 "온 집에 가득하며 불의 혀 같이 갈라지는 것이 저희에게 보여 각 사람 위에 임하여 있더니."라고 하였다. 어떤 성경은 혀 같은 것이 나타나 불길처럼 갈라지면서 그곳의 믿는 자들에게 임했다고 번역하였다. 지상에 강림하시는 성령의 모습이 끝이 갈라지는 불과 같았다고 표현한 것은 성경에서 하나님께서 자주 불의 모습으로 나타나신 것과 일치하는 내용이다. 출애굽기에서 하나님은 떨기나무 속에서 꺼지지 않는 불의 모습으로 모세에게 나타나셨다(출 3:2). 세례 요한은 장차 예수 그리스도께서 자기 백성들에게 성령을 부어주신다는 사실을 '성령과 불'로 세례를 줄 것이라고 했다. 세례 요한이 성령의 세례와 불의 세례가 각각 따로 있다고 말한 것이 아니고 성령의 임하심을 '성령과 불'로 세례를 주신다고 한 것이다.

"나는 너희로 회개케 하기 위하여 물로 세례를 주거니와 내 뒤에 오시는 이는 나보다 능력이 많으시니 나는 그의 신을 들기도 감당치 못하겠노라 그는 성령과 불로 너희에게 세례를 주실 것이요."(마 3:11)

승천하신 예수 그리스도를 대신하시기 위해 지상에 처음 파송되시던 날 성령은 사람들이 볼 수 있는 특이한 불의 모습으로 강림하신 것이다. 불의 혀가 갈라지는 모습으로 지상에 임하신 성령은 이후 어디에서도 이런 모습으로 또다시 어떤 개인에게 임하시지 않았다. 오늘날 어떤 사람에게 성령의 세례가 임할 때, 성령이 눈에 보이는 불의 혀같은 모습으로 임재하시었다는 믿을 만한 이야기는 실제로 없다. 폭풍같이 강한 바람 소리를 내시며 불의 혀같이 갈라지는 특이한 모습으로 요즘 어떤 사람에게 임하셨다는 말은 믿을 수 없는 내용이다.

그러나 그런 유사한 이야기를 하는 사람들이 많다. 하늘과 땅이 감당하지 못할 엄청난 성령의 세례를 경험했다고 은근히 흘리면서 자기의 주가를 높이고, 실제로 많은 이익과 존경을 얻고 다니는 사람들이 있다. 그러면 온몸이 불덩이같이 뜨거워지고, 정신을 잃고 몇 시간을 보내고, 미치광이가 되어 사람들 앞에서 인격과 체면을 다 구기게 되는 괴이한 성령세례 이야기들은 도대체 뭘까? 어떤 사람은 한적한 공원에서 기도하다가 그런 유형의 성례세례를 체험했는데, 주변의 사람들이 미치광이가 나타났다고 경찰에 신고하여 경찰이 출동하였다고 하였다. 부흥강사가 안수하고 난 후 불을 받아서 떼굴떼굴 굴러다녔다는 이야기는 이제 이런 이야기의 고전에 속하는 케케묵은 것이 되었다. 예전에 한국 교회가 한여름의 오이가 몸집을 키울 때와 같았던 시절에는 이런 이야기들이 시장의 물건 흥정하는 소리들같이 많았다.

거짓 영의 다른 불

참 하나님이신 성령을 모조하는 마귀도 유사한 불의 모습으로 일하기 때문이다. 이것은 정말 엄청난 사실이다. 이렇게 중요한 사실에 대해 너무도 많은 사람들이 전혀 모르고 있다. 중요한 말을 해 주어도 전혀 귀담아들을 준비가 되어있지 않다.

"어떻게 교회에 다니는데 그 많은 사람들이 거짓 영을 받을 수가 있습니까?"

"예수님 믿는 사람에게 어찌 다른 영이 들어갔다는 것입니까?"

"하나님이 하나님 믿는 사람들을 그렇게 방치해 두시겠습니까?"

이렇게 말하면서 성경에서 유래와 근거를 찾을 수 없는 이상한 모습의 성령(?) 역사라도 그것이 사탄의 교묘한 속임수라고는 전혀 의심하지 않으려고 한다. 그러나 성령이 일하시면 반드시 성령의 열매가 있지 않겠는가? 악한 거짓의 영 또한 그의 속성에 합당한 열매를 만들어 내고, 하나님의 성령도 하나님의 성품에 합당한 일들을 만들어 낸다는 것은 너무도 당연한 사실이다. 괴이한 성령세례가 오랫동안 한국 교회에 넘쳤으나, 과연 지금 한국 교회에 성령의 열매도 그와 마찬가지로 많은가?

이 점을 생각하기만 하면 벌써 이상하다. 능력의 성령세례를 받았고, 주로 그때 흔하게 나타나는 옹알거리는 소리 현상을 체험한 사람들이 너무도 많다. 뭣 좀 한다는 목사들은 모두 초창기에 그런 것은 기본으로 경험했던 사람들이다. 그것이 진정 성령 하나님의 역사하심이었다면, 그것을 경험한 사람들이 많으니 한국 교회에 성령의 역사와 함께 아름다운 성령의 열매도 많아야 한다. 그러나 현실은 어떠한가?

"성령은 좋으나 사람이 나쁘니 그 열매가 더럽다!"

지금 한국 교회를 보면 이 말이 맞는 것 같다. 뜨겁게 성령의 세례를 받았다는 사람들은 많으나 이제 한국 교회는 나라의 망신스러운 집단으로 전락하였다. 성령을 받았으나 사람이 나쁘니 어쩔 수 없이 그렇게 되는 것일까? 그런 말은 근본적으로 성립되지 못한다. 성령은 창조주 하나님이시고, 성령은 우리의 죄를 무효로 만드시기 위해 대신 죽으시고 부활하신 예수 그리스도를 대신하여 우리에게 오신 하나님이시다. 그러므로 성령을 받으면 다시 태어난 것과 같아진다. 성령을 받으면 반드시 하나님의 뜻이 이루어지고, 하나님의 말씀이 열매를 맺을 수밖에 없다. 그러므로 성령은 좋으나 사람이 못되어 그 열매가 더럽다는 말은 성립되지 못하는 말이다.

하나님을 가장하는 다른 영의 거짓된 불이 성령의 불로 위장하여 들어오는 일들이 부지기수라는 사실을 모르면 영원히 헛다리만 짚다가 세상을 떠나게 된다. 구약 성경에서 경고가 되는 유사한 상황을 찾을 수 있다. 하나님은 하나님의 전에서 하나님께 분향하는 데 사용될 수 있는 불을 지정하셨다. 제사장들은 다른 곳에서 구할 수 있는 불로 하나님 앞에서 향을 피울 수 없었다. 그러나 나답과 아비후는 술을 즐기다 하나님의 말씀을 망각하고 거룩하고 속된 것을 구별하지 못하였으므로 하나님이 명하시지 않은 다른 불로 하나님 앞에서 분향하다가 죽임을 당하였다(레 10:8-11).

"아론의 아들 나답과 아비후가 각기 향로를 가져다가 여호와의 명하시지 않은 다른 불을 담아 여호와 앞에 분향하였더니 불이 여호와 앞에서 나와 그들을 삼키매 그들이 여호와 앞에서 죽은지라."(레 10:1-2)

"나답과 아비후는 시내 광야에서 다른 불을 여호와 앞에 드리다가 여호와 앞에서 죽었고 무자하였고 엘르아살과 이다말이 그 아비 아론 앞에서 제사장의 직분을 행하였더라."(민 3:4)

"나답과 아비후는 다른 불을 여호와 앞에 드리다가 죽었더라."(민 26:61)

하나님을 섬기는 데 사용되는 불은 하나님이 명하신 불이어야만 했듯이 이제도 신자들은 오직 하나님이 보내시는 성령으로만 하나님을 섬겨야 한다. 신약의 신자들이 하나님을 바르게 섬기기 위해 가장 중요하고도 절대적인 요건은 하나님이 보내주시는 하나님의 신, 성령의 세례를 받아야 한다는 것이다. 성령의 세례를 받으면 하나님을 성경대로 경외하게 되고 하나님을 기쁘시게 하는 신앙의 열매가 나타날 수밖에 없다. 인간이 아무리 죄악되어도, 아무리 더러워도, 아무리 무지해도 결과는 달라지지 않는다. 성령은 우리를 지으신 창조주이시기 때문이다.

미혹하는 마귀의 불을 받으면 비록 그 입에 하나님, 성령, 예수 그리스도, 교회, 선교, 찬양… 등의 용어와 행동이 친근하게 붙어 다녀도 마귀의 불은 반드시 그 사람이 진리의 하나님에게서 빗나가게 만들어 놓는다. 비록 모양이 비슷할지라도 수박의 씨와 호박의 씨는 각각 서로 완전히 다른 열매를 만들어 내는 것과 이치가 다르지 않다. 거짓 영을 받은 목사들에 의해 대형교회가 더 많이 만들어지는 것은 그것이 그들이 받은 영의 특징 때문이다. 세상에서 '대마불사'라고 하듯이 사람의 숫자가 많아지면 하나님께서도 버리시지 못하고 억지로 떠맡으시게 되는 것일까? 그렇지 않다. 하나님이 인정하시고 받으실 만한 믿음이 없으면 그냥 간단하게 전부 지옥의 불의 형벌에 처해지는 것이 하나님의 법이다. 비록 호칭이 '예수 그리스도', '성령'일지라도 그 속에 들어있는 실제 내용이 성경의 예수 그리스도와 성령이 아니라면 그것으로 도배된 무리들은 전혀 하나님 백성이 되지 못한다. 하물며 그 사람들이 어찌 하나님 나라에 들어가겠는가? 성령, 하나님, 교회, 선교, 기도… 등의 호칭이 같다고 안심할 것이 아니고 그 안의 신앙의 내용이 성경과 같아야 한다.

이것이 마귀가 만들어 내는 거짓된 성령세례와 관련된 중대한 문제이다. 안타깝게도 사람이 지혜와 노력으로 이 함정에서 벗어날 수 있는 것도 아니다. 하나님이 자기 백성 삼으시기로 작정한 사람에게는 누가 뭐래도 반드시 진리의 참 하나님의 영이 임하신다. 참 하나님의 영이 임하시는 것은 사람의 외모와 노력과 지혜와는 관련이 없다. 하나님의 은혜를 주시는 자에게 진리의 성령이 임하시는 것이다. 하나님께서 은혜를 부으시어 예수 그리스도를 믿게 하시고, 그 믿음으로 말미암아 예수 그리스도의 영이 하나님의 부르심 받은 사람에게 임하신다. 하나님이 택하신 자에게 임하신 진리의 성령은 하나님의 뜻을 따라 예수 그리스도 안에서 하나님 백성 되도록 부르신 그 사람을 새 사람으로 개조하신다. 그러므로 성령은 좋으나 사람이 나빠 열매가 악하고 더럽다는 말은 성립되지 못하는 것이다.

거짓 성령세례는 하나님의 심판

그러면 마귀의 영이 임하는 거짓된 성령세례를 받는 사람은 누구일까? 어떤 사람에게 그런 마귀의 사악한 사술이 나타나는 것일까? 다음의 성경 말씀에서 그 이유를 알 수 있다.

"악한 자의 임함은 사단의 역사를 따라 모든 능력과 표적과 거짓 기적과 불의의 모든 속임으로 멸망하는 자들에게 임하리니 이는 저희가 진리의 사랑을 받지 아니하여 구원함을 얻지 못함이니라 이러므로 하나님이 유혹을 저의 가운데 역사하게 하사 거짓 것을 믿게 하심은 진리를 믿지 않고 불의를 좋아하는 모든 자로 심판을 받게 하려 하심이니라."(살후 2:9-12).

　바울이 악한 것의 미혹을 당하였던 데살로니가 교회의 신자들에게 가르친 이 내용을 통해 다음과 같이 요약할 수 있다.

　A. 악한 마귀가 사람들에게 임할 때 성령세례 현상이라고 알려진 특이한 현 상과 이적이 동반된다.
　B. 거짓된 성령세례 현상 등이 나타나는 사람은 하나님이 멸망시키시려고 예정한 사람이다.
　C. 하나님의 진리의 사랑을 입지 못한 사람에게 거짓된 성령세례 현상 등이 나타난다.
　D. 진리를 좋아하지 않고 거짓된 것을 좋아하는 사람을 심판에 처하시기 위해 하나님은 미혹과 유혹을 보내신다.

　온 세상 교회에 가짜 성령세례가 판치고 있다. 너무도 많은 목회자들과 교인들이 마귀의 성령세례 시술을 맛보았고 자랑하며 계속 좋아하려고 한다. 앞으로 시간이 갈수록 이 혼탁한 현상이 점점 심해질 것이다. 참 하나님의 성령을 받는 진정한 신자들은 보기 힘들어질 것이고 도처에 거짓 영을 받아서 거짓 신앙의 열매를 맺는 목회자들과 교인들이 가득해지는 시대가 더 올 것이다. 이미 다수의 목회자들을 하나님 백성이라고 볼 수 없는 시대가 도래했다. 너무 많은 교회들과 목회자들의 믿음의 내막을 따져보면 하나님 백성이라 여겨지지 않는다. 유명한 목사들과 유명한 교회들 속에 마귀의 영이 하나님으로 자리를 잡았고, 마귀의 영을 받은 목사들을 중심으로 사탄의 '견고한 진'(고후 10:4)이 형성되었다. 하나님으로 위장하고 경배를 받는 마귀에게 아무런 위협도 주지 못하는 성경공부, 제자훈련을 통해 '견고한 진'은 점점 뿌리를 내리고 있고, 그러면서 그 사람들이 더 친절하고, 상냥하고, 온유하고, 인내하고, 지혜롭게 기술을 발휘하고 시스템을 운영하므로 아무도 정신을 차리지 못한다.

어떤 목사에게는 이러한 문제를 보는 안목이 약간 열려있기도 하다. 그러나 자신의 교회에서 직접 이러한 문제를 강의하거나 교인들이 알게 만들면 교회에 큰 분란이 일어나 어려워짐을 염려하여 아무 말도 못하게 한다. 진리를 가르치는 사람을 어떻게 해서든지 자기의 교회로부터 차단하려고 애쓴다. 그냥 사람들이 모여 즐거이 지낸다고 교회 아니고, 목사를 중심으로 잘 뭉친다고 교회 아니고, 사람들끼리 서로 위하여 준다고 교회가 되는 것은 아니다. 하나님의 진리가 선포되고, 하나님의 성신이 운행하여야 교회이다. 진리의 말씀을 전파하면 얼굴색이 변하는 사람이 십일조를 잘하여 하나님 백성 되고 교회의 멤버가 되는 것일까?

정말 잘하는 목회는 나중에 하나님께서 교회라고 인정하시고 칭찬하시는 부분까지만 품고 가는 목회가 아닐까? 한 곳에서 20년을 버티고, 30년을 대접받으면서 점잖게 뭉개면 뭐가 그리도 좋은 것인가? 큰 싸움이나 탈이 일어나지 않고 그냥 평화로우면 좋은 교회이고 목회인가? 건물을 짓고 유지해 가면서 적당히 단기선교하면서 돌아가면 하나님의 좋은 교회이겠는가? 하나님의 진리의 말씀이 전혀 먹히지 않는 교회는 그 지역의 사람들의 문화센터이지 하나님의 교회가 아니다. 하나님의 구원 진리가 선포되면 분개하거나 고개를 돌리는 사람은 하나님의 백성이 아니다. 그러나 현대의 목회자들은 그런 사람들과 오래 잘 지내면서 아름답게 섬기는 탁월한 은사를 받았다. 그들을 불편하게 만들지 않으면서 십일조하고, 선거 잘 치르고, 손주-아들-할아버지 3대가 이어서 충성하고 섬기는 교회… 어쩌고 하면서 그 동네 사람들의 소중한 놀이터로 교회를 만들어 간다. 그래서 소름 끼치도록 붉은 십자가는 많을지라도 성령을 모신 하나님 백성 보기가 어려운 것이다.

한국 교회의 망조는 목사들 때문이다. 스스로 진리의 말씀을 바르게 배운 적이 없고, 단지 자기들이 설교를 할 때마다 들어주면서 돈도 내는 사람들을 잘 대하고 상대하는 기술만 발전시켰으므로 오늘날 한국 교회가 죽어간다. 거짓 성령이 한국 교회를 다 장악하고 있는 동안 그것에 물든 교인들이 여전히 평화롭고 즐겁게 다닐 수 있는 교회를 만들어 왔던 진정한 이유는 자신도 그런 사람이고, 또한 자신이 맡고 있는 교회도 사실 자기의 직장이기 때문이다. 복음을 위해 고난을 받으라는 성경 말씀의 뜻도 모르고, 왜 그래야 하는지에 대해 전혀 고민할 의사가 없이 목회자가 되었던 것이다.

유명한 목사들부터, 유명한 교회들부터 사람들이 심각하게 고민하게 만드는 하나님의 진리의 말씀을 다루지 않는다. 대신 모든 사람들이 무난하게 들을 수 있는 내용들을 다룰 뿐이다. 교인들을 하나님 앞에서 고민하게 만들고 영혼을 위해 아프고 슬프게 하고, 심지어 분쟁하게 만드는 일을 조금도 하려 하지 않는다. 하나님의 진리의 말씀을 설교하고 전파하면 깨지는 교회, 떨어져 나가는 교인들이 어찌 하나님의 교회이고 백성이겠는가? 그런 부류와 교회가 어찌 재림하시는 예수 그리스도 앞에 서서 남을 수 있겠는가? 예수 그리스도를 따르는 길이 분란이 없는 평화의 길이라고 누가 말하였던가? 예수 그리스도와 사도들은 그 반대로 말씀했다. 누가복음 12장 49-53절을 보라!

"내가 땅에 불을 던지러 왔노니 이 불이 이미 붙었으면 내가 무엇을 원하리요 나는 받을 세례가 있으니 그 이루기까지 나의 답답함이 어떠하겠느냐 내가 세상에 화평을 주려고 온 줄로 아느냐 내가 너희에게 이르노니 아니라 도리어 분쟁케 하려 함이로라 이후부터 한 집에 다섯 사람이 있어 분쟁하되 셋이 둘과 둘이 셋과 하리니 아비가 아들과 아들이 아비와 어미가 딸과 딸이 어미와 시어미가 며느리와 며느리가 시어미와 분쟁하리라 하시니라."

예수님은 구원의 복음이 전해지면서 그때까지 평화로웠던 사람들 사이에 싸움이 일어나게 될 것이라고 말씀하셨다. 그 싸움은 복음의 진리로 말미암는 피할 수 없는 싸움이다. 마귀의 어둠에 여전히 잡혀있는 사람들에게는 예수 그리스도의 구원의 진리가 용납될 수가 없다. 참 성령의 역사하심은 견딜 수 없는 고문이고, 거짓 성령의 장난을 들추어내는 설교는 벗겨진 피부에 고춧가루를 뿌리는 격이다. 그러나 예수님은 그런 일을 당연히 해야 한다고 하셨다. 현대 교회들 속에 너무 많은 마귀의 거짓 이론들이 넘치고 있으므로 진리의 말씀은 더욱더 강하게 선포되어야 한다. 그런데 여전히 목회자들은 "교회를 보호해야 합니다!", "이단도 교회를 보호하면서 잡아야 합니다!"라고 한다.

그 교회는 대체 누구의 교회인가? 그 교회는 대체 누구를 위한 교회인가? 하나님의 교회이고, 하나님을 위한 교회라면 왜 하나님의 진리의 말씀이 선포되지 못하게 하는 것일까? 교회라 불리워지는 종교단체이고, 그곳이 목사들의 직장이며 업적이고 자랑이므로 오직 자기에게 좋은 대로만 하려는 것이다. 그래서 하나님의 진리의 말씀은 하나님의 교회에서 종적을 찾을 수 없고, 미혹된 자들과 불신앙이 가득한 자들, 그리고 대충 교회에 다니는 자들이 늘 편히 앉았다가 떠날 수 있는 교회가 계속 존재하고 있는 것이다.

"너희 중에 편당이 있어야 너희 중에 옳다 인정함을 받는 자들이 나타나게

되리라."(고전 11:19)

사도 바울도 고린도 교회의 신자들을 향하여 복음의 진리의 문제로 인해 논쟁과 분란이 일어나는 것은 바람직한 일이라고 말했다. 왜냐하면 많은 거짓 사상에 미혹되어 있는 고린도 교회가 바른 신앙과 질서를 회복하려면 마땅히 먼저 신자들 사이에서 진리의 문제에 대한 논쟁이 일어나야 하기 때문이다. 그 논쟁과 고통 가운데서 교회를 바로 잡는 하나님의 역사하심이 나타나기 때문이다. 그런 현대의 교회들 속에서 이러한 논쟁이 일어나는 것을 가장 먼저 가로막는 사람은 다름이 아닌 그 교회의 목사들이다.

"목회는 모두를 품고 가는 것입니다!"

복음의 진리의 개념을 상실한 목사들은 아주 쉽게 이런 말을 잘도 한다. 예수님도, 바울도 하지 못했던 일을 그들은 이미 잘하고 있다. 그러니 현대 교회에 못 들어오는 것이 없고, 없는 것도 없고, 안 하는 것도 없는 것이다. 목회가 지상에 유통되고 있는 모든 다양한 이론들과 사상에 물든 사람들이 다 편하게 지내도록 품고 가는 것이라면, 그 목사는 장차 예수 그리스도에게서 능멸과 저주를 받을 목사이다. 예수 그리스도께서는 이렇게 말씀하셨다.

"모든 사람이 너희를 칭찬하면 화가 있도다 저희 조상들이 거짓 선지자들에게 이와 같이 하였느니라."(눅 6:26)

헛된 목회가 되지 않기 위해, 적을지라도 참 하나님의 알곡 백성을 육성하기 위해 목회자들이 고난을 받아야 하고, 땀과 피를 흘려야 한다. 말씀이 지나치다면서 떠나는 사람도 있어야 정상이다. 목회자가 땀과 피와 마음의 아픔을 겪지 않는데, 어찌 하나님의 참 백성이 나타날 수 있겠는가? 부지런히 목회를 한다고 하면서 마귀에게 충성을 다 바치는 어리석은 목사들이 너무도 많아지고 있다. 정신을 바짝 차리고 경계해야 할 가장 중요한 문제는 사탄이 조작하여 내세우는 거짓 예수를 섬기는 사탄숭배 목회의 늪에 빠지지 않는 것이다. 그렇게 만드는 가장 효과적인 원수의 전략 중의 하나가 다시 또 성령을 받는 성령세례 운동이다. 이 문제는 '성경의 하나님이신가? 하나님으로 위장하는 사탄인가?'로 이어지는 중요한 문제이다. 절대로 하나님을 체험하는 다른 방식이라 할 수 없다.

앞에서 예로 들었던 어떤 목사가 체험한 그 성령세례 사례를 생각해 보자! 그가 전도사 시절 비가 내리던 밤 그 산에서 하늘에서 내려오는 이상한 영의 불을 받고서 떼굴떼굴 구르다가 해가 쨍쨍하게 떴을 때에야 정신을 차리게 된 그 체험이 없었다면, 그래도 이후 하나님의 직통의 음성 계시가 나타났을까?

제2장
성령세례 예고

세례 요한의 성령세례 예고

구약 시대에는 성령의 세례에 대한 개념이 존재하지 않았다. 성령세례 개념은 신약시대에 들어서 나타났다. 신약에서 성령세례 개념은 어떻게 등장했을까? 신약성경 속에서 성령세례에 대한 가르침은 누구에 의해 가장 먼저 시작되었을까?

신약 성경에서 신자들에게 성령세례가 주어진다는 가르침을 준 최초의 사람은 하나님의 보내심을 받아 예수님이 오시기 전에 먼저 지상에 와서 이스라엘 백성들에게 회개의 세례(침례)를 베풀었던 요한이었다. 요한은 자신이 베푸는 회개의 물세례와는 전혀 다른 종류의 성령으로 베풀어지는 세례가 일어날 것이라고 전파했다. 백성들에게 성령으로 세례를 주시는 분은 자신이 증거하는 예수 그리스도라고 요한은 분명하게 전파했다.

"나는 너희로 회개케 하기 위하여 물로 세례를 주거니와 내 뒤에 오시는 이는 나보다 능력이 많으시니 나는 그의 신을 들기도 감당치 못하겠노라 그는 성령과 불로 너희에게 세례를 주실 것이요."(마 3:11)

"그가 전파하여 가로되 나보다 능력 많으신 이가 내 뒤에 오시나니 나는 굽혀 그의 신들메를 풀기도 감당치 못하겠노라 나는 너희에게 물로 세례를 주었거니와 그는 성령으로 너희에게 세례를 주시리라."(막 1:7-8)

"요한이 모든 사람에게 대답하여 가로되 나는 물로 너희에게 세례를 주거니와 나보다 능력이 많으신 이가 오시나니 나는 그 신들메를 풀기도 감당치 못하겠노라 그는 성령과 불로 너희에게 세례를 주실 것이요."(눅 3:16)

"요한이 또 증거하여 가로되 내가 보매 성령이 비둘기같이 하늘로서 내려와서 그의 위에 머물렀더라 나도 그를 알지 못하였으나 나를 보내어 물로 세례를 주라 하신 그이가 나에게 말씀하시되 성령이 내려서 누구 위에든지 머무는 것을 보거든 그가 곧 성령으로 세례를 주는 이인줄 알라 하셨기에."(요 1:32-33)

이와 같이 예수 그리스도의 오시는 길을 예비하며 회개의 물세례 사역을 행하였던 요한의 가르침 속에 예수 그리스도의 성령의 세례가 이미 선명하게 나타났다. 마태, 마가, 누가, 요한복음 모두가 요한의 물세례와는 전혀 다른 예수 그리스도의 성령의 세례가 곧 일어날 것임을 처음부터 말씀한다. 사복음서에 공히 예수 그리스도가 하나님의 백성들에게 성령으로 세례(침례)를 주시는 분이라고 분명하게 설명되었다.

예수 그리스도의 복음을 이야기하는 사복음서가 모두 시작부터 예수 그리스도에 의해 성령세례가 베풀어질 것임을 증거하였다는 것은 무엇을 의미할까? 장차 신자들에게 성령의 세례를 베푸시는 예수 그리스도가 하나님이시며, 하나님의 보내심을 받은 구세주라는 사실을 명확하게 증거하는 것이다. 하나님이 아니고서는 하나님의 백성들에게 성령의 세례를 주실 수 없으니, 예수 그리스도가 구세주이고, 하나님 나라의 왕이신 것이다.

예수 그리스도 자신도 백성들에게 자신이 친히 성령의 세례를 베푸실 것임을 직접 명시하셨다. 부활하시고 지상에 40일 동안 더 머무시고 승천하시기 직전 다음과 같이 설명하시었다.

"사도와 같이 모이사 저희에게 분부하여 가라사대 예루살렘을 떠나지 말고 내게 들은 바 아버지의 약속하신 것을 기다리라 요한은 물로 세례를 베풀었으나 너희는 몇 날이 못되어 성령으로 세례를 받으리라 하셨느니라."(행 1:4-5)

예수 그리스도가 제자들에게 '성령으로 세례를 받으리라'고 하신 이 내용이 신약 성경에 나오는 성령세례에 대한 가장 분명하고 명확한 말씀이다. 정확하게 이로부터 열흘 후 성령이 지상에 강림하셨다. 그리고 그날 신약시대 최초의 성령세례가 사도들과 제자들에게 실현되었다. 예수님이 승천하시고 열흘이 지나 신약의 최초의 성령세례가 일어났다고 보는 근거는 구약의 유월절과 오순절 사이의 간격이다. 7일 동안의 무교절 명절의 첫날인 유월절에 예수님께서는 잡히셨고, 그 다음 날 십자가에서 죽으셨다. 그리고 이어지는 안식일이 지난 후 첫날이 초실절이었는데, 그날 예수님께서는 부활하셨다. 성령이 지상에 강림하신 오순절은 초실절로부터 50일째 되는 날이다. 예수님은 이미 부활하시고 40일 동안 지상에서 사도들과 제자들을 가르치셨으니, 예수님이 승천하시고 열흘이 지난 후 오순절 날에 성령이 지상에 강림하셨고, 이날 신약의 최초 성령의 세례가 이루어지고 예루살렘에서 최초로 하나님의 교회가 시작되었다.

요한의 물세례와 예수님의 성령세례

예수 그리스도는 자신이 승천한 후 제자들에게서 이루어질 성령의 세례를 요한의 물세례와 비교하셨다.

"요한은 물로 세례를 베풀었으나 너희는 몇 날이 못되어 성령으로 세례를 받으리라 하셨느니라."(행 2:4-5)

당시 사도들과 제자들은 세례 요한이 베풀었던 물세례를 기억하고 있었다. 예수님이 오시는 길을 예비하는 사명을 띠고 세상에 먼저 보냄 받은 요한이 베풀었던 회개의 물세례는 영원히 죽을 영혼들을 살려내는 세례가 아니었다. 요한의 물세례는 예수 그리스도의 죽으심과 부활에 연합하여 영원한 생명을 얻은 하나님의 자녀임을 공표하는 지금 교회가 시행하는 물세례와는 달랐다.

요한의 회개의 물세례의 의미는 무엇이었을까? 그의 세례 사역은 곧이어 시작될 예수 그리스도의 복음의 시대의 개막을 준비하는 차원의 세례였다. 그 이전에도 그 이후에도 요한이 베풀었던 세례와 같은 의미의 세례는 존재하지 않는다. 요한이 하나님의 나라의 건설자 예수 그리스도의 길을 준비하는 특수 목적을 감당하기 위해 보내심 받은 구약의 마지막 선지자였기 때문이다. 요한이 백성들에게 베푼 회개의 물세례는 어둠에 잡혀 죄 속에서 사는 백성들이 곧 오실 하나님 나라의 왕 예수 그리스도를 맞이하도록 준비하게 만드는 세례였다.

"내가 전에 말하기를 내 뒤에 오는 사람이 있는데 나보다 앞선 것은 그가 나보다 먼저 계심이라 한 것이 이 사람을 가리킴이라 나도 그를 알지 못하였으나 내가 와서 물로 세례를 주는 것은 그를 이스라엘에게 나타내려 함이라 하니라."(요 1:30-31)

요한의 물세례는 예수 그리스도가 백성들 앞에 출현하도록 준비하는 세례였다. 세례 요한은 자신의 세례 목적이 이스라엘 백성들에게 영원한 죄 사함이나 하나님의 저주로부터 구원을 주는 것이 아님을 분명하게 가르쳤다. 곧이어 등장하시는 메시아가 백성들의 주목을 받으면서 등장하게 준비시키는 세례였다. 그는 철저하게 자신의 세례가 구원을 주는 것이 아니고 단지 그분이 나타나게 만들 뿐이라고 했다. 예수 그리스도가 등장하여 백성들 앞에 나타나 천국 복음을 전파하시자 요한은 자신의 사명이 다했음을 알고 사라지기를 원했다. 예수님의 등장으로 백성들의 관심이 요한에게서 멀어지는 것을 안타까워하는 제자들에게 요한은 이렇게 말했다.

"나는 그리스도가 아니요 그의 앞에 보내심을 받은 자라고 한 것을 증거할 자는 너희니라."(요 3:28)

"그는 흥하여야 하겠고 나는 쇠하여야 하리라."(요 3:30)

　예수님의 핵심 제자들이 어떻게 구성되었는지를 보면 예수 그리스도의 길을 예비하기 위해 물로 세례를 베풀었던 요한의 사역이 완전하게 성공했음을 알 수 있다. 요한은 자신을 따르는 제자들에게 예수 그리스도가 죄인들을 구원하기 위해 오신 하나님의 어린 양이라고 가르쳤다(요 1:36). 그러자 그의 제자들은 즉시로 요한을 떠나 예수 그리스도에게로 향하였다. 요한을 지극히 사랑하며 따랐던 제자들이 예수 그리스도가 요한이 증거했던 하나님의 어린 양이라는 사실을 알고 즉시 스승을 떠나 예수 그리스도를 좇았다는 것은 예수 그리스도를 백성들 앞에 나타나게 만드는 요한의 사역이 매우 성공적이었음을 보여준다.

　가장 먼저 예수 그리스도의 사도가 된 안드레는 원래 요한의 제자였으나 예수 그리스도가 하나님의 어린 양이며, 성령으로 세례를 베푸실 분이라고 가르치는 세례 요한의 말을 듣고 곧바로 예수 그리스도를 좇았다(요 1:35-40). 그리고 안드레는 곧바로 자신의 친형제 베드로에게 그리스도를 만나러 가자며 베드로를 예수 그리스도 앞으로 이끌었다(요 1:41-42). 곧이어 베드로의 동업자(눅 5:10) 야고보와 요한도 예수 그리스도 앞으로 인도되었다. 안드레와 베드로의 고향 친구(요 1:44)였던 빌립도 예수 그리스도 앞으로 인도되었다. 또한 빌립이 자기의 친구 나다나엘(요 1:45)을 예수님 앞으로 인도하였다.

예수 그리스도의 사도들이 구성되는 이와 같은 과정에서 가장 먼저 부르심을 받아 구심점이 된 사람이 세례 요한의 제자였던 안드레였으니 예수 그리스도가 메시아 사역을 시작하도록 준비하기 위해 세상에 왔던 세례 요한은 그 사명을 확실하게 감당했던 것이다. 이들이 모두 훗날 예수 그리스도의 중심적인 사도가 되어 순교의 잔을 마시면서까지 예수 그리스도의 복음과 교회를 전파하였으니, 자기 백성에게 성령으로 세례를 주실 예수 그리스도의 오시는 길을 예비하기 위해 먼저 왔던 세례 요한은 그 사명을 성공적으로 감당하였다.

예수님은 흥해야 하고 자신은 쇠하여야 한다면서 세례 요한이 전면에서 물러난 이후 요한이 시작했던 회개의 물세례 운동은 예수 그리스도의 제자들에 의해 한동안 이어졌다. 아마 요한의 제자였다가 예수님의 제자가 된 안드레와 같은 인물이 중심이 되어 예수 그리스도와 더불어서 곧이어 개막되는 하나님 나라를 준비하게 만드는 물세례를 베풀었던 것으로 짐작된다(요 3:26, 4:1-2). 예수 그리스도의 제자들에 의해 시행된 회개의 물세례도 세례 요한이 시작했던 세례운동, 즉 장차 자기 백성들에게 성령으로 세례를 베푸시면서 하나님 나라를 도래하게 하실 예수 그리스도를 기대하고 사모하게 만드는 운동이었다.

"나는 너희로 회개케 하기 위하여 물로 세례를 주거니와 내 뒤에 오시는 이는 나보다 능력이 많으시니 나는 그의 신을 들기도 감당치 못하겠노라 그는 성령과 불로 너희에게 세례를 주실 것이요."(마 3:11)

"요한이 모든 사람에게 대답하여 가로되 나는 물로 너희에게 세례를 주거니와 나보다 능력이 많으신 이가 오시나니 나는 그 신들메를 풀기도 감당치 못하겠노라 그는 성령과 불로 너희에게 세례를 주실 것이요."(눅 3:16)

자기의 몸을 녹여 불을 밝히는 촛불처럼 요한은 온 몸과 영혼으로 성령으로 세례를 주실 예수 그리스도를 증거했고, 예수 그리스도의 제자들도 요한의 뒤를 이어 동일한 내용을 외쳤다. 마가복음과 요한복음은 요한 뒤에 오시는 예수 그리스도께서 '성령'으로 세례를 주신다고 기술되어 있고, 마태복음과 누가복음에는 예수 그리스도께서 '성령과 불'로 세례를 주신다고 기술되어 있다. '성령과 불'이라는 표현은 하나님이신 성령이 신자들에게 직접 임하는 것을 이스라엘 백성들이 더 쉽게 이해하도록 돕는 구약적인 표현이다.

구약 시대에 하나님은 불로 나타나시는 경우가 많았다. 하나님은 광야에서 최초로 모세에게 나타나실 때 떨기나무에서 타는 불로 나타나셨다(출 3:2-4). 하나님은 이스라엘 백성들이 광야에서 40년 동안 지낼 때, 이스라엘 백성들을 인도하고 보호하는 불기둥으로 나타나셨다(출 13:21). 구약 성경의 여러 곳에서 하나님은 불로 나타나셨다. 그러므로 요한은 예수 그리스도의 복음을 통해 하나님의 자녀가 되는 사람들에게 성령이 임하신다는 것을 말할 때, 이스라엘 백성들이 쉽게 이해하고 실감하도록 "성령과 불로 너희에게 세례를 주실 것이요."라고 하였던 것이다.

성령세례를 의미하는 다른 표현들

우리가 자주 사용하는 '성령세례'라는 말은 성경에서 발견되지 않는다. 성령세례라는 말은 현대교회가 만들어 낸 말이다.

"너희는 몇 날이 못 되어 성령으로 세례를 받으리라."(행 1:5)

예수 그리스도는 이처럼 성령으로 세례를 받을 것이라고 말씀하셨다. 신약의 성령세례를 예고한 세례 요한도 "성령과 불로 너희에게 세례를 주실 것이요."(마 3:11)라고 하였다. 현대 교회가 사용하는 '성령세례'라는 말은 예수님과 세례 요한이 말한 이 내용을 축약한 것이다. 또한 신약 성경은 예수 그리스도가 하나님의 은혜로 자신의 십자가를 통해 구원받은 자들에게 베푸시는 성령의 세례를 다른 방식으로 다음과 같이 표현하기도 한다.

1) '아버지의 약속하신 것'(행 1:4)

예수 그리스도는 성령의 세례를 하나님 아버지가 이미 약속하신 것이라고 표현하셨다. 예수님은 승천하시기 직전 제자들에게 곧 일어날 성령의 세례를 기다리라고 말씀하실 때, '아버지의 약속하신 것'이라고 말씀하셨다.

"저희에게 분부하여 가라사대 예루살렘을 떠나지 말고 내게 들은바 아버지의 약속하신 것을 기다리라."(행 1:4)

예수님께서 성령세례를 하나님께서 약속하신 것이라고 말씀하신 이유는 구약 성경에서 성령세례가 이미 약속되어 있기 때문이다. 예수님은 성령이 모든 신자들에게 임할 것에 대해서 예언한 요엘 선지자의 예언을 염두하시고 그렇게 말씀하셨다.

"그 후에 내가 내 신을 만민에게 부어주리니⋯."(욜 2:28)

구약의 선지자 요엘은 때가 이르면 하나님의 신(성령)이 택하심을 받은 모든 신자들에게 임할 것이라고 예언하였다. 모든 신자들에게 성령이 임하시는 신약의 성령의 세례 현상이 구약 성경에서 이미 약속되어 있었다. 그래서 예수님은 그것을 염두하시고 제자들에게 하나님이 이미 약속하신 것을 기다리라고 하신 것이다.

2) '성령을 부어주심'(행 10:44-45)
또한 사도행전의 저자 누가는 성령세례가 하나님이 예수님을 믿는 신자들에게 성령을 부어주시는 현상이라고 설명하였다.

"베드로가 이 말할 때에 성령이 말씀 듣는 모든 사람에게 내려오시니 베드로와 함께 온 할례 받은 신자들이 이방인에게도 성령 부어 주심을 인하여 놀라니."(행 10:44-45)

이 내용은 예수님을 믿는 이방인 고넬료 가족과 그의 친구들에게 성령의 세례가 임하는 장면이다. 예수 그리스도의 복음이 이방인들에게 전파되고, 그들이 예수님을 영접하자 곧 성령이 그들에게 임하셨다. 하나님께서 그들에게 성령을 보내주신 것이다. 그래서 누가는 성령이 그들에게 임하였다는 사실을 '(하나님의) 성령 부어 주심'이라고 하였다. 하나님이 성령을 부어주신다는 이 표현도 구약 성경 요엘서의 내용과 연관되었다. 요엘 선지자가 메시아의 시대가 도래하면 택하신 모든 신자들에게 하나님의 신이 직접 부어주실 것이라고 예언하였다.

3) '성령으로 인치심'(엡 1:13, 엡 4:30, 고후 1:22)

사도 바울은 예수 그리스도가 믿는 자들에게 성령으로 세례를 베푸시는 현상을 성령의 인치심이라고 설명하였다.

"저가 또한 우리에게 인치시고 보증으로 성령을 우리 마음에 주셨느니라."(고후 1:22)

"그 안에서 너희도 진리의 말씀 곧 너희의 구원의 복음을 듣고 그 안에서 믿어 약속의 성령으로 인치심을 받았으니."(엡 1:13)

"하나님의 성령을 근심하게 하지 말라 그 안에서 믿어 약속의 성령의 인치심을 받았느니라."(엡 4:30)

"인을 친다."라는 말은 "확정한다."라는 의미이다. 예전의 서부영화에서 많은 짐승을 키우는 목장 주인들이 자신의 짐승들에게 불도장으로 인치는 장면이 종종 등장했다. 목장 주인의 이름이 새겨진 쇠도장을 불에

벌겋게 달구어 짐승들의 몸에 찍으면, 이후 그 짐승은 어디에서나, 어떤 상황에서나 곧바로 누구의 소유인지 판명되게 된다. 하나님이 신자들에게 성령으로 인을 치신다는 것은 그처럼 하나님에게 영원히 소유된 영혼이 된다는 것이다. 하나님께 속한 구원받은 영혼임을 확정하시는 것이다. 그러므로 성령세례를 받은 사람은 영원한 구원을 얻은 사람이다. 성령의 세례를 받는다는 것은 곧 다시 구원을 잃고 지옥으로 떨어질 가능성이 없다는 의미이다. 이 사실을 바울은 이렇게 말했다.

"내가 확신하노니 사망이나 생명이나 천사들이나 권세자들이나 현재 일이나 장래 일이나 능력이나 높음이나 깊음이나 다른 아무 피조물이라도 우리를 주 그리스도 예수 안에 있는 하나님의 사랑에서 끊을 수 없으리라."(롬 8:38-39)

제3장
성령의 세례

성령의 세례란 무엇일까? 성령이 하나님 백성의 몸과 마음속으로 들어와 영속적으로 내주하시게 됨이 성령의 세례이다. 구약 시대에는 이러한 성령세례를 받은 사람이 단 한 사람도 없었다. 죄를 범하지 않았던 아담의 몸과 에덴동산이 하나님이 임재하시는 성전이었으나, 타락이 발생하고 난 후 죄에 오염된 아담의 몸과 에덴동산은 더 이상 하나님이 임하시어 거주하시는 성전이 될 수 없게 되었다. 이후 아담의 죄를 물려받고 태어난 모든 사람들이 동일한 상태였으므로 구약 시대에는 성령이 하나님 백성들의 몸에 임재하시는 성령세례가 일어날 수 없었다. 그렇다고 구약 시대에는 성령이 하나님의 백성들과 함께 하시지 않았다는 것은 아니다. 구약 시대에도 성령은 지상에 오시어 택하신 신자들과 함께하시면서 하나님이 뜻하시는 특별한 일들을 행하였다.

구약 시대의 성령

"모세가 이스라엘 자손에게 이르되 볼지어다 여호와께서 유다 지파 훌의 손자요 우리의 아들인 브살렐을 지명하여 부르시고 하나님의 신을 그에게 충만케 하여 지혜와 총명과 지식으로 여러가지 일을 하게 하시되."(출 35:30-31)

"또 그와 단 지파 아히사막의 아들 오홀리압을 감동시키사 가르치게 하시며 지혜로운 마음을 그들에게 충만하게 하사 여러가지 일을 하게 하시되."(출 35:34-35)

하나님께서는 브살렐과 오홀리압에게 성령을 보내시어 탁월한 솜씨로 하나님이 뜻하시는 대로 성막을 건축하게 하셨다. 하나님이 보내신 성령이 함께하면서 도우셨기 때문에 두 장인들은 정교한 기술과 솜씨를 발휘하면서 하나님이 원하시는 대로 성막을 지을 수 있었다. 구약 시대에도 이처럼 하나님의 신이신 성령이 일부 택하신 신자들과 동행하였던 것은 분명한 사실이다.

그러나 구약 시대의 성령은 신자들의 몸 안으로 임재하시거나, 신자들과 더불어 영구히 거하시는 성령이 아니었다. 아직 하나님 백성의 죄를 속하는 예수 그리스도의 피의 속죄가 없었기 때문에 하나님의 신이 신자들의 몸과 마음을 처소로 삼으실 수 없었다. 아담의 타락 이후 전개되었던 인류의 역사 속에서 자신의 육체 안에 성령을 모시고 지상의 생을 살았던 최초의 사람은 성육신하신 예수 그리스도였다. 인간으로서의 예수 그리스도는 인간의 죄를 물려받지 않고 출생하셨고, 하나님으로서의 예수 그리스도는 태초부터 성령과 함께 계셨고, 처음부터 성령과 상호내주하신 하나님이시므로 출생할 때부터 성령이 예수 그리스도와 함께 하셨다. 처음부터 성령을 무한히 받으신 분이고 언제나 성령으로 충만하신 분이었다. 성경은 인간으로 오신 예수 그리스도가 일반 죄인들과 달리 성령을 그 몸에 담지하고 오셨음을 다음과 같이 말씀하였다.

"하나님이 보내신 이는 하나님의 말씀을 하나니 이는 하나님이 성령을 한량없이 주심이니라."(요 3:34)

처음부터 성령과 함께 계셨고, 성령을 담지한 인간으로 오신 하나님이신 예수 그리스도는 장차 자신을 믿는 자기 백성들에게 성령을 부어주실 것이라고 유대인들의 위협을 감수하시면서 다음과 같이 선포하셨다.

"명절 끝날 곧 큰 날에 예수께서 서서 외쳐 가라사대 누구든지 목마르거든 내게로 와서 마시라 나를 믿는 자는 성경에 이름과 같이 그 배에서 생수의 강이 흘러나리라 하시니 이는 그를 믿는 자의 받을 성령을 가리켜 말씀하신 것이라(예수께서 아직 영광을 받지 못하신 고로 성령이 아직 저희에게 계시지 아니하시더라)."(요 7:37-39)

예수님께서 성령을 보냄

예수 그리스도는 자신을 믿는 자들에게 성령을 부어주시는 분, 즉 자신이 성령으로 세례를 주시는 분이라고 분명하게 선언하셨다. 예수 그리스도께서 신자들에게 성령세례를 주실 수 있는 이유는 그가 십자가에 달려 우리의 죄를 속하셨기 때문이다.

"다 이루었다!"(요 19:30)

십자가로 우리의 죄를 사하신 예수 그리스도는 마지막 순간에 이렇게 말씀하셨다. 죄인들의 죄를 속하는 십자가의 피 제사를 완수하신 예수 그리스도께서는 승천하여 하나님께 그 사실을 보고하셨다(히 9:24). 그리고 하나님께서 예수 그리스도의 십자가의 피로 인해 타락한 죄인들을 위한 구속이 완성되신 것을 인정하셨다. 예수 그리스도께서 하나님 아버지에게 죄 사함을 받은 지상의 백성들에게 성령을 부어주실 것을 요청하였다(요 15:26).

"내가 아버지께 구하겠으니 그가 또 다른 보혜사를 너희에게 주사 영원토록 너희와 함께 있게 하시리니."(요 14:16)

"내가 아버지께로서 너희에게 보낼 보혜사 곧 아버지께로서 나오시는 진리의 성령이 오실 때에 그가 나를 증거하실 것이요."(요 15:26)

예수 그리스도의 요청을 따라 하나님께서 아들의 영원한 십자가의 속죄의 피가 택하심을 받은 죄인들에게 적용되어지도록 그 아들 예수 그리스도의 이름으로 성령을 지상의 신자들에게 파송하셨다. 신약시대에 신자들에게 이루어지는 성령의 세례는 이러한 과정을 통하여 그렇게 이루어졌다. 신약의 성령의 세례는 누가 기도를 많이 하고 봉사를 잘하여 성령의 인정을 받은 사람에게 벌어지는 일이 아니다. 성령세례의 유일한 근거는 예수 그리스도의 십자가의 속죄이고, 예수 그리스도가 자기를 믿는 백성에게 성령을 파송하여 주실 것을 하나님 아버지에게 요청하시고, 아버지 하나님께서 타당하다고 인정하시어 성령을 부어주심이 곧 신약 백성의 성령세례이다.

성령의 세례는 성부 하나님께서 자기 백성에게 성자 하나님 예수 그리스도의 이름으로 보내시는 성령 하나님을 부어주시는 것이다. 성령 하나님이 성자 하나님의 이름으로 자기 백성에게 임하시는 성령세례의 깊은 의미는 무엇일까? 성령께서 예수 그리스도가 지상에서 하셨던 일들과 기능을 대체하시고 이어가신다는 뜻이다. 승천하여 지상에 더 이상 안 계시는 예수 그리스도를 성령이 대신하신다는 것이다. 그래서 성령은 원래의 보혜사였던 예수 그리스도를 대신하는 또 다른 보혜사이시다.(요 14:16, 26, 15:26, 16:7).

신약의 하나님의 백성이 예수 그리스도의 이름으로 오시는 성령을 받아 모시는 성령의 세례는 더욱더 중요한 사실을 내포한다. 예수 그리스도의 십자가 피 제사의 공로와 효력이 성령을 모시는 그 신자에게 그대로 적용되게 하심이다. 성령세례를 받음으로 그 신자에게 자동적으로 예수 그리스도가 이미 십자가에서 흘리신 속죄의 보혈이 그대로 적용되어진다. 예수 그리스도의 이름으로 오셨고, 예수 그리스도를 대신하는 성령의 세례를 받았기 때문이다. 그러므로 그 성도에게 장래의 부활과 영생이 보장되어진다.

신약시대에 이르러 자기 백성들에게 함께 하시면서 백성들을 친히 인도하시고 지키시기 위해 오신 성령, 곧 '예수 그리스도의 영'을 받는 성령의 세례는 이렇게 엄청나게 중요한 은혜이다. 십자가의 속죄가 없었으므로 구약의 백성들에게서 여전히 죄가 지배하였다. 그래서 구약 시대에도 하나님의 백성은 존재했을지라도 성령이 하나님의 백성들 몸 안에 거하시는 성령의 세례는 이루어지지 못했다.

"저는 진리의 영이라 세상은 능히 저를 받지 못하나니 이는 저를 보지도 못하고 알지도 못함이라 그러나 너희는 저를 아나니 저는 너희와 함께 거하심이요 또 너희 속에 계시겠음이라."(요 14:17)

예수님은 십자가를 지시기 전에 장차 보내실 성령이 제자들의 몸 안에 거하시게 될 것이라고 가르쳤다. 자신이 곧 십자가에서 친히 제자들을 위해 속죄의 피를 흘리고 죽으심으로 죄가 도말될 것임을 미리 말씀하셨던 것이다.

"또 너희 속에 계시겠음이라."

예수님은 자기가 떠난 후에 오실 보혜사 성령이 자기를 대신하여 제자들과 함께 하실 것인데, 제자들의 몸과 마음속에서 영구히 거하시는 성령의 세례가 이루어질 것을 계획하셨다. 바로 이 점이 구약의 성령의 사역과 예수 그리스도의 십자가 이후에 오시는 성령의 가장 큰 차이점이다. 이것이 신약 성도에게 주어지는 성령의 세례인데, 어떻게 이 일이 한 사람에게 여러 번 반복될 수 있다는 말이 가능하겠는가? 성령의 세례에 대한 성경의 말씀을 바르게 이해하고 나면 결코 성령세례가 수없이 반복될 수 있고, 특히 더 복 받은 신자들에게 능력을 더 부어주시는 차원에서 성령세례가 많아진다는 무지, 교만, 뻔뻔은 더 이상 고개를 들지 못한다.

성령세례의 본질

성령세례의 핵심과 본질은 무엇일까? 가장 먼저 죽은 영혼이 거듭나고 살게 되는 것이 성령의 세례의 핵심적인 의미라고 설명해야 한다. 죄인의 죽은 영혼에게 구세주 예수 그리스도를 믿도록 역사하신 하나님이 성령을 부어주심이 성령세례이다. 여기에다 다른 말을 더 붙이면 이상한 곳으로 빠진다. 믿는 자들 중에서도 엄선된 소수에게 성령세례가 임하는 것이 결코 아니다. 구원과 참 신앙을 가진 모든 신자들에게 이미 성령세례가 임하였다. 이것을 이해하지 못하면 성경을 모르는 것이다. 그렇지 않으면 구원도 믿음도 처음부터 불가능하였다.

"내가 작심하고서 하나님께 결사적으로 기도하였어요! 그러자 특별하게 성령이 저에게 임하시는 역사가 나타났어요! 그때 혀가 꼬이며 이상한 말도 아닌 소리가 나오기 시작했습니다. 드디어 저에게도 성령세례가 임했던 것입니다!"

성령세례에 대한 대부분의 거짓이 이렇게 나타난다. 자신이 더 노력하여 하나님을 감복시켰고, 그래서 성령세례를 받아 다른 신자들보다 조금 더 뛰어난 영적 엘리트 반열에 오르게 되었음을 은근하게 과시하는 무지하고 교만한 사람들이 이렇게 말하기를 좋아한다. 대게 옹알거리는 변태적인 방언도 한약방의 감초같이 꼭 함께 등장하는 경우가 많다. 그런 모든 내용은 거짓이고 가짜이다. 성경에서 찾을 수 없는 거짓 체험들을 사람들이 몰라도 너무 모른다. 어찌 그런 것을 성령의 세례라 하겠는가? 일단 그런 사람들이 은근하게 자기의 노력과 지극한 정성과 영웅적인 결단을 과시한 것부터 틀렸다. 성령을 자기의 행위와 의의 결과로서 얻어지는 포인트로 취급하는 생각 그 자체가 틀렸다. 성경은 성령의 세례를 받는 과정에 인간의 의지, 노력, 결단, 의가 전혀 작용하지 않는다고 말씀하였다. 오직 하나님의 선물이라고 하였다.

"내가 너희에게 다만 이것을 알려 하노니 너희가 성령을 받은 것은 율법의 행위로냐 듣고 믿음으로냐."(갈 3:2)

"너희가 그 은혜를 인하여 믿음으로 말미암아 구원을 얻었나니 이것이 너희에게서 난 것이 아니요 하나님의 선물이라."(엡 2:8)

믿음으로 성령 받고 거듭난 이후 특별한 성령을 특이하게 다시 받고 체험하면서 능력이 생겼다고 은근히 자부하는 사람들의 마음 밑바닥에는 반드시 자기의 의가 뱀처럼 또아리 틀고 있음을 볼 수 있다. 그 자신의 비범한 영적인 결단과 노력으로 성령을 다시 더 많이 받았다고 한다. 그 결과 더욱 강력한 신앙을 장착하여 더 크게 하나님의 쓰임을 받게 되었다고 말한다. 예전에는 "성령세례를 받았다."고 주로 말했는데, 요즘에는 애매하게 "성령을 체험했다.", "성령체험이 있었다."라는 식으로 말을 바꾼다. 특히 요사이에는 "성령의 기름부으심을 받았다."라고 더 많이 말하고 있는 추세이다. 조금씩 말이 다르기는 해도 결국 이미 성령을 받아 모신 사람에게 또다시 성령이 오시었다는 비성경적인 이야기들이다. 그런 이야기들의 대부분의 실상은 가짜 하나님, 즉 거짓 영들의 영혼사냥 스토리이다. 우리는 이런 일들에 대해 너무 무지하였고, 그런 일들에 대해 신비하게만 생각했다.

성령의 세례를 이런 식으로 이해하면 나머지 모든 중요한 신앙의 틀이 뒤틀어지고 만다. 가짜 하나님, 즉 하나님으로 변장하고 찾아오는 사탄의 영을 그 몸에 모시고 사는 사람이 어떻게 성경대로 믿는 참 신앙을 가질 수 있겠는가? 거짓 영, 즉 귀신을 받은 사람이 무당이라는 것은 다 아는 사실인데, 교인이라고 해서 성령을 가장하는 귀신을 받아들이고서 하나님을 성경대로 믿고 섬긴다는 것이 어찌 가능하겠는가? 그런데 현실은 그런 것 같지가 않다. 너무도 많은 목사들이 그런 식의 성령(?)의 세례를 받았고, 그런 상태로 목회를 하고 있고, 더욱더 놀라운 사실은 그런 목사들의 교회가 더 부흥(?)한다는 사실이다. 대체 왜 이리도 꼬이는 것일까? 참 하나님의 진리의 영, 즉 성령을 바르게 모시고 살면서 하나님을 바르게 섬기는 하나님의 신령한 복을 받은 사람이 흔치 않기 때문이다. 모래알처럼 도처에 미혹의 영을 받은 사람이 넘치고 그들은 본성적으로 하나님의 진리의 말씀보다는 그와 유사한 거짓과 비틀어진 가르침을 좋아한다. 그런 사람들에게는 이미 구원받은 신자에게 다시 성령이 또 임하여서 특별한 능력을 주신다는 성령세례 이야기가 너무도 즐겁고 체질에 맞다. 그릇된 성령세례와 관련된 이야기들이 모두 자기의 스타일이기 때문이다.

그러나 성경적 기독교에서 말하는 성령의 세례는 오직 한 가지이다. 하나님께서 죄로 인해 이미 죽은 영혼을 예수 그리스도로 말미암아 살리시고, 예수 그리스도의 부활과 영생에 참여하게 만들어 주시기 위해 예수 그리스도의 이름으로 보내시는 다른 보혜사, 성령을 부어주시는 것이 참 기독교의 성령세례이다. 한국 교회에서 이 사실을 누구보다 힘주어 가르치고, 가장 잘 설명하는 대표적인 개혁신학자 서철원 박사의 말을 들어보자.

"신약에서 크리스찬이 되는 것은 회개하고 예수 믿어 성령 받음으로 시작한다. 예수 믿을 때 받는 성령세례가 신약이 가르치는 성령세례이지, 중생 후 별도의 과정으로 받는 것이 아니다. 믿음은 성령께서 일으키시고, 그러므로 회개하고 중생하며, 그때부터 성령께서 신자 각자에게 내주하신다. 이렇게 성령께서는 신자가 예수 믿을 때 오시고 그리고 내주하신다. 이 성령 오심이 성령세례이고 중생 후 별도 과정이 아니다." [1]

서철원 박사
(전 총신대 신대원장)

이미 알려진 불건전하고 참 신앙을 오도하는 그릇된 성령세례 주장대로 구원받은 자에게 다시 능력을 주시기 위해 임하는 성령의 세례는 하나님의 역사하심이 아니다. 죄인이 은혜를 따라 예수 그리스도를 믿게 되었을 때, 그 믿음에 근거하여 죄를 사해주시고, 더불어 성자 예수 그리스도의 요청을 따라 성부 하나님께서 믿는 자에게 성령을 보내주심(요 14:16)이 성령세례이다. 성령세례의 목적과 결과는 죽은 영혼의 다시 살아남이다. 십자가에서 피의 제사를 드리고 부활하신 예수 그리스도의 영으로 오신 성령(여 14:26)이 임하심으로 죽은 영혼이 다시 사는 것이다.

성경적 성령의 세례에 대해서 이렇게 가르치지 않고 왜곡하는 여러 종류의 신비적 잡설이 널리 퍼졌다. 성령세례를 바르게 이해하고서 바르게 믿는 사람들은 늘 얌전한데, 빈 수레가 요란하다는 옛말처럼 성령세례에 대한 그릇된 잡설을 믿고 그런 종류의 체험을 가진 사람들은 늘 떠들면서 요란하다. 불행히도 교회에서 분위기를 주도하는 사람들 중에 그런 요란한 사람들이 많고, 또한 목회자들이 신학적으로 무장되지 못해 그런 불건전한 자들을 가볍게 제압할 수 있는 성경적 실력을 갖추지 못한 경우도 많다. 그래서 거짓된 물결과 사상이 현대의 교회들을 쉽게 농락하는 것이다. 거짓된 성령세례 사상을 가지고 장난하는 마귀의 역사가 보통이 아니다. 교회에서 벌어지는 대부분의 그릇된 일들이 '성령', '성령세례', '성령체험'이라는 개념으로 얼버무려지고 있다. 그래서 기독교의 성령의 세례가 무엇인지 오직 성경에 기초하여 더욱더 바르게 가르쳐야 할 필요는 언제나 넘친다. 기독교의 성령의 세례가 무엇이고, 어떤 의미를 가지고 있고, 신자에게서 어떤 열매를 맺게 하는지 요약해 보자.

영원히 흔들리지 않는 구원

하나님의 자녀가 성령의 세례를 받음으로써 얻는 가장 큰 혜택은 하나님의 자녀가 됨이다. 하나님의 자녀가 되어 영원히 흔들리지 않는 반석 같은 구원을 누리게 된다. 성령세례는 구원받은 하나님의 자녀임을 영구하게 확증하는 성령의 인치심이기 때문이다. 사도 바울은 성령세례를 하나님이 신자를 성령으로 인치는 것으로 설명하였다.

"우리를 너희와 함께 그리스도 안에서 견고케 하시고 우리에게 기름을 부으신 이는 하나님이시니 저가 또한 우리에게 인치시고 보증으로 성령을 우리 마음에 주셨느니라."(고후 1:21-22)

"그 안에서 너희도 진리의 말씀 곧 너희의 구원의 복음을 듣고 그 안에서 또한 믿어 약속의 성령의 인치심을 받았으니"(엡 1:13)

"하나님의 성령을 근심하게 하지 말라 그 안에서 너희가 구속의 날까지 인치심을 받았느니라."(엡 4:30)

성경은 성령의 세례가 예수 그리스도의 십자가를 믿는 신자를 영구히 하나님으로 것으로 확증하시는 절차라고 설명한다. '성령의 인치심'이라는 성경의 표현은 바로 그 뜻이다. 그러므로 성령세례의 결과는 그 사람의 구원이 견고하며 영구히 흔들리지 않는 것이다.

세상에서도 다양한 목적을 따라 다양한 형태로 인을 치는 경우가 있다. 합당한 권위를 가진 존재가 어떤 대상을 향해 합법적인 권위로 인을 치면 다른 누구도 그 사실을 임으로 변개하지 못한다. 인을 친 그 존재의 권위가 무너지지 않는 한, 그 인침에 내포된 의미와 효력은 영구하다. 성령은 예수 그리스도를 믿어 하나님의 자녀가 된 사람에게 하나님께서 하나님의 것이라는 의미의 인을 치셨다고 한다. 그것이 바로 성령의 세례이다.

성령으로 인치심인 성령세례는 그 사람이 영원히 참된 믿음에 머물게 한다. 혹시 그 사람이 참된 믿음을 떠나고자 해도 떠나지 못하고, 하나님이 은혜로 주신 구원을 다시 잃어버리지 않는다.

성령세례는 그 사람의 운명이 영구히 하나님의 권능과 주권 아래 머무르게 만든다. 이미 예수 그리스도의 속죄 제사의 은혜를 덧입은 그 사람이 영구히 하나님의 것이 되어 하나님께만 속하게 되었음을 확증하는 성령의 인치심이 곧 성령의 세례이기 때문이다. 그 이후로는 아무리 힘센 사탄이라도 그 사람을 하나님으로부터 빼앗지 못한다. 그 사람의 영혼과 운명이 전능하신 하나님의 주권에만 속함으로 사탄이 어떤 간교한 공작을 펼칠지라도 다시 지옥에 떨어질 수 있는 가능성이 없다. 혹 유혹을 받아 다시 죄에 빠질 수는 있으나, 그 사람의 영혼과 운명은 하나님께 영구히 속하였으므로 다시 버려지지 않는다. 영원히 하나님의 것임을 선포하는 성령의 인침을 받았기 때문이다.

"내가 저희에게 영생을 주노니 영원히 멸망치 아니할 터이요 또 저희를 내 손에서 빼앗을 자가 없느니라 저희를 주신 내 아버지는 만유보다 크시매 아무도 아버지 손에서 빼앗을 수 없느니라 나와 아버지는 하나이니라."(요 10:28-30)

예수 그리스도가 약속하신 이와 같은 놀라운 은혜가 하나님이 믿는 자에게 주시는 선물인 성령의 세례로 말미암아 확증된다. 이것이 신약의 신자들에게 주시는 성령세례의 가장 중요한 의미이다. 그런데 거짓된 가르침을 전파하는 자들은 교묘하게 이 진리를 대적하면서 왜곡한다. 그들이

전하는 구원 받은 그리스도인도 다시 죄에 빠지고 회개하지 않으면 사탄의 지배에 떨어져서 지옥에 간다는 말은 하나님의 진리를 깊이 알지 못하는 신자들에게 큰 영향을 미친다. 자신이 상당히 바른 신앙을 가졌다고 자부하는 사람들에게도 그런 가르침은 상당하게 잘 먹이고 있고, 그런 사상이 우리의 신앙에 유익을 준다고 오히려 한술 더 뜨기까지 한다. 사람들이 죄를 만만히 여기지 않고 경각심을 가지게 된다는 이유이다. 그러나 십자가의 은혜를 파괴하는 그릇된 가르침이 어떻게 우리의 영혼과 신앙에 좋은 약이 될 수가 있겠는가? 십자가의 은혜와 구원의 영원한 진리를 약화시키는 모든 것은 반드시 건강한 신앙을 파괴하는 결과를 가져올 뿐이다.

종종 수십 년간 교회에 잘 다니다 말년에 잠시 믿음을 버리고 살다가 죽은 사람이 정말 지옥에 간 것인가? 라고 질문하는 사람들이 있다. 이전에 성령세례를 받고 구원받은 하나님의 자녀였으나, 믿음을 버리는 순간 그 사람에게서 성령도 떠나고 구원도 사라진 것이었나? 라는 생각을 가지고 하는 말들이다. 그렇게 이해하고 접근하면 안 된다. 결국 (사람이 보기에) 믿음을 버렸고, 다시 신앙으로 돌아오지 않은 상태에서 죽음을 맞았다는 그 사실이 중요하다. 그 사람은 애초에 하나님의 자녀 되었음을 영구히 확증하는 성령의 세례, 즉 성령의 인치심을 받은 적이 없었던 사람이었다. 영원히 하나님의 것이 되었음을 선포하는 하나님의 성령세례를 받은 인생은 절대로 그런 식으로 끝을 맺을 수가 없다. 치매가 온 것이 아니라면 그럴 수가 없다. 잠시 낙망하거나 시험에 빠져 믿음을 떠날 수는 있다. 어느 기간 동안 교회를 등지고 예배를 멀리할 수 있다. 그러나 만세 전에 택하심을 받았고, 은혜를 따라 예수 그리스도의 속죄의 피의 은혜를 덧입었고, 하나님의 자녀가 되어 성령의 세례를 받은 사람이라면 믿음을 버리는 것은 불가능하고, 혹 큰 시험에 빠져 교회를 떠났을지라도 죽기 전에 다시 회개하고 하나님의 은혜로 돌아오게 되어 있다. 하나님의 영원한 자녀가 되었음을 확증하는 성령의 인치심, 즉 성령세례를 받았다는 것은 이러한 놀라운 사실을 내포하고 있다.

수십 년 교회 잘 다니며 중요한 직분까지 받았던 사람이 타 종교인으로 개종하는 경우도 있다. 그 사람도 애초에 성령의 세례를 받았던 적이 없는 사람이다. 예수 그리스도의 십자가 안에서 하나님께 영구히 속하게 되었음을 확증하는 성령의 인치심을 받은 사람이라면 절대로 그런 모습을 보일 수가 없다. 아무리 아끼지 않고 헌금을 잘하고, 찬송도 잘하고, 봉사도 많이 했다 할지라도 다르게 해석하면 안 된다. 그런 사람은 단지 사람의 눈에 좋은 그리스도인이었던 것이다. 중심을 꿰뚫어 보시는 하나님의 눈에는 전혀 아니었다. 무엇으로 그 사실을 확신할 수 있을까? 결국 교회와 믿음을 떠났고, 이후 사탄의 흑암에 머물다가 인생을 마쳤다는 사실이 그것을 증명해 준다. 예수 그리스도를 통하여 하나님의 것으로 확증되는 성령의 세례, 즉 성령의 인치심을 받은 사람은 절대로 그렇게 될 수가 없다.

그러나 우리 주변에 그렇게 여겨지는 사람이 있을지라도 성급하게 말하지 않아야 한다. 그 사람이 내일이라도, 내년이라도 다시 믿음으로 돌아올 수 있기 때문이다. 사람은 그 사실을 정확하게 알 수가 없다. 다만 성령의 세례를 받지 못하고서도 오래 교회에 다니고, 심지어 그런 사람이 목사, 장로, 권사, 선교사까지도 될 수도 있다는 사실을 염두하고 살아야 한다는 것이다. 이것이 사람의 눈에 보이는 이 땅의 교회의 현실이고 실제이다. 그 안에서 하나님의 교회는 언제나 예수 그리스도의 피 뿌리심으로 거듭난 사람들, 즉 성령의 세례를 받은 참 하나님의 자녀들만으로 구성된다.

예수 그리스도를 구주로 믿음

인간이 십자가에 달려 죽으신 예수 그리스도를 자신의 인생과 영혼의 주인으로 삼는다는 것은 비이성적인 일이다. 인간의 일반적인 이성과 사고 작용으로서는 용납할 수 없는 일이다. 그러나 하나님의 신비한 진리를 우리의 어두운 영혼에 비추시는 성령이 임하시면 상황은 금방 달라진다. 아무 죄 없으신 예수 그리스도가 죄로 인하여 영원히 죽을 수밖에 없는 나를 위해 죽으셨다는 사실을 순간적으로 깨닫는다. 순식간에 예수 그리스도에게 자신의 운명을 의탁하고, 전 인격으로 굴복하고, 그에게 순종하려는 결단이 일어난다. 이와 같이 십자가에 달리신 예수 그리스도를 자신의 주인으로 삼는다는 것은 오직 성령의 역사하심으로만 가능하다. 그 어떤 사람의 언변과 설득으로도 발생할 수 없는 일이나, 성령께서 임하시어 죄인의 영혼에 은혜와 신적인 지식을 공급하시면 순식간에 태도가 달라지고, 예수 그리스도를 구주로 영접하고 높이기를 시작한다. 이것이 바로 성령의 세례의 효력이고, 성령세례를 받은 신자에게서 나타나는 가장 명확한 특징이다.

"그러므로 내가 너희에게 알게 하노니 하나님의 영으로 말하는 자는 누구든지 예수를 저주할 자라 하지 않고 또 성령으로 아니하고는 누구든지

예수를 주시라 할 수 없느니라."(고전 12:3)

성경학자 밴 비이드(Ben Byrd)에 의하면 바울 사도가 예수를 구주로 고백하는 신앙고백이 오직 성령의 역사하심으로만 말미암는다고 고린도 교회의 성도들에게 말하였던 특별한 이유가 있었다. 고린도 인근의 거대한 우상의 신전에서 나타나는 어떤 특별한 현상 때문이었다고 한다.[2] 국제 상업도시였던 고린도에서는 다양한 형태의 우상숭배가 매일 진행되었고, 그곳으로부터 다양한 신비주의 현상이 나타나서 교회의 성도들에게도 큰 영향을 미쳤다. 고린도 근처의 델피(Delphi)신전은 고대 그리스 세계의 우상문화를 대표하는 가장 유명한 곳이었다. 신으로부터 계시를 받아 사람들에게 전하는 여자 사제가 그 신전에 상주하고 있었다. 그녀는 신탁을 받기 원하는 사람들로 하여금 짐승의 피로 제사하게 하였고, 그곳의 신이 제사하는 사람에게 주는 메시지를 받기 위해 신전 안쪽의 깊은 밀실로 들어갔다.

그곳의 은밀한 곳에서 여사제는 주문을 외우며 신의 계시를 기다렸는데, 그때 성경의 방언의 은사를 모조하는 변태적인 방언 현상이 함께 나타났고, 여사제는 그것을 통역하여 신탁을 바라는 사람에게 신이 주는 계시를 전했다. 그곳의 여자 사제들의 변태적인 방언 현상과 그것에 대한 통역이 이루어질 때 "예수를 저주한다"… 라는 신의 음성이 사람들에게 자주 전해졌다. 당시 고린도 교회의 신자들은 소문을 들어 이러한 상황을 잘 알고 있었다. 그래서 사도 바울은 거짓되고 변태적인 방언 현상에 물들어 가는 고린도 교회의 신자들에게 십자가에서 죽으신 예수 그리스도를 저주하지 않고 오히려 높이고 구주로 영접하고 경외하는 신앙은 오직 성령의 역사하심으로 말미암는다고 가르쳤다고 밴 비이드는 설명하였다.

물론 이러한 내용이 성경에서 직접 발견되는 것은 아니지만, 상당히 수긍이 가는 내용이다. 성령으로부터 십자가에 관한 신지식을 공급받지 못하면 모든 인간은 십자가를 부끄러워하고 피하게 된다. 십자가에 달려 죽으신 예수 그리스도를 불쌍하게 여기고 동정할 수는 있으나, 자랑스러워하면서 자신의 영혼과 인생의 주인으로 모시고 섬긴다는 것은 있을 수 없는 일이다. 그러나 성령이 임하시어 그 사람의 영혼의 눈과 귀를 열어 예수 그리스도의 구원의 진리를 깨달아 알게 하시면, 천하의 그 누구도 예수 그리스도를 구주로 믿지 않을 수가 없다. 십자가의 길이 구원의 길이라는 사실은 오직 성령의 역사하심으로만 깨달아지는 진리이다.

"십자가의 도가 멸망하는 자들에게는 미련한 것이요 구원을 얻는 우리에게는 하나님의 능력이라."(고전 1:18)

자연인의 거듭나지 못한 이성으로는 그 누구도 이 사실을 깨닫지 못한다. 그래서 세상의 어떤 명문대학에서도 예수 그리스도를 주인으로 삼는 인생이 복된 인생이라는 사실을 가르치지 않는다. 하나님께서 택하시고 예수 그리스도의 십자가로 구원하신 사람들에게 성령의 세례를 부어주실 때에만 일어날 수 있는 일이다. 성령세례의 가장 분명한 결과는 십자가에 달리신 예수 그리스도를 진실되게 자기의 구주로 믿는 신앙이 정확하게 나타나는 것이다.

하나님의 자녀로 입양됨

구약의 성령과 신약의 성령은 동일한 제3의 하나님이다. 그러나 예수님의 승천 후 오순절 날에 지상에 강림하여 교회를 설립하신 신약의 성령은 기능적인 면에서 구약의 성령과는 다르다. 신약의 성령은 십자가에서 자신의 피로 하나님께 영원한 속죄의 제사를 드리고, 부활하여 승천하신 예수 그리스도를 대신하여 오셨다. 예수님은 지상에 계실 때 장차 오실 성령이 자신을 대신하기 위해, 자신의 이름으로 오실 것이라 가르치셨다.

"보혜사 곧 아버지께서 내 이름으로 보내실 성령 그가 너희에게 모든 것을 가르치시고 내가 너희에게 말한 모든 것을 생각나게 하시리라."(요 14:26)

그러므로 신약 성경에서 하나님이 지상의 성도들에게 보내신 성령이 자주 예수 그리스도와 동일한 분으로 묘사된다. 신자들이 하나님으로부터 성령을 받은 것이 예수 그리스도를 받는 것으로 표현되었다.

"그러므로 너희가 회개하고 돌이켜 너희 죄 없이함을 받으라 이같이 하면 유쾌하게 되는 날이 주 앞에서 이를 것이요 또 주께서 너희를 위하여 예정하신 그리스도 곧 예수를 보내시리니."(행 3:19-20)

신약의 성령은 구약의 성령과 마찬가지로 성부, 성자와 인격적으로는 독립된 하나님이시지만, 기능적으로는 성자 예수 그리스도와 일치되시는 분이다. 그래서 신약 성경은 성도들에게 임하신 성령을 예수 그리스도의 영이라고도 말씀한다(행 5:8-9, 행 16:6-7). 모든 신약의 성도들은 성령으로 세례를 받았고, 아무도 성령의 세례를 받지 않고는 성도가 될 수 없다. 신약의 모든 참 성도들이 성령세례를 받았다는 것은 무엇을 뜻하는가? 모든 신자들이 예수 그리스도의 영을 몸 안에 모시고 산다는 의미이다. 예수님은 지상에 계실 때 장차 제자들이 구약의 신자들과는 달리 성령을 몸 안에 모시고 살게 될 것임을 가르치셨다.

"그러나 너희는 저(성령)를 아나니 저는 너희와 함께 거하심이요 또 너희 속에 계시겠음이라."(요 14:17)

사도 바울도 신약의 신자들이 예수 그리스도의 영이신 성령을 몸 안에 모시고 살고 있음을 다음과 같이 설명했다.

"너희 몸은 너희가 하나님께로부터 받은바 너희 가운데 계신 성령의 전인 줄로 알지 못하느냐."(고전 6:19)

야고보도 신약의 신자들이 몸 안에 성령을 모시고 살고 있음을 설명하였다.

"너희가 하나님이 우리 속에 거하게 하신 성령이 시기하기까지 사모한다 하신 말씀을 헛된 줄로 생각하느뇨."(약 4:5)

이와 같이 우리 모든 신약의 참 신자들이 하나님의 아들 예수 그리스도의 영이신 성령을 모시고 산다는 사실은 또 다른 중대한 의미를 동반한다. 그것은 하나님의 친아들 예수 그리스도의 영이신 성령을 받았으니, 그 사실 자체로서 하나님의 자녀로 입양된 것과 다름이 없다. 하나님께서는 영원히 죽었던 우리를 예수 그리스도의 십자가의 보혈로 살리시고, 또한 예수 그리스도의 영이신 성령을 부으심으로 문자적으로 우리가 예수 그리스도와 같은 하나님의 자녀의 반열에 이르게 하였다.

신약의 하나님 백성들이 어쩌다 우연히 하나님을 '아버지'라고 부르게 된 것이 아니다. 하나님의 친아들 예수 그리스도의 영이 우리에게 임하셨으므로, 우리가 예수 그리스도와 같은 하나님의 자녀로 입적되어진 것이다. 실질적으로는 여전히 죄인이지만, 하나님을 아버지라고 부르게 되는 영광을 예수 그리스도 안에서 값없이 누리게 되었다. 이 얼마나 놀라운 사실인가? 이것이 죄인에게 예수 그리스도의 영이신 성령이 임하심으로 하나님의 자녀 되게 만드시는 성령의 세례의 의미이다. 사도 바울은 우리가 하나님을 아버지라고 부르게 된 이유는 하나님이 친아들 예수 그리스도의 영이신 성령의 세례를 받았기 때문이라고 설명했다.

"너희가 아들인 고로 하나님이 그 아들의 영을 우리 마음 가운데 보내사 아바 아버지라 부르게 하셨느니라."(갈 4:6)

하나님은 타락한 아담의 죄 가운데에서 태어나 영원히 죽을 수밖에 없는 죄인들을 다시 자녀로 삼으시기 위해 먼저 친아들의 피로 죄를 씻으셨다. 죄가 씻기어진 사람들에게 친아들 예수 그리스도의 영이신 성령을 부으셨다. 하나님의 아들의 영을 받은 신자는 자동적으로 예수 그리스도와 법적으로 동등한 하나님의 자녀 신분을 획득하게 된다. 하나님의 자녀 신분을 얻었으므로 저절로 그 입에서 하나님을 아버지라 부르게 되는 놀라운 일이 일어난다. 이전에는 하나님을 두려워하는 종이었으나 거침없이 하나님께 나아가 아버지라고 부르는 자녀가 되는 것이다. 이것이 예수 그리스도를 통해 신약의 신자들에게 하나님이 주시는 성령의 세례이다.

지금도 정통 유대인들은 불쌍한 옛날 조선의 홍길동같이 여전히 하나님을 아버지라 부르지 못하고 있다. 이방인 그리스도인들이 자기의 하나님을 아버지라 부르는 것을 보면 눈을 부라리며 돌멩이를 들고 달려들려 한다. 먼저 하나님을 알았으면서도 하나님이 보내신 예수 그리스도의 속죄의 제사와 하나님의 자녀 되게 만드시는 성령의 세례를 알지 못하는 유대교의 비극이며 불행이다. 그들은 예수 그리스도와 성령의 세례를 알지 못하니 영원히 하나님을 아버지라 부를 수가 없다. 자기보다 늦게 하나님을 만난 이방인들이 하나님을 아버지라고 부르는 것을 보면 기가 막히고 말문이 막힌다며 미치려고 한다. 예수 그리스도와 성령의 세례를 알지 못하는 유대교의 한계이다.

"너희는 다시 무서워하는 종의 영을 받지 아니하였고 양자의 영을 받았으므로 아바 아버지라 부르짖느니라."(롬 8:15)

성령세례를 달리 표현하면, 예수 그리스도를 믿는 신약의 성도에게 하나님이 양자 되게 하는 영, 성령을 부어주심이다. 양자는 비록 부모의 혈통을 직접 물려받지는 않았을지라도 자녀로서 모든 권리를 누리게 된다. 특히 성경이 기록될 당시는 양자에게 주어지는 권리와 특권이 지금보다 더 강하게 보장되었던 시대였다. 로마 해군 군함의 밑바닥에서 쇠사슬에 묶여 노를 젓던 비참한 노예가 로마 귀족의 양자가 되자 모든 상황이 급변해지면서 흥미진진한 장면들이 연출되는 영화 〈벤허〉를 보면 성경 시대의 양자 제도가 어떠했는지를 잘 알 수 있다.

우리 신약의 성도들은 원래 죄의 종이었고, 마귀의 흑암에 잡혀 살던 불쌍한 노예(골 1:13)들이었다. 그런데 우리가 예수 그리스도의 영, 하나님의 양자 되게 하신 영, 성령을 하나님이 우리 몸 안으로 부어주심으로 우리의 불쌍한 신분이 변했다. 이전과는 완전히 달라졌다. 죄의 종이었으나 하나님의 자녀가 되었고, 마귀의 흑암에 갇혀 살았으나 하나님의 사랑으로 빛의 세계에서 살게 되었다.

"그가 우리를 흑암의 권세에서 건져내사 그의 사랑의 아들의 나라로 옮기셨으니."(골 1:13)

신약에서 성령의 세례 증거는 결코 무슨 신비적인 현상이 아니다. 진실하게 하나님을 아버지라고 부르며, 하나님께 기도하고 예배드리는 그 자체가 성령의 세례를 받았음을 보여주는 가장 강력한 증거이다.

부활과 영생이 보장됨

성령의 세례를 받는 신약의 그리스도인들도 때가 이르면 죽는다. 그러나 육신은 수명을 다해 죽을지라도 신약의 신자들에게는 이미 부활과 영생이 확실하게 보장되어 있다. 이것이 성령세례의 선물을 누리는 신약의 그리스도인들의 특권이다. 만일 우리가 성령의 세례를 받지 못했다면, 예수 그리스도의 죽으심과 부활은 우리의 장래와는 아무런 연관을 가지지 못한다. 그리스도인들에게 부활과 영생이 보장되는 것은 전적으로 예수 그리스도의 이름으로 신자들의 몸 안으로 오신 성령님 때문이다. 믿는 자들이 장차 부활하고 영생을 누리게 되려면 반드시 대신 십자가에서 피 흘리신 예수 그리스도의 죽으심과 부활 사건에 연결되어야 하는데, 신약의 성도들에게 주어지는 성령의 세례는 바로 이것을 가능하게 한다. 십자가에서 죽으시고 부활하신 예수 그리스도의 이름으로 오신 성령을 받았으므로 예수 그리스도와 함께 이미 죄를 짊어지고 십자가에서 죽었고, 또한 예수 그리스도와 함께 다시 살아났다고 인정받게 되는 것이다. 성령의 세례를 받은 신약의 신자들은 그 몸과 영혼 안에 예수 그리스도의 영으로 오신 성령이 거하시므로 예수 그리스도와 뗄 수 없이 신비적으로 연합되었기 때문이다.

"그의 성령을 우리에게 주시므로 우리가 그 안에 거라고 그가 우리 안에 거하시는 줄을 아느니라."(요일 4:13)

성경은 성령의 세례를 받은 신자 안에 예수 그리스도가 거하시고, 예수 그리스도 안에 신자가 있다고 말씀하시는데, 성령세례로 말미암아 믿는 자와 예수 그리스도가 신비적으로 연합되었다는 의미이다.

예수 그리스도의 죄에 대하여 죽으심과 다시 사심이 우리의 것으로 확증되는 이유는 성령으로 인해 우리가 예수 그리스도와 연합되었기 때문이다. 이 놀라운 연합으로 인해 아무 공로도 없고, 영생을 얻기에 조금도 타당한 어떤 공적도 이루지 못했을지라도 성령을 받은 신자는 예수 그리스도와 연합되었으므로 예수님의 십자가의 효력이 그대로 적용되고 전가되어진다. 이것이 성령의 세례에서 가장 중요한 의미이며 효력이다. 그러므로 이미 거듭난 진실한 신자들에게 성령세례가 있느냐? 없느냐?를 이야기한다는 그 자체가 우스운 일이다.

거룩한 삶이 시작됨

성령세례를 받은 성도의 삶은 거룩과 성결의 길로 점차 달려가기를 시작한다. 그의 영혼과 몸이 하나님이 거하시는 성전으로 변했기 때문이다. 구약 시대에는 거룩하신 하나님께서 그 백성들 가운데 임하실 수가 없었다. 왜냐하면 그들이 하나님의 진노의 대상이 되고 원수되게 만든 죄가 그대로 존재했기 때문이다.

그래서 하나님은 장차 오시어 백성들을 위해 완전한 속죄의 피 제사를 드릴 예수 그리스도의 보혈을 상징하는 황소의 피가 드려지는 성전의 지성소에만 임재하셨다. 성전에서 상주하는 제사장들까지도 죄의 문제가 해결되지 못했으므로 함부로 지성소에는 근접할 수가 없었다. 오직 대제사장만 일 년에 단 한 차례 예수 그리스도의 속죄의 보혈을 상징하는 황소의 피를 가지고 지성소의 하나님께로 나아갔다. 전해오는 이야기에 의하면 대제사장도 하나님의 진노하심으로 언제든 죽을 수 있으므로 그가 시신이 되었을 경우에 지성소에서 끌어내기 위해 허리에 밧줄을 묶고 지성소에 들어갔다고 한다.

그러나 신약의 하나님의 자녀의 권세를 누리는 모든 성도의 몸은 이미 하나님이 거하시는 처소가 되었다. 구약의 대제사장도 부러워하고 전혀 상상하지도 못했던 놀라운 일이다. 완전한 속죄의 제물이신 예수 그리스도께서 친히 하늘의 지성소에서 속죄의 피를 흘리고 죽으시며 자기 백성들의 죄를 완전하게 도말하셨기 때문이다. 그래서 신약 성도의 몸과 마음은 거룩하신 하나님의 성전이다.

"너희가 하나님의 성전인 것과 하나님의 성령이 너희 안에 거하시는 것을 알지 못하느뇨."(고전 3:16)

"너희 몸은 너희가 하나님께로부터 받은바 너희 가운데 계신 성령의 전인 줄을 알지 못하느냐."(고전 6:19)

하나님은 처음부터 하나님께 합당한 거룩한 백성 일으키시기를 심히 원하셨다. 언제나 하나님께서 택하신 백성들을 향하여 가장 바라시는 것은 거룩과 성결이었다.

"나는 너희의 하나님이 되려고 너희를 애굽 땅에서 인도하여 낸 여호와라 내가 거룩하니 너희도 거룩할지어다."(레 11:45)

그러나 죄 속에서 출생하여 죄를 일삼고 살 수밖에 없는 죄인들이 하나님의 뜻을 따라 거룩하게 산다는 것은 불가능했다. 태어날 때부터 죄인으로 난 모든 인간은 죄를 사랑하고 죄를 이루고자 소원하는 본성에서 벗어나지 못한다. 죄를 즐기기 위해 밤낮으로 궁리하고, 죄를 정당화하기 위해 마음을 쥐어짜고, 죄와 짝하면서 육신의 쾌락과 만족을 얻는 것을 인생의 성공으로 여기며 사는 것이 죄인들의 길이다. 하나님께서 택하신 이스라엘 백성도 동일했다. 이스라엘 백성들은 하나님보다는 언제 우상을 사랑하고, 하나님이 금하시는 각종의 죄를 사랑하며 스스로를 더럽히고 밤낮으로 하나님의 저주를 불렀다. 그러므로 택하신 백성들이 저주의 길로 가는 것을 더 이상 방치할 수 없으신 하나님은 포악한 이방 민족의 손을 빌어 그들이 죄악된 길을 더 가지 못하게 막으셨다.

타락한 백성들이 스스로의 힘으로 하나님이 바라시는 거룩과 성결을 이룩할 수 없음을 하나님께서는 다 이해하셨다. 그래서 자기의 타락한 백성들이 거룩과 성결에 이를 수 있는 새로운 방법을 고안하셨다. 하나님 자신이 타락한 자기 백성들 속으로 직접 임하셔서 그들의 속마음을 하나님께 적합하도록 변화시키는 방식이다. 그것이 바로 예수 그리스도의 십자가를 믿는 신약의 신자들에게 주어지는 성령의 세례이다. 하나님 자신이 직접 백성들의 몸과 인격 속에 내주하시면서 죄인들의 마음과 생각의 뿌리를 고치고 다스리시는 것이다. 하나님을 거역하는 죄악된 마음의 바탕을 고쳐서 하나님께 순종하며 하나님의 뜻을 따라서 사는 참 믿음의 사람이 되도록 만들어 주시는 것이다.

"그날 후에 내가 이스라엘 집에 세울 언약은 이러하니 곧 내가 나의 법을 그들의 속에 두며 그 마음에 기록하여 나는 그들의 하나님이 되고 그들은 내 백성이 될 것이라 그들이 다시는 각기 이웃과 형제를 가리켜 이르시기를 너는 여호와를 알라 하지 아니하리니."(렘 31:33-34)

예레미야 선지자는 하나님께서 하나님의 말씀을 택하신 백성들의 마음에 두고, 마음속에다 심어주신다고 예언하였다. 하나님이 타락한 자기의 백성들에게 직접 찾아오셔서 그 더러운 마음의 뿌리를 변화시켜 주시는 것이다. 그러면 드디어 죄인들이 억지가 아니라 스스로의 마음으로 하나님의 뜻을 좇아가는 삶을 살아보게 되는 것이다. 하나님께서는 자기의 더러운 백성들에게 거룩하게 살 수 있는 신령한 마음과 지식을 직접 공급하여 주신다고 구약의 선지자들은 예언하였다.

"내가 나의 법을 그들의 속에 두며 그 마음에 기록하여 나는 그들의 하나님이 되고 그들은 내 백성이 될 것이라."

구약의 이 놀라운 복음이 성취되게 하는 것이 신약의 성령세례이다. 사람의 그 어떤 지식, 사상, 철학으로 죄인들의 삶을 거룩하게 변화시키는 것은 불가능하다. 죄인들 스스로의 이성과 의지의 힘으로는 어림도 없다. 그러나 성령 하나님이 그들 속으로 임재하시어 그들의 마음에서 직접 역사하시면서 마음의 본성을 바꾸시고, 마음에 뿌리를 내린 죄를 제거하시면 거짓말처럼 변화되어 하나님의 뜻을 따를 수 있게 된다.

이것이 신약의 성도가 받는 성령의 세례의 결실이다. 그런데 아직도 어떤 성도가 이러한 성령의 세례를 받은 사람인가?라며 많은 신자들이 어리둥절해한다. 지금 교회에 다니는 모든 사람들이 즉시로 이렇게 말할 수 있도록 배우고 잘 가르쳐야 할 것이다.

"죄를 버리고 거룩한 삶을 사는 것이 성령세례 받은 가장 명백한 증거이오!"

물론 사람이 아무런 노력을 하지 않아도 성령이 강제로 거룩하게 변화되게 만든다는 것은 아니다. 지극히 인격적이신 성령은 결코 강제와 강압의 방식으로 우리의 인격과 삶을 변화시키지 않으신다. 우리 안에 거하시는 성령은 언제나 우리의 의지와 인격을 지극히 존중하신다. 성령은 우리의 뜻과 의지를 소중하게 대해주신다.

그러므로 우리가 여전히 죄를 사모하고 즐기면 성령께서도 강제로 어찌하실 수 있는 방도가 없다. 자신이 그 죄를 이기기 위해 각오를 새롭게 하면서 성령의 도우심을 구할 때 성령은 마음을 새롭게 해 주시는 분이다. 이러한 역사가 벌어지려면 하나님의 말씀이 바르게 선포되어야만 한다. 하나님의 말씀이 바르게 선포될지라도 반드시 성령이 역사하신다는 보장이 주어지는 것은 아니지만, 하나님의 말씀이 선포되지 않고서는 마음을 새롭게 하시는 성령의 역사를 기대하는 것은 타당하지 못하다. 죄인들이 하나님의 말씀을 듣고, 자신의 죄를 깨닫고 시인하면서 언제나 자신과 함께 하시고 계시는 성령의 도우심을 구하면 성령께서는 분명히 역사하시어 죄를 이길 힘을 주신다. 하나님께서 자기의 부패한 마음에 새 은혜와 힘을 공급하여 주시기를 간절히 기도하면 성령은 반드시 그 사람을 긍휼히 여기시고 역사하심으로 거룩하고 정결한 삶이 이루어지게 된다. 이것이 성령의 세례를 받은 신약의 그리스도인들의 신앙생활이다.

죄를 깨닫게 하시는 성령

수십 년 동안 교회에 다녔으나 삶에서 아무런 변화가 일어나지 않는 사람들이 있다. 여전히 죄를 사랑하고 불신자와 전혀 다름이 없는 삶을 살아가는 사람들이 교회에 많이 있다. 이것은 단지 타고난 성격의 문제일까? 그렇지 않다. 근본적인 이유는 그 사람 속에 죄를 깨닫게 하시고 대적하게 하시면서 하나님이 뜻하시는 거룩한 삶으로 변화되게 역사하시는 성령 하나님이 거하시지 않기 때문이다.

"그가 와서 죄에 대하여, 의에 대하여, 심판에 대하여 세상을 책망하시리라."(요 16:8)

성령께서 신자 속으로 임하시는 것은 그 사람이 실질적으로 거룩해서가 아니라 하나님께서 예수님 믿음에 근거하여 의롭다고 선언하셨기 때문이다. 실제로 깨끗하고 의로워서가 아니라 하나님께서 의롭다고 법적으로 선언하였기 때문이다. 실제로는 우리들에게 죄와 온갖 더러움이 존재한다. 그러나 성령께서 그 사람의 몸과 마음을 처소로 삼고 내주하시며 그때부터 그 사람은 실질적으로 하나님께 합당한 사람으로 변화되기를 시작하신다. 예수 그리스도를 닮는 성화의 과정이 시작되는 것이다.

내주하시는 성령은 그 사람이 자신의 다양한 종류의 죄를 깨닫고 물리치도록 도우시며 거룩한 삶을 살도록 이끌어 가신다. 성령이 역사하시지 않으면 그 어떤 사람도 자신의 죄에 대해 각성하지 못하고, 죄를 이기기 위한 그 어떤 노력도 시도할 수 없다. 성령을 모신 참 신자는 단시간에 온전한 그리스도인으로 변화되지는 못할지라도 점진적으로 그리스도를 닮아가는 성화를 보이게 된다.

1, 2년이라면 모를까 수십 년 교회에 다녔음에도 삶에서 예수 그리스도를 닮아가는 거룩한 변화가 전혀 일어나지 않는 사람도 있다. 그 이유는 무엇일까? 자신이 죄인이라는 사실도 모르고, 여전히 자신을 신뢰하고 자랑하면서 마치 하나님께서 적선하듯이 교회에 다니면서 살아가는 것은 대체 무엇 때문일까? 그 사람 속에 성령이 거하시지 않기 때문이다. 비록 교회에 오래 다녔을지라도 성령의 세례를 받은 적 없이 교회를 오래 다닌 사람인 것이다.

진리 안에 머무는 삶

성령세례의 또 하나의 중대한 증거와 열매는 도처에서 미혹하는 거짓 영들이 퍼뜨리는 거짓된 교훈에 쉽사리 빠지지 않는다는 것이다. 성령의 세례를 받아 참 성도된 사람은 예수 그리스도의 복음의 진리를 깨달으며, 그 안에서만 머물면서 하나님을 기쁘시게 한다. 성령을 모신 사람은 언제나 하나님이 인정하시는 참된 믿음의 길에서 벗어나지 않는다. 그 사람 안에 하나님의 진리 가운데로 인도하시는 성령이 거하시기 때문이다. 예수님은 자신이 떠난 후에 오시어 제자들 속에서 거하시게 될 성령을 진리의 영이라고 말씀했다.

"저는 진리의 영이라 세상은 능히 저를 받지 못하나니 이는 저를 보지도 못하고 알지도 못함이라 그러나 너희는 저를 아나니 저는 너희와 함께 거하심이요 또 너희 속에 계시겠음이라."(요 14:17)

"그러하나 진리의 성령이 오시면 그가 너희를 진리 가운데로 인도하시리니 그가 자의로 말하지 않고 오직 듣는 것을 말하시며 장래 일을 너희에게 알리시리라."(요 16:13)

예수 그리스도가 승천하신 후에 지상의 성도들에게 하나님께서 예수 그리스도의 이름으로 보내신 보혜사는 진리의 성령이다. 성령은 하나님의 택하신 사람들을 오직 하나님의 진리의 말씀으로 인도하시기 위해 오셨다. 그러므로 성령의 세례를 받은 사람의 특징은 참 믿음에서 이탈하도록 공작하는 마귀의 미혹에 빠지지 않는다는 것이다. 이 사실을 사도 요한은 다음과 같이 말했다.

"너희를 미혹케 하는 자들에 관하여 내가 이것을 썼노라 너희는 주께 받은바 기름 부음이 너희 안에 거하나니 아무도 너희를 가르칠 필요가 없고 오직 그의 기름 부음이 모든 것을 너희에게 가르치며 또 참되고 거짓이 없으니 너희를 가르치신 그대로 주안에 거하라."(요일 2:26-27)

성령을 모신 성도는 말씀의 참 뜻을 안다. 말씀이 자신의 삶에 적용되게 역사하시는 성령의 조명하심으로 인해 사탄이 보내는 거짓된 사상과 가르침의 미혹에 쉽게 마음이 현혹되지 않는 법이다. 그래서 우리가 이러한 점을 보고서 그 사람이 진리의 영을 받았음을 알게 된다. 진리의 영이신 성령이 그 사람을 인도하시면 그 사람은 결코 거짓에 물들지 않는다. 그러므로 단지 신앙생활에 부지런하다는 이유만으로, 어떤 순간부터 갑자기 열정이 뜨겁게 나타난다는 이유만으로 성령이 그 사람에게서 크게 역사하신다고 말해서는 안 된다. 반드시 그 사람이 예수 그리스도의 진리 안에 머물러야 하고, 진리를 따라서 믿음이 발전하는 증거가 있어야 한다. 그래야만 그 사람이 성령세례를 받았다고 확신할 수 있다.

교회생활에는 탁월한 열심을 보이나 쉽게 불건전한 사람들의 거짓 신앙운동에 매료되는 사람들이 많다. 현대 교회는 갈수록 그런 사람들이 함께 모여 즐거이 지내고, 그들이 이상한 끼를 발산하며 지내도록 마당이 되어주는 교회로 전락하고 있다.

거짓 영들의 악취

성경에 대한 바른 가르침을 보다는 영적으로 변질된 사람들이 전하는 그릇된 것에 더 흥미를 느끼며, 그런 사람들의 집회를 부지런히 쫓아다니면서 인생을 소모하는 안타까운 사람들이 너무 많다. 기왕에 교회에 다니면서 바르게 믿지를 못하고 왜 그리 빗나가는 것일까? 진리의 영이신 성령의 세례를 받은 것이 아니고 유사한 거짓을 전파하는 미혹의 영의 세례를 받았기 때문이다. 교묘하게 성령으로 위장하고서 거짓을 사실처럼 전파하는 미혹의 영과 짝하고 있는 것을 전혀 모르고 자신이 성령을 받았고, 누구보다 성령으로 충만하다고 자부하고 있는 것이다. 사실 단순 열성으로 말하자면 그런 사람들의 열성과 부지런함이 되려 하나님의 진리의 영의 세례를 받은 참 성도들의 열심을 언제나 능가한다. 거짓된 사상에 취하고 악한 영에게 미혹되어 신앙과 행실이 불건전한 사람이 종교적으로 게으르고, 매 주일 예배 때마다 지각하거나, 영적으로 매우 차갑다는 느낌을 주는 경우를 나는 보지 못했다. 미혹된 사람들은 매우 열심이고, 충성하고, 지극히 섬기고, 매우 뜨겁게 헌신한다. 그러나 그들이 진리의 성령 안에서 행하지 않기 때문에 우리 주 예수 그리스도에게는 그들의 행위와 신앙이 악취 덩어리이다.

하나님께서 어떤 사람에게 구원의 은혜를 주시면, 그 사람에게서 나타나는 가장 분명한 특징은 성경적인 온전한 믿음이다. 그 사람에게 하나님이 기뻐하시는 참된 믿음이 시작된다는 것은 하나님이 그를 구원하였다는 증거이다. 구원의 은혜가 임하면 성경의 예수 그리스도를 바르게 이해하고 믿고 따르기 시작한다.

"너희가 그 은혜를 인하여 믿음으로 말미암아 구원을 얻었나니 이것이 너희에게서 난 것이 아니요 하나님의 선물이라."(엡 2:8)

거짓된 자들이 퍼뜨린 거짓을 믿고, 거짓이 신앙의 체질로 정착된 사람들이 너무도 많아 마치 바닷가의 모래알처럼 우리 주변에 많다. 어떤 사람은 그들을 구별하고 달리 보면 현대의 교회가 되지를 않으니 그들을 다른 마음으로 보아서는 안 되고, 또한 하나님은 오직 은혜 안에서 구원을 주시므로 비록 그들이 그릇되게 믿을지라도 은혜로 말미암아 구원받을 것을 의심할 필요가 없다고 한다. 하나님이 우리에게 구원을 오직 은혜로 주신다는 성경의 가르침이 그런 뜻일까? 정말 엉뚱한 소리이다. 하나님께서 오직 은혜로 구원을 주신다는 것은 맞는 말이나, 하나님의 구원의 선물을 받은 사람에게는 반드시 성경적이고 올바른 믿음이 나타난다. 사람의 지혜와 힘으로 성경적이고 올바른 믿음을 가질 수는 없으나 하나님이 은혜를 베푸셨으므로 가능해진다. 그것이 바로 신약의 신자들에게 주시는 성령의 세례이다.

성령의 세례를 받은 신자는 일평생 하나님이 기뻐하시는 참된 믿음과 사탄이 전파하는 유사한 거짓 믿음을 분별하며 살게 된다. 구원받은 참 하나님의 자녀는 하나님의 진리의 말씀을 배우고 순종하고 실천하면서 살아가는 것이 특징이다. 성령이 그 사람 안에 거하시면서 그렇게 되도록 인도하시기 때문이다. 믿는다 하면서 진리의 말씀 위에 서지 못하고, 늘 무당처럼 거짓 믿음의 세계를 얼쩡거리면 산다는 것은 그 사람이 성령의 세례를 받지 못했음을 보여주는 증거이다. 그런 사람들이 많으므로 현대의 교회들이 갈수록 진리의 빛을 잃어가고 있다. 사실 그런 사람들은 비록 몸이 하나님의 교회에 속해 있으나, 실제로는 한 번도 하나님의 교회에 속했던 적이 없다. 오히려 그들은 사탄이 교회를 공격하도록 물꼬를 열어주는 이중대 역할을 하고 있을 뿐이다.

"만일 누가 가서 우리의 전파하지 아니한 다른 예수를 전파하거나 혹 너희의 받지 아니한 다른 영을 받게 하거나 혹 너희의 받지 아니한 다른 복음을 받게 할 때에는 너희가 잘 용납하는구나."(고후 11:4)

바울의 성경을 보면 고린도 교회에 그런 문제가 있었음을 알 수 있다. 성경의 예수와는 전혀 다른 거짓된 예수, 성령이 아닌 다른 영, 예수 그리스도의 복음이 아닌 다른 복음이 유입되었고, 그것을 수용하고 따르는 사람들이 있었다. 물론 성령을 모신 성도들이라고 하여 항상 신앙이 완전하고, 어떠한 상황에서도 결코 거짓된 가르침에 미혹되지 않는 것은 아니다. 그러나 일상적으로, 반복적으로 거짓된 가르침에 미혹되어서 사는 사람은 진리의 영이신 성령을 모신 성도, 즉 성령세례를 받은 신자가 아니다. 왜냐하면 신자들을 하나님의 진리로 이끄시는 성령의 성품이 나타나지 않기 때문이다.

"우리가 다 하나님의 아들을 믿는 것과 아는 일에 하나가 되어 온전한 사람을 이루어 그리스도의 장성한 분량의 충만한 데까지 이르리니 이는 우리가 이제부터 어린아이가 되지 아니하여 사람의 궤술과 간사한 유혹에 빠져 모든 교훈의 풍조에 밀려 요동치 않게 하려 함이라."(엡 4:13-14)

바울은 하나님께서 성령을 교회에 보내시고 성령 안에서 모든 섬기는 직분과 봉사를 감당하게 하는 궁극적인 이유를 이렇게 설명하였다. 영적인 어린아이가 아니라 장성한 어른이 되어 모든 거짓과 간사한 가르침에 미혹되지 않고 굳건하게 서도록 성령이 신자들에게 임하였고 교회에서 운행하시며 역사하신다는 것이다. 그러므로 한두 번도 아니고 여러 차례 사탄의 미혹에 빠지고, 불건전한 운동을 펼치는 집단에 반복적으로 매료되어 시간과 물질을 바치는 사람은 결국 달리 구별되어야 할 것이다. 그러나 그들은 자신에게 선하게 충고하고, 참 복음으로 돌아오도록 권면하는 사람을 오히려 불쌍하다고 말한다. 자신이 경험한 뜨거운 성령세례(?)를 경험하지 못해서 그러는 것이니 이해하려고 넓은 마음을 가지겠다고 한다.

예수 그리스도를 선전하는 삶

성령의 세례를 받은 그리스도인의 삶에서 나타나는 또 하나의 명확한 특징은 예수 그리스도를 높이는 삶이다. 성령세례를 받으면 예수 그리스도에게 항상 영광을 돌리며 예수 그리스도의 복음을 전파하는 증인이 된다. 신약의 성령이 지상에 오신 궁극적인 이유는 구원자 예수 그리스도의 복음을 택하신 자들에게 증거하여 구원하시기 위해서이다. 성령은 하나님이 구원하시기 위해 미리 택하신 사람들이 예수 그리스도의 복음을 믿어 죄 사함 받고 하나님의 백성 되도록 이끄시기 위해 오셨다. 그래서 성령은 자신을 드러내지 않고 오직 예수 그리스도만을 높이고 증거하신다.

"그가 자의로 말하지 않고 오직 듣는 것을 말하시며 장래 일을 너희에게 알리시리라 그가 내 영광을 나타내리니 내 것을 가지고 너희에게 알리겠음이니라."(요 16:13-14)

예수 그리스도는 지상에 계실 때 제자들에게 장차 오실 성령이 스스로를 위해 역사하지 않고 오직 예수님 자신을 알리고 선전하기 위해 일하시는 분이라고 가르쳤다. 성령은 예수 그리스도의 영광을 드러내시기 위해, 예수 그리스도의 이름으로(요 14:26) 오신 분이다. 그러므로 어떤 사람에게서 성령의 역사하심이 풍성하다면 반드시 그 결과는 예수 그리스도가 그 사람의 신앙을 통해 널리 증거되는 것이다. 성령으로 말미암아 그 사람이 높아지는 것이 아니고 오직 예수 그리스도가 높아지는 것이다. 이러한 열매가 없는 사람은 결코 성령세례를 받은 사람이 아니다.

그러므로 우리는 '성령운동'이라는 말과 개념이 교회 안에서 존재하지 못하도록 추방해야만 한다. 예수 그리스도의 십자가의 복음이 바르게 선포되는 현장에서, 그리고 하나님의 은혜를 사모하면서 기도하는 현장에 성령은 언제나 동행하시면서 일하시는 분이다. 하나님께서 성령 하나님을 예수 그리스도와 그의 피 묻은 십자가를 죄인이 발견하고 깨달아서 믿도록 돕기 위해 보내셨다. 그러므로 성령은 결코 자신을 자랑하고 자기의 영광을 구하지 않는다. 오직 예수 그리스도의 복음이 선포되고, 예수 그리스도의 주 되심이 증거되도록 자신을 드러내지 않으면서 일하신다. 그러므로 성령이 일하시는 곳에는 항상 예수 그리스도를 주로 믿고 하나님의 백성이 되는 참 신앙의 열매가 나타나게 되는 것이다. 하물며 성령의 세례를 받았다는 사람들에게 이러한 열매가 나타나지 않을 수가 있겠는가?

예수님만 드러내시는 성령

괴이한 '성령운동'이라는 것을 한다면서 해괴한 짓을 벌이는 사람들이 역병같이 많아졌다. 그들은 가만히 죽은 듯이 있는 성령 하나님이 벌떡 일어나 일하도록 운동시키는 굉장한 재주가 있는 것처럼 설레발을 떤다. 대체 성령 하나님이 언제 무력증에 빠졌고, 비만이나 소아마비 병에 걸리기라도 했다는 것인가? 하나님께서 언제 성령을 그들의 전속 파트너와 꼭두각시로 붙여주시기라도 했을까? 왜, 어떻게 감히 성령 하나님이 운동하시도록 만들 수 있다는 것인지 이해할 수가 없다.

그들이 행하는 성령운동이라는 것의 실상을 보면 참으로 가관이다. 가장 흔한 것은 근거 없이 방언이라고 불리우고 있는 변태적인 소리를 나오게 만드는 것이다. 성령운동가들이 벌이는 '성령집회'라는 곳을 보면 가장 대표적이고 흔한 것은 언제나 변태적인 거짓 방언 현상이다. 그 소리가 안 나오면 돼지 멱따듯이 목을 풀어 소리를 지르며 거반 미치게 만들기도 한다. 그러면 멀쩡한 사람도 절반 미쳐서 미친 짓을 하기가 쉽다. 성령세례를 받게 해 준다면서 성령집회를 열고 다니는 사람들이 성령세례의 가장 대표적인 징조라고 주장하는 그 변태적인 방언이라는 것이 시작되도록 사람들의 성대의 긴장을 푸는 운동을 시키는 장면을 보았다. 사람들은 목을 풀고서 아무 소리나 막 질렀고, 그 강사는 '더 크게! 더 크게! …' 연신 외치면서 성령이 운동하게 만들며 성령세례를 유도하고 있었다. 왜 이런 해괴한 짓이 현대 교회에서 통하게 되었을까? 진리의 말씀을 배우고 연구하여 말씀을 따르는 데 힘을 다하지 않고, 무당들에게서 배운 웃기지도 않은 생쇼로 사람들을 모으려는 천박함의 결과이다.

성령을 운동하게 하여 사람의 눈에 성령의 증거를 보이게 만드는 성령운동이라는 것은 기독교와는 관련이 없다. 예수님과 사도들의 그 어떤 가르침에서도 이런 종류의 성령운동은 그 흔적조차도 발견되지 않는다. 성령은 이런 웃기지도 않는 모양으로 자신의 존재를 드러내지 않는다. 성령은 반드시 자신의 존재가 없는 듯이 역사하시면서 죄인들이 예수 그리스도를 알고 배우고 순종하게 만드신다. 성경은 성령이 그렇게 일하시기 위해 세상에 오셨다고 증거하였고, 특히 예수님께서는 더욱더 그 사실을 명확하게 하셨다. 예수님이 생전에 지상에서 제자들에게 장차 오실 성령에 관해 하신 다음의 말씀을 다시 읽어보라.

"내가 아버지께로서 너희에게 보낼 보혜사 곧 아버지께로서 나오는 진

리의 성령이 오실 때에 그가 나를 증거하실 것이요."(요 15:26)

"그가 내 영광을 나타내리니 내 것을 가지고 너희에게 알리겠음이라 무릇 아버지께 있는 것은 다 내 것이라 그러므로 내가 말하기를 그가 내 것을 가지고 너희에게 알리리라 하였노라."(요 16:14-15)

이 말씀을 볼 때, 죄인들이 예수 그리스도를 더욱 알고, 영원히 죽어야 할 죄인들에게 예수 그리스도의 복음이 더욱더 증거되는 것 외에 그 무엇을 성령의 일하심의 증거라고 할 수 있겠는가? 어찌하여 옹알거리는 변태적인 소리, 해롱거리는 눈빛으로 누워 숨 쉬는 시신이 되어보는 것이 성령세례의 현상이라고 주장하는 것이 가능하겠는가?

성령의 세례를 경험한 신자는 반드시 예수 그리스도의 복음을 전파하는 삶을 사는 것으로 그 정체를 드러내게 된다. 이 사실이 성령의 역사가 많았던 사도행전에서 확인할 수 있다. 성령세례 받은 사도들과 제자들의 삶에서 가장 분명하게 드러나는 열매는 예수 그리스도를 증거하고 높이는 것이었다. 그들은 감옥에 가고 죽음의 위기에 처하면서도 예수 그리스도의 복음을 증거하기를 조금도 주저하지 않았다.

"보혜사 곧 아버지께로서 나오는 진리의 성령이 오실 때에 그가 나를 증거하실 것이요."(요 15:26)

생전에 예수님께서 제자들에게 하신 성령에 대한 이 말씀은 빈말이 아니었다. 성령의 세례를 받은 사도들과 제자들은 예수 그리스도를 전파하고 증거하는데 매진했지, 결코 성령을 사람들의 눈과 피부로 느끼도록 만드는 일을 시도하지 않았다. 오늘날 성령을 증거하면서 변태적인 소리를 풀고 다니는 당골래와 무당들은 성경 어디에서 사도들과 제자들이 그런 변태적인 소리로 기도한다고 추태를 부린 적이 있는지 증거를 제시해주면 좋겠다. 어째서 그런 추잡한 꼴들이 성령세례의 증거이고 현상이라고 주장하며 입을 함부로 놀려 장차 받을 심판과 저주를 스스로 더하는 것인가?

성령세례 받은 모든 사람들은 십자가에서 죽으신 예수 그리스도가 하나님이 보내신 구세주라는 사실을 힘써서 증거하는 데 인생을 바쳤다. 죽기까지 수고하면서 예수 그리스도를 전파하였다. 이것이 성령세례 받은 사람의 열매이고 특징이다. 사도행전 2장을 보라! 최초로 성령세례를 받은 사람들은 누가 시키지도 않았어도 십자가에 달려 죽으신 예수 그리스도를 힘껏 전파하기를 시작했다. 예수 그리스도를 증거하기 위해 오신 성령이 그들에게 임하시는 성령세례를 받았기 때문이다. 예수 그리스도의 복음을 전파하려는 자세, 의지, 마음이 없는 사람은 기독교의 성령세례를 받은 적이 없는 사람이다. 그런 사람들은 성령의 역사가 가장 풍성하게 나타난 사도행전을 읽으면서 성령의 성품과 성령의 세례에 대해서 다시 철저하게 공부해야 한다.

제4장
새로운 성전

부활하시고 승천하신 예수 그리스도의 요청(요 15:26)을 따라 하나님 아버지께서 예수 그리스도의 이름으로 보내신 성령(요 14:26)은 예수 그리스도의 속죄의 피 제사로 말미암아 죄 씻음 받은 지상의 신자들의 몸 안으로 오셨다. 신약의 신자들에게 이와 같은 성령의 세례가 주어짐으로 구약 시대에는 생각지도 못했던 놀라운 일이 일어났다. 그리스도인의 몸과 마음이 하나님이 거하시는 새로운 성전이 된 것이다.

"너희 몸은 너희가 하나님께로부터 받은바 너희 가운데 계신 성령의 전인 줄을 알지 못하느냐."(고전 6:19)

놀랍게도 성경은 하나님이 지상의 믿는 자들에게 보내신 성령을 모시게 된 그리스도인의 몸이 하나님이 거하시는 새로운 성전이라고 말씀한다. 구약 시대의 마지막 성전, 헤롯 성전이 A.D 70년경에 유대인들의 반란을 진압하기 위해 예루살렘을 포위했던 디도 장군이 이끄는 로마 군대에 의해 완전히 훼파되어 사라졌다. 로마 군대의 최고 지휘관은 예루살렘 성전의 웅장함과 그 뛰어난 예술성에 감복되어 파괴하지 않고 보존해 두려고 했다고 한다. 그러나 지휘관의 뜻과는 달리 성전의 여러 곳을 장식하고 있는 보석들을 취하려는 로마 병사들의 거친 행동으로 인해 성전은 파괴될 수밖에 없었고, 결국 불이 번져서 전소되었다. 이는 하나님께서 제 구실을 다하지 못하였고, 오히려 하나님이 보내신 예수 그리스도의 복음을 방해하는 중심 센터로 전락해버린 예루살렘의 돌 성전을 역사 속에서 사라지게 만들고, 대신 새로운 신약의 영적인 성전을 견고하게 세우시려는 섭리였다.

예수 그리스도가 꿈꾸신 완전한 성전

구약 시대에는 하나님께서 오직 성전의 지성소에만 임재하셨다. 성전의 지성소에는 오직 대제사장만 일 년에 단 한 차례 속죄의 피를 가지고 들어갈 수 있었다. 이스라엘 온 백성들의 죄를 대속하기 위해 죽임 당한 황소의 피가 지성소의 속죄소에 뿌려질 때 하나님은 그곳에 임재셨다.

"또 백성을 위한 속죄제 염소를 잡아 그 피를 가지고 장 안에 들어가서 그 수송아지 피로 행함 같이 그 피로 행하여 속죄소 위와 속죄소 앞에 뿌릴지니."(레 16:15)

"성소의 장안 법궤 위 속죄소 앞에 무시로 들어오지 말아서 사망을 면

하라 내가 구름 가운데서 속죄소 위에 나타남이니라."(레 16:2)

대제사장이 지성소에 가지고 들어갔던 황소의 피는 장차 십자가에서 흘리실 예수 그리스도의 보배로운 피를 상징했다. 황소의 피가 뿌려지는 속죄소 위에 하나님이 임재하셨다는 것은, 곧 예수 그리스도께서 십자가에서 우리의 죄를 씻으시는 보배로운 피를 흘리실 것이고, 그 피를 믿어 죄 사함 받은 신약의 백성들에게 하나님이 친히 임재하실 것임을 미리 보여주신 것이다. 이제 성령 하나님은 예수 그리스도의 피 뿌리심(벧 1:2)을 받은 신자들에게 친히 임하심으로 구약 성전의 지성소에서 벌어졌던 하나님의 놀라우신 임재하심이 더욱더 친밀하고 인격적인 방식으로 구현되었다.

이것이 신약시대의 하나님 백성들에게 주시는 놀라운 선물인 성령의 세례이다. 성령세례는 매우 불완전하게 하나님의 임재의 기능을 구현했던 구약의 돌 성전을 완전하게 대체하는 신약의 성전을 세우는 하나님의 역사이다. 성령의 세례로 인해 하나님께서 친히 구원하신 자기 백성들 속에서 친밀하고 영구적으로 거하시게 된다. 이는 갑자기 되어진 일이 아니고 오래전 구약 시대 때부터 준비하시고 작정하셨던 일이다. 하나님은 자기 백성들과 더불어 사시면서 영광을 누리시기 위해 먼저 아브라함을 통하여 한 민족을 건설하셨다. 하나님께서 아브라함을 통하여 자기 백성을 지으신 것은 친히 그들과 더불어 사는 하나님이 되시기 위해서였다.

"나는 너희 중에 행하여 너희 하나님이 되고 너희는 나의 백성이 될 것이니라."(레 26:12)

구약 시대의 하나님의 성전 안으로 가증한 우상이나 율법이 규정하는 불결한 짐승이나 음식이 반입될 수 없었다. 왜냐하면 그곳은 하나님이 임재하시는 성전이었기 때문이다. 신약 성경은 같은 원리가 성도들의 몸에도 적용되어야 한다고 가르친다. 예수 그리스도의 보배로운 피의 은혜로 말미암아 죄 사함 받고 성령이 임재하시게 된 그리스도인의 몸도 구약의 성전이 더러운 것과 철저하게 구별되어야 했던 것 같이 성결해야 한다고 한다. 많은 죄악들 가운데 특히 성도가 그 몸으로 범하는 음행은 다른 죄악들과는 달리 더 직접적으로 하나님의 성전을 더럽히는 죄이므로 더욱 두려워해야 한다고 말씀한다. 사도 바울은 그리스도인의 몸이 하나님을 모시는 성전이므로 몸으로 죄를 범하는 것이 우상이나 율법이 금하는 더러운 것으로 구약 시대의 하나님의 성전을 더럽히는 죄와 같다고 경고하였다.

"너희가 하나님의 성전인 것과 하나님의 성령이 너희 안에 거하시는 것을 알지 못하느뇨. 누구든지 하나님의 성전을 더럽히면 하나님이 그 사람을 멸하시리라 하나님의 성전은 거룩하니 너희도 그러하니라."(고전 3:16-17)

"음행을 피하라 사람이 범하는 죄마다 몸 밖에 있거니와 음행하는 자는 자기 몸에게 죄를 범하느니라."(고전 6:18)

그리스도인들의 몸 안에서 이루어진 신약의 새로운 성전은 이처럼 놀랍고 신비하다. 예수 그리스도는 처음부터 신자들에게 성령으로 세례를 베푸시어 불완전했던 구약의 돌 성전을 대체하는 완전한 성전을 건축하시려는 의도를 가지고 사역하셨다. 예수님 당시 예루살렘에 존재했던 구약의 세 번째 성전, 즉 헤롯 성전이라고 불리웠던 그 성전은 이스라엘의 역사상 가장 크고 웅장했던 성전이었다. 이방인 출신으로 유대 민족을 다스리게 된 헤롯 대왕이 유대인들의 환심을 얻고자 엄청난 기금을 투자하여 이 성전을 지어 유대인들에게 선물하였다. 오래 전 유대인들의 반란을 진압했던 로마 군대에 의해 철저하게 훼파되고 겨우 조금 남아있는 '통곡의 벽'이라 불리우는 성전의 서쪽 지반의 외벽의 규모만 보더라도 그 당시의 성전이 얼마나 크고 웅장하였는지 짐작할 수 있다.

이방인 헤롯 대왕이 유대인들의 환심을 사기 위해 건축한 구약의 세 번째 성전의 남아있는 서쪽 외벽(통곡의 벽).
B.C 20년에 건축 공사가 시작되었고, A.D 64년에 이르러서 세부적인 건축 공사가 마무리 되었을 정도로 엄청난 규모의 성전이었다.

"예수께서 대답하여 가라사대 너희가 이 성전을 헐라 내가 사흘 동안에 일으키리라. 유대인들이 가로대 이 성전은 사십육 년 동안 지었거늘 네가 삼일 동안에 일으키겠느뇨 하더라. 그러나 예수는 성전 된 자기 육체를 가르쳐 말씀하신 것이라."(요 2:19-21)

예수 그리스도는 모든 사람들이 경외했던 예루살렘의 그 웅장했던 성전 건물에 대해 이처럼 말씀하셨다. 유대인들이 무의미하게 경외하고 있는 그 엄청난 돌 성전은 무너져야만 하고, 스스로 삼일 만에 참된 성전을 세우시겠다고 하셨다. 그 당시 유대인들로서는 도무지 이해할 수 없는 말이었고, 단지 그것만으로도 그들에게 예수 그리스도를 죽이고 싶은 마음이 생기기에 부족하지 않았다. 왜 예수님은 그 아름다웠던 성전에 대해서 그처럼 말씀하셨을까? 하나님이 친히 임재하셔서 자기 백성들의 예배를 받으시며, 하나님께서 친히 백성들 가운데서 즐거이 더불어 거하시게 만들어야 할 성전이 그 본래의 목적을 전혀 감당하지 못하고 있었기 때문이다. 예수 그리스도는 성전이 못 감당하고 있는 그 일을 자신이 친히 완수하기 위해 십자가에서 피 흘리고 죽으시려고 작정하셨다. 예수 그리스도는 자신이 친히 피 흘리고 죽으심으로 하나님이 하나님의 백성들에게 임재하시어 처음부터 하나님이 꿈꾸셨던 하나님과 하나님 백성 사이의 완전한 연합을 구현하시려고 작정하시고 계셨다. 그 모든 것은 예수 그리스도가 십자가에서 죽으시고, 부활하시고, 승천하시어 하나님께 요청하여 지상에 성령을 보내심으로써 이루어지게 될 일이다.

그러나 그것은 그릇된 신학과 전통에 사로잡힌 유대인들에게는 전혀 통할 수 없는 사상이었다. 예수 그리스도의 생각과 계획은 유대인들에게는 상상할 수 없는 괴변이었고, 충격과 혼돈 그 자체였다. 유대인들은 예루살렘의 웅장하고 아름다운 돌 성전에 대해 그런 생각과 자세를 가지고 있는 사람과 한 하늘을 이고 살아가는 것 자체가 죄악에 동참하는 것이라 여겼다. 예수 그리스도가 살아서 숨 쉬게 하는 것은 곧 가증하고 참람한 죄악을 용인하는 것이고, 또한 지지해 주는 죄악이라고 간주되었다. 그래서 대제사장과 서기관들과 장로들과 유대 지도자들은 망설이지 않고 예수 그리스도를 죽이려고 작심하고 기회를 기다렸던 것이다.

유대지도자들이 예수 그리스도에게 사형을 선고할 수 있었던 가장 큰 빌미는 평소 예수님의 성전에 대한 불경한 말과 자세였다. 예수님께서 예루살렘의 웅장한 돌 성전을 헐고 다시 사흘 만에 짓겠다고 말씀하셨다는 것을 문제로 삼았다(마 26:61). 결국 그것이 결정적인 빌미가 되어 예수님은 사형선고를 받으셨다. 예수 그리스도가 십자가에 달려 죽으실 때, 몰인정한 유대인들은 고통 당하시는 예수님을 향해 성전을 헐고 삼일 만에 다시 지을 것이라 하였다면서 조롱하였다.

"지나가는 자들이 자기 머리를 흔들며 예수를 모욕하여 가로되 성전을 헐고 사흘에 짓는 자여 네가 만일 하나님의 아들이어든 자기를 구원하고 십자가에서 내려오라 하며."(마 27:39-40)

예수 그리스도의 지상 사역의 최고의 목적은 구약의 돌 성전을 통해 이루어지지 못한 하나님의 꿈을 성취하는 것이었음이 분명하다. 하나님이 친히 백성들 가운에 거하시며 경배 받으시는 완전한 성전을 세우는 것이었다. 예수 그리스도의 이 소망이 어떻게 이루어졌는가? 예수 그리스도의 피 뿌림으로 죄가 씻기워진 신약의 성도들의 몸 안으로 성령 하나님께서 친히 임재하심으로 이루어졌다. 이것이 신약의 성령의 세례이다.

"너는 군인이라 피를 흘렸으니 내 이름을 위하여 전을 건축하지 못하리라 하셨느니라."(대상 28:3)

구약의 성전을 짓는 일도 귀하고 아름다운 일이었다. 결코 아무나 하나님이 백성들 가운데로 임재하시는 구약의 돌 성전을 지을 수 있는 것은 아니었다. 위대한 믿음의 사람 다윗은 자신의 재위 기간 동안 하나님의 성전을 건축해 내기를 매우 소원하였으나, 하나님께서는 다윗에게 이와 같이 말씀하시면서 만류하셨다. 하나님은 손에 피를 많이 묻힌 다윗에게 자기의 성전을 짓도록 허락하시지 않고 전쟁을 겪지 않은 그의 아들 솔로몬을 통하여 성전을 짓기 원하신다고 말씀하셨다.

하는 수 없이 다윗은 자신이 직접 성전 건축하기를 포기하고 대신 아들 솔로몬이 성전을 아름답게 짓도록 모든 준비를 다했다. 그 당시 어떤 건축물과도 비할 수 없이 웅장했던 예루살렘 성전을 건축하도록 자신이 할 수 있는 모든 힘을 다하여 준비하였다. 다윗은 생전에 하나님의 성전건축을 위해 금 십만 달란트(대상 22:14)를 비롯하여 각종의 진귀한 자재들을 국가적인 차원에서 준비하였고, 자신의 개인적인 헌금으로서 금 삼천 달라트(대상 29:4)와 다른 진귀한 것들을 준비하여 하나님께 바쳤다. 다윗이 개인적으로 하나님의 성전을 건축하기 위해 마련한 금 삼천 달란트가 얼마나 많은 양인지 우리는 실감하기 어렵다. 한 달란트의 무게는 대략 34kg이니, 1톤 트럭으로 다윗이 하나님께 바친 금을 운송하려면 약 100번 정도 왕복해야 한다. 이 정도로 다윗은 힘을 다해 솔로몬의 성전 건축을 준비하였다.

솔로몬 또한 즉위한 후 아버지가 품었던 하나님의 성전을 건축하려는 뜻을 이루기 위해 하나님이 자신과 이스라엘에 부어주신 모든 힘과 부를 동원하여 필요한 자재들을 마련하였다. 솔로몬은 성전 공사를 시작하기 위해 이스라엘과 외국의 여러 나라들에 있는 가장 진귀한 재료들을 많이 장만하였다. 솔로몬이 성전 건축공사를 시작하기 전에 했던 말을 우리는 눈여겨 보아야 한다.

"누가 능히 하나님을 위하여 전을 건축하리요 하늘과 하늘들의 하늘이라도 주를 용납하지 못하겠거늘 내가 누구관대 어찌 능히 하나님을 위하여 전을 건축하리요 그 앞에 분향하려 할 따름이니라."(대하 2:6)

　솔로몬은 세상의 모든 것을 동원하여 아무리 아름다운 건물을 지어 하나님께 드린다고 할지라도 그것이 하나님이 거하시는 전이 될 수는 없다고 말하였다. 이와 같은 솔로몬의 말이야 말로 하나님의 성전에 대한 가장 정확한 진실이다. 감히 누가 어떤 건물을 짓는다고 하나님이 그 속에 들어가 사시겠는가? 감히 누가 그리하시라고 말할 수 있겠는가? 죄인들의 더러운 손으로 하나님이 거하시는 집을 지어드린다는 것은 불가능한 일이다. 그런 말 자체가 심히 오만하고 무지한 말이다.

　솔로몬의 말대로 구약 시대의 성전은 하나님께서 죄인들의 기도와 제사를 받아주시는 장소였을 뿐이다. 하나님이 항상 거하시는 진정한 의미의 성전은 구약 시대에 존재할 수 없었다. 죄를 제거하시는 예수 그리스도가 십자가에 달려 우리를 위해 보혈을 하늘의 지성소에 뿌리심으로 상황이 달라졌다. 예수 그리스도의 피로 우리의 더러운 죄가 도말되었으므로 원래 에덴 동산에 범죄가 들어오기 이전과 같이 하나님과 하나님 백성의 친밀한 연합이 다시 실현되게 되었다. 하나님께서 친히 우리 속으로 들어오시어 우리의 몸을 자신이 거하시는 성전으로 삼으셨다. 이것이 신약의 성령세례의 의미이고, 성령세례를 받았다는 것은 바로 이와 같은 놀라운 일이 일어났다는 것이다. 그래서 사도 바울은 이렇게 가르쳤다.

　"너희가 하나님의 성전인 것과 하나님의 성령이 너희 안에 거하시는 것을 알지 못하느뇨.(고전 3:16)

부르심에 미치지 못한 이스라엘

신약시대에 시작된 성령의 세례는 결코 돌발적으로 생겨나지 않았다. 에덴동산에서 반역하고 타락 한 자기 백성을 영구히 버리지 않고 죄를 없었던 것으로 무효화시키어 다시 자녀로 삼아 예비하신 은혜를 누리게 하시려고 작정하신 하나님의 구원계획 속에 이미 성령세례가 계획되어 있었다. 그래서 구약의 시대가 진행되면서 예수 그리스도의 구원의 때가 가까워질수록 하나님의 선지자들은 장차 메시아가 오심으로 성령이 하나님의 택하심을 입은 모든 백성들에게 부어지는 날이 올 것이라고 예언하였다.

성령이 모든 하나님의 참 백성들에게 임재하시는 때가 이미 구약 시대부터 차근차근 계획되고 준비되었다는 사실을 살펴보자. 아브라함으로부터 시작된 소수의 이스라엘의 조상들은 애굽에서 약 400년 동안 지내면서 큰 민족으로 불어났다. 때가 이르자 하나님은 그들을 다시 가나안 땅으로 인도하여 내시어 계획하신 나라를 세우게 만드셨다. 하나님께서 이스라엘 민족을 애굽에서 불러내어 가나안 땅에 터를 내리게 하신 궁극적인 목적은 하나님 백성이 하나님을 경배하며 사는 나라를 세우는 것이었다. 하나님은 이스라엘을 자기 백성으로 삼으시고 땅과 언약을 주셨다.

"세계가 다 내게 속하였나니 너희가 내 말을 잘 듣고 내 언약을 지키면 너희는 열국 중에서 내 소유가 되겠고 너희가 내게 대하여 제사장 나라가 되며 거룩한 백성이 되리라."(출 19:5-6)

"나는 너희의 하나님이 되려고 너희를 애굽 땅에서 인도하여 낸 여호와라."(레 11:45)

"나는 너희의 하나님이 되려 하여 너희를 애굽 땅에서 인도하여 낸 여호와 너희 하나님이니라 나는 여호와 너희 하나님이니라"(민 15:41)

이스라엘 민족이 가나안 땅에 뿌리를 내리고 살게 하셨고, 율법과 각종 제도와 하나님이 그들 가운데 임재하실 성전을 주셨다. 그 목적은 오직 한 가지였다. 하나님께서 택하신 자기 백성들과 함께 거하시며 그들의 하나님이 되고, 그들은 하나님의 백성 되는 것이었다. 구약 성경에는 이 사실이 수없이 계속 반복된다.

"나는 너희 중에 행하여 너희 하나님이 되고 너희는 나의 백성이 될 것이니라."(레 26:12)

"모세가 레위 제사장들로 더불어 온 이스라엘에게 고하여 가로되 이스라엘아 잠잠히 들어라 오늘 날 네가 네 하나님 여호와의 백성이 되었으니."(신 27:9)

"너희는 내 목소리를 들으라 그리하면 나는 너희 하나님이 되겠고 너희는 내 백성이 되리라 너희는 나의 명한 모든 길로 행하라 그리하면 복을 받으리라."(렘 7:23)

"너희는 내 백성이 되겠고 나는 너희 하나님이 되리라."(렘 30:22)

이스라엘 민족의 역사 초기에 잠시 동안 이러한 하나님의 뜻이 이루어지는 것 같았으나 조금 시간이 지나면서 이스라엘은 하나님 백성의 길을 망각하고 세상의 다른 나라들의 정치와 제도와 삶과 문화를 좇아갔다. 왕 되신 하나님과 하나님이 주신 율법에 청종하는 것보다는 주변의 이 민족들의 정치와 제도를 본받기 시작했다. 하나님 나라로 시작한 이스라엘은 다른 나라들처럼 인간 왕을 세우자는 백성들의 요구로 말미암아 위기에 봉착했다. 하나님은 사무엘 선지자에게 다른 나라들과 같이 인간 왕을 세우자고 간청하는 백성들의 태도가 결국 하나님 자신을 왕되지 못하게 만드는 타락이라고 말씀하셨다.

"여호와께서 사무엘에게 이르시되 백성이 네게 한 말을 다 들으라 그들이 너를 버림이 아니요 나를 버려 자기들의 왕이 되지 못하게 함이니라." (삼상 8:7)

이스라엘의 초대 왕 사울은 전혀 하나님의 기대에 부응하지 못했다. 그의 신앙과 사상은 왕의 자리에 앉아 이스라엘 민족을 하나님의 백성의 길로 이끌기에는 너무도 부족하였다. 하나님께서는 이스라엘을 자기 백성의 길로 이끄시기 위해 그를 폐하고 자기 마음에 합당한 다윗(행 13:22)을 이스라엘의 왕으로 세우셨다. 이스라엘의 건국 왕 다윗도 비록 몇 차례 중대한 실수와 죄를 범하였으나 그는 이스라엘 민족을 하나님 백성의 길로 가도록 잘 이끌었던 믿음의 왕이었다. 만일 다윗과 같은 왕이 계속하여 일어났다면 이스라엘을 자기 백성으로 삼으시고 땅과 영원한 언약을 주셨던 하나님께서 그들을 저주하여 이 민족의 노예 되게 만드시는 일은 일어나지 않았을 것이다.

다윗의 뒤를 이은 아들 솔로몬과 그 이후의 대부분의 왕들에게는 하나님의 뜻을 거역하는 것이 일상이었고, 아사, 여호사밧, 요시아, 히스기야 등의 몇 왕을 제외하고 대부분의 왕들이 하나님의 진노가 임하게 만들기만 했다. 다윗의 아들 솔로몬 왕의 배교 정책과 방종으로 인해 이미 이스라엘은 영적으로 기울었고, 그의 아들 르호보암은 더욱 어리석고 영적으로 어두워 기어이 남쪽 유다 왕국과 북 이스라엘 왕국으로 나라가 두 쪽 나게 만들었다. 여로보암이라는 새로운 인물이 통치하면서 시작된 북 이스라엘 왕국에서는 사탄을 여호와 하나님으로 둔갑시켜 섬기는 배교가 활기차게 진행되었다. 여로보암은 벧엘과 단에 각각 거대한 금송아지 우상을 만들고, 그것이 여호와 하나님이라고 가르치며 백성들이 하나님을 섬기고자 남쪽 유대 왕국의 수도 예루살렘에 가지 못하게 했다.

"이에 계획하고 두 금송아지를 만들고 무리에게 말하기를 너희가 다시는 예루살렘에 올라갈 것이 없도다. 이스라엘아 이는 너희를 애굽 땅에서 인도하여 올린 너희 신이라 하고 하나는 벧엘에 두고 하나는 단에 둔 지라."(왕상 12:28-29)

니콜라스 푸생(Nicolas Poussin, 1594-1665)의 작품 '금송아지 숭배'.
고대세계에서 금송아지는 태양신 바알의 아들 격인 탐무스를 상징하였다. 이스라엘 백성들은 애굽에서 금송아지 우상을 알게 되었고, 모세가 시내산에서 십계명을 받는 동안 금송아지 우상을 만들어 하나님이라며 숭배하다가 하나님의 심판을 당하였다.

그 이후의 북쪽의 모든 왕들이 한결같이 여로보암의 길로 행하며 하나님의 진노를 불렀고, 결국 북 이스라엘 왕국은 하나님이 심판의 도구로 일으키신 앗수르에 의해 완전히 멸망당하였다(B.C 722). 남쪽 유다 왕국의 상황도 비슷하였다. 북 이스라엘을 우상의 나라로 변질시킨 아합 왕과 바알을 섬기는 이웃 나라의 공주였던 그의 아내 이세벨이 낳은 딸 아달랴가 남쪽의 왕 여호람과 혼인함으로 유다 왕국에도 바알 종교가 전파되었다(왕하 11:18, 23:4). 또한 북 이스라엘의 금송아지 종교도 백성들에게서 환영받기 시작했다(왕하 13:11). 그리고 산당이라는 것도 남쪽 유다 왕국의 백성들의 마음을 사로잡고서 더욱 크게 미혹하였다.

산당의 실상과 성격에 대해 성경은 정확하게 설명하지 않으나, 남쪽의 역대의 왕들에 대한 하나님의 평가는 그들이 산당에 대해서 어떤 자세를 가졌는지에 따라서 달라졌다. 백성들이 미혹된 믿음을 가지도록 산당을 방치하거나, 산당에 우호적이었던 왕들은 결코 하나님의 칭찬을 받지 못하였다(왕하 14:3,4). 어떤 왕은 비록 다른 면에서 매우 잘하였으나 산당을 방치하고 철폐하지 않았기 때문에 하나님이 징계하여 병으로 죽었다고 기록되었다.

"아사랴가 그 부친 아마샤의 모든 행위대로 여호와 보시기에 정직히 행하였으나 오직 산당은 제하지 아니하였으므로 백성이 오히려 그 산당에서 제사를 드리며 분향하였고 여호와께서 왕을 치셨으므로 그 죽는 날까지 문둥이가 되어 별궁에 거하고 왕자 요담이 궁중 일을 다스리며 국민을 치리하더라."(왕하 15:3-6)

믿음의 왕 히스기야와 종교개혁자 요시야 왕이 등장하여 산당을 철폐하고, 우상들을 추방하였으나 기울어가는 남쪽 유다 왕국의 운명을 돌이킬 수는 없었다. 바알과 아세라 숭배, 하늘의 별들에 대한 숭배, 자녀를 불태워 바치는 몰렉 숭배, 그리고 심지어 우상을 숭배하기 위해 남색하는 자들이 예루살렘 성전 안에서 기거하는 '미동의 집'(왕하 23:7)이라는 것까지 존재하였다. 결국 남쪽 유다 왕국까지도 하나님의 백성으로 부르신 하나님의 기대에 전혀 미치지 못하였고 날이 갈 수록 죄를 더하기만 하므로 하나님께서는 심판의 도구로 준비하신 바벨론 왕국의 손을 빌어서 유다 왕국까지도 멸망시켰다(B.C 586년). 이때부터 나라와 땅을 잃고 유랑하는 이스라엘 민족의 비극이 시작되었다.

구약에서 계시된 성령세례

그러나 이스라엘을 자기 백성으로 삼고자 하시는 하나님의 뜻과 계획이 완전히 파기된 것은 아니었다. 하나님은 이스라엘 백성들에게 죄악에 대한 철저한 심판을 선고하실 때 동시에 선지자들을 통하여 더욱더 놀라운 은혜의 약속을 선포하셨다. 하나님의 심판으로 이스라엘이 바벨론의 포로될 것임을 크게 외쳤던 예레미야 선지자는 동시에 하나님께서 이스라엘 백성들의 마음을 하나님의 특별한 방법으로 돌이켜서 반드시 하나님의 신실한 백성되게 만들 것이라는 하나님의 계획을 공표하였다. 사람이 생각할 수 없는 놀라운 방식으로 죄악에 매여서 소망없이 살아가는 이스라엘을 기어이 하나님의 신실한 백성으로 변화시키는 날이 이를 것이라고 예언하였다.

"내가 여호와인 줄 아는 마음을 그들에게 주어서 그들로 전심으로 내

게 돌아오게 하시니 그들은 내 백성이 되겠고 나는 그들의 하나님이 되리라."(렘 24:7)

이스라엘은 하나님보다는 언제나 우상만 좋아했고, 하나님께 순종하기는 너무도 어렵고 반대로 하나님의 말씀에 대해 불순종하기는 누워서 떡 먹듯이 매일 쉽게 저지를 수밖에 없는 전적으로 타락한 백성이었다. 건드리지 않고 그대로 두면 더욱더 크게 범죄할 뿐이므로 하나님은 부득이 사나운 이 민족들의 손을 빌어 그들이 더 범죄하지 못하도록 멸망시켰다. 이 정도로 소망없는 이스라엘 백성들의 신앙과 삶이 놀라운 하나님의 방법으로 인해 다시 완전하게 회복될 것이라는 것이다. 도대체 그 어떤 방법으로 하나님을 그 일을 이루시려고 작정하셨던 것일까?

"나 여호와가 말하노라 그러나 그날 후에 내가 이스라엘 집에 세울 언약은 이러하니 곧 내가 나의 법을 그들의 속에 두며 그 마음에 기록하여 나는 그들의 하나님이 되고 그들은 내 백성이 될 것이라. 그들이 다시는 각기 이웃과 형제를 가리켜 이르시기를 너는 여호와를 알라 하지 아니하리니 이는 작은 자로부터 큰 자까지 다 나를 앎이니라 내가 그들의 죄악을 사하고 다시는 그 죄를 기억지 아니하리라."(렘 31:33-34)

가장 혹독하게 죄악된 이스라엘 백성들에 대한 하나님의 철저한 응징을 예언했던 예레미야 선지자는 동시에 이와 같은 놀라운 예언을 심판으로 고통당하는 백성들에게 주었다. 하나님께서 하나님의 법, 즉 하나님의 말씀을 백성들의 마음에 직접 심어주시는 놀라운 일이 이루어지는 때가

온다고 했다. 죄악되었으나 은혜로 하나님의 백성으로 택하심 받은 그들의 마음속에 하나님의 말씀이 직접 기록된다고 하였다. 하나님이 하나님의 말씀을 백성들의 마음에 직접 심어주신다면 그 백성들은 힘들이지 않으면서 하나님의 말씀을 좇아가면서 순종하게 되는 것이다.

도대체 이 놀라운 일은 어떤 방식으로 이루어지게 되는 것일까? 선지자는 무엇을 바라보면서 이러한 예언을 주었을까? 교육이나 새로운 사상이나 철학이나 정치 이념이나 그 무슨 혁명으로도 이 일은 이루어질 수가 없다. 오직 예수 그리스도의 십자가의 보혈로 죄 씻음을 받는 것뿐이다. 예수 그리스도의 보혈로 죄의 능력과 권세로부터 해방된 하나님의 백성들에게 하나님이 성령을 부어주심으로 되어지는 놀라운 하나님의 역사이다. 다른 것으로는 전혀 되지 아니하고, 오직 성령이 믿는 자들의 몸과 마음과 영혼에 강림하심으로서 이루어질 수 있는 일이다.

하나님의 신의 감동하심을 받아 예언을 전한 예레미야에게는 이러한 사실이 미리 보였다. 예수 그리스도의 구원의 계시를 주시는 하나님의 신에 감동되어 장차 세상에 오실 메시아의 구원 사역으로 말미암아 이루어질 이 놀라운 일을 미리 보면서 예언하였다. 그것이 신약시대에 모든 참되게 믿는 자들에게 선물로 주어지는 성령의 세례이다. 이러한 사실은 하나님의 신의 감동하심을 받아 예수 그리스도의 구원사역을 예언한 다른 선지자들의 글에서도 동일하게 나타났다. 이사야 선지자도 동일하게 메시야 예수 그리스도의 구원사역으로 말미암아 성령이 택하신 모든 백성들에게 부어질 것이라 예언하였다.

"필경은 위에서부터 성신을 우리에게 부어주시리니 광야가 아름다운

밭이 되며 아름다운 밭을 삼림으로 여기게 되리라."(사 32:15)

"대저 내가 갈한 자에게 물을 주며 마른 땅에 시내가 흐르게 하며 나의 신을 네 자손에게, 나의 복을 네 후손에게 내리리니."(사 44:3)

신약시대의 성령세례를 이해하는데 있어 그것이 구약에서 이미 이렇게 예언되었다는 사실은 너무나도 중요하다. 왜냐하면 성령세례는 신약에서 갑자기 나타난 것이 아니라 타락한 백성들을 버리지 않고 다시 회복하여 하나님 백성되게 하시려는 하나님께서 오래전부터 계획하신 일이기 때문이다. 그런데 많은 사람들이 성령세례가 이미 구약 때부터 철저하게 계획되었다는 사실을 모른다. 예수 그리스도의 오심으로 말미암아 신약시대의 모든 하나님 백성들에게 기본적으로 주어지는 하나님의 선물이라는 사실을 정확하게 이해하지 못하고 있다. 대신 그리스도인들 가운데 더 뛰어나거나 더 성실한 사람들에게 특별하게 주어지는 제2의 축복이라고 오해하고 있다.

에스겔 선지자의 예언 속에서도 구약 시대의 돌 성전과는 그 성격과 모양이 전혀 다른 새로운 성전이 나타날 것이라는 내용이 나타났다. 하나님께서 자기 백성들 안에 들어서서 하나님이 영구히 그 백성들과 함께 거하게되는 새로운 성전이 나타날 것이라고 예언했다.

"내 처소가 그들의 가운데 있을 것이며 나는 그들의 하나님이 되고 그들은 내 백성이 되리라. 내 성소가 영원토록 그들 가운데 있으리니 열국이 나를 이스라엘을 거룩케 하는 여호와인 줄 알리라 하셨다 하라."(겔 37:27-28)

"그들이 나를 여호와 자기들의 하나님인줄 알리라 내가 다시는 내 얼굴을 그들에게 가리우지 아니하리니 이는 내가 내 신을 이스라엘 족속에게 쏟았음이니라 나 주 여호와의 말이니라."(겔 39:28-29)

신약시대의 하나님 백성들에게 공히 부어지는 성령, 즉 성령의 세례가 아니고서 에스겔 선지자의 이러한 내용의 예언을 이해할 수 있는 다른 길은 없다. 하나님의 신의 감동하심을 입은 예언자 에스겔은 장차 오실 메시야의 십자가 사역과 그로 인해 하나님 백성들 속으로 친히 하나님이 임재하시는 성령세례를 이미 내다보았던 것이다. 이렇게 성경을 이해하지 않으면 에스겔과 다른 선지자들의 하나님이 성신이 백성들 가운데로 부어진다는 예언을 설명할 수가 없다. 요엘 선지자는 이러한 사실을 더욱더 분명하게 예언하였다. 하나님의 신이신 성령이 모든 하나님의 백성들에게 공히 부어지는 날이 온다고 했다.

"그 후에 내가 내 신을 만민에게 부어 주리니 너희 자녀들이 장래 일을 말할 것이며 너의 늙은이는 꿈을 꾸며 너희 젊은이는 이상을 볼 것이며 그때에 내가 또 내 신으로 남종과 여종에게 부어 줄 것이며."(욜 2:28-29)

구약 시대에도 일하신 성령

구약 시대에 성령 하나님께서 지상의 신자들과 함께 일하시지 않았다는 것이 아니다. 구약시대에도 성령은 특별한 목적으로 선택된 하나님 백성들과 함께하시며 특별한 사역을 수행하도록 도우셨다. 출애굽기 31장과 35장에는 성막을 만드실 때 브살렐과 오홀리압에게 하나님의 신이 함께 하시어 그들이 하나님의 뜻을 따라 정교하게 성막을 지었다고 말씀하신다.

"모세가 이스라엘 자손에게 이르되 볼찌어다 여호와께서 유다 지파 훌의 손자요 우리의 아들인 브살렐을 지명하여 부르시고 하나님의 신을 그에게 충만케 하여 지혜와 총명과 지식으로 여러 가지 일을 하게 하시되."(출 35:30-31)

구약의 사사들과 왕들과 선지자들과 제사장들에게도 하나님의 성신이 함께 하였다. 하나님이 주신 특별한 능력으로 원수의 핍박을 받으며 고통 당하고 있는 이스라엘 백성들에게 하나님의 구원을 선물하였던 사사들도 먼저 여호와의 신이 그들에게 임하심으로 큰 능력을 가지게 되었다(삿 3:10). 다윗도 사무엘 선지자에게서 기름부음을 받은 후 성령 하나님이 그에게 오시었다. 하나님의 성신의 역사로 말미암아 다윗은 장차 오실 메시야 예수 그리스도에 대한 예언을 시편에 남기는 선지자의 기능도 수행하였다.

"사무엘이 기름 뿔을 취하여 그 형제 중에서 그에게 부었더니 이날 이후로 다윗이 여호와의 신에게 크게 감동되니라."(삼상 16:13)

"형제들아 내가 조상 다윗에 대하여 담대히 말할 수 있노니 다윗이 죽어 장사되어 그 묘가 오늘까지 우리 중에 있도다. 그는 선지자라 하나님이 이미 맹세하사 그 자손 중에서 한 사람을 그 위에 앉게 하리라 하심을 알고."(행 2:29-30)

구약의 모든 선지자들에게는 하나님의 성신이 함께하심으로 말미암아 하나님의 말씀이 그들에게 임하였고 그 말씀을 백성들에게 전하는 예언자가 되었다. 심지어 실패한 이스라엘의 초대 왕 사울도 악신이 임하기 전에 하나님의 성신이 그와 함께 하였던 적이 있었다. 성경은 하나님의 신이 사울에게 임하시므로 사울에 예언하였다고 하는데, 이때 사울에게서 나타난 예언은 구약의 다른 많은 선지자들을 통하여 주어진 말씀 계시라기보다는 하나님의 신의 감동하심으로 말미암은 예언적 찬양이었다고 생각된다.

"그들이 산에 이를 때에 선지자의 무리가 그를 영접하고 하나님의 신이 사울에게 크게 임하므로 그가 그들 중에서 예언을 하니."(삼상 10:10)

구약시대에도 성령 하나님이 특별한 하나님의 백성들과 함께 하시면서 하나님께서 지정해 주신 사역을 수행했다는 것은 분명한 사실이다. 그러나 구약 시대의 성령 하나님의 역사하시는 방법은 신약의 성령의 역사하심과는 매우 달랐다. 첫째로, 구약 시대에는 성령 하나님께서 하나님의 특별한 목적을 위해 선택된 소수의 사람들과 함께 하였다. 구약의 모든 사람들에게 성령이 함께하시지는 않았다. 이것이 신약의 성령 하나님의 역사하심과 구약의 성령의 역사하심의 가자 크게 차이나는 점이다.

신약시대의 성령은 모든 하나님의 백성들에게 차별없이 보편적으로 임하신다. 이제 성령이 모든 하나님 백성들에게 공통적으로 임하시게 된 것은 예수 그리스도가 하나님의 백성들을 위해 친히 그 피로 속죄의 제사를 완수하셨기 때문이다. 그의 피로 말미암아 하나님 백성들에게서 죄가 무효화되었으므로, 처음 성전이었던 에덴동산에서 하나님과 하나님 백성 사이에 간격 없고 신비하고 친밀한 연합이 이루어졌던 것 같이 하나님께서 백성들에게 친히 오시게 되었다.

"그 후에 내가 내 신을 만민에게 부어 주리니 너희 자녀들이 장래 일을 말할 것이며 너의 늙은이는 꿈을 꾸며 너희 젊은이는 이상을 볼 것이며 그때에 내가 또 내 신으로 남종과 여종에게 부어 줄 것이며."(욜 2:28-29)

요엘 선지자는 하나님의 신에 감동되어 예수 그리스도의 보혈의 제사로 말미암아 이루어질 일을 미리 내다보면서 그 사실을 이와 같이 예언하였다. 십자가 제사가 이루어진 후 성령 하나님이 모든 자기 백성들에게 차별없이 임재하시는 신약의 성령세례를 요엘 선지자가 이렇게 예언하였다. 사도행전 2장의 오순절 날에 성령이 최초로 지상에 강림하셨고 동시에 그 곳에 있던 예수 그리스도의 사도들과 다른 제자들에게 최초의 성령의 세례가 일어났다. 그날 사도 베드로는 요엘 선지자의 그 예언이 성취되었다고 설명하였다.

"이는 선지자 요엘로 말씀하신 것이니 일렀으되 하나님이 가라사대 말

세에 내가 내 영으로 모든 육체에게 부어주리니…."(행 2:16-17)

둘째로, 신약시대의 성령과 구약 시대의 성령 하나님은 하나님 백성들에게 찾아오시고 동행하는 방식에서 큰 차이가 난다. 구약 시대에는 성령께서 하나님이 택하신 사람에게 오셨으나 그 사람 속으로 임재하시지는 못했다. 예수 그리스도의 십자가의 피 제사가 이루어지지 않아 하나님 백성들에게 여전히 죄가 큰 권세를 부렸으므로 하나님이 친히 자기 백성의 몸을 성전으로 삼을 수 없었던 것이다.

"저는 너희와 함께 거하심이요 또 너희 속에 계시겠음이라. 내가 너희를 고아와 같이 버려두지 아니하고 너희에게로 오리라."(요 14:17-18)

예수 그리스도는 지상을 떠나시기 전에 제자들에게 자신을 대신하기 위해 장차 오실 성령이 영구히 제자들 몸속으로 임재하시는 방식으로 찾아오실 것이라고 가르쳐 주셨다. 이 점이 구약의 성령의 사역과 신약의 성령의 사역의 가장 큰 차이점이다. 구약 시대에 일하신 성령은 하나님 백성의 몸을 자신의 처소로 삼으시지 못하고 그들의 몸 밖에서 동행하시면서 일하셨다. 그러나 신약의 성령은 자기 백성들 속으로 들어오시어 친밀하게 동행하시며 역사하신다. 이것이 신약의 성령세례이고, 신약의 하나님 백성들이 하나님이 친히 거하시는 성전이 되는 원리이다.

예수 그리스도의 선물

신약의 시작과 함께 이루어진 성령세례는 이미 구약에서부터 충분하게 예언되었다. 성령세례가 가능해진 것은 예수 그리스도가 보혈을 흘리시고 죽으심으로 우리의 죄를 속하셨기 때문이다. 예수님의 십자가로 말미암아 오직 그를 믿음으로 죄 씻음 받게 되었다. 아무 공로와 자격이 없음에도 하나님은 오직 십자가를 믿게 하심으로 자기 백성들의 죄를 무효로 만드시고 의롭다고 선언하시면서 친히 임재하시어 완전한 성전을 만드셨다.

이 놀라운 일은 오직 예수 그리스도께서 자신을 믿는 자들에게 주시는 선물이다. 성령을 보내신 분은 하나님이시지만, 성령이 보내시도록 간절히 청구하신 분은 예수 그리스도이다. 예수 그리스도는 친히 십자가에 달려 저주를 받으심으로 죄인들을 향하여 진노하시는 하나님의 공의를 다 만족시키셨다. 그리고 죽으신 후에 부활하셨고, 자신이 하나님의 백성들의 범죄를 무효화시킬 수 있도록 십자가의 속죄 사역을 완수하였음을 아버지 하나님께 보고하셨다. 그리고 하나님께서 우리에게 성령을 보내시도록 요청하셨다.

"그리스도께서 참 것의 그림자인 손으로 만든 성소에 들어가지 아니하시고 오직 참 하늘에 들어가사 이제 우리를 위하여 하나님 앞에 나타나시고."(히 9:24)

"내가 아버지께 구하겠으니 그가 또 다른 보혜사를 너희에게 주사 영원토록 너희와 함께 있게 하시리니."(요 14:16)

"내가 아버지께로서 너희에게 보낼 보혜사 곧 아버지께로서 나오시는 진리의 성령이 오실 때에 그가 나를 증거하실 것이요."(요 15:26)

"내가 떠나가는 것이 너희에게 유익이라 내가 떠나가지 아니하면 보혜사가 너희에게로 오시지 아니할 것이요 가면 내가 그를 너희에게로 보내리니."(요 16:7)

"하나님이 오른손으로 예수를 높이시매 그가 약속하신 성령을 아버지께 받아서 너희 보고 듣는 이것을 부어 주셨느니라."(행 2:33)

오늘날 그릇된 성령세례 이론을 주장하는 사람들 대부분이 자기의 의, 신앙 실력에 대한 강한 자부심을 가지고 있다. 기도를 더 많이 했고, 성령을 더 많이 사모했고, 금식도 더 많이 했고, 회개도 더 많이 했고…, 그래서 두 번째, 세 번째 성령의 세례를 끌어서 당겨오도록 하나님이 특별한 복을 주신 것처럼 이야기한다. 정말 그릇된 이야기이다. 성령세례는 승천하신 예수 그리스도가 자기를 대신하여 지상의 신자들을 더 잘 돌보시고 인도하시기 위하여 성부 하나님께 요청하여 성령 하나님을 보내주심이고, 그 목적과 결과는 구약에서 이루어지지 못한 것, 즉 하나님이 자기 백성들 가운에 친히 임재하심이다. 이 모든 일은 오직 한 가지 조건, 즉 대신 죽으신 예수 그리스도를 구주로 믿는 믿음으로 말미암는다. 그런데 성경은 그 믿음 또한 하나님의 선물이라고 말씀하셨다.

"너희가 그 은혜로 인하여 믿음으로 말미암아 구원을 얻었나니 이것이

너희에게서 난 것이 아니요 하나님의 선물이라."(엡 2:8)

신약의 신자들에게 일어나는 성령세례는 오직 예수 그리스도의 선물이다. 예수 그리스도는 자기를 믿는 사람에게 성령을 보내심으로, 최초의 하나님의 성전이었던 첫 사람 아담이 감당하지 못하고 파괴해 버린 성전을 다시 회복하셨다. 이것이 신약의 성령세례의 가장 중요한 의미이다. 그래서 예수 그리스도가 자기 백성들에게 오시는 길을 열기 위해 조금 먼저 보내심 받았던 세례 요한은 이 중요한 사실을 이렇게 전파하였다.

"요한이 또 증거하여 가로되 내가 보매 성령이 비둘기 같이 하늘로서 내려와서 그의 위에 머물렀더라. 나도 그를 알지 못하였으나 나를 보내어 물로 세례를 주라 하신 그이가 나에게 말씀하시되 성령이 내려서 누구 위에든지 머무는 것을 보거든 그가 곧 성령으로 세례를 주는 이인줄 알라 하셨기에."(요 1:32-33)

제5장
성령의 충만

신약 성경에서 이미 중생한 신자들을 향하여 성령세례를 또 받으라는 명령의 말씀은 단 한 절도 없다. 오직 예수 그리스도께서 승천하시기 전 아직 예수 그리스도의 이름으로 오시는 신약의 성령을 받아 모시지 못한 제자들에게 곧 일어날 성령의 세례를 기다리라는 말씀이 있을 뿐이다.

"사도와 같이 모이사 저희에게 분부하여 가라사대 예루살렘을 떠나지 말고 내게 들은바 아버지의 약속하신 것을 기다리라. 요한은 물로 세례를 베풀었으나 너희는 몇 날이 못되어 성령으로 세례를 받으리라 하셨느니라."(행 1:4-5)

예수 그리스도를 믿고 하나님이 부어주신 성령을 받은 신자를 향하여 또다시 성령세례를 받으라고 촉구하시는 하나님의 명령은 성경 어디에도 없다. 이 간단한 사실 하나만 보더라도 성령세례는 한 사람이 예수 그리스도의 십자가의 은혜를 입어 하나님의 자녀 되게 만드는 과정에서 일어나는 단회적인 경험이라는 것이 분명해진다. 이미 그리스도인이 된 사람에게 또다시 일어나는 일이 전혀 아니다. 하나님의 자녀 된 그리스도인에게 성령의 세례를 받으라고 명령하는 말씀은 성경에서 찾을 수 없으나, 대신 그와 유사해 보이는 다른 개념은 신약 성경에서 나타난다. 그것은 성령의 충만을 받으라는 명령이다.

"술 취하지 말라 이는 방탕한 것이니 오직 성령의 충만을 받으라."(엡 5:18)

성령충만하라!

하나님께서는 예수 그리스도의 이름으로 믿는 신자들에게 부어진 성령을 받은 그리스도인들이 그 이후부터는 성령의 충만을 얻어야 한다고 명령하셨다. 그리고 성경은 하나님께 귀하게 쓰임 받은 성경의 사람들이 모두 성령으로 충만하였다고 강조하였다.

"저희가 다 성령의 충만함을 받고…."(행 2:4)

"이에 베드로가 성령이 충만하여 가로되…."(행 4:8)

"성령과 지혜가 충만한 일곱 사람을 택하라."(행 6:3)

"스데반이 성령이 충만하여…."(행 7:55)

"예수께서 나를 보내어 너로 다시 보게 하시고 성령으로 충만하게 하신
다 하니."(행 9:17)

"바나바는 착한 사람이요 성령과 믿음이 충만한 자라."(행 11:24)

"바울이라고 하는 사울이 성령이 충만하여…."(행 13:9)

　이상은 사도행전에서 발견되는 하나님께 귀하게 쓰임 받은 신자들과
관련된 내용이다. 담대하게 복음을 증거하면서 하나님이 역사하시는 도
구가 되었던 사도행전의 귀한 사람들은 모두 성령으로 충만했다고 한다.
이미 예수 그리스도를 믿음으로 성령을 받아 중생한 그리스도인들이 반
복적으로 성령의 세례를 받았다는 내용은 없으나, 대신 성령이 충만한 상
태에서 하나님이 맡기시는 사역을 성공적으로 감당했다는 사실이 성경에
서 명확하게 발견된다.
　하나님께서 귀하게 사용하신 모든 성경의 사람들은 성령 충만한 신자
들이었다. 성령이 충만한 상태에서 담대하게 예수 그리스도의 십자가를
증거하였고, 주저하지 않고 순교의 잔을 마셨고, 또한 보통의 사람으로서
는 감당하기 어려운 봉사를 성공적으로 감당하였다. 성경은 그들의 신앙
상태가 '성령이 충만', '성령의 충만', '성령과 믿음의 충만'이라고 소개할
뿐이지 결코 성령의 세례를 또 받았고 계속 받았다고 설명한 적이 없다.
이것을 보면 성령의 세례는 한 사람이 진실한 그리스도인으로 거듭나는

그 순간에 일어나는 단회적인 일이고, 그 사람이 처음 예수 그리스도를 진실하게 믿게 되는 그 순간에 벌어지는 사건임이 분명하다. 성령 하나님 께서는 그 이후 한순간도 그 사람에게서 떠나지 않고 항상 내주하시며 언제나 그 사람을 인도하시고, 이끌어주신다. 성령이 처음 그 사람에게 임하시는 순간부터 성령께서 그 사람을 인도하시고 변화시키시는 작업이 시작되고 점점 발전되어간다.

성령의 다스림

예수 그리스도를 주로 믿음으로 하나님이 보내주시는 성령을 받아 모신 모든 성도가 다 같이 자동적으로 신앙이 투철해지고 봉사에 열심을 내고 하나님께서 주신 사명을 잘 감당할 수 있는 것은 아니다. 왜냐하면 모든 사람은 죄에 포로되었고, 태어날 때부터 하나님의 진리의 말씀을 듣기를 싫어하는 부패한 상태로 태어나기 때문이다.

"그런즉 누구든지 그리스도 안에 있으면 새로운 피조물이라 이전 것은 지나갔으니 보라 새것이 되었도다."(고후 5:17)

성경은 예수 그리스도를 구주로 믿는 사람이 이전과는 전혀 다른 새로운 피조물(고후 5:17)이 되었다고 말씀한다. 그러나 이 말씀은 우리가 신앙을 가짐과 더불어 실질적으로 이전과는 전혀 다른 하나님의 신령한 사람으로 급변했다는 것을 뜻하지 않는다. 예수님의 십자가의 죽으심과 부활로 말미암아 죄의 권세와 율법의 저주로부터 해방되었다는 뜻이다. 영원히 지옥의 형벌에 처해져야 할 우리들이 영생을 얻었고, 이전까지는 오직 마귀에게만 끌려다니면서 더럽고 추한 각종의 죄의 열매만 맺고 살 수밖에 없었으나 이제부터는 생명의 구주 예수 그리스도 안에서 하나님 자녀의 특권을 누리고 동시에 하나님을 기쁘시게 해 드리는 성령의 열매를 맺으며 살 수 있는 사람이 되었다는 뜻이다.

이 모든 일은 하나님께서 우리에게 예수 그리스도의 이름으로(요 14:26), 예수 그리스도를 대신하는 '예수의 영'(행 5:9, 8:39, 16:7)으로 부어주신 성령으로 말미암는다. 얼마나 성령의 역사하심을 따라서 사는가에 따라서 믿음의 성장, 그리스도인으로서의 봉사와 헌신이 나타나고 발전하게 되는 것이다. 어떤 사람이 교회에 다니기는 할지라도 하나님을 향한 섬김과 봉사와 사명을 자각하고 감당하려는 자세가 전혀 없다면 그 사람은 전혀 성령의 역사하심이 없는 완전히 육의 사람이고, 구원조차 받은 적이 없는 불신자라고 보아야 한다. 왜냐하면 십자가에서 죽으시고 부활하신 예수 그리스도의 영으로 오시는 성령의 임재는 반드시 그 사람에게 영적인 변화를 일으키기 때문이다.

성령의 다스림으로 말미암아 삶이 변하고, 죄악된 본성이 변하고, 성품이 변해 예수 그리스도의 모습과 향기가 나타나게 되는가? 하는 문제가 바로 성령충만의 문제이다. 성령으로 충만하지 못하면 구원받았을지라도 그리스도인으로서의 믿음과 삶의 내용이 미약하지만, 성령이 그 사람의 인격과 성품을 지대하게 다스리시면 예수 그리스도의 형상이 회복되어 자동적으로 봉사와 전도와 각종의 하나님 섬기는 일들이 즐거워지고 더욱더 그 힘이 넘치게 된다. 이것이 성령의 충만이고, 마땅히 모든 그리스도인들은 성령의 충만을 얻고 누리기 위해 애써야 하는 것이다.

"하나님이 오른손으로 예수를 높이시매 그가 약속하신 성령을 아버지께 받아서 너희 보고 듣는 이것을 부어 주셨느니라."(행 2:33)

승천하신 후 하나님 아버지로부터 성령을 지상에 보내도록 허락받으신 예수 그리스도가 최초로 성령을 보내신 사도행전 2장은 사도들과 제자들에게서 성령의 충만이 성령의 세례와 동시에 진행되었다고 말씀한다.

"저희가 다 성령의 충만함을 받고 성령이 말하게 하심을 따라 다른 방언으로 말하기를 시작하니라."(행 2:4)

사도행전은 성령의 세례, 즉 성령이 제자들과 사도들에게 처음 임하심과 더불어서 성령의 충만이 진행되었다고 한다. 그릇된 성령세례 이론으로 기독교를 크게 변질시켜버린 오순절 운동 신학은 이 말씀을 오해하여 성령이 임하시는 것 그 자체가 성령의 충만이고, 나중에 또 성령이 임하면 더욱더 성령의 충만이며, 이후에 성령이 더 반복적으로 임하시면 바가지로 물동이에 물을 계속 퍼부어서 차고 넘치게 되는 것과 같이 성령이 더 많아짐으로 성령의 충만이 구현된다고 가르친다. 그러나 이와 같이 성령이 쌓이고 추가되는 개념의 성령충만 개념은 성경이 가르쳐 주시는 영이신 성령 하나님의 존재와 인격성을 설명하지 못하고 오히려 왜곡해 버린다. 성령의 충만은 하나님이 부어주시어 우리 속에서 영구히 내주하시는 성령의 다스리심이 우리의 인격과 삶에서 얼마나 왕성하게 실현되는가?의 문제이다. 다르게 설명하면 기독교 신앙을 심히 비틀어져 버리고, 필연적으로 성령을 가장하는 다른 영이 장난하는 결과를 초래하게 된다.

한 번 성령의 충만을 경험했다고 해서 그 상태가 영구히 지속되는 것은 아니다. 어떤 신자에게 이전에 있었던 성령의 충만은 이후에 어떠한 삶을 살게 되는가?에 따라서 없어지고 소멸되어 버릴 수도 있다. 그러므로 성령의 충만을 얻었다 할지라도 신자들은 마땅히 자만하지 말고 계속 하나님을 의지하여 기도하고 순종하여 성령께서 근심하지 않고 계속 역사하시고 은혜를 베푸시도록 노력해야 한다. 이 중요한 사실에 대해서 존 스토트(John Stott, 1921-2011)는 다음과 같이 잘 설명하였다.

"신약 성경에는 성령의 세례에 관해서 이와 비슷한 서술문이나 명령은 나오지 않는다. 그 이유는 바로 성령세례의 입문적인 성격에 있다고 나는 제안했다. 사도들의 설교나 서신에도 성령으로 세례 받으라는 권면은 나오지 않는다. 사실상, 성령세례와 관련된 신약 성경의 일곱 구절은 모두 부정과거형이거나, 현재형 또는 미래형의 직설법으로 되어 있으며, 명령형으로 되어 있는 권면은 하나도 없다. 하지만 성령충만과 관련된 이러한 구절들, 즉 어떤 그리스도인들이 어떻게 다시 충만해졌는지를 묘사하는 구절들과 또 모든 그리스도인들에게 계속적으로 충만함을 받으라고 명령하는 이런 구절들이 있다는 사실은, 성령으로 세례받은 그리스도인들이 성령의 충만함을 잃어버리는 것이 가능하며 또 애석하게도 그것이 흔한 일이라는 것을 보여준다." [1]

오늘날 성령 하나님에 대한 그릇된 사상이 교회에 스며들어 많은 목회자들과 성도들이 혼란에 빠지고 말았다. 어떤 이는 단지 예수 그리스도를 믿는 믿음만으로 죄 사함과 구원을 얻어 하나님의 자녀가 될 수 있다고 한다. 그런 수준의 밋밋한 구원을 얻어 교회에 다니고 있는 무능력한

20세기 복음주의 대표 **존 스토트**

그리스도인들 가운데 일부가 다시 선택되어 능력을 동반하는 성령의 세례를 또 받는다고 한다. 성도들 가운데서 더욱더 봉사의 능력이 탁월하고, 열정적으로 믿음생활을 유지하는 사람들은 성령의 세례를 별도로 받은 사람들이고, 그들이 다른 성도들보다 더욱 우수한 신앙 엘리트가 되었다고 은연중 가르치는 사람들이 많다. 이런 정신없는 사람들이 퍼뜨리는 말들로 인해 메르스(중동호흡기질환, MERS) 확진자들과 같이 격리되고 요주의 관찰되어야 할 영적인 불량자들이 오히려 능력의 성령세례를 받았다며 멋대로 교회에서 판치게 되었다.

그러나 성경 어디에도 중생하게 하는 성령의 임재 이후 또 벌어지는 성령세례에 대한 이론을 지지해주는 근거가 없다. 성령의 처음 임재와 중생 이후에 또 나타난다는 괴이한 성령세례 이야기는 그것을 주장하는 사람들의 주관적 경험이 주된 근거이고, 그들 대부분은 거짓 영에게서 나오는 속이는 불을 체험한 사람들이 자신의 체험을 정당화시키는 그릇된 이론일 뿐이다. 우리를 더욱더 곤욕스럽게 하는 것은 토레이(R. A Torrey), 로이드 존스(D. M Lloyd-Jones), 토저(A. W Tozer)와 같은 유명한 사람들이 그쪽 진영에 포함되었거나, 그쪽 사람들의 그릇된 주장을 강화시키는데 이용되는 소스를 제공했다는 것이다. 그러나 누가 무슨 주장과 이론을 가르쳤다고 해도 성경이 아니라 하면 영원히 아닌 것이다. 이 부분에 대해서는 조금 후에 자세하게 살펴보도록 하자.

물이 넘치는 것 같은 성령충만?

성경 어디에도 거듭난 그리스도인들을 추후 성령세례를 받았는지의 여부를 따라 구분하는 사상이 일체 없다. 성경은 오직 그리스도인들은 '신령한 자'와 '육신에 속한 자'로 구분한다(고전 3:1-3). 바울 사도는 고린도교회에 보낸 편지에서 시기, 분쟁, 파당을 일삼는 성도들은 신령한 자들이 아니고 육에 속한 자라고 책망하였다.

바울은 구원 이후의 성령세례를 다시 받은 자들과 그 성령세례를 받지 못한 자 개념으로 성도들을 보지 않았다. 바울에게는 고린도교회의 참 하나님의 자녀들은 이미 성령의 세례를 받아 거듭난 그리스도인이었으나 성령의 역사와 성품을 삶과 신앙에서 많이 나타내고 있는 '신령한 자'와 그렇지 못한 '육에 속하는 자'로 구분될 뿐이었다. 다시 말하자면, 바울의 신학에서 이미 성령의 임재하심으로 거듭난 그리스도인은 이후 성령 충만한 사람이 될 수도 있고 성령 충만하지 못한 사람이 될 수도 있는 것이다.

어떻게 하면 성령으로 충만한 그리스도인이 될 수 있을까? 누가 성령으로 충만하다는 것을 어떻게 알 수 있을까? 구원 이후에 성령세례가 또 있다고 주장하는 사람들은 성령충만을 얻는 방법에 대해서도 아주 그릇된 사상을 가지고 있다. 그들은 역사상 단 한 번뿐이었던 사도행전 2장의 오순절 성령강림 사건이 그 이후의 시대에는 신자들에게 개인적으로 체험되고 반복된다는 '개인적 오순절 체험'을 주장한다. 거듭나는 순간에 이미 오시어 영구히 내주하시는 성령의 역사하심과 다스리심이 풍성해지는 성령충만을 이야기하는 것이 아니고 성령이 새로이 자꾸자꾸 오시는 체험을 반복적으로 경험하여 성령으로 충만해진다고 한다. 이런 이론을 가르친 대표적인 사람이 미국을 대표하는 복음주의 설교자였다고 평가받고 있는 토저(A.W. Tozer, 1897-1963)이다. 토저는 성령강림을 교회의 역사상 단 한 번 일어나는 사건으로 이해하는 신학을 그릇되었다고 가르쳤고, 성령의 세례가 그리스도인의 일생에서 단 한 번의 사건이라고 가르치는 사람들을 다음과 같이 비판하였다.

"이제 나는 현대 교회에서 발견되는 중대한 오류를 지적하지 않을 수 없다. 지금 어떤 그리스도인들은 이렇게 말한다. '성령의 오심은 영원히 단번에 일어난 과거의 사건이다. 그렇기 때문에 지금 우리에게 성령이 또 오셔야 하는 것이 아니다…. 이와 마찬가지로 성령의 오심도 단회적인 사건이다. 한번 오신 성령은 우리 모두에게 계시다. 그러므로 우리는 성령의 오심을 위해 더 기도할 필요가 없다.'" 2)

사도행전의 성령강림이 개인적으로 반복되는 것이 곧 성령의 충만이고, 신자가 일생 동안 성령이 수없이 자주 오시는 것을 체험하는 것이 곧 성령충만이라고 이해하고 믿는 많은 그릇된 사람들처럼 토저도 성령강림이 교회의 역사에서 단 한 번 일어난 사건이라고 믿고, 성령의 세례가 신자 개인의 일생에서 단 한 번 있는 사건이라는 성경의 가르침을 배척하였다. 토저는 또 다음과 같이 말했다.

A. W. 토저
1897-1963

"물론 우리가 회심할 때에 성령님은 어느 정도 우리에게 임하신다. 만일 그분이 임하시지 않으셨다면 우리는 회심할 수 없었다. 왜냐하면 거듭난다는 것은 성령으로 나는 것을 의미하기 때문이다. 따라서 예수 그리스도를 영접한 사람에게는 성령님이 계시다. 그러나 성령 충만은 단순히 그분이 우리 안에 계신 것이 아니라 우리 안에서 완전히 지배하시는 것이다. 성령 충만은 성령님이 오셔서 우리의 몸과 마음과 목숨과 혼을 완전히 차지하여 지배하시는 것이다." [3]

토저는 성령충만이 성령에 의해서 신자의 몸과 마음이 완전하게 지배되는 것이라고 말하는데, 이는 물동이에 물이 계속 퍼부음으로 물동이에 물이 가득 차게 되는 것같이 성령으로 중생한 신자에게 다시 성령이 반복적으로 계속 임하는 성령세례 체험을 통하여 성령의 충만이 구현된다고 가르치는 비성경적인 내용이다.

"빌기를 다하매 모인 곳이 진동하더니 무리가 다 성령으로 충만하여 담대히 하나님의 말씀을 전하니라."(행 4:31)

토저는 사도행전 4장의 이 말씀도 성령세례가 반복되어 나타난 성령충만이라고 가르쳤다. 패역한 유대지도자들에게 체포되었다가 다시 풀려난 베드로와 제자들이 간절하게 기도하였을 때 사도행전 2장에서 처음 강림하셨던 성령이 사도행전 4장의 이때에 강림하시면서 또 그들에게 성령세례를 베풀었다고 하였다. 그 결과 사도들과 제자들이 더욱더 성령으로 충만해졌다는 것이다. 하나님께서 사도행전 2장에서 사도들과 제자들에게 부어주셨던 성령이 이후 계속적으로 제자들에게 새롭게 임하셨고 그래서 성령으로 충만해졌다고 이해하고 있었던 토저의 말을 다시 자세하게 읽어보자.

"오순절 사건이 일어난 후 얼마의 시간이 지났을 때, 제자의 무리는 그들에게 닥친 어려운 일을 해결하기 위한 능력을 얻기 위해 모여서 기도했다. 이때 모였던 사람들 중 일부는 오순절 사건 때 마가의 다락방에서 성령을 부어주심을 이미 체험한 사람들이었다. 오순절 사건 이후 다시 그들을 충만케 하시는 것이 하나님의 본뜻이 아니라면, 그분은 자신의 뜻을 거슬러 행동하셨다는 말이 된다. 이것은 상상할 수도 없는 일이다. 더욱이 사도행전 8장, 10장, 19장에는 하나님이 성령을 부어주신 또 다른 사건들이 기록되어 있다. 이 모든 것은 오순절 사건이 일어나고 몇 년이 지난 후에 일어났다." [4]

믿음을 보시고 하나님이 성령을 부어주시어 중생한 신자들에게 그 이후 권능을 주는 성령의 세례가 계속 이어진다고 가르치는 사람들은 모두 토저와 같은 시각으로 성경을 보고 있다. 개인적으로 체험되는 성령의 강림의 반복적인 경험의 결과가 성령의 충만이라는 것이다. 대개 그들은 처음 개인에게 임하시는 성령의 강림을 성령세례라고 부른다. 그러나 두 번째 이후에 경험되어지는 개인적 성령 강림 체험은 성령세례라 부르지 않고 '성령충만'이라고 부르고 있다.

무디와 더불어 1900년대 초반에 미국 교회를 부흥시킨 대표적인 순회 부흥사였던 토레이(R. A. Torrey, 1856-1928)도 이러한 성령사상을 가르친 초기의 대표적인 인물이었다. 토레이는 특별히 그의 후손들이 한국을 위해 많이 일생동안 봉사하며 살고 있으므로 한국 교회와는 더욱 특별한 사람으로 기억되고 있는 인물이다. 중국 선교사였던 토레이의 아들 토레이 1세(R. A. Torrey, Jr)는 한국 전쟁 때 한국으로 와서 고아들을 돌보는 사역을 하였고, 그의 손자 성공회 신부 토레이 3세(R. A. Torrey Ⅲ, 한국명 '대천덕')는 한국 교회의 기도와 선교운동을 위해 강원도 태백에 '예수원'을 설립하였고, 그의 증손자 벤 토레이(Ben Torrey, 한국명 '대영복')가 아버지의 뒤를 이어 예수원을 이끌어가고 있는 중이다. 그릇된 성령세례 사상의 거두라고 부를 수 있는 유명한 토레이(R. A. Torrey, 1856-1928)가 했던 말을 들어보자.

"혹자는 '이렇게 계속적으로 성령충만을 받는 것을 가르쳐 추가적인 성령세례라 부를 수 있는가?'라고 물을지 모르겠다. 이에 대해 나는 '세례라는 표현은 두 번째 체험에 대해 결코 사용되지 않는다'라고 대답하겠다. 세례라는 말에는 무엇을 새로 시작한다는 개념이 포함되어 있다. 그러므로 성경적 표현에 충실하려고 한다면, 두 번째 체험에 대해 세례라는 말을 사용하지 않고 오직 첫 번째 체험에 대해서만 이 말을 사용하는 것이 더 좋을 것이다…. 그러나 성령세례라는 표현을 첫 번째 체험에만 국한하여 사용하는 것이 더욱 성경적이기 때문에 성령세례는 한 번이고, 성령충만은 여러 번이라고 말하는 것이 좋을 것이다." [5)]

중생 이후의 성령세례를 주장하는 사람들은 모두 성령세례가 반복되고 누적됨으로 성령충만이 나타난다고 가르친다. 그쪽의 대표적인 사람인 토레이의 이론에 의하면 첫 번째 성령세례 때부터 성령충만은 시작되고, 이후 성령세례가 반복되면서 성령충만도 점점 커진다는 것이다. 이런 내용은 매우 위험하고 많은 오해를 유발하게 되어있다. 왜냐하면 성령이

어떤 물질이나 되는 것처럼 양적으로 쌓이고 축적되는 것 같은 느낌이 들게 하기 때문이다. 인격이시고 영이신 성령 하나님에 대한 왜곡과 오해가 나타나게 되어있다. 토레이와 같은 유명한 분들이 성령이해에 관한 이런 위험성을 간과하고서 개인적인 성령강림 체험이 반복되고, 그것이 쌓이면서 성령충만이 발생한다고 가르쳤다는 것은 정말 이해하기 어려운 부분이다. 개인적으로 성령의 강림(성령세례)이 반복적으로 체험되었다고 말하는 토레이의 말을 직접 읽어보자.

R. A. 토레이
1856-1928

"나는 기도하며 하나님을 섬길 때 나의 첫 성령세례를 체험했다. 그 첫 체험 이후, 내가 기도하며 그분을 섬길 때 거듭 성령세례를 받았다. 내가 다른 사람들과 함께 무릎을 꿇고 기도할 때 종종 성령께서 우리 위에 임하셨다. 비가 올 때 우리가 그것을 분명히 자각할 수 있듯이 우리는 성령의 임하심을 분명히 자각할 수 있었다." [6)]

안타깝게 존 스토트와 함께 세계 복음주의 진영의 양대 산맥으로 평가되었던 로이드 존스(D.M. Lloyd-Jones, 1899-1981)도 성령세례와 함께 성령충만이 시작되고, 이후 성령세례가 반복되면서 더욱더 성령으로 충만하여 진다고 가르쳤다. 다음은 로이드 존스가 토저와 마찬가지로 사도행전 2장의 오순절 성령강림과 성령세례가 사도행전 4장에서도 동일하게 반복됨으로써 베드로와 제자들이 성령충만해졌다고 설명하는 내용이다.

"오순절 사건 이후부터 그들은 완전히 달라졌다. 그들은 성령에 의한(성령의) 세례를 받았다. 같은 일이 사도행전 4장에서도 반복된다. 거기서 우리는 그들이 함께 모여 있는 곳이 진동하고 '무리가 다 성령이 충만하여 담대히 하나님의 말씀을 전하니라.'(행 4:31)는 말씀을 보게 된다." [7]

이와 같이 로이드 존스도 이미 성령을 받아 중생한 사람에게 성령세례가 반복된다고 했고, 그 반복되는 경험이 쌓여 성령의 충만이 나타난다고 가르쳤다. 이러한 이론은 결국 성령이 많아짐으로 성령의 충만이 구현된다는 비성경적인 이론이다. 즉, 이렇게 설명할 수 있겠다. 항아리에 물 한 바가지를 부으면 간신히 항아리 바닥을 적실뿐이다. 그러나 계속 바가지로 물을 퍼부으면 항아리 속이 더 많이 채워지고 나중에는 가득 채워져서

D. M 로이드존스
1899-1981

흘러넘치게 된다. 중생과 더불어서 성령의 세례가 임하고, 이후 성령의 세례가 더 반복되어 성령으로 충만해진다는 성경이해가 꼭 이와 같은 것이다. 이러한 성령이해의 심각한 문제는 성령 하나님의 인격성을 크게 훼손한다는 것이다. 성령이 어떤 힘, 에너지, 기운이나 되는 것처럼 오해되게 한다. 성령이 양적으로 더 많아져 신자의 의지와 마음을 압도하는 것이 성령의 충만이라는 설명은 호흡을 통해 우주의 기를 더 많이 받아들인다는 동양사상과 같은 내용이다. 불행히도 로이드 존스가 성령충만을 설명하는 방식에서 그런 요소가 발견된다.

"그러면 이제 실제로 사도행전 2장에 사용된 충만함이란 바로 그 단어

를 살펴보십시오. 충만함이라는 가득 찬 것을 의미합니다. 충만함이란 단순히 성령이 그들 속에 거하는 것만을 의미하는 것이 아니라, 그들이 넘쳐흐르는 성령으로 충만된, 즉 성령으로 흠뻑 젖는 것을 말합니다." [8]

인격적이신 성령

그리스도인들이 가져야 할 성경적 개념의 성령충만은 무엇일까? 어떻게 설명해야 할까? 성령의 충만은 성령 하나님의 인격적인 다스리심과 인도하심이 우리의 삶에서 자연스럽게 실현되는 것으로 설명되어야 한다. 성령 하나님은 우리를 인격적으로 존중하시고, 결코 강압하지 않는 방식으로 우리의 신앙과 삶 속에서 자신의 뜻과 성품을 이루어 가신다. 무슨 약의 기운에 취하듯이 혀가 말리고, 몸을 뜻대로 움직이지 못하게 되고, 우리의 정신이 허물어져 비틀거리면서 성령의 기운에 끌려가는 일은 있을 수 없다.

성령이 그렇게 신자들을 압박하는 방식으로 일하시는 분이라면 강제로 죄를 범하지 못하게 하심으로 우리의 삶과 신앙을 더욱 성결하고 하나님의 뜻에 합당하게 이끌어 가실 수 있을 것이다. 성령이 그런 분이라면 성령의 충만은 정말 쉬울 것 같다. 그러나 어떤 사람이 죄를 지으려고 할 때, 성령이 그 사람의 몸을 비틀거나 다리를 잡아 주저앉히어 못하게 말렸다는 이야기를 성경에서 볼 수가 없다. 그런 식으로 성령의 충만이 유지된다면, 왜 다윗은 그렇게 철저하게 넘어지고 말았을까? 왜 다윗의 마음과 몸이 밧세바에게로 기울어질 때, 그와 함께 하셨던 하나님의 성신은 그를 강압하여 침상에 눕혀두지 않으시고, 가만히 보시고 일이 다 벌어진

후 나중에 처절하게 눈물로 회개하게 만들었을까?

기독교의 성령은 신자들을 지극히 인격적으로 대우하시고 다루시는 하나님이다. 에너지나 어떤 기운처럼 신자들을 강제로 밀고 당기는 비인격적인 분이 아니고, 그 자신이 지고한 인격을 가진 분이고, 또한 하나님의 자녀들에게도 지극히 인격적으로 대우하시는 분이다. 그래서 바울은 신자들에게 성령을 근심하게 말라고 했다.

"하나님의 성령을 근심하게 하지 말라 그 안에서 너희가 구속의 날까지 인치심을 받았으니라."(엡 4:30)

성령이 근심하지 않게 하라는 것은 곧 신자들은 성령 하나님과 지극히 인격적인 방식으로 소통해야 한다는 것이다. 현대 교회들을 장악하고 있는 대부분의 변태적인 방언현상이 성령으로부터 말미암은 것이 아니라고 단정할 수 있는 가장 큰 이유는 그 모습이 전혀 인격적이지 않다는 것이다. 그런 방언을 하는 사람들은 대부분 자신의 방언을 공개적으로 드러내는 것을 원치 않는다. 녹화하여 여럿이 함께 보자고 하면 좋아하지 않고 뒤로 뺀다. 그러면서도 조용히 자기의 기도 시간에 은밀하게 시연하는 것은 좋다고 하면서 여전히 혼자서 즐기려고 한다. 그 이유는 그 모습이 비인격적이어서 스스로 창피하기 때문이다.

성령 하나님은 우리의 인격을 훼손하고 상처 내면서 일하시지 않는다. 또한 스스로의 인격으로 말미암아 우리가 범죄하거나 불순종하고 성령을 존중하지 않으면 즐거이 역사하시지 못하신다. 그래서 사도 바울은 신자들에게 성령이 근심하지 않게 행동해야 한다고 하였다. 에베소교회의 성도들에게 보낸 편지에서 성령의 인도하심을 따르는 새로운 삶, 즉 성령충만한 삶을 살기 위해 신자들이 성령 하나님의 인격을 거스르지 않아야 한다고 했다.

성령은 하나님이 신자들을 돕고 돌보기 위해서 보낸 기계가 아니고 늘 언제나 같은 일을 수행하는 프로그램된 로봇도 아니다. 성령은 인격을 가지신 영이시므로, 성령을 모시고 사는 신자들이 성령의 뜻에 역행하는 죄를 사랑하거나, 죄의 욕망을 충족시키기 위해 스스로 달려가거나, 성령의 뜻과 성품에 역행하는 행위를 좋아하고 계속 진행하면 성령은 심히 근심하신다. 그런 상황이 늘 반복되고 지속되면 성령은 그 사람과 함께 일하시지 못하므로 그 사람에게서 예수 그리스도의 형상이 회복되는 거룩한 변화가 중지되어 버린다. 육에 속한 사람으로 멈추어 버리는 것이다. 이스라엘의 초대 왕 사울에게서 그 예를 찾을 수 있다.

"내가 사울을 세워 왕 삼은 것을 후회하노니 그가 돌이켜서 나를 좇지 아니하며 내 명령을 이루지 아니하였음이니라."(삼상 15:11)

사울이 반복적으로 하나님의 뜻을 무시하고 자기 맘대로 중대사를 처리하자 하나님은 이와 같이 사울에 대해 근심하시면서 그를 왕으로 세운 것을 후회하시게 되었다. 이러한 일이 반복되면서 더 이상 하나님의 성신은 사울과 함께 역사하시지 못하게 되었고 대신 악신이 사울에게 임하여 그를 괴롭히기 시작했다.

"여호와의 신이 사울에게서 떠나고 여호와의 부리신 악신이 그를 번뇌

케 한지라."(삼상 16:14)

신약의 신자들에게 이 원리는 거의 동일하다. 한때 성령의 충만 가운데 살면서 봉사를 잘하고 많이 헌신했을지라도 성령의 충만을 더 누리지 못할 수도 있다. 성령께서 동일한 일을 항상 기계와 같이 수행하는 분이 아니고 감정이나 의지가 없이 일하는 에너지가 아니시기 때문이다. 그래서 그리스도인들은 회개와 거리가 멀어지면 안 된다. 성령이 근심하시게 되는 일을 범하였으면 빨리 회개하고 다시 같은 일이 일어나지 않도록 고쳐서 성령이 근심하시지 않도록 해야 한다. 그러므로 회개는 성령충만한 삶을 누리기 위해 꼭 실천해야 할 중요한 것이고, 성령께서 오래 근심하시지 않게 되기를 위해 매우 중요한 것이다.

"술 취하지 말라 이는 방탕한 것이니 오직 성령의 충만을 받으라."(엡 5:18)

신약성경에서 성령의 충만을 받으라는 이 명령의 말씀은 에베소서에서 단 한 번 나타난다. 그런데 이 문장은 수동태 명령형(be filled with the Spirit)이다. 성령의 충만을 얻기 위해 그리스도인들이 주도권을 가지고 성령을 임으로 부릴 수는 없다는 것이다. 인격적이신 성령 하나님께서 자기의 뜻을 따라 주권적으로 역사하시기 때문이다. 신약 성경에 불과 단 한 번 명확하게 표현된 "성령의 충만을 받으라"는 이 말씀 속에도 성령 하나님께서는 지극히 인격적이신 분임이 암시되어 있다.

사도 바울은 성령으로 충만해지는 것과 술의 기운으로 충만해지는 것을 대조하였다. 술을 많이 마시면 술기운이 온몸에 퍼져 사람이 술의 힘에 의해 지배되기 시작한다. 사람이 술에 의해 지배되는 모습은 너무도 비인격적이다. 평소에는 매우 고상하고 예의 바른 사람일지라도 추태를 보이기 시작한다.

바울은 이 모습과 성령의 충만을 대조했다. 술의 힘에 강제로 이끌리며 비인격적인 행동을 하는 것과는 달리 성령의 충만은 지극히 인격적인 방식으로 다스리시고 인도하시는 성령의 통치가 나타나는 모습이다. 성령 충만의 가장 기본적이고 중요한 특징은 성령의 인격성이라고 해야 바른 신학이다. 성령의 인격적인 다스리심이 풍성하게 나타나는 성령의 충만한 삶은 과연 구체적으로 어떤 모습일까? 성령의 충만을 받으라는 명령 다음에 기술되는 내용들을 보면 알 수 있다.

사도 바울이 신자들에게 성령의 충만을 받으라고 명령한 다음에 열거되는 내용은 지극히 평범한 것들이다. 아내에게 좋은 남편이 되는 것, 남편에게 좋은 아내가 되는 것, 자녀에게 좋은 부모가 되는 것, 사회에서 만나는 사람들에게 좋은 이웃과 동료가 되어야 한다는 사실을 바울은 나열하면서 강조했다. 성령의 충만을 누리고 있는 그리스도의 삶에서 바로 그런 특징이 나타나게 된다는 것을 의미한다. 그러나 지금 너무도 많은 교인들이 이 중요한 사실을 알지 못하고 여전히 이상하고 신비스러운 개념으로 성령의 충만을 이해하고 있다. 이미 성령의 임재하심으로 거듭난 그리스도인이면서도 또다시 개인적으로 체험되는 성령강림이 일어나야 성령으로 충만해진다고 생각하는 사람들이 많다. 방언이라고 여겨지는 이상한 변태적인 소리 현상이 그때 동반되면 더욱더 성령으로 충만한 것이라고 믿는 사람들이 아직도 너무 많으니 오늘날 기독교의 실정은 참으로 답답하고 암담하기만 하다.

기도와 말씀

이제 우리는 더 이상 구원받는 순간에 성령을 조금 받고, 나중에 더 받고, 후에 더 많이 성령을 또 받는다는 사고를 더 이상 품지 말아야 한다. 그런 방식으로 성령으로 충만해진다고 그간 배웠던 모든 것을 이제 머릿속에서 당장 지워야 한다. 왜냐하면 그런 물질개념의 성령 이해가 곧 기독교 신앙의 파괴와 변질 그 자체이고, 그래서 결국 괴이한 짓을 벌이는 거짓 영들에게 놀림이나 당하는 한심한 신앙으로 전락하기 때문이다.

하나님께서 처음 예수 그리스도 앞으로 우리를 인도하여 믿게 하실 때 부어주신 성령이 우리 속에서 영구히 거하시는 것이다. 이것을 성경은 성령으로 세례 받는다고 말하고 있고, 이 일은 일생에 단 한 번 있는 일이다. 대개 나중에 또 성령의 세례가 자신에게 임했다고 말하는 사람들이 속으로 소중하게 품고 있는 그것의 증거라는 것들은 알고 나면 우스워진다. 이마에서 땀이 났다느니, 등줄기가 후끈해졌다느니, 정신이 혼미해졌다느니, 다리가 후들거리며 누웠다느니, 혀가 어찌 되어 무슨 이상스러운 소리가 나왔다느니…, 대개 이런 허접스러운 체험들을 가지고 성령의 세례를 또 받았다고 하며 우스꽝스런 자부심을 가지고 있는 사람들이 많다. 이런 이야기들을 늘어놓으면서 성령세례를 들먹이는 내용들은 장차 예수 그리스도 앞에서 고개를 들고 말할 수도 없는 잡설들이다. 우리의 신앙을 전수해 준 사도들의 신앙에서 그런 성령세례 타령의 근거가 될 내용은 터럭만큼도 나타나지 않았다.

성령세례를 예수 그리스도를 구주로 믿음과 함께 영속적으로 임재하신 성령 하나님께서 그 사람을 잠시도 떠나거나 버리시지 않고 계속 다스리고, 인도하시고, 변화시키시는 일을 시작하시는 것으로 이해해야 한다. 성령의 세례는 오직 은혜로 말미암으나 내주하시는 성령께서 다스리며 우리를 그리스도의 형상으로 빚어 가시는 성령의 충만에는 우리 자신들의 의지와 노력도 매우 중요한 역할을 한다. 죄를 버리지 않고 사랑하기로 작정한 사람을 지극히 인격적이신 성령께서는 강제로 억압하는 방식으로 변화시키지 않으신다. 성령을 거스르고 실망시키는 그릇된 행실과 습관을 지속하는 신자들을 성령께서 강제로 진압하듯이 변화시키시지 않으신다. 그래서 바울 사도는 성령을 근심되게 하지 말고 소멸하지 말라고 하였다.

"하나님의 성령을 근심하게 하지 말라."(엡 4:30)

"성령을 소멸치 말며."(살전 5:19)

성령을 근심되게 하지도 성령을 소멸하지도 않고 성령의 역사하심이 풍성하게 나타나는 신앙과 삶을 누리기 위해 가장 중요한 것은 기도와 말씀이다. 특히 예수 그리스도 안에서 쉬지 않고 기도하는 것은 이미 성령의 세례를 받은 신자들이 성령의 충만을 누리게 만드는 중요한 요소이다. 예수 그리스도 안에서 기도를 통하여 우리의 허물과 약함을 하나님께 아뢰며 지속적인 은혜와 도우심을 간구하면 하나님은 틀림없이 우리에게 성령의 충만을 부어주시게 된다. 왜냐하면 연약하고 허물이 많은 죄인들을 구원하시기 위해 기꺼이 십자가를 지시고 중보자가 되신 예수 그리스도는 우리의 약함과 부족과 허물을 모두 체휼하신 분이므로 하나님께 우리의 어쩔 수 없는 상황을 충분하게 설명하시고 하나님 아버지께서 우리에게 은혜를 부어주시도록 만들어 주신다.

"만일 우리가 죄를 범하면 아버지 앞에서 우리에게 대언자가 있으니 곧 의로우신 예수 그리스도시라."(요일 2:1)

"우리에게 있는 대제사장은 우리 연약함을 체휼하지 아니하는 자가 아니요. 모든 일에 우리와 한결같이 시험을 받은 자로되 죄는 없으시니라."(히 4:15)

자주 성령의 역사를 이야기하면서 더욱더 기도를 강조하는 사람들이 많다. 그런데 그들의 말을 들으면 기도 그 자체가 우리에게 기계적으로 능력과 성령의 충만을 주기라도 하는 것 같은 느낌을 준다. 기도를 강조한다고 하여 모두 하나님의 역사가 나타나는 것이 아니고 기도를 강조하고 기도에 힘쓰는 사람들 모두가 하나님의 진리의 세례를 경험하고 있다고 할 수 없다. 하나님이 우리의 기도에 귀를 기울이시고 응답과 성령의 충만의 역사를 베푸시는 이유는 오직 한 가지이다. 죄인들을 벌하시는 하나님의 성품과 감히 하나님 앞에 나아가지도, 하나님 앞에서 그 얼굴을 들지도 못하는 죄인의 한계를 동시에 만족시키어 양측을 영적으로 만나게 하고 연결시키는 유일한 중보자의 도움을 받아야만 하나님의 도우심과 역사하심을 누릴 수 있다. 이것이 기독교이다. 여기에서 벗어나면 껍질은 기독교이나 내용은 완전히 빗나가는 다른 종교이다.

길게 기도한다고 하나님께서 성령의 역사를 부어주시는 것이 아니고, 뜨겁게 기도한다고 성령의 다스리심과 도우심이 많아지는 것도 아니고, 오직 예수 그리스도 안에서 성경적인 기도를 지속적으로 진행함으로 성령의 충만을 얻고 누릴 수 있다. 바르게 기도하지 못하면서 누리는 성령충만(?)의 실상은 미혹하는 거짓 영들의 아주 그럴싸한 수작이다. 하나님과 사람을 연결해 주는 유일한 중보자 예수 그리스도 안에서 진행되는 기도를 통해 연약함, 부족, 죄, 허물들을 하나님께 고백하면서 도우심을 간구하면 하나님은 우리를 위해 다양한 성령의 역사하심을 풍성하게 베풀어 주신다. 육신의 욕망과 죄악된 기질이 우리는 주장하지 못하고 성령이 다스려주시고 통치하시는 성령충만을 선물해 주실 것이다.

이것은 단순한 이론이 아니고 성경과 기독교의 역사가 가르쳐주는 하나님의 원리이다. 사도행전을 보면 성령의 세례를 받은 초대교회의 신자들은 성령의 충만을 누리고 유지하기 위해 지속적으로 예수 그리스도 안에서, 예수 그리스도의 이름으로 하나님께 기도했다. 그리고 그들은 더욱 성령으로 충만해졌고, 더 담대하게 예수 그리스도의 복음을 전파하였다. 사도행전 2장의 오순절 날에 성령의 세례를 경험했던 베드로는 지속적으로 기도에 힘썼고, 기도하러 가는 길에 성문 미문에서 구걸하는 나면서부터 앉은뱅이 된 사람을 예수 그리스도의 이름으로 일어나 걷고 뛰게 하였다.

"베드로가 가로되 은과 금은 내게 없거니와 내게 있는 것으로 네게 주노니 곧 나사렛 예수의 이름으로 걸으라 하고 오른손을 잡아 일으키니 발과 발목이 곧 힘을 얻고 뛰어 서서 걸으며 그들과 함께 성전으로 들어가면서 걷기도 하고 뛰기도 하며 하나님을 찬미하니."(행 3:6-8)

사도행전 2장에서 성령의 세례를 받은 사도들과 제자들이 사악한 유대 지도자들의 위협을 당하여 큰 위기를 느꼈을 때, 그들은 한 곳에서 합심하여 간절하게 하나님의 도우심을 간구하였다. 유대교 지도자들의 핍박을 이기고 담대하게 복음을 선포할 수 있도록 예수 그리스도의 이름으로 하나님께서 표적과 이적을 베풀어 주시도록 간절하게 기도하였다. 그러자 하나님께서는 그들에게 성령의 충만함을 넘치도록 베풀어 주셨다. 성령의 충만함이 어찌나 강렬하였던지 그곳의 땅이 진동하였다고 성경은 설명하였다.

"빌기를 다하매 모인 곳이 진동하더니 무리가 다 성령이 충만하여 담대히 말씀을 전하니라."(행 4:31)

올바른 기도생활이 성령의 충만을 일으킨다는 것은 너무도 당연한 기독교 신앙의 원리이다. 올바르지 못한 변질된 기도생활도 비슷한 모양의 영적인 충만을 일으키는 것은 사실이나 변태적인 기도가 성령충만을 가져다준다는 것은 불가능하다. 기도에 대한 열정이나 기도의 양보다 더 중요한 것은 언제나 기도의 방식과 내용이 성경적이어야 한다는 것이다. 성령의 충만은 곧 '진리의 영'(요 14:17, 16:13)의 충만이므로 복음의 진리에서 벗어나는 변태적인 기도생활로는 성령의 충만을 얻지 못한다. 기도생활이 성령충만을 일으키는 것은 새로운 성령을 더 많이 끌어오기 때문이 아니고 기도로서 자신의 처지를 아뢰며 도우심을 구하는 신자들의 간구를 하나님께서 들으시기 때문이다.

성령의 세례를 이미 받은 신자들이 성령의 충만을 누리기 위해 힘써야 할 또 한 가지는 말씀을 부지런히 읽고 배우고 연구해야 한다는 것이다. 성령은 하나님의 말씀이신 예수 그리스도를 증거하시기 위해 세상에 오셨고, 예수 그리스도를 알리시고 그의 사역을 적용하시기 위해 우리들에게 임재하셨다. 예수 그리스도께서는 아직 지상에 계실 때 장차 오실 성령이 자기 자신을 알리고 증거하기 위해 오신다고 하셨다.

"진리의 성령이 오실 때에 그가 나를 증거하실 것이요."(요 15:26)

"그가 내 영광을 나타내리니 내 것을 가지고 너희에게 알리겠음이라."(요 16:14)

성령께서 오신 목적이 예수 그리스도와 그의 계시의 말씀을 증거하심이므로 하나님을 바르게 선포하는 것이 성령의 역사하심이 나타나게 하는 가장 기본적이고 효과적인 방법이다. 그런데 요즘 젊은이들은 말씀보다는 찬양으로 성령의 역사를 위한 멍석을 펼 수 있다고 여기는 것 같다. 유행하는 CCM 찬양곡들을 부지런히 부르는 모습을 보면, 마치 노래, 조명, 그럴듯한 멘트, 분위기를 잡으면 성령의 임재와 역사하심이 구현되는 것 같은 혼란을 일으킨다. 애창되는 CCM 찬양의 가사에는 성령께서 그곳에 오시어 예배를 받아주시고 뜨겁게 역사하여 달라고 호소하는 내용이 많다. 바로 이런 노래들로 인해 기독교 신앙의 기본 토양이 파괴되고 있다. 그리고 하나님이 이교도의 귀신 수준으로 오해되어진다.

하나님은 십자가로 구원하신 자기 백성들에게서 한 1초도 떠나신 적이 없다. 예수 그리스도의 피 묻은 십자가를 증표로 삼은 영원한 '새 언약'이 하나님과 자기 백성들 사이에 체결되었고, 언약에 충실한 하나님께서는 잠시도 자기 백성들을 버리시지 않고 영원히 함께 하시고 계신다. 그런데 왜 우리가 성령 하나님을 향하여 "하늘 문을 여시고 이곳에 오소서! 우리의 예배를 받아 주소서!"라는 내용의 노래를 불러야 하겠는가? 존 웜버가 지은 노래 "예수 오 예수 지금 오시어 채워주소서…" 라는 내용의 노래를 우리는 아주 즐겁게 애창했다. 하나님께 우리가 있는 곳으로 내려오시라고 호소하는 이런 유형의 노래를 우리 모두가 즐겁게 애창하면서 90년대를 보냈다.

그러나 이런 가사의 노래는 비성경적인 신비 감성을 형성하는 데에는 크게 도움이 될지라도 참된 신앙을 표현하면서 하나님을 찬송하는 노래가 되지 못한다. 왜냐하면 기독교의 찬양은 언제나 이미 우리들을 영원히 변치 않는 십자가 언약으로 자녀로 삼으시고 무슨 일이 있을지라도 버리거나 포기하시지 않고 끝까지 책임지시는 진실하는 언약의 하나님을 높이고 경외하는 노래이어야 하기 때문이다. 결코 조명, 분위기, 감미로운 멘트, 감정을 우러나게 만드는 각종의 악기 등이 동원되어 부르는 노래에 의해 하나님의 임재와 동행하심이 있기도 하고 없기도 하는 것은 아니다.

우리와 함께하시는 성령의 역사하심이 풍성하게 나타나게 하기 위해서 예수 그리스도의 복음이 바르게 선포되어야 한다는 사실은 너무도 중요하다. 분명히 성령의 세례를 받은 신자라도, 이후 지속적으로 말씀을 읽고, 배우고, 말씀을 삶으로 실현하려고 노력하지 않으면 성령의 충만을 경험할 수는 없다. 말씀과 더불어 가지 않고 오직 기도만으로 성령의 충만을 얻겠다는 맹렬한 기도파들은 대개 성령을 가장하여 속이는 미혹의 영들의 장난에 빠져 허우적거리는 경우가 다반사이다. 그 이유는 성령께서는 반드시 말씀과 더불어서 역사하시기 때문이다. 성령은 구원을 주시는 하나님의 말씀이 전파되도록 돕기 위해 오셨다. 성령은 말씀의 중심인 예수 그리스도의 십자가를 증거하기 위해 오셨다. 그러므로 말씀이 없다면 성령의 역사도 없는 것이다.

거짓된 영들의 난장판 아주사 거짓 부흥으로부터 그 모습이 형성된 '성령운동'에 매료되는 사람들이 대부분 훗날 사이비로 판명되거나 점점 사기성이 농후해지는 이유가 무엇일까? 성령이 오신 목적인 말씀을 단단하게 붙들지 않고 단순히 성령의 역사를 드러내고 경험하려는 그릇된 신앙코드에 잡혀서 무식한 일들을 시도하기 때문이다. 예수 그리스도의 복음을 바르게 정확하게 선포하는 것이 성령의 역사와 충만하게 하심을 얻기 위한 가장 중요한 조건이다. 성령을 향한 소망과 정성이 대단할지라도 예수 그리스도의 복음을 바르게 이해하지 못하고 붙들지 못하면 성령의 충만을 얻을 수 없다. 이미 거짓 영들에게 미혹된 사람들의 특징을 살펴보면 성령을 향한 소망과 갈망은 다른 일반 신자들보다 열 배는 강해 보인다. 그러나 예수 그리스도의 복음의 의미와 원리에 대해서는 무식하고 지극히 감성적인 자세를 가지고 있다. 그래서 진리의 영이신 성령의 역사하심을 체험하지 못하고 오히려 성령을 가장하는 사이비 영들의 속이는 역사를 많이 체험하고 있는 것을 보게 된다.

말씀을 읽고 배운다고 하여 반드시 성령이 자동적으로 함께 역사하신다고 말할 수는 없다. 우리가 말씀을 읽고 배우고 선포할 때마다 성령께서도 자동적으로 그것에서 역사하시고 가르친다면, 그것은 성령의 주권성과 인격성을 훼손하는 것이다. 성령께서는 언제나 하나님 아버지의 계획과 뜻을 따라 역사하신다. 우리가 아무리 하나님의 말씀을 많이 읽고 배울지라도 성령의 충만을 베푸시려고 결정하시는 분은 언제나 하나님이시고, 하나님의 뜻 안에서 우리를 성령으로 충만하게 만드시는 분은 예수 그리스도이다.[9] 우리가 할 수 있는 일은 하나님을 지극히 경외하며 겸손한 자세로 올바른 기도생활을 진행하면서 예수 그리스도의 복음을 붙잡고 살아가는 것이다. 성경의 내용을 단지 문자적으로 해석하고 풀이하는 것이 아니라 성경의 중심인 예수 그리스도의 구원과 주 되심을 잘 이해하고서 선포해야 한다. 그리고 예수 그리스도의 영으로 오신 성령이 역사하시고 우리를 성령으로 충만하게 만들어 주시기를 기대해야 한다.

성령으로 충만했던 성경의 모든 사람들은 동시에 탁월한 말씀의 사람들이었다고 성경은 설명한다. 불신 유대교 사람들이 던지던 돌에 맞아 죽었던 스데반 집사는 죽는 순간에도 '성령이 충만'(행 7:55)하였다고 성경은 말씀한다. 성령이 충만했던 스데반의 가장 큰 특징도 신구약을 관통하는 복음의 진리에 정확하고 해박한 말씀이었다. 그가 죽기 직전에 유대인들에 하나님이 아브라함을 부르시고 구원의 역사를 이끌어 오신 내막을 설명하는 설교의 내용을 보면 그가 얼마나 확실한 말씀의 사람이었는지 알 수 있다. 바울, 바나바, 베드로 …, 사도행전에 나오는 모든 성령충만했던 사람들 모두가 한결같이 하나님의 말씀에 정통했던 사람들이었고, 모두 탁월한 전도자들이었다. 성령으로 충만해지는 것과 말씀으로 풍성하게 무장되는 것, 그리고 담대하게 복음을 전파하는 것은 항상 붙어서 다니는 성령충만의 특징들이다. 말씀 연구와 복음 선포가 함께 동반되지 않는 성령의 충만은 존재하지 않는다.

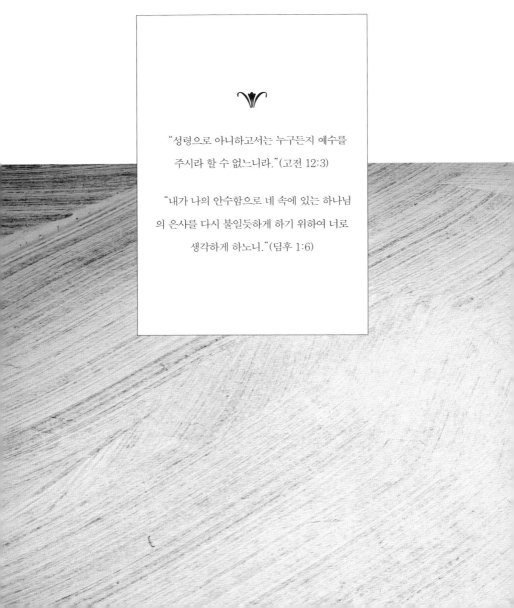

"성령으로 아니하고서는 누구든지 예수를
주시라 할 수 없느니라."(고전 12:3)

"내가 나의 안수함으로 네 속에 있는 하나님
의 은사를 다시 불일듯하게 하기 위하여 너로
생각하게 하노니."(딤후 1:6)

2부

안수로 성령세례를
줄 수 있을까

제6장
성령세례를 유도하는 안수

거듭남과 성령의 세례를 별개의 사건으로 구분하는 그릇된 문제를 다루는 데 있어 빠질 수 없는 또 다른 문제는 안수기도 문제이다. 잘못된 성령세례 사상을 크게 주장하는 대부분의 사람들은 안수하여 성령(?)의 역사를 일으키는 운동에 능한 사람들이다. 그들 대부분이 성령이 임하도록 유도하는 신비적인 안수기도를 신봉한다. 부흥회 등의 집회에서 성령의 임재와 은사를 나타나게 하려고 안수를 시도하는 것이 그쪽 사람들에게 매우 당연한 일이고, 그것이 그들의 영적인 능력을 드러내는 방법으로 인식되고 있다. 우리 주변에서 흔히 볼 수 있는 안수의 사례들을 살펴보면서 그릇된 성령세례 사상을 가진 사람들과 안수기도가 어떤 관련이 있는지 살펴보자.

장경동 목사의 안수기도

개그맨보다 더 사람들을 웃기면서 부흥회를 인도하는 장경동 목사가 지난해 애리조나주 피닉스에 있는 어떤 한인 교회에서 부흥회를 인도했다. 그때 장경동 목사는 설교를 마친 후 집회에 참여한 사람들에게 안수기도를 시행하였다. 나는 오래전 한국에서 장경동 목사가 사람들에게 안수기도를 해 주는 모습을 보았다. 장경동 목사는 안수를 받으려고 강대상 주변과 복도에 줄을 지어 기다리는 사람들의 머리를 솥뚜껑같이 큰 손바닥으로 탁탁 치고 지나갔다.

대체 그런 행동이 어떻게 성령의 역사를 만들어 내는 것일까? 그런 경박스러운 행동과 더불어 나타나는 영적인 일들이 과연 성령의 역사일까? 애리조나주 그 교회에서는 장경동 목사에게 안수기도를 받은 사람이 바닥에 누워 한동안 꼼짝하지 못하는 특이한 현상도 나타났다. 내가 아는 어떤 사람은 그곳에 있었으나, 그런 현상이 일어날까 염려하여 일부러 장경동 목사의 안수를 피하였다고 한다. 나중에 장경동 목사에게 안수받고 바닥에 누워 가만히 있었던 사람에게 왜 그대로 누워있었는지 물었더니, 몸이 움직여지지 않았기 때문이라고 대답했다고 하였다.

안수기도를 받았는데 왜 몸이 움직여지지 않는 것일까? 과연 그것이 성령의 임재나 성령의 은사가 임하시므로 나타나는 현상일까? 그때 장경동 목사의 안수가 그 사람에게 성령의 충만을 밀어 넣어 주었기 때문에, 마치 공중급유기로부터 기름을 보충받는 전투기처럼 그대로 있었던 것일까? 악한 영의 장난 등으로 인한 가위눌림에서 그러한 현상이 동반된다는 것은 잘 알려진 사실이다. 그런데 이제는 성령께서도 그러한 일을 하시는 것인가? 대체 장경동 목사와 함께하는 성령은 어디서 온 성령이기에 그런 일을 하는 것일까? 기독교의 성령이 신자들을 강제로 잡아 눕히고 움직이지 못하게 만드는 성령이라고 성경 어디에서도 설명하지 않는다. 그런데 이런 괴이한 현상은 왜 나타나는 것일까?

이런 괴이한 일들이 그릇된 성령세례 사상을 가진 사람들에게서 나타나는 대표적인 특징이다. 이것만 보더라도 성령의 새롭게 하심으로 구원받은 신자에게 또다시 성령이 찾아온다는 성령세례 이론이 매우 비성경적이라는 것을 알 수 있다. 또한 그런 현상이 나타나게 하는 사람들의 영적인 상태가 아주 불건전하고 위험스럽다는 것을 짐작하게 한다. 장경동 목사도 그릇된 성령세례 사상을 가지고 있는 사람이다. 나는 장경동 목사가 인천의 복된교회에서 "성령세례를 받으라"라는 제목의 설교를 통해 다음과 같이 신자들에게 가르치는 것을 보았다. [1]

"여러분은 죄(장 목사는 '자범죄'를 죄라고 표현)를 회개하지 말고 죄인(장 목사는 아담에게서 물려받은 '원죄'를 죄인으로 표현)을 회개해야 합니다. 누누이 하는 말이지만 스님은 죄는 회개해도 죄인은 회개가 안 된다는 것입니다. 스님이 이것을 아셔야 합니다. 죄인은 자범죄이고 죄인은 원죄이기 때문입니다. 불교에는 그런 용어 자체도 없어요. 그런 코드 자체가 없어요. 자범죄가 죄이고 원죄가 죄인입니다.

자범죄를 회개하려니까 세례(침례)가 필요하고 죄인을 회개하려니까 성령이 필요하고…, 그래서 (세례요한이) 나는 여러분에게 물로 세례(침례)를 주거니와 내 뒤에 오시는 이는 나보다 능력이 많으시니 그는 성령과 불로! 그러니까 요한의 관점은 세례만 받아서는 안 된다는 거야! 반드시 성령세례(성령침례)를 받아야 된다 이거야! 아멘?

두 번째, 요한복음 3장 5절로 가면 '진실로 진실로 내게 이르노니 사람이 물과 성령으로 나지 아니하면 하나님 나라에 들어갈 수 없으니.'라고 하였습니다. 예수님이 그냥 말해도 되는데, '진실로 진실로' 했으니 그건 무지하게 진실이네! 그거는 예수님이 강조하기 위해서 그런 것이지, 여태껏 거짓말하다가 지금 진실을 말하는 것이 아닙니다. 사람이 물과 성령으로 거듭나지 아니하면 하나님 나라에 들어갈 수 있다? 없다? 물과 성령으로 거듭나지 아니하면 하나님 나라에 들어갈 수가 없다! 이겁니다. 물은 아까 누가(세례요한) 얘기했지요? 물은 자범죄를 회개한다는 것! 성령은 그 다음에 성령으로 무슨 죄를 해결한다고요?

여기서 굉장히 중요한 이야기를 하나 해 드립니다. 특별한 경우도 있겠지만 일반적 경우로 내가 성령받았다! 성령을 모셨다!는 말은 곧 내 원죄와 자범죄가 용서받았다는 증거지요?(청중들 아멘!) 그러면 내가 성령을 못 받았다는 것은 내가 자범죄와 원죄를 용서받지 못했다는 의심을 가지게 하지요? 뒤집으면? 나의 죄 사함의 회개를 통한 물침례(세례)와 성령침례를 받으므로 내 죄 사함을 받았다는 것을 말하라 이것이지요…. 회개도 해야 하지만 회개해서 용서받았다는 결정적 증거는, 꼭 맞는 것은 아니지만, 내 안에 성령이 들어오신 것입니다. 왜냐하면 성령님은 우리 마음속에 들어오고 싶어 하십니다. 그런데 들어올 수가 없는 것은 내가 마음 문을 열지 않기 때문입니다. 또 열어도 들어오지 못함은 죄가 더러움이라! 그러니까 성령님이 내 안에 들어오셨다는 것은 내가 마음을 열었다는 것이고, 죄를 회개했다는 것입니다."(장경동)

개그 부흥사로 소문난
장경동 목사

장경동 목사가 인천의 복된교회에서 가르친 이런 그릇된 내용은 CBS 방송을 통해 더 많은 사람들에게 널리 소개되었던 모양이다. 이 내용을 보니, 한국 교회에서 유명해지고 스타가 된다는 것이 아무것도 아니라는 생각이 든다. 갖가지 재주 있는 자들이 자기 특색을 드러내는 깃발을 들고 다니다 적당한 곳에서 꽂으면 되는 곳이 한국 교회인 것 같다. 장경동 목사가 그 중에서도 대표적인 인물이라 아니할 수 없다. 왜냐하면 물세례와 성령세례에 대해서 너무도 어이없는 설교를 하였기 때문이다. 기독교 사상과 신학의 기본을 가진 사람이라면 이런 엉터리 설교를 할 수가 없을 것이다.

장경동 목사가 가르친 성령세례에 대한 내용이 얼마나 엉터리였는지 보자. 성령의 세례와는 전혀 관련도 없이 물세례를 받게 될 수 있다고 보는 것이 장경동 목사의 성령세례 사상의 핵심이다. 장경동 목사는 물세례는 자범죄를 회개하고 난 후 받는 세례이고, 그 다음에는 원죄를 사해주는 성령의 세례가 있다고 했다. 죄인에게 성령의 임재하심, 즉 성령세례가 임하지 않았음에도 죄에 대해 자각하고 회개하는 죄인이 있을 수 있을까? 죄의 사안에 따라서는 전혀 불가능한 일은 아닐 것이다. 왜냐하면 공자와 맹자의 도덕책을 잃고 부모에게 대들고 구타한 죄, 남의 물건을 도둑질한 죄, 골목에 슬쩍 쓰레기를 버린 죄…, 등을 반성하고 회개할 수도 있기 때문이다.

그러나 하나님 앞에서만 죄이고 세상 앞에서는 죄라 여겨지지 않는 죄를 성령의 임재하심도 없이 깨닫고 회개한다는 것은 불가능하다. 자연적 죄인들은 백번 죽었다 깨어나도 그러지 못한다. 하물며 영구히 죽을 죄인이 영원히 살길을 찾기 위해 2,000년 전에 십자가에 달려 죽으신 예수 그리스도를 찾아가서 구주로 믿는다는 것은 더욱 일어날 수 없는 일이다. 에덴동산의 옛 언약을 파기한 인간을 죽음에 이르도록 저주하신 하나님이 죄인들을 살리기 위해 선악과 범죄를 무효로 만들고자 예수 그리스도를 세상에 보내어 십자가에 달려 대신 죽게 하셨다는 사실은 이성으로 알 수 없는 신적인 지식이다. 하나님의 신적 지식은 성령의 역사가 아니고서 어디에서도 얻을 수가 없다. 십자가의 비밀은 어떤 책이나 유명한 대학교육으로 얻을 수 없는 신령한 지식이다. 성경은 죄인의 어두운 마음에 진리의 빛으로 조명하시는 성령이 임재하심이 있을 때에만 신적 지식을 얻을 수 있다고 말씀한다. 그래서 예수 그리스도를 구주로 믿는 사람은 이미 성령의 세례를 받은 사람인 것이다.

"성령으로 아니하고서는 누구든지 예수를 주시라 할 수 없으니라."(고전 12:3)

그러나 장경동 목사는 성령의 세례가 없이도 성경적인 물세례가 가능한 것처럼 가르쳤다. 그러면 성부, 성자, 성령의 이름으로 행해지는 기독교의 물세례의 의미는 무엇인가? 자신의 죄를 해결하기 위해 대신 십자가에 달려 죽으신 예수 그리스도를 구주로 믿고 하나님의 자녀가 되었음을 공표하는 것이다. 이러한 과정이 성령의 임재하심이 없이 어찌 가능하겠는가? 진실하게 기독교의 물세례를 받은 사람이라면 이미 성령의 세례를 받았다는 것을 조금도 의심해서는 안 된다.

장경동 목사는 아마도 그릇된 사람들이 가르치는 괴상한 영의 역사를 체험하였고, 그들에게서 배운 그릇된 성령사상을 마음에 품게 된 모양이다. 이전에 모든 교단들이 이단으로 규정한 베뢰아 김기동 목사의 정체가 알려지지 않았을 때, 많은 사람들이 그에게 찾아가서 배웠다고 한다. 그들 중에서 훗날 하용조 목사를 비롯하여 한국 교회를 대표하는 유명한 목사들이 많이 나타났는데, 장경동 목사도 그 중의 한 사람이라는 것을 아는 사람들은 다 알고서 지켜보고 있는 중이다. 그래서 그런지 장경동 목사의 사상과 영적인 성향이 좀 이상한 것 같다.

　이전에 베뢰아 이단 교회의 핵심인물로 일하다 탈퇴하여 바른 신학을 공부하고 현재 건강한 교회의 목사로 사역하고 있는 분에게 장경동 목사가 물세례와 성령세례에 대해 가르친 내용이 혹 이전에 김기동 씨에게서 배운 베뢰아 이단 신학과 어떤 관련이 있는지 물었다. 그분은 믿는 사람이 성령받지 않고 죄를 회개하고 물세례를 받고 이후 구원받을 때 성령의 세례가 임한다고 가르치는 것은 베뢰아 창시자 김기동 목사가 사도행전 19장을 그릇되게 해석하면서 가르치는 내용이라고 확인해 주었다. 그분은 80년대 중반 매주 1회 출석하는 베뢰아 아카데미 2년 과정을 장경동 목사가 성실하게 수료하였다고 증언해 주었다. 또한 베뢰아에서는 예수 그리스도를 영접할 때 반드시 성령을 받는 것은 아니라고 가르치며, 나중에 성령을 별도로 받아야 진정 하나님의 자녀인 성도라고 가르치고 있다고 하였다. 성령을 받은 사람 중에서 소수의 특별한 사람이 병을 고치고 귀신을 쫓는 성령의 능력을 행사할 수 있다고 가르친다고 하였으며, 그런 사람들이 성령의 능력을 소유하고 있다고 착각하고서 사람들에게 안수를 주는 일을 남발하고 있다는 것은 우리가 다 아는 사실이다. 장경동 목사가 부흥회를 인도하면서 사람들에게 안수를 주고 물세례와 성령세례에 대한 그릇되게 설교하는 내용은 모두 베뢰아 사상과 일치하는 것이다. 그의 안수를 받은 어떤 사람이 꼼짝 못하고 누워있게 되는 현상이 나타났다는 것은 결코 예사로운 일이 아니다.

어떤 신자가 진실하게 물세례 예식에 이르게 되었다면, 이미 성령의 세례가 먼저 일어났음을 당연시해야 한다. 죄인에게 성령세례가 먼저 주어지지 않으면 예수 그리스도를 주로 믿는 신앙이 발생하지 못하기 때문이다. 하나님이 아들 예수 그리스도의 십자가 제사를 통해 아담에게서 유래한 원죄를 무효로 만드시기로 작정하셨으므로, 반드시 대신 죽으신 예수 그리스도를 주로 믿게 되는 것이 기독교의 길이다. 이런 일이 일어나게 만드심이 곧 성령을 부어주시는 성령세례이다. 성령으로 중생하고 난 다음에 죄에 대한 깨달음이 생기고 회개하기를 시작한다. 장경동 목사가 말하는 자범죄를 회개하는 일들은 성령의 세례로 속사람이 거듭난 신자에게서 이후 나타나는 열매이다.

이것을 모르고 목사가 되어 설교하는 사람들은 영혼을 저주하는 사탄의 기계들이다. 불행히도 위의 설교를 들으니 장경동 목사도 그런 사람이었던 것 같다. 개념 없는 설교를 하며 웃기고 다니는 장경동 목사에게 이런 심각한 사실이 있었다는 것을 우리는 너무 오래 방관했던 것이다. 복음을 해치는 사탄의 쓰임을 받는 사람들의 특징은 참으로 다양하고 가지각색인 것 같다. 성령은 진리의 영이시므로 결코 이와 같이 하나님의 말씀을 변개하거나 그릇 가르치지 않는다. 장경동 목사가 자범죄를 회개하여 물세례 받고, 원죄를 용서받은 증거로 성령세례를 받는다고 가르쳤다는 것은 그에게 진리의 영이 함께하시지 않는다는 증거이다.

어떤 사도도 이미 믿는 사람에게 성령의 충만이나 성령의 은사를 밀어 넣어주기 위해 안수기도를 하지 않았는데, 장경동 목사와 같은 부류들이 그런 일을 하고 다닌다는 것은 그들이 사도들보다 위대해서가 아니고, 사도들이 전한 성령과 사도들이 가르친 복음과는 다른 것이 그들에게 있기 때문이다. 장경동 목사와 함께 일하는 아리송한 영이 사도들과 함께하신 성령이 아니므로 장경동 목사가 사도들도 하지 않은 믿는 사람들을 대상으로 안수기도를 하고 다녔고, 사도들에게서 나타나지 않았던 '몸이 마비되는 현상'이 그의 안수를 받는 사람에게서 나타났던 것이다.

장경동 목사의 그릇된 성령세례 사상의 문제는 이것뿐이 아니다. 그는 세례 요한의 물세례와 지금의 물세례를 동일시하였다. 시간적으로 세례 요한의 물세가 먼저이고 예수 그리스도의 성령의 세례가 나중이었고, 세례 요한은 예수 그리스도가 주실 성령의 세례를 증거하였으므로 지금도 물세례와 성령의 세례는 다르며, 물세례 이후에는 성령의 세례를 기대해야 한다는 식으로 가르쳤다. 장경동 목사는 인천의 복된 교회의 신자들에게 이렇게 말했다.

"나는 여러분에게 물로 세례(침례)를 주거니와 내 뒤에 오시는 이는 나보다 능력이 많으시니 그는 성령과 불로…! 그러니까 요한의 관점은 세례만 받아서는 안 된다는 거야! 반드시 성령세례(성령침례)를 받아야 된다 이거야!"(장경동)

장 목사의 이 말은 세례 요한의 물세례와 지금 교회의 물세례를 동일시하는 관점에서 나온다. 많은 사람이 장 목사와 같이 물세례에 대해 혼동하고 있다. 신약 교회의 물세례가 세례 요한의 물세례를 계승하는 것으로 생각한다. 그래서 회개하여 요한이 시작한 물세례를 받았으면, 예수님이 그 이후에 주신 성령의 세례를 받도록 준비해야 한다고 가르친다.

그러나 신약 교회의 물세례 예식은 세례 요한의 물세례와는 다르다. 세례 요한의 회개의 물세례는 임박한 하나님 나라와 자기 백성들을 구원하기 위해 찾아오시는 하나님 나라의 왕 예수 그리스도를 백성들이 주목하게 만드는 세례였다. 하나님의 나라가 곧 개막되므로 이제부터는 더러운 생활을 청산하고 하나님 나라 개국을 위해 오시는 메시아 예수 그리스도를 맞이하도록 촉구하는 세례였다. 그 이전에도, 그 이후에도 세례 요한처럼 곧 임박한 하나님 나라를 맞아할 준비의 차원에서 시행된 회개의 세례운동은 없었다. 그것은 세례 요한이 예수 그리스도의 오시는 길을 예비하기 위해 보내심 받은 아주 특별한 구약의 마지막 선지자였기 때문이다.

세례 요한의 물세례와 오늘 날 교회의 물세례는 물을 이용한다는 점에서는 비슷하지만, 의미를 따지면 매우 다르다. 사도행전 19장의 에베소 교회의 사례를 보더라도 세례 요한의 물세례와 신약 교회의 물세례는 전혀 다른 것임을 알 수 있다. 세례 요한의 가르침까지만 알았고 예수 그리스도의 죽으심과 부활에 대해서는 잘 몰랐던 아볼로에게서 신앙을 배우고 물세례를 받은 에베소 사람들에게 바울이 예수 그리도의 온전한 복음을 전하고 예수 그리스도의 이름으로 다시 물로 세례를 주었다(행 19:3-5). 세례 요한의 물세례는 예수 그리스도의 주 되심에 대한 신앙고백과 직접 관련 없이 이루어졌기 때문이다. 그러므로 신약의 교회의 물세례가 세례 요한의 물세례를 그대로 계승하였다고 전혀 말할 수 없다.

신약 교회의 세례는 예수 그리스도가 개국하신 하나님 나라의 참 백성이 되었음을 의미하는 세례이다. 어떤 죄인이 은혜를 입어 예수 그리스도를 구주로 믿어 거듭난 하나님 백성이 되었다는 사실을 공표하는 예식이다. 지금 교회의 물세례를 세례 요한의 물세례와 기능적으로 일치시키는 주장은 용납될 수 없다. 이런 그릇된 주장은 결국 성령도 없이 인간이 스스로 회개하고, 예수 그리스도를 주로 믿음이 가능하다고 만들어 버린다. 자유의지를 통해 스스로 회개하고, 구원을 위해 예수 그리스도를 자력으로 믿은 후 하나님이 그의 노력과 행위를 기뻐하여 그 사람의 원죄를 사하여 주시는 성령의 세례가 나타난다는 주장으로 이어지게 된다.

위의 장경동 목사의 설교에서도 이런 내용들이 나타났다. 그러면 이런 사람들은 성령의 세례가 임할 때 어떤 일들이 벌어진다고 할까? 이들은 성령세례의 증거로서 주로 더 뜨거운 교회생활, 이상하게 옹알거리는 소리현상, 쓰러짐, 이마의 땀방울, 등줄기가 후끈해 지는 것…, 등을 중요한 것으로 이야기한다. 이런 생각을 가진 사람들 대부분이 자기의 경건의 힘으로 다른 사람들에게 성령의 역사를 일으키기 위해 안수기도를 시도하려고 한다. 그들의 안수를 통해 장경동 목사가 어떤 사람을 눕게 하고 꼼짝하지 못하게 만들었던 것 같은 괴이한 일들이 벌어진다. 성령의 역사에 관한 비성경적인 이론을 가지게 되면 결국 '다른 영'(고후 11:4)이 함께 일하게 되는 것이다. 그래서 장경동 목사가 부흥회를 인도하면서 사람들에게 안수기도하자 꼼짝하지 못하고 누워있는 현상도 나타났던 것이다.

김성곤 목사(두날개 대표)의 안수

비성경적인 성령세례를 크게 주장하면서 사람들에게 성령의 임재와 은사가 나타나게 하려고 적극적으로 안수하고 다니는 또 다른 사람은 두날개 운동의 대표이며 부산의 풍성한 교회의 김성곤 목사이다. 김성곤 목사는 약 15년 전부터 '두날개 운동'이라는 부흥프로그램을 만들어 7,000여 한국의 교회에 보급하였고 두날개 운동의 신앙과 사상으로 무장된 100여 명의 선교사를 인도, 태국, 필리핀, 호주 등의 여러 나라에 파송하였다. [2] 두날개 프로그램의 교육 속에는 그릇된 성령운동 요소가 많이 내포되었다. 모든 성령운동가들에게서 성령으로 거듭난 그리스도인에게 다시 성령이 반복적으로 임재한다는 그릇된 성령세례 사상이 나타나는 것처럼 김성곤 목사의 주장과 가르침에서도 동일한 내용이 많이 발견되었다. 다음은 김성곤 목사가 두날개의 핵심프로그램인 '전인적치유수양회'에서 신자들에게 성령세례에 관하여 가르쳤던 내용이다. [3]

"성령세례는 성령과 함께 하는 신앙생활의 시작을 알리는 영적체험이다."

두날개 대표 **김성곤** 목사

"중생한 자가 성령세례를 받고 성령세례 받은 자가 성령 충만한 삶을 살아 갈 수 있다."

"성령세례는 모든 그리스도인이 다 받을 수 있다."

"사도행전 8장을 보면 빌립 집사가 복음만 전하였는데 귀신들의 떠남 등의 역사가 일어났다. 그러나 성령을 받지 못함으로(나중에 온 사도) 요한과 베드로가 안수하니(성령의) 역사가 일어났다."

"(사도행전 19장에서) 에베소 지역의 사람들에게 바울이 안수할 때 성령충만한 제자로 일어났습니다."

이런 내용을 보면 김성곤 목사에게도 중생한 이후에 성령의 임재가 추가적으로 나타난다는 그릇된 성령세례 사상이 있음이 분명하다. 스스로 개혁신학을 사랑한다고 강변하는 김성곤 목사가 중생과 동일시점에 성령의 세례가 신자들에게 이미 일어났다고 가르치지 않고 중생 이후에 성령세례를 또 경험한다고 가르쳤다는 것은 참 그릇되었다. 또한 중생 이후의 성령세례 경험이 비로소 성령과 더불어 신앙생활하게 되었음을 알게하는 영적체험이라고 가르친 것은 정말로 부끄러운 일이다.

여기서 멈추지 않고 안수기도로 성령의 세례를 유도하여 신자들을 성령충만하게 만들 수 있다고 가르쳤으므로 김성곤 목사는 성령의 개인적 강림이 반복되고 축적되어 성령이 가득하게 채워지고 흘러넘치게 되는 성령충만을 누리게 된다고 보는 오순절 성령신학을 그대로 답습하였다. 김성곤 목사는 사도행전 8장과 19장에서 신약 교회의 설립자들인 사도들이 사마리아와 에베소의 새 신자들에게 안수하였던 사례를 예로 들면서 오늘 날에도 성령의 임재와 성령충만을 위해 안수기도를 활용해야 한다고 주장했다. 김성곤 목사는 전통적으로 유대인들에게 배척되었던 혼혈혈통을 가진 사마리아 인들도 예수 그리스도를 믿음으로 성령을 받은 하나님의 자녀가 되었음을 공식화하기 위해 기독교 설립자들인 사도들의 별도의 안수가 동원되었다는 사실을 간과하고 물세례만 받은 사람들에게 사도들이 안수하여 성령세례를 이끌어냈다고 가르쳤다. 에베소 교회의 이방인 신자들에게 바울이 안수한 것에 대해서도 그렇게 해석하지 않고 바울이 안수하여 성령의 역사를 유도해 낸 것으로 해석하여 가르쳤다. 많은 사람들이 오해하고 있는 사도들의 이방인들에 대한 안수의 의미에 대해서는 조금 후에 더 자세하게 살펴보게 될 것이다.

중요한 사실은 그릇된 성령세례 이론을 신봉하는 사람들 대부분이 안수기도를 통해 성령의 역사를 유도해 내려고 시도한다는 사실이다. 과연 그런 행동에 성경적인 근거가 있을까? 성경적인 근거가 없음에도 그러한 일을 한다면 그것은 예수님이 경고하신 '불법'(마 7:23)에 해당되고, 불법을 행하여 이적을 나타내는 자들은 사탄과 짝을 이루는 거짓선지자들이라고 성경은 분명하게 정의하였다. 김성곤 목사는 자신의 성령세례 사상과 안수행위에 대해 많이 비판을 받게 되자 더욱더 힘주어서 성령의 역사를 일으키기 위한 자신의 안수행위가 성경에 근거하고 있다고 주장했다.

"저도 안수를 한다. 그러나 쓰러지지 말라고 한다. 그런데 성향에 따라 쓰러지는 사람들이 있다. 목회자들과 집중훈련할 때를 보면 오순절과 목사님들도 오고, G12 했던 분들도 오고, 신사도 운동을 했던 분들도 온다. 초교파 사역을 하기 때문에 다양한 분들이 오시는데, 이 분들은 안수만 했다하면 쓰러지는 분들이 많이 있다. 그래서 오해를 받은 것 같기도 하다. 저는 결코 사람들을 쓰러뜨리기 위해서 안수해 본 적이 없다. 디모데후서 1장 6절 말씀처럼 바울이 디모데 안에 은사가 불 일 듯이 일어나게 하고자 안수를 한 것이지 쓰러뜨리기 위해 안수한 것이 아니다." [4]

김성곤 목사는 두날개를 배우기 위해 찾아오는 사람들에게 쓰러지지 말라고 하였고, 자신은 쓰러뜨리기 위해서 안수한 것이 아니고 성령의 은사를 일으키기 위해서 안수하였다고 주장했다. 그리고 성령의 은사를 일으키기 위한 안수는 지극히 성경적이며, 바울이 디모데에게 그와 같은 목적으로 안수를 시행했음을 디모데전서 1:6절을 통해 알 수 있다고 했다.

그러나 김성곤 목사의 이와 같은 말은 진실을 감추는 변명에 불과하다. 그는 이전에 미국에서 한인 목회자들을 대상으로 두날개 운동 세미나를 인도할 때 참여자들에게 자신이 직접 안수를 시행하였다. 당시 김성곤 목사는 자신의 안수를 받는 사람들에게 자신에게 있는 성령의 은사가 전이 된다고 하면서 믿음으로 안수를 받으라고 하였다. 이제는 거짓된 성령운동을 주특기로 삼고서 각종의 사이비 성령행각을 일삼는 신사도 사이비 성령운동 패거리들의 정체가 적나라하게 드러났으므로 감히 신사도 운동을 표방하거나 신사도 운동 패거리들의 용어를 사용하는 사람을 흔히 보지 못하게 되었다. 그러나 당시에는 아직 신사도 운동의 정체가 드러나지 않은 초창기였으므로 정신없는 자들이 외국의 앞서가는 신사도 패거리 두목에게 찾아가 성령(?)을 전수받는 안수기도를 받기 위해 열심을 내던 시절이었다. 그때 생겨난 말이 바로 '임파테이션'(impartation)이다. 그들은 성령을 나누어 준다는 의미로 자신들의 안수기도를 임파테이션이라고 부르며 마치 뭔가 대단한 것이 있는 것같이 행세했다.

지금은 가급적 감추려고 애쓰지만, 당시 김성곤 목사에게도 이러한 사상이 있었다. 그는 미국의 두날개 세미나에 참석한 목회자들에게 자신이 싱가포르의 거짓 사도 로랜스 콩과도 만나 교제하였다고 공개적으로 말했다. 로랜스 콩을 만나 교제하였다는 말 속에는 그에게 성령의 능력을 전수받는 안수기도, 즉 임파테이션을 받았다는 사실도 포함되었다고 해석된다. 김성곤 목사가 두날개 프로그램을 운영하면서 사람들에게 안수를 남발하기 시작할 때, 자신의 안수를 통해 성령의 역사가 안수받는 사람에게로 유도된다는 그릇된 사상을 가지고 있었던 것은 분명한 사실이다. 당시 김성곤 목사가 인도했던 두날개 세미나에 참석했던 미국의 조경윤 목사는 훗날 나에게 김성곤 목사가 참여자들에게 안수를 시행하면서 다음과 같이 가르쳤다고 서면으로 증언하였다.

"김성곤 목사는 전인적 치유수양회와 리더수양회 마지막 순서에 있는 '은혜의 강' 시간에 참석했던 목회자들에게 친히 안수기도를 해 주었다. 그는 그것이 '임파테이션'(impartation)이라고 설명하였고, 자신의 안수는 임파테이션이기 때문에 지금 특별한 은사가 나타나지 않는다고 해도 그의 안수를 받는 사람들에게 자신의 은사가 전이가 된다고 하였다. 그래서 안수 받은 목회자들이 목회지로 돌아가서 성도들에게 안수를 하게 될 때, 김성곤 목사에게 있는 은사들이 다른 사람들에게 전수되어 그대로 나타나게 된다고 설명했다."(조경윤 목사)

이러한 증거는 그릇된 성령세례 사상과 함께 성령세례와 은사를 유도해 내는 비성경적인 안수사상이 처음부터 김성곤 목사에게 있었음을 보여준다. 황당하게도 성령의 세례를 유도하려는 안수행위는 오순절 운동의 초기부터 두드러지기 시작했고, 제법 유명하다는 오순절 운동가들은 예외 없이 안수로 성령을 부리는 재주를 가진 사람들이다. 안수로 성령을 유도하는 그릇된 행태는 오순절 운동으로부터 더욱 변질된 모습으로 발전되고 있는 신사도 운동에 이르러서 더 성행하고 있다.

대표적인 오순절 운동가
조용기 목사가 안수하는 장면

그러나 김성곤 목사는 자신이 신사도 운동의 영향을 받지 않았다고 항변하기 위해 성경에서 성령을 부리려는 안수행위의 근거를 찾으려고 노력한다. 성경의 말씀들 중에서 '안수'와 '은사'라는 단어가 함께 포함된 문구를 하나를 내세우면서 자신이 안수를 시행하여 사람들에게 성령의 임재와 은사를 유도하는 황당한 일이 정당하다고 주장하고 있다. 김성곤 목사가 안수로 성령의 임재를 유도하는 자신의 행동을 정당화시키기 위해 내세우는 성경 구절은 바로 다음의 말씀이다.

"내가 나의 안수함으로 네 속에 있는 하나님의 은사를 다시 불일듯하게 하기 위하여 너로 생각하게 하노니."(딤후 1:6)

과연 이 말씀이 오늘 날 김성곤 목사 같은 사람들이 다른 신자들에게 안수하여 성령의 은사가 일어나게 할 수 있음을 뜻하는 내용일까? 딤후 1:6절에서 바울이 말하는 '은사'가 무엇인가?를 생각해야 한다. 예언, 방언, 가르침, 병 고침…, 등의 성령의 은사들을 만들어 내기 위해 바울이 디모데에게 안수했던 것일까? 바울 사도는 로마서에서도 비슷한 내용을 말했다.

"내가 너희 보기를 심히 원하는 것은 무슨 신령한 은사를 너희에게 나

뉘 주어 너희를 견고케 하려함이니."(롬 1:11)

　문자대로만 보면 바울은 신자들에게 성령의 은사를 나누어주기 위해 로마에 가려고 소원했다. 임파테이션에 미친 신사도 성령운동 패거리들도 이 말씀을 무척이나 사랑하고 애용한다. 성령의 임재와 은사를 사람들에게 안수를 통해 유도하고 밀어 넣는 자신들의 '임파테이션'의 근거가 이 말씀에 이미 드러나 있다고 한다. 그렇다면 사도 바울은 로마의 그리스도인들에게 성령의 은사가 희박하므로 성령을 자신의 뜻대로 나누어주기 위해 로마에 가려고 소원했던 것일까?

　로마서를 전체적으로 보면 바울은 로마의 신자들을 더욱 말씀 안에 견고하게 세우고 난 후 다른 지역에 복음을 전하려는 자신의 동역자가 되게 하려고 로마의 신자들을 보기 원했다는 것을 알 수 있다. 바울은 로마의 신자들에게 말씀을 전한 후 서바나(스페인) 선교를 시작하려고 계획하고 있었다(롬 15:28). 로마의 신자들을 훗날 자신의 서바나 선교의 든든한 동역자로 성장시키기 위해 바울은 로마에 가기를 소원했다. 그러므로 위의 본문의 '은사'는 로마의 그리스도인의 믿음을 견고하게 만들어 주는 '하나님의 복음'을 뜻하는 말이다. 실제로 바울은 로마교회에서 안수하려고 노력하지도 않았다.

　그리고 바울이 디모데에게 안수를 주었던 것도 결코 성령의 은사를 일으키기 위한 시도가 아니었다. 바울과 다른 지도자들의 안수는 디모데를 하나님의 말씀을 전파하는 목회자로 세우는 특별한 예배와 예식 중에 일어난 일이었다. 다음의 말씀이 그것을 설명해 준다.

"네 속에 있는 은사 곧 장로의 회에서 안수 받을 때에 예언으로 말미암아 받은 것을 조심없이 말며."(딤전 4:14)

　바울 자신이 선교사로 파송될 때 안디옥 교회에서 장로들에게 안수를 받았던 것처럼, 바울과 다른 장로들이 디모데에게 안수하여 목회자로 장립하였던 것이다. 하나님이 그 이전에 이미 디모데를 복음을 전파하는 사명자로 세웠다는 것을 바울은 "네 속에 있는 은사"(딤전 1:6)라고 표현하였고, 그것이 장로들의 회에서 안수 받으므로 확증되었다는 의미이다. 바울과 다른 지도자들이 안수를 시행하므로 하나님이 디모데를 복음전파자로 부르신 소명이 더욱 확증되었고 분명해졌다는 것이다. 그 사실을 "안수함으로 네 속에 있는 하나님의 은사를 다시 불일듯하게 하기 위하여"라고 바울은 말했다. 그러므로 딤전 16절의 '은사'는 예언, 방언과 같은 성령의 은사라 아니라 하나님이 디모데에게 주신 복음의 소명을 뜻하는 말로 해석되어야 한다. 그릇된 성령세례와 교만하고 몰지각한 안수 행각의 문제는 김성곤 목사만의 문제가 아니다. 무지하여 자신이 귀신의 쓰임을 받고 있다는 불행한 사실도 감지하지 못하는 사람들이 더욱 교만하여 감히 자신이 성령을 부리는 높은 위치에 있다는 허영에 사로잡혀 안수 행각을 일삼고 있음을 널리 알려야 한다.

릭 워렌에게 안수받은 옥한흠 목사

인터넷에서 옥한흠 목사님의 생전의 모습이 담긴 오래된 한 장의 사진을 보았다. 옥한흠 목사님이 겸손하게 다른 사람들의 안수기도를 받고 있는 장면이었다. 기독교와 무슬림이 연합하게 만드는 배교의 길을 걸어가고 있는 유명한 미국의 릭 워렌(Rick Warren) 목사와 다른 외국인 목사들, 그리고 오정현 목사가 옥한흠 목사에게 손을 얹고서 기도하고 있는 사진이었다. 이런 모양의 기도를 꼭 안수기도라고 하는 것인지 잘 모르겠으나, 사람의 머리나 몸에 손을 올리고서 기도하는 이런 모습은 과연 성경적인 기도의 형태일까? 다양한 의미로 해석될 수 있겠으나, 가장 핵심적인 의미는 역시 성령세례, 성령충만, 성령의 은사, 성령의 병 고침 등의 이적을 유도하는 형태의 기도이다.

옥한흠 목사가 릭 워렌, 오정현 목사 등의 기도를 받고 있다(2006년)

신약성경에 안수기도 사례가 많이 나타나 있다. 그러나 릭 워렌 목사 등이 옥 목사님에게 한 것처럼, 어깨에다 손을 얹고 기도하는 어정쩡한 모양의 안수기도는 성경에서 발견되지 않는다.

대게 저런 모습은 기도 받는 사람의 체면과 위상을 배려하고서 기도하는 방식이다. 옥한흠 목사와 같이 유명한 사람이 아니었다면 아마 머리에다 손을 얹었을 것이다. 그 당시 한국 교회를 대표하는 인물로 존경받았던 옥한흠 목사가 이제 세계적인 기독교 문제아이며 배교자인 릭 워렌 등에게 저런 식으로 기도를 받았다는 것은 부끄러운 일이다. 동시에 옥한흠 목사까지도 성령의 세례, 성령의 충만, 성령의 은사 등을 얻기 위해 일반적으로 안수기도라 불리우는 저런 방식으로 기도를 받았다는 것은 성령세례과 안수에 관한 미신이 어디까지 퍼져있는지를 보여주는 좋은 사례이기도 하다.

신약성경에서 믿음성장, 병 고침, 성령충만, 성령의 은사를 더 누리기 위해 믿는 사람들끼리 서로 기도하라는 말씀(약 5:16)은 발견된다. 그러나 머리에 손을 얹거나 저런 방식으로 신자들끼리 기도하라는 명령과 실제 사례는 발견되지 않는다. 성령의 역사를 경험하기 위해 다른 사람에게 손을 얹고 기도하는 행위는 과연 성경적일까? 신약시대의 교회에서 안수기도가 어떤 의미를 가지고 있는지? 어떻게 활용되어야 하는지에 대해서 살펴보자. 신약성경에 나타난 안수기도의 종류와 의미는 대략 다음과 같다.

1)하나님이 뜻을 확증하는 사도들의 안수

유대인들에게 멸시받았던 이방인들도 예수 그리스도를 믿음으로 하나님의 자녀 되었음을 공표하기 위해 이방인 전도 사역을 대표하는 사도 바울이 이미 복음을 믿고, 예수 그리스도 이름으로 세례 받은 에베소의 이방인 신자들에게 안수하였다. 바울이 안수할 때, 성령의 은사가 특별하게 나타남으로 에베소의 믿는 이방인들도 하나님의 자녀 되었음이 확증되었다(행 19:6). 특히 그 지역의 완고한 유대인들에게 이방인들도 예수 그리스도를 믿음으로 하나님의 성령을 받았다는 사실이 알려지게 되어 그들이 하나님의 복음을 믿는 이방인들에 대해 시기하게 만드는 효과도 있었을 것으로 짐작된다.

빌립 집사를 통해 예수 그리스도를 영접하고 물로 세례 받은 사마리아 신자들도 뒤 늦게 도착한 유대교회의 대표자들인 사도 베드로와 사도 요한에게서 안수 받았다. 두 사도가 사마리아 신자들에게 안수하자, 성령의 은사가 특별하게 나타났다(행 8:17). 이로써 일반 이방인보다 더 천하게 취급되었던 사마리아 사람들도 예수 그리스도를 믿음으로 하나님의 자녀가 되었음이 확증되었다. 성령이 사마리아 초신자들에게 역사하시는 모습이 예루살렘에서 온 기독교 대표 두 사도에 의해 목격됨으로 사마리아 사람들도 신약교회의 멤버가 되는데 방해되는 장애가 사라지게 되었다. 바울 사도와 베드로, 베드로 요한 사도의 이방인들에 대한 안수행위는 하나님의 구원역사의 새 방향을 확증하는 수단이었고, 이방인들에 대한 하나님의 은혜 베푸심이 인정되고 난 후 이와 같은 안수기도는 시행되지 않았다.

2)선교사와 집사를 세우는 안수

예루살렘 교회에 집사들을 세울 때 사도들이 안수하였다(행 6:6). 그리고 안디옥 교회가 하나님의 명령을 따라 선교사를 따로 세워 파송할 때 안수하였다(행 13:3). 디모데도 바울을 비롯한 초대교회의 사도들과 목회자들로부터 안수기도를 받았다고 기록되어 있다(딤전 4:14, 딤후 1:6).

3)특별계시의 방편으로서의 안수

예수 그리스도가 이단 역적이라 여기고 거침 없이 핍박하던 사울이 다메섹 도상에서 하나님이신 예수 그리스도를 만나 큰 충격을 받고 장님이 되어 3일 동안 식음을 전폐하며 기도하고 있었다. 그때 하나님께서 사울에게 아나니아라고 하는 그리스도인이 찾아와 안수기도하게 될 것임을 알리셨고, 동시에 아나니아에게도 사울에게 찾아가 안수하라고 명하셨다. 아나니아가 사울에게 찾아가 안수할 때 사울의 눈에서 '비늘 같은 것'(행 9:18)이 벗겨지면서 다시 보게 되었다. 동시에 성령으로 충만케되는 은혜가 임하였다. 이로서 핍박자 사울은 예수 그리스도가 이단 괴수가 아니라 하나님이 보내신 구세주라는 하나님의 특별계시를 확실히 수용하게 되었다.

동시에 사울에 대한 아나니아의 안수기도는 예수 그리스도께서 사울을 이방인들에게 보내는 사도로 세우시는 특별예식이었다고도 볼 수 있다. 왜냐하면 주께서 아나니아를 사울에게 보내시기 직전에 장차 사울이 이방인들과 여러 임금들 앞에서 복음을 전할 큰 일꾼이 될 것이라고 계획을 밝히셨기 때문이다.

"가라 이 사람은 내 이름을 이방인과 임금들과 이스라엘 자손들 앞에 전하기 위하여 택한 나의 그릇이라."(행 9:15)

사도 바울이 불신자에게 예수 그리스도의 이름으로 안수하여 특별계시를 드러내는 치유 이적을 나타낸 사례도 있다. 로마에 가서 복음을 전하기 위해 스스로 죄인이 된 사도 바울이 로마로 가는 여정에서 심한 열병에 걸린 사람에게 안수기도를 시행하여 치유하였다. 단순한 질병 고침이 아니라 예수 그리스도의 주 되심을 증거하기 위한 차원에서 구원계시의 선포자인 사도 바울이 예수 그리스도의 이름으로 병자에게 안수했다. 그 결과 그 병자와 그 마을의 다른 많은 불신자들이 바울을 후히 대접하며 예수 그리스도의 구원의 복음을 듣게 되었다(행 28:8-10).

안수기도를 가장 많이 시행한 분은 예수 그리스도였다. 예수 그리스도께서는 병든 사람을 치유하실 때 자주 안수하셨다. 예수님께서 안수하심으로 일어난 치유 이적은 예수 그리스도가 하나님이 보내신 구세주임을 드러내는, 즉 특별계시의 방편으로서의 안수였다. 예수님께서 병자들에게 안수하여 이적을 일으키심으로 예수 그리스도는 자신이 하나님의 아들이고 보내심 받은 구세주이심을 증거하셨다. 이와 같이 신약성경의 안수기도 의식은 예수 그리스도의 구원계획 성취, 예수 그리스도의 주 되심 선포, 예수 그리스도께서 부르신 자들을 직분자로 세우는 안수였다.

이상으로 살펴 본 것처럼, 성경의 안수기도는 오늘 날 무분별하게 시행되는 안수기도와 매우 다르다. 안수기도가 이미 믿는 신자들에게 일반적인 병 고침, 성령충만, 은사증진, 경건, 영적성장 등을 더 넘치게 만들기 위해 시행되었다는 증거를 성경에서 찾을 수 없다. 신약성경에서 안수기도는 하나님의 구원계획의 확증, 예수 그리스도의 구주 되심 선포, 그리고 하나님의 뜻을 따라 목사와 선교사 등의 직분자를 세우기 위해 시행되었다.

그러므로 옥한흠 목사님이 릭 워렌 등에게 안수 형태의 기도를 받았던 것은 성경적인 근거가 없는 행동인 것이다. 옥한흠 목사님은 무슨 목적으로 그런 기도를 받았을까? 어떤 새로운 직분자로 세워지기 위해서도, 예수 그리스도가 하나님의 아들이며 구세주이심을 확증하는 특별이적을 구하기 위해서도 아니었다. 아마도 지병이 있으셨으므로 하나님의 치유의 은혜를 간구하셨던 것 같다. 그런데 성경에는 믿는 자들끼리 서로 병 낫기를 위해 기도하라는 말씀은 있으나, 저렇게 안수 형태로 기도하라고 말씀하시지는 않았다. 신자들끼리, 사도들끼리, 복음전도자들끼리 병 고침, 성령충만, 믿음성장 등의 은혜를 위해 안수기도를 주고받는 사례가 성경에서 발견되지 않는다. 믿는 자들끼리 치유와 신앙성장을 일으키기 위해 시행된 사례를 찾을 수가 없다.

저런 방식의 기도가 더욱 위험한 것은 감히 성령의 역사를 유도하고 초래한다는 의도가 내포되었기 때문이다. 아무리 간절하고 겸손하게 하나님께 간청한다고 할지라도, 저런 기도의 방식을 따라 성령이 역사하시면 결국 저 사람들이 성령을 부리는 위치에 서는 신앙의 변질과 왜곡이 벌어질 수밖에 없다. 이 점에 대해서 진지하게 생각하지 않는 것이 우리 모두의 실수이다. 옥한흠 목사님이 안수 형태의 기도를 받는 저 사진의 모습은 우리 모두에게 왜 안수를 받는지에 대해 생각하게 만들어 준다. 특히 목회자들은 더 진지하게 안수를 시행하는 이유를 고심해 보아야 한다. 왜냐하면 안수기도를 시행하면서 거룩한 폼을 잡고 일반 사람들보다 더 영적으로 높은 위치에 서 있음을 드러내고 싶은 욕망에 쉽게 사로잡힐 수 있기 때문이다. 목적과 의미가 무엇인지도 모르면서 이루어지는 안수기도가 오늘 날 너무도 많다. 안수기도에 대한 성경적인 이해와 가르침이 너무 부족하여 좋은 뜻으로 안수기도를 하면 하나님도 동의하시고 좋은 일을 만들어 주실 것 같은 느낌을 따라 안수하는 경우가 많다. 오늘 날 비성경적인 안수기도가 많아지고 정당한 안수가 오용되게 된 이유를 대략 정리하면 다음과 같다.

A. 하나님의 능력과 권세를 소유한다는 미신

비성경적인 안수기도가 많아지는 주된 이유는 하나님의 능력과 권세를 소유하는 특별한 사람이 있다는 미신 때문이다. 신령한 능력과 권세는 언제나 하나님께만 있고, 중보자이신 예수 그리스도를 통해 믿음으로 나아가는 죄인들에게 오직 하나님이 자기의 뜻과 은혜를 따라서만 허락하신다는 진리를 확신하지 못하기 때문이다. 안수기도를 통해 이적과 큰 능력을 베푼 구약의 선지자들과 신약의 사도들이 예수 그리스도를 구원계시를 드러내는 특별한 사람들이었다는 사실에 대한 분명한 이해가 부족한 것도 원인이 된다. 그래서 오늘 날 구약의 선지자들과 신약의 사도들처럼 안수기도를 시행하여 특별한 일을 일으키려는 시도들이 많아졌다. 특히 이러한 허영과 교만은 이단 집단과 이단적 가르침에 오염된 교회에 더욱 많이 나타난다.

문둥병에 걸린 나아만 장군이 엘리야 선지자를 통해 치유받았던 일을 보자. 집에서 일하는 하녀의 이스라엘의 선지자에게 찾아가면 고침 받을 수 있다는 말을 듣고 나아만은 먼 길을 걸어 이스라엘의 엘리야 선지자를 찾아갔다. 선지자의 집에 도착하였으나 선지자가 나와 보지도 않고 "일곱 번 요단강에 들어가서 씻으라!"고만 하였다. 자신이 도착하면 당장 뛰어나와 환대하여서 자기의 병든 몸에 손을 대고 특별하게 기도할 것으로 기대했던 나아만은 무척 섭섭하여 왔던 길로 돌아가려고 했다. 나아만은 선지자가 특별한 능력을 소유하고 있다고 생각했고, 선지자가 자신을 위해 능력을 발휘하면 치유될 것으로 기대했던 것이다.

그러나 역사하시는 분은 오직 하나님이시고, 능력은 오직 하나님께만 있다. 그 사실을 보이기 위해 선지자는 일부러 나아만의 얼굴을 보지도 않았고, 그의 몸에 자신의 손을 대지도 않았다. 그 여종이 또 다시 선지자의 말을 따르라고 간곡하게 조언하였으므로 다행히 나아만은 선지자의 말대로 요단강 물에 일곱 번 들어가서 씻었고, 하나님의 기적을 체험했다. 이로서 나아만은 보이지 않으나 살아계신 하나님을 확신하게 되었고, 능력과 권세가 오직 하나님에게만 있음을 분명하게 알게 되었다.

유명한 사람에게 찾아가서 안수기도를 받고자 하는 사람들 대부분이 그릇된 미신을 가지고 있다. 마치 동양의 신비종교 도인처럼 하나님의 능력이 머무르는 신령한 사람이 어딘가에 있고, 그에게 안수를 받으면 성령의 역사가 거의 자동적으로 일어난다는 미신이다. 그러나 하나님의 능력을 그런 방식으로 소유할 수 있는 사람은 지상에 없다. 이전의 특별계시가 지속되던 시대에 하나님이 자기의 뜻과 계획을 집행하시기 위해 그런 방식으로 사용하신 특별한 사람들이 있었을 뿐이다.

B. 허영과 교만에 빠진 리더십

안수기도의 오남용을 초래하는 또 다른 원인은 자기 한계를 모르는 목회자들의 그릇된 리더십이다. 일반 신자들은 성경의 안수기도가 무엇인지? 왜 하는지? 에 대해서 잘 모른다. 안수기도가 하나님의 능력을 전하거나, 안수해주는 사람의 믿음과 경건과 은사를 기도받는 사람에게 전수해 주는 신령한 비법이라고 여기는 경우가 많다.

많은 사람들이 자손들에게 안수기도하는 야곱의 기도 내용이 훗날 역사에서 이루어졌다는 성경의 사실이 오늘 날 목사들이 신자들에게 안수기도하는 근거인 것처럼 오해한다. 그러나 오늘 날의 그 어떤 목회자도 야곱과 같을 수가 없다. 야곱은 예수 그리스도의 복음을 지상에 셋업(set up)하기 위해 조성된 구약 이스라엘 민족을 형성하기 위해 선택된 조상으로서 선지자, 왕, 제사장의 기능과 권세를 가졌던 사람이었다. 야곱이 안수기도한 대로 자손들에게 이루어진 것이 아니고 이스라엘을 조성하시는 하나님의 작정과 계획이 선지자, 제사장, 왕의 기능, 즉 장차 오실 하나님나라의 왕 예수 그리스도의 예표였던 야곱의 안수를 통하여 드러난 것이다. 이런 일을 지금 어떤 목사가 신자들에게 할 수 있겠는가?

송구영신 예배 때에나, 특별집회 기간에 신자들이 하나님의 복을 누리도록 힘을 다해 안수기도하는 목회자들은 자기에게 무슨 능력이 있어 그런 일을 하는지 설명할 수 없을 것이다. 성도들이 복을 받게하고 싶은 그 마음은 하나님이 아시겠지만, 하나님께서는 목회자들의 안수기도를 따라서 일하시기를 원치 않으실 것이다. 하나님께서 자기 백성들에게 거룩, 경건, 믿음의 성장, 건강 등의 복을 주시는 통로는 오직 예수 그리스도이다. 각자가 예수 그리스도를 바르게 믿음으로 하나님과 바른 관계를 가지는 것이 중요하다. 안수기도나 다른 무슨 방법으로 하나님이 복을 주시고 성령을 부으시도록 부추기고 유도할 수는 없다. 하나님은 그 누구도 그런 사람이 되도록 세우시지 않았다.

사람이 하나님의 복을 누리는 길은 참된 믿음과 온전한 순종이다. 자기 백성들의 죄악으로 인해 진노하신 하나님의 저주가 가장 많이 선포되었던 예레미야 시대에도 하나님은 여전히 복 받을 만한 사람들에게 복을 주시었다. 하나님께서는 예레미야 선지자를 통해 백성들에게 이렇게 말씀하셨다.

"그러나 무릇 여호와를 의지하며 여호와를 의뢰하는 그 사람은 복을 받을 것이라."(렘 17:7)

하나님은 언제나 하나님만을 바라보면서 순종하는 백성들에게 복을 베푸신다. 목회자들은 자기의 안수를 통해 신자들에게 그런 일이 벌어지는 것처럼 오도하지 말고, 신자들이 하나님의 복을 누리는 진정한 원리를 말씀대로 잘 가르치고 설교해야 한다. 듣지 않으면 어떻게 해서든지 듣게 하고, 그릇된 신앙과 길을 고집하면 어떻게 해서든지 돌아오게 만들어야 성도들이 복을 누리게 된다. 성도들이 싫어하는 일을 항상 멀리하고 좋아하는 일을 항상 가까이하면 인기를 누리고 원수를 만들지 않아 교회에서 롱런할 수는 있겠으나, 피차간에 하나님의 복을 누리기 못하고, 장래에는 사람에게도 무시받을 수도 있다. 힘들고 어려워도 말씀에 부복하는 방법이 아닌 다른 사술, 즉 안수기도, 기름부음 등으로 단방에 영적인 도약을 이루어 영적으로 성공하고 복을 누릴 수 있다는 사상은 우상종교에서 유입된 '기독도술'이고, 하나님이 미워하는 술법이다.

C. 거짓된 성령운동

오늘 날 안수기도가 남발되고 오용되게 된 가장 큰 원인은 성령을 임의로 부리고 조종하는 성령운동에 세상이 미혹되었기 때문이다. 창조주이신 성령을 과연 어떤 사람이 뜻대로 조종할 수 있을까? 술객이 코브라를 항아리에서 불러 세우듯이 각종의 성령집회라는 멍석을 펴고 성령을 부르고 유도하는 일이 어찌 기독교에서 가능한 일인지 '성령운동'에 힘쓰는 사람들은 설명하기 바란다. 1900년대 초에 사도행전 2장의 오순절을 오늘날 다시 체험하게 만든다는 오순절 운동(Pentecostal Movement)이 등장하여 지상 교회를 휩쓸었다. 성령을 부리고 조종하는 성령사역자들의 괴이한 행태가 역병처럼 지상 교회를 점령했다. 성령운동으로 괴이한 일을 벌이는 성령사역자들은 모두 안수기도로 무장된 사람들이다. 차분하게 안수할 시간이 부족하면 사람들의 이마, 어깨 등의 신체부위를 경박하게 치고 다니면서 성령(?)을 풀고 다닌다.

아주사 부흥으로부터 시작된 오순절 운동의 성령(?)은 주인을 따르는 강아지처럼 성령사역자들의 안수와 손의 터치를 따라 역사하기 시작했다. 오순절 운동의 아버지라고 불리우는 찰스 펄햄(Charles Parham, 1873-1929)은 1901년 1월 아그네스 오즈만이라는 여성에게 안수하여 중국말과 비슷한 사운드를 내는 거짓 방언현상을 이끌어 냈다. 그는 그 현상이 사도행전 2장의 성령세례라고 주장했고, 아무 짝에도 쓸모없는 이상한 소리가 성령세례의 증거라고 했다. 안수기도로 성령을 부리는 기독도술은 그렇게 등장했다.

펄햄의 거짓된 가르침을 윌리엄 세이모어(William Seymour, 1870-1922)가 깊이 수용했고, 그가 1906년 아주사(Azusa)에서 대량으로 동일한 현상을 이끌어냈다. 그 일이 아주사 부흥이라고 불리워졌고, 이때부터 성령운동이 지상 교회의 하나의 강력한 트랜드가 되었다. 제1기 성령운동인 오순절 운동, 제 2기 성령운동인 은사 운동에서는 성령세례라는 사술로 신자들이 영적으로 순간 도약하여 믿음의 고수가 되게 하는데 초점이 모아졌다. 캐더린 쿨만, 오랄 로버츠, 조용기 등의 유명한 오순절 운동가들은 신자들이 성령세례 사술을 통해 영적으로 도약하여 단방에 고수되게 하려고 수없이 안수했다. 그들의 영향을 받은 장로교회 목사들도 따라서 안수하기 시작했고, 사람이 많아 차분하게 안수하지 못하면 통성으로 기도하라 시키고 담장을 넘나드는 고양이처럼 사람 사이로 돌아다니며 이마, 뒷통수, 등, 어깨 등을 닥치는 대로 때렸고, 그때 괴이한 현상들이 나타났다.

제3기 성령운동인 '빈야드-신사도 운동'에서는 이런 괴현상을 '성령의 기름부음'이라고 하였고, 한국에서는 기름부음을 전파하는 변승우, 손기철, 이용규…, 외국에서는 피터 와그너, 신디 제이콥스 등의 신사도 운동가들이 대량으로 나타났다. 이들은 모두 먼저 거짓된 능력을 받는 사람들에게서 안수 받았고 또 다른 사람들에게 안수(몸 터치)하는 사람들이다.

옥한흠 목사가 생전에 릭 워렌 등으로부터 안수기도를 받은 것은 이러한 그릇된 흐름과 무관하지 않다. 소문난 성령사역자들이 늘 하는 일이므로 알게 모르게 우리 모두가 영향을 받았다. 옥한흠 목사에게 릭 워렌과 함께 오정현 목사도 손을 얹고 있었다. 아마도 오정현 목사가 그렇게 하자고 먼저 말했을 것 같다. 왜냐하면 이전에 오정현 목사가 너무도 자주 '성령의 기름부음'을 자주 언급하고 다니는 것을 보았는데, 그것은 오정현 목사가 빈야드 운동으로부터 영향과 친밀감을 가지게 되었음을 뜻하는 것이다. 빈야드 운동의 특징이 안수나 다양한 형태의 '몸터치 기도'를 통해 성령의 임재와 은사를 불어넣어주는 동양 도술과 유사하기 때문이다. 찬양을 통해서, 특히 기도를 통해서 성령의 기름부음이 임하다고 침이 마르도록 주장하고 이야기하는 것이 빈야드 운동가들의 말이었는데, 지금도 인터넷에 '오정현 기름부음'이라고 치고 검색하면 이전에 오정현 목사가 설교하고 가르치는 내용 속에서 기름부음이라는 말과 개념이 자주 있었음을 볼 수 있다.

"사모하는 마음으로 능력있는 목사에게 안수 받으면 하나님의 역사가 일어난다!"

지금도 많은 목사들이 이렇게 신자들에게 가르치고 있다. 사모하는 간절한 마음과 유명한 능력자(?)의 안수기도가 조합되면 하나님의 역사를 일으킨다는 발상은 비성경적이다. 만일 안수하는 사람을 통해 하나님의 영적인 능력이 임한다면, 신앙 사상이 혼탁한 배교자 릭 워렌 같은 사람의 안수줄기를 통해 어떤 복과 능력이 옥한흠 목사에게 들어갔을까?

옥한흠 목사님이 릭 워렌에게 안수기도를 받았던 2006년까지는 릭 워렌의 이단성이 많이 드러나지 않았다. 그때에는 나도 그가 저술한『목적이 이끄는 삶』영어판을 구입하여 부지런히 읽으면서 영어와 신앙을 공부했었다. 릭 워렌이 모든 인간은 영원히 죽어야 하는 죄인으로 태어났다는 것, 예수 그리스도 대속의 고난과 흘리신 속죄의 보혈 없이는 그 누구도 구원받을 수 없다는 너무도 중요한 사실을 교묘하게 가리고, 단지 하나님이 지으신 목적대로 살아야 한다는 것만을 멋지게 강조하는 거짓 복음의 사도라는 사실은 그 이후에 본격적으로 논의되었다.

그리고 조금 더 시간이 지나면서 그가 기독교와 이슬람을 같은 뿌리를 가진 종교라고 가르치면서 기독교와 이슬람을 혼합하는 '크리슬람(Chrislam) 운동'에 앞장서는 이단이라는 사실도 드러났다. 최근에 릭 워렌은 예수 그리스도 없이 모든 사람들이 사랑과 선행으로 구원받는다는 세계종교통합운동을 벌이며, 진화론까지 수용하는 교황 프란치스코 1세와 행보를 같이하는 모습을 보이기까지 한다. 릭 워렌이 2006년까지는 아주 신실한 기독교인이었으나, 그 이후에 이렇게 배교자로 변절된 것일까? 사람의 영적인 DNA는 갑자기 생성되고 쉽게 변경되지 않는다. 우리가 릭 워렌의 영적인 기질을 잘 몰랐던 것이다. 사람 보기에 크게 목회성공을 거두었으나, 하나님의 진리의 길과는 거리가 먼 길을 걸어가는 사람이다.

"그날에 많은 사람이 나더러 이르되 주여 우리가 주의 이름으로 선지자 노릇하며 주의 이름으로 귀신을 쫓아내며 주의 이름으로 많은 권능을 행치 아니하였나이까…, 내가 너희를 도무지 알지 못하니 불법을 행하는 자들아 내게서 떠나가라 하리라."(마 7:22-23)

릭 위렌은 바로 이 준엄한 경고의 말씀에 들어맞는 크게 성공한 유명한 목사라는 사실을 부인하기 어렵다. 이슬람과 기독교가 같은 종교라며 두 개를 혼합하는 크리슬람 운동을 앞장서 추진하고, 이슬람의 라마단 기간에 그들의 사원에 찾아가서 함께 금식도 한다고 하니, 이제 릭 위렌의 영적인 정체를 판단하기 어렵다고 말할 일이 아니다. 옥한흠 목사님은 너무도 순수하고 겸손했던 분이었을까? 영적인 분별력이 부족했던 분이었을까?

기독교의 성령은 결코 사람의 정성과 봉사에 종속되시는 분이 아니다. 성령께서 복음전도자들과 더불어 일하시는 것은 사실이나 결코 복음전도자들이 성령을 임으로 조종하거나 성령이 말씀을 전파하는 사람에게 예속되는 것은 아니다. 성령은 창조주 하나님이시므로 언제나 자기의 주권과 기쁘신 뜻대로 일하신다. 그래서 예수님은 거듭남에 대해서 무지한 니고데모에게 성령으로 거듭나는 것을 바람에 비유하셨다.

"내가 네게 거듭나야 하겠다 하는 말을 기이히 여기 여기지 말라 바람이 임으로 불매 네가 그 소리는 들어도 어디서 오며 어디로 가는지 알지 못하나니 성령으로 난 사람은 다 이러하니라."(요 3:7-8)

그 시대의 사람들은 공중에 이는 바람의 소리를 듣기는 해도, 바람이 지나갈 때 나타나는 결과를 보기는 했어도 바람이 일어나는 원리는 몰랐고, 바람이 진행되는 방향에 대해서는 전혀 알 수가 없었다. 그 시대의 사람들에게 바람이 일어나는 것과 바람이 나아가는 방향은 인간의 지혜와 힘이 전혀 미치지 못하는 영역이었다. 마찬가지로 하나님이신 성령이 인간에게 임하시는 것이 바람과 같다. 바람이 지나갔을 때 사람이 그 결과를 아는 것처럼 성령이 일하시고 난 후에 따라오는 변화를 보고 성령이 오셨음을 아는 것이다. 결코 성령이 오시도록 그 누구도 조장할 수 없고 성령이 일하시는 방법과 방향을 사람이 유도해 낼 수가 없다. 왜냐하면 인간은 죄로 인해 죽을 수 밖에 없는 피조물이고 성령은 죄인에게 그 뜻대로 은혜를 베푸시는 창조주 하나님이시기 때문이다.

성령께서 어떤 특별한 사람들의 전속 파트너가 되시는 것 같은 오해를 주기에 좋은 성경의 말씀이 있는 것은 사실이다. 사도행전을 보면 베드로의 그림자가 지나가기만 해도 치유이적이 일어났고(행 5:15), 너무도 분주한 바울을 대신하여 그의 손수건이나 앞치마를 병든 사람들에게 얹었을 때 치유이적(행 19:12)이 나타났다. 마치 성령이 베드로와 바울의 사역에 예속되었고, 그들의 전속 파트너가 되시었던 것 같은 느낌을 준다.

베드로의 그림자와 바울의 앞치마를 통해서도 나타났던 성령의 역사하심을 어떻게 이해해야 할까? 유대지도자들이 주는 생명의 위협 속에서도 예수 그리스도의 십자가 복음을 전파하는 사도들의 전도사역을 하나님께서 강력한 방법으로 확증해 주시고 계심을 보여주는 특별한 이적이었다. 신학자들은 이런 이적을 '사도적 이적', 즉 적대자들의 핍박 속에서 생명을 걸고 예수 그리스도의 십자가를 증거하며 하나님의 교회를 설립하는 특별한 사명을 감당하는 사도들의 복음선포 사역을 강력하게 지원하는 이적을 주시었던 것이다. 이러한 일은 승천하시기 직전 예수 그리스도께서 사도들에게 이미 약속하셨던 내용이다.

"믿는 자들에게는 이러한 표적이 따르리니 곧 저희가 내 이름으로 귀신을 쫓아내며 새 방언을 말하며 뱀을 집으며 무슨 독을 마실지라도 해를 받지 아니하며 병든 자에게 손을 얹은 즉 나으리라 하시니…, 제자들이 나가 두루 전파할 쌔 주께서 함께 역사하사 그 따르는 표적으로 말씀을 확실하게 증거하시니라."(막 16:17-20)

성령의 임재, 성령의 은사, 병 고침 등을 일으키기 위해 다른 사람들의 머리에 안수하는 사람들은 베드로의 그림자, 바울의 손수건 등을 통하여서 성령의 역사하심이 나타났다는 성경의 내용에서 근거를 찾는다.

"이전에는 성령께서 전도자의 그림자와 손수건을 통해서도 크게 역사하셨는데, 이제라고 왜 그런 일이 없겠는가? 정성을 다해 안수기도하며 성령의 임재를 빌면 그때나 지금이나 하나님은 성령의 역사를 베푸실 것이다!"

이러한 논리를 펴면서 성령의 임재를 유도하겠다고 안수를 시행하는 것은 큰 착각이고 무지이다. 그러한 이적이 동반되었던 사도들은 생명의 위협을 당하면서도 적대자들 앞에서 예수 그리스도 십자가를 증거하여 하나님 나라를 선포하며 교회를 설립하는 사명을 받은 특별한 사람들이었다. 초대교회의 그와 같은 상황에서 특별한 사도들에게서 나타난 성령의 특별 이적이 오늘 날 어찌 우리들의 상황에서 그대로 재현될 수 있겠는가? 더욱더 중요한 사실은 사도들은 단지 예수 그리스도의 십자가 복음을 불신자들에게 선포했다는 것이다. 꼭 필요한 상황에서 예수 그리스도의 이름으로 명령할 수 있는 사도적 권세를 동원하여 선포하였다. 사도들이 이미 거듭난 그리스도인들에게 더 많은 성령의 임재, 은사, 치유능력이 나타나도록 성령을 유도하는 차원에서 안수한 적은 한 번도 없었다. 그런데 오늘날 안수하는 사람들은 자기 힘으로 성령의 역사, 경건, 치유, 복을 일으키겠다고 믿는 사람들의 머리에 손을 얹는다.

성령의 역사를 일으키기 위한 안수행위는 80년대부터 미국에서 등장한 제3의 물결운동, 즉 빈야드-신사도 운동이 등장하면서 더욱 많아졌다. 빈야드 운동은 곧 '기름부음'을 전파하는 운동이었고, 빈야드 운동이 가는 곳에는 한결같이 기름부음이라는 말이 넘쳐났다. 빈야드 운동은 먼저 기름부음을 받은 사람이 또 다른 사람들에게 기름부음을 전수해 주는 운동이었다. 그 과정에서 가장 중요한 역할을 했던 것이 안수기도였다. 빈야드 운동과 신사도 운동이 발전해 온 과정을 연구하면 먼저 기름부음을 받은 사람이 또 누구에게 기름부음을 전달해 주었는지 계보를 그려낼 수가 있다. 기름부음이 또 다른 사람에게로 전이되는 과정에서 나타나는 가장 흔한 것은 안수 형태의 기도이다. 안수기도 외에도 다양한 형태로 몸을 터치하는 행동들, 심지어 아무런 터치가 없음에도 기름부음이 전수되어 불량한 영혼으로 변질되는 일들도 많았다.

어떤 거짓 성령운동가들에 의해 더러운 영의 능력을 발생하여 또 다른 누구에게 전수받았는지를 보여주는 자료가 발견될 때마다 메모해 둔 내용을 요약하면 다음과 같다. 이 내용을 보면 대부분의 성령세례 주장자들이 신봉하는 안수기도가 사실은 거짓 영이 전파되는 주요한 통로라는 사실이 분명하게 드러난다.

A. 캐나다에서 빈야드 부흥을 크게 일으켰던 존 아놋(Jone Anott) 목사는 사악한 영적인 사기꾼 베니 힌(Benny Hinn)에게 약 50회 안수기도를 받았다. 그러나 존 아놋에게 큰 능력이 당장 나타나지 않았다. [5]

B. 존 아놋은 1993년 6월 "성령 바텐더"라는 별명으로 통했던 쓰러뜨림의 대가였던 신사도 운동가 로드니 하워드 브라운(Rodney Howard-Browne)에게서도 안수기도를 받았으나 그때에도 별일이 일어나지 않았다. [6]

C. 아르헨티나에서 크게 신사도 운동 부흥을 일으킨 클라우디오 프레이존(Claudio Freidzon)도 베니 힌에게서 안수기도를 받았다. 참고로 베니 힌은 신사도 운동가로 분류되지는 않지만 근본적으로 거짓 성령의 역사로 충만했던 영적인 사기꾼이고, 그는 20대에 유명한 여자 영적 사기꾼 캐더린 쿨만(Cathryn Kuhlman, 1907-1976)이 인도하는 부흥집회에 참석하여 변화되었고, 나중에는 그녀의 무덤에 찾아가서 기름부음을 위해 빌었던 사람이다. [7]

D. 1993년 존 아놋은 아르헨티나를 여행할 때, 클라우디오 프레이존을 만나 안수기도를 받고 드디어 놀라운 거짓 영의 능력으로 충만해지게 되었다. 이후 그는 신사도 운동의 거두로 성장했다. [8]

E. 1994년 토론토 공항교회에 부흥강사로 초빙되어 그 교회의 많은 신

자들에게 기름부음을 전수한 랜디 클락 목사(Randy Clark)는 로드니 하워드 브라운에게서 안수기도를 받고서 거짓 영의 능력을 전수받았다. [9)]

F. 한국인으로서 신사도 운동의 대표적인 거짓 사도로 성장한 캘리포니아 추수반석교회의 채 안(Che Ahn, 한국 명 '안재호')은 1994년 존 아놋의 빈야드 컨퍼런스에 참석하여 거짓된 능력을 경험하였고,[10)] 1995년에 존 아놋을 자신의 교회에 초청하여 부흥집회를 개최[11)]하면서 신사도 운동가로 크게 성장하였다. 정확하게 언제 어디서 채 안이 존 아놋에게 안수를 받았는지에 대해서는 자료를 찾을 수가 없었으나, 존 아놋을 초청하여 부흥회를 열었으니 그에게서 안수를 받지 않았을 가능성은 거의 없다고 보아야 한다. 나중에 채 안은 거짓 사도 타드 밴틀리에게 거짓 능력을 크게 전수받는 기괴한 안수기도를 또 받았는데, 이 장면은 지금도 인터넷 상에서 쉽게 확인할 수 있다. [12)]

G. 1995년부터 플로리다 펜서콜라에서 일어난 또 다른 거짓 부흥도 먼저 거짓 능력이 나타난 토로톤 쪽 사람들과 접촉했었던 사람들을 통해 일어났다. 거짓 부흥이 시작된 플로리다의 브라운즈빌 교회(Brownsville Assembly of God)의 존 킬패트릭(John Kilpatrick) 목사의 아내와 신자들이 1994년에 존 아놋의 토론토 공항교회 빈야드 부흥집회에 참석하여 안수와 다른 형태로 존 아놋으로부터 거짓 능력을 전수받았다.[13)] 그때 브라운즈빌 교회의 부흥강사로 초청되었던 스티브 힐(Steve Hill) 목사도 영국 런던의 홀리 트리니티 브롬프튼 교회에서 개최된 빈야드 집회에 참석하여 거짓 성령의 능력을 경험한 사람이었다.[14)] 그때 스티브 힐에게 먼

저 사탄의 영에게 포로 된 사람으로부터 안수 또는 다른 형태의 몸 터치가 있었을 가능성에 대해서는 의심할 필요가 없을 것이다.

H. 신사도 운동의 대표신학자 피터 와그너(Peter Wagner)도 자신의 책에서 당시 가장 앞서가는 성령(?)사역자이고 제3의 물결의 선두주자였던 존 윔버(John Wimber)에게 안수 기도를 받으면서 기름부음을 얻었다고 자신의 책에서 다음과 같이 설명하였다.

"굉장한 느낌의 평화가 나를 사로잡았다. 나는 완전히 맥이 풀려 이러다가 강의실 바닥에 쓰러지지 않을까 걱정했다. 희미한 의식 속에서 나는 존 윔버가 나에게 일어나는 일에 대해서 생방송하듯이 설명하는 소리를 들었다. '성령께서 와그너 박사에게 임하셨습니다. 여러분은 지금 그에게 임한 성령을 보실 수 있습니까?' 아마 나는 5분 정도 거기에 앉아 있었을 것이다. 존 윔버가 나에게 말하기를 '성령께서 당신에게 사역하시는 것을 느낄 수 있었습니다. 그러나 의사의 허락을 받기 전에는 약을 중지하지 마십시오.'라고 했다. 며칠 후에 나는 의사를 찾아갔다. 의사는 나의 혈압이 낮아진 데 대해서 놀랐고, 나는 그동안 나에게서 일어난 일을 설명해주었다. 주의 깊게 듣고 난 후 그는 '거참 재미있군요. 보통 그런 일은 최면 상태에서 일어나지요.'라고 말했다. 그는 점차 투약량을 줄여 주었고, 몇 달 후 나는 약을 완전히 끊었다." [15]

피터 와그너의 주치의사가 피터 와그너에 말했던 것처럼 이러한 현상은 성령의 임재의 체험이라기보다는 일종의 최면상태라고 보여진다. 성경 어디에도 성령으로 말미암아 이와 같이 의미 없는 황홀경이나 무아지경을 맛보게 된다고 말씀하는 내용이 없다. 그런데 이제는 이와 같은 거짓 영의 역사를 유도하는 안수가 너무도 당당하게 유행하고 있다. 피터 와그너의 사상을 한국 교회에 전파하는 'WLI Korea'(대표 홍정식 목사)의 홈페이지를 보면 노골적으로 안수를 통하여 거짓 영의 역사인 기름부음을 확산시키고 있음을 알 수 있다. WLI Korea의 홈페이지 'WLI Korea는'이란 항목에는 다음과 같이 거짓 성령의 역사를 체험하는 안수(impartation)를 시행한다고 당당하게 소개하고 있다.

"미국 콜로라도스프링스에 본부를 두고 있는 WLI(와그너 리더십 인스티튜트)는 미국 지역 및 세계 각국에 세워지고 있고, WLI KOREA는 2004년 4월, 세계에서 7번째로 문을 열었다. 2004년 1월, 피터와그너 박사는 홍정식 목사(과천 하베스트 샬롬교회 담임)를 본부로 초청, 총장으로 임명하였고, 2005년부터 매년 10월, 한국에 방문하여 WLI KOREA 졸업식을 이끌고 있다. 전통적인 신학교의 교육방식과는 완전히 다른 패러다임 위에 세워진 WLI KOREA는 세계 각국에서 하나님께 놀랍게 쓰임 받는 사역자들을 초청, 그들이 가진 최상의 정보를 나눌 뿐 아니라 그들이 갖고 있는 성령의 기름부음을 전수(impartation)하도록 하는 데 역점을 두고 있다." [16]

또한 이곳의 '학사 안내'라는 공간의 인텐시브 코스를 소개하는 곳에서도 누구든지 돈만 내면 외국의 유명한 신사도 운동가들에게 안수(impartation)를 받음으로 성령충만을 얻을 수 있는 길이 있다고 홍보하고 있다.

"학위를 취득할 필요는 없지만 뛰어난 강사들의 강의와 은사의 임파테이션(impartation)을 원하는 일반인도 청강이 가능하나 학생과 동일한 수업료를 납부한 경우 강의 참석이 가능하다." [17]

I. 그 외에도 거짓 영의 역사를 일으키는 유명한 사람들의 이력을 살펴보면 거의 대부분에게 유사한 전력이 발견된다. 손기철 장로는 신사도 운동의 유명한 예언자이고 기름부음 전파자인 릭 조이너에게 두 번이나 기도와 예언을 받았다고 자신의 책에서 직접 이야기하였다가 나중에 감추었다. 서울의 대표적인 신사도 운동교회의 목사이고 자칭 사도인 변승우 씨도 여러 거짓 선지자들과 예언들을 만나 예언과 기도를 받았다고 스스로 정직하게 자주 소개하였다. 불건전한 내용이 많은 두날개 운동을 시작한 부산의 풍성한 교회의 김성곤 목사도 초장기에 싱가프로의 거짓 사도 로랜스 콩에게 찾아가 배우고 교제하였다고 스스로 밝혔으나, 이제는 더 이상 그런 내용을 말하지 않는다. 김성곤 목사가 로랜스 콩을 만나 배우고 교제할 때 성령의 능력을 전수받기 위해 안수를 받지 않았다고 생각하는 것은 괜한 의심에 불과할 것이다.

이와 같은 사실을 통해 너무도 분명한 사실을 확인하게 된다. 비성경적인 안수행각이 거짓 영들의 역사와 능력이 나타나고 확산되는 과정에 매우 유용하고 실질적인 통로가 되고 있다는 사실이다. 머리에 손을 얹는 안수나 몸의 다른 부위를 손으로 터치하는 다양한 형태들, 그리고 손을 몸에 대지 않고서 거짓 영의 부림을 받는 사람이 귀신이 주는 예언을 진지하게 마음을 열고 듣는 과정에서 악한 영의 능력이 더욱 크게 확산되고 있다는 것은 두말할 필요가 없는 기초적인 사실이다. 그러므로 교회를 보호하기 위해서 가장 먼저 해야 할 일 중의 하나가 신자들이 불건전한 자들이 개최하는 염려스러운 집회에 참석하지 않도록 예방하는 것이다. 분별력이 미약한 연약한 신자들이 큰 의심없이 악한 자들에게 안수를 받으므로 거짓 영의 능력이 전이된다는 것은 분명한 현실이고 많이 확인된 일이기 때문이다.

그러나 성령 하나님은 이와 같은 방식으로 역사하시지 않는다. 성령으로 충만한 사람에게 안수기도를 받아서 덩달아 쉽게 성령으로 충만해진다는 사상은 성경에서 근거를 찾을 수 없다. 신년 축복성회, 송구영신 예배, 특별 새벽기도회 등의 명칭으로 특별한 예배를 만들고 믿음성장, 성령충만, 질병 치유, 부의 증진 등의 소망을 담아 목회자들이 신자들에게 안수를 시행하는 것은 매우 위험스러운 일이다. 하나님은 지극히 인격적이신 분이고 또한 천하의 모든 일을 오직 자신의 뜻대로 행하시는 분이므로 안수하는 목회자들의 손을 따라 그 사람의 영혼과 삶 속으로 들랑날랑하시지 않는다.

말씀과 함께 일하시는 성령

성령으로 충만해지고, 성령의 신령한 은사를 경험하는 것은 오직 하나님의 뜻과 은혜에 달린 문제이다. 이것을 위해 사람이 할 수 있는 최선은 하나님과 바른 관계 속으로 들어가는 것뿐이다. 죄인이 하나님과 바른 관계 속으로 들어가서 하나님의 사랑과 복을 누리게 만들어주는 것은 오직 하나님의 말씀이다. 말씀이 아니고서는 하나님이 어떤 분이신지 알 수가 없고, 하나님이 우리에게 무엇을 원하시는지 알 수가 없다. 그러나 죄인은 본성적으로 말씀을 싫어하고 배척하므로 스스로 말씀을 찾고 연구할 수도 없다. 그래서 하나님은 죄인들이 말씀을 알아 하나님과 바른 관계를 얻게 하시고, 또한 신령한 은혜와 복을 누리게 하시려고 성령을 택하신 백성들에게 부어주신다. 성령의 목적은 하나님 백성이 하나님의 진리의 말씀을 알고 순종하게 만드시는 것이다.

"그러하나 진리의 성령이 오시면 그가 너희를 모든 진리 가운데로 인도하시리니 그가 자의로 말하지 않고 오직 듣는 것을 말하시며 장래 일을 너희에게 알리시리라. 그가 내 영광을 나타내리니 내 것을 가지고 너희에게 알리겠음이니라. 무릇 아버지께 있는 것은 다 내 것이라 그러므로 내가 말하기를 그가 내 것을 가지고 너희에게 알리리라 하였노라."(요 16:13-15)

십자가를 지시고 죽으시기 전 예수님은 제자들에게 장차 오실 성령에 대해서 이렇게 말씀하셨다. 하나님의 진리의 말씀, 즉 말씀이 육신이 되신 예수 그리스도를 하나님 백성들에게 설명하고, 전파하기 위해 성령이 오실 것이라고 하셨다. 신약의 성령의 사역은 필연적으로 말씀 전파로 귀결되고, 하나님 백성이 하나님의 말씀을 알아 삶에서 실천하게 되는 것이 성령의 사역의 핵심이라는 것이다. 그러므로 성령의 충만과 성령의 역사를 누릴 수 있는 최선의 길은 하나님의 말씀 선포인 것이다. 말씀이 선포된다고 하여 하나님이신 성령이 기계적으로 죄인들을 위해 일하신다고는 할 수 없으나, 하나님이 그 사람을 구원하시고 은혜주시기를 기뻐하신다면 말씀이 선포되고, 말씀을 배우고 순종하는 것과 성령의 역사가 무관할 수는 없다.

성령은 가장 먼저 진리의 말씀을 바르게 선포하는 사역자들과 함께 계신다. 그들의 안수 행각을 통해서 일하시는 것이 아니고 그들이 전파하는 진리의 말씀의 열매를 위해 일하시는 것이다. 그러므로 성령의 역사가 충만한 교회가 되기를 위해서는 가장 먼저 목회자들이 하나님의 말씀을 혼잡하게 만들지 말고 바르게 전파해야 한다. 거짓이나 인간적인 양념을 섞지 말고 오직 말씀을 말씀되게 전파해야 한다. 진리의 말씀이 없는 곳에서 역사하는 영은 결코 성령이 아니다. 말씀을 다르게 풀면서 인기를 누리는 설교자들을 통하여 역사하는 영은 성령이 아니고 미혹하는 거짓 영이다. 그런 목사들의 설교를 통해서 많은 사람들이 힐링을 받는다고 할지라도 그것은 종교적으로 심리학적으로 들뜨는 것이지 성령으로 충만해지는 것이 아니다.

종교적으로 심리적으로 마음이 고양되어서 헌금도 더하고 봉사도 더 부지런히 하는 사람들이 많아지면 교회가 부흥한다고 자랑하겠으나, 진실은 그것과 다르다. 하나님의 진리의 말씀이 없는 곳에서 성령으로 충만한 참 성도가 나타나는 법은 없다. 말씀 없는 곳에서 일하시는 성령도 존재하지 않는다. 그냥 안수하여 일으키는 변태적 방언, 좀비 같은 성령세례 현상 등은 거짓 영의 역사이다. 성령충만한 성도는 절대로 그 인격이나 신앙이 비인격적이거나 변태적일 수가 없고 성령의 역사가 영화의 좀비 스토리와 같을 수가 없다.

"그리스도의 말씀이 너희 속에 풍성히 거하여 모든 지혜로 피차 가르치며 권면하고 시와 찬미와 신령한 노래를 부르며 마음에 감사함으로 하나님을 찬양하고 또 무엇을 하든지 말에나 일에나 다 주 예수의 이름으로 하고 그를 힘입어 하나님 아버지께 감사하라."(골 3:16-17)

사도 바울이 말한 성령의 충만에 대한 내용을 보면 너무도 명백하다. 성령충만은 곧 하나님의 말씀의 충만이고, 하나님의 성품을 닮아가고 하나님의 뜻과 계획을 이루어가는 것이다. 참 하나님 백성으로 사는 삶을 구현하기 위해 하나님은 자기 백성에게 성령의 충만을 주신다. 사도행전을 보아도 예수 그리스도의 진리의 말씀과 성령의 역사하심은 긴밀한 연관을 가지고 있음을 알 수 있다. 사도행전 2장에서 삼천 명이나 되는 불신자들이 성령의 강력한 역사로 인해 회개하고 세례를 받을 때에도 가장 중요한 역할을 했던 것은 말씀이었다. 베드로로 말씀을 증거할 때, 성령께서 불신 유대인들의 마음이 찔리게 하셨다.

"저희가 이 말을 듣고 마음에 찔려 베드로와 다른 사도들에게 물어 가로되 형제들아 우리가 어찌할꼬 하거늘."(행 2:37)

조나단 에드워드의 성령충만

교회사의 위대한 인물들 가운데 성령의 능력과 역사하심을 가장 많이 체험한 사람을 들라면 많은 사람들이 미국의 대각성 운동을 이끌었던 조나단 에드워드(Jonathan Edwards, 1703-1758) 목사를 말한다. 에드워드 목사는 교부시대를 대표하는 성 어거스틴과 종교개혁을 완수한 존 칼빈과 어깨를 나란히 할 정도로 탁월한 신학적 지성을 가졌다고 평가되고, 동시에 그들이 경험하지 못했던 성령의 역사하심을 더 많이 체험하였다고 평가받는 인물이다.

그러나 조나단 에드워드의 신학에서 이미 구원받은 신자들에게 다시 능력을 주시는 성령의 임재가 또 일어난다는 사상이나, 안수를 통해 성령의 역사를 유도할 수 있다는 가르침, 체험은 조금도 발견되지 않는다. 그는 안수하여 성령의 임재를 만들어 내려고 조금도 시도하지 않았다. 그리고 자신이 체험한 성령의 역사하심과 부흥을 중생한 신자들에게 또다시 성령의 세례가 임했다고 믿었거나 표현하지 않았다. 미국의 대부흥을 주도했던 성령의 사람인 에드워드 목사가 믿는 자들에게 또 다시 나타나는 성령의 세례 개념을 조금도 주장하지 않았다는 사실은 매우 중요하다. 그런데 지금 중생 이후 계속 반복되는 성령의 세례를 이야기하면서 자신이 그것은 일으키겠다고 사람들에게 함부로 안수하고, 괴이한 성령의 역사를 일으키는 불건전한 사람들이 조나단 에드워드 목사가 자신의 모델이나 되는 것처럼 그의 글을 갖다 붙이는 일들이 많다.

조나단 에드워드가 남긴 글에는 성령으로 충만하게 되는 하나님의 역사가 자주 그에게 나타났음을 알 수 있다. 그에게 이미 함께 거하시고 계시는 성령의 역사로 말미암아 하나님과 더욱 친밀해지게 되는 경험이 자주 일어났고, 그때마다 하나님이 말씀이 더욱더 친밀하고 달콤하게 다가왔다고 고백하였다. 성령충만과 하나님의 말씀은 결코 뗄 수 없는 관계라는 사실이 에드워드의 글 속에서도 자주 확인된다. 에드워드 목사는 이렇게 글을 남겼다.

"나는 종종 시내에서 좀 떨어진 허드슨 강가의 조용한 곳에서 휴식하면서 하나님의 성품과 사역을 묵상하고 은밀하게 하나님과 대화를 나누었습니다. 그곳에서 많은 달콤한 시간을 가졌습니다. 때로는 스미스와 함께 그것을 거닐면서 하나님에 관한 대화를 나누었습니다…. 그 당시 또는 다른 때에도 나는 성경 전부를 좋아했습니다. 성경을 읽고 있을 때, 자주 모든 단어가 내 마음에 와 닿았습니다. 나는 내 마음 속에 있는 생각들과 성경의 달콤하고 능력 있는 말씀이 조화를 이루고 있음을 느꼈습니다. 나는 종종 모든 문장마다 아주 강한 빛이 비치는 것과 영혼을 새롭게 하는 양식이 들어 있는 것을 보았습니다. 그럴 때면 나는 계속해서 성경을 읽어 나갈 수 있었습니다. 때로는 한 문장에 오래 머물면서 말씀 안에 담긴 놀라움을 보았습니다. 그때까지 거의 모든 문장이 놀라움으로 가득 들어찬 것처럼 보였습니다." 18)

조나단 에드워드
1703-1758

조나단 에드워드 목사가 얼마나 하나님의 말씀을 사랑하였는지 알 수 있는 내용이다. 조나단 에드워드에게 성령의 역사는 결국 말씀으로 돌아가게 되는 것이었다. 요즘 말씀으로 돌아가야만 살 수 있다고 외치는 사람들이 많다. 문제는 그들이 거짓 영과 동행하고 있으면서 하나님 말씀으로 돌아가야 한다고 외치고 있다는 것이다. 오늘 아침 아는 분이 페이스 북에 올려주신 글을 보았다. 유기성 목사가 "예수님 중심으로 바뀌어야 합니다"라는 제목으로 자신의 페이스 북에 올리신 글이었다.

유기성 목사의 페이스북 사진

나는 유기성 목사의 책이나 설교를 들어보지는 못했다. 그러나 그가 오랜 동안 손기철 장로와 교제하면서 자신의 교회에서 매 주일 정기적으로 손기철 장로가 집회를 열도록 후원하는 것을 보았을 때, "이 분이 제대로 된 목회자라면 이러지 않을 텐데!"라고 생각했다. 손기철 장로가 거짓 영의 역사를 부리면서 한국 교회를 더럽힌 악이 하늘에 사무쳐있는데, 유기성 목사는 과연 그 사실을 깨달았고 회개하였을까? 그러면서 이제는 예수님에게로 돌아가야 한다고 말한다는 것은 이치에 맞지 않는다.

예수 그리스도가 손기철 장로의 집회를 통해서 역사하시지 않았다는 사실을 알 수 있는 방법은 비록 그가 입으로 예수 그리스도를 불렀을지라도 그의 전파하고 가르치는 내용과 치유 등의 사역이 전개되는 방식이 성경의 예수 그리스도와 맞지 않다는 것이다. 그런 사람과 교제하고 크게 후원했으면서, 그리고 공개적으로 사과하고 회개하지도 않았으면서 예수님에게로 돌아가야 한다고 하니, 지금 뭔 소리를 하는 것인가? 유기성 목사의 글에는 다음과 같은 내용도 있었다.

"하루는 샤워를 하다가 참을 수 없는 애통함이 밀려와 울음이 터졌습니다. 그런 일은 처음이라 급히 몸을 닦고 나와 무릎을 꿇었습니다. 방언과 함께 눈물이 터져 나왔습니다. 기도하다 화장실에 가서 씻고 나와 울며 기도하다 또 씻고를 반복했습니다." [19]

샤워하다가 예수님을 만나고 성령의 역사를 체험했다는 사람들의 이야기를 몇 번 들었으나 나중에 보면 이상한 사람들이었다. 샤워하고 수건만 걸치고 방으로 들어오니 예수님이 침대에 걸쳐 앉아서 자기를 기다리고 있었다는 어떤 여성의 이야기도 들은 적이 있는데, 나중에 보니 그런 내용을 설교 중에 소개했던 그 목사도 정상이 아니었다. 유기성 목사가 하필 옷을 벗고 샤워하고 있을 때 성령이 역사하셨는지를 모르겠으나 꼭 그때에는 성령께서 역사하시지 말라는 법은 없을 것이다.

그런데 그때 유기성 목사에게서 방언이 터져 나오면서 눈물이 쏟아졌다고 하였는데, 대체 어떤 방언이었을까? 성경에서 분명하게 그 모습과 성격을 규명할 수 있는 기독교의 성령의 방언이었을까? 아니면 고린도에 잠입한 거짓 영, 거짓 사도, 궤휼의 역군, 광명의 천사들(고후 11장 참조)에 의해 퍼진 뜻 없이 옹알거리는 변태적인 방언이었을까? 오늘날 대부분의 방언은 고린도에서 처음 출몰하여 바울이 퇴치했고, 이후 역사에서 간헐적으로 나타났으나 대부분 이단으로 정죄된 사람들의 현상이었으며, 1900년대에 이르러 미국의 이단들에 의해 광범위하게 전파된 귀신의 변태적인 거짓 방언현상이다.

이것이 문제이다. 요즘 많은 사람들이 예수님에게로! 말씀으로 돌아가야 한다! 라고 외치고 있으나 문제는 말씀과는 거리가 가까운 듯 하나 사실은 매우 멀고, 성령이 아닌 다른 영과 얽히어 자빠지고 있다는 것이다. 성령으로 충만해질 때 조나단 에드워드는 그렇지 않았다. 그에게 성령의 역사가 왕성할수록 하나님의 말씀에 대한 사랑과 헌신이 더욱 깊어져 갔다. 조나단 에드워드는 자신에게 성령의 역사가 충만하게 나타났을 때, 동시에 하나님의 말씀을 다음과 같이 좋아하고 더욱 사랑하게 되었다고 고백했다.

"나는 성경 전부를 좋아했습니다."

"성경을 읽고 있을 때, 자주 모든 단어가 내 마음에 와 닿았습니다."

"모든 문장마다 아주 강한 빛이 비치는 것과 영혼을 새롭게 하는 양식이 들어 있는 것을 보았습니다."

"나는 계속해서 성경을 읽어 나갈 수 있었습니다."

"때로는 한 문장에 오래 머물면서 말씀 안에 담긴 놀라움을 보았습니다."

성령의 충만과 하나님의 말씀은 절대로 뗄 수 없는 관계이다. 하나님의 말씀과 더불어 성령의 역사하심이 시작되고, 하나님의 말씀을 통해 성령의 충만이 지속되는 것임을 수많은 증거들을 통하여 알 수 있다. 하나님의 말씀을 읽고, 배우고, 연구하는 것이 아니고서는 진정한 성령의 충만을 얻을 수 있는 다른 길이 없다. 요즘 유행하는 CCM 찬양 운동을 통하여 더 빨리 성령충만을 얻는다고 주장하는 사람들이 많다. 특히 젊은 사람들은 노래를 통하여 하나님이 임재를 호소할 때 성령의 충만이 일어난다는 위험스러운 주장을 많이 한다.

감정이 흥분되는 것과 성령의 충만은 당장 구별되기 어려우나 본질이 서로 다르다. 성령충만의 본질은 성경의 말씀 위에서 예수 그리스도를 닮아가는 삶을 사는 것이다. 주어진 상황이 즐거우나 괴로우나 예수님의 길을 따르는 것이 성령충만의 증거이다. 괴로운 상황을 맞아 울면서도 "예수님이라면 어떻게 하실까?"를 고뇌하면서 예수님처럼 행동하는 삶이 성령충만의 모습이다. 그러나 빠르고 격렬한 리듬의 노래를 부르면서 고조되는 감성은 그러한 일을 일으키지 못한다. 교회라는 집단과 그 안에서 이루어지는 일들에 대한 열정과 충동을 일으킬 수는 있으나, 그것이 신앙은 아니다. 요즘의 유행하는 위험스러운 교회노래 운동은 교회가 성경의 예수 그리스도에게로 돌아가고, 예수 그리스도를 사랑하고 헌신하는데 도움이 되지 않고 오히려 해가 된다. 세상의 노래와 유사한 것을 교회들마다 매 주일 구성지게 부르고 있으나 성경대로 믿고 신앙생활하는 교회는 더욱 현저하게 줄어들고 있다.

기도, 순종, 회개와 성령

기도생활과 성령의 충만이 불가분의 관계를 가진다는 것도 분명한 사실이다. 사도행전을 보면 성령충만했던 모든 사람들은 동시에 기도의 사람들이었다. 성령의 세례를 받은 모든 사람들에게서 성령의 역사하심이 강하게 나타나는 것은 아니다. 성령은 기도하는 사람들을 통하여 더욱 역사하신다. 오순절 운동가들이 강력한 성령의 충만하심이 나타남으로 인해 사도행전 2장의 오순절 현상이 재현되었다고 오해하는 사도행전 4장의 내용은 기도로 말미암아 성령의 충만을 얻을 수 있음을 보여주는 대표적인 사례이다. 유대 지도자들에게 생명의 위협을 당하였으므로 베드로와 요한을 비롯한 제자들은 간절하게 기도하였다. 그러자 하나님은 땅이 흔들릴 정도로 강하게 성령으로 역사하여 제자들이 성령으로 더욱 충만하게 만드셨다. 사도행전 4장의 제자들의 성령충만은 간절한 기도에 대한 하나님의 응답이었다.

"빌기를 다하매 모인 곳이 진동하더니 무리가 다 성령이 충만하여 담대히 하나님의 말씀을 전하니라."(행 4:31)

또한 성령의 충만은 하나님의 말씀에 대한 순종으로부터 시작되고 유지된다. 불순종은 성령의 역사를 소멸한다. 불순종을 밥 먹듯하는 사람에게서 나타나는 영적인 역사는 절대로 성령의 역사하심이 아니다. 사탄은 말씀에 순종하기를 좋아하지 않으면서도 영적인 관심과 열성이 있는 사람들을 통해 크게 일한다. 사람들은 그들의 겉을 보고서 성령의 충만이라고 칭찬하고 함께 속아 넘어가면서 마귀를 더 크게 이롭게 한다. 뭔가 있어 보이는 사람에게 찾아가서 안수를 받는 것이 아니라 기도하고 말씀에 순종해야 성령의 충만을 얻을 수 있는 이유는 성령께서는 말씀을 전파하고 적용시키기 위해 오신 하나님이시기 때문이다(요 16:13-15). 인격적이시고 말씀을 신자들에게 설명하고 적용시키기 원하시는 성령은 의도적으로 불순종하는 사람을 볼 때 근심하신다. 그래서 결국 성령의 역사가 더 일어나지 못하게 되는 것이다.

"하나님의 성령을 근심하게 하지 말라 그 안에서 너희가 구속의 날까지 인치심을 받았느니라."(엡 4:30)

비록 성령의 세례를 받아 일생 성령을 모시고 살게된 신자일지라도 불순종을 매일 연습하면 결코 성령의 충만을 얻을 수 없다. 구약의 사울 왕과 다윗 왕의 대조하면 이 사실이 분명해진다. 사울은 왕이 된 후 하나님의 명령에 대해 지속적으로 불순종하였고, 결국 하나님은 그를 왕으로 세우신 것을 후회하게 되었다.

"내가 사울을 세워 왕 삼은 것을 후회하노니 그가 돌이켜서 나를 좇지 아니하며 내 명령을 이루지 아니하였음이니라 하신지라."(삼상 15:11)

나중에 사울에게서는 하나님의 성신이 떠나고 대신 악신이 임하여 더욱더 그의 신앙과 인생이 비참하게 되었다. 다윗은 언제나 하나님의 마음에 합하게 행동하는 사람이었다. 그래서 하나님의 성신의 역사가 충만하여 그는 더욱더 지혜롭고 담대한 하나님의 사람으로 성장하였다. 다윗 왕에게서도 잠시 죄악이 강하게 나타났다. 우리야의 아내 밧세바와 간음하고, 그 사실을 감추기 위해 우리야를 살해하는 죄악을 저지르므로 하나님의 성신이 더욱 근심하게 되었으나 다윗은 깨닫고 철저하게 회개하였다. 다윗은 밤새도록 눈물로 회개하면서 자신에게서 성령이 떠나지 않기를 위해 다음과 같이 기도하였다.

"나를 주 앞에서 쫓아내지 마시며 주의 성신을 내게서 거두지 마소서."(시 51:11)

성령으로 충만한 성도가 되기 위해 우리는 순종하는 자가 되어야 한다. 하나님께 범죄하면 지체하지 말고 고백하고 회개해야 한다. 하나님은 우리의 회개를 기뻐하시며 어느 때든지 우리의 진정한 회개를 들으시고 용서하시기를 기뻐하신다.

"만일 우리가 우리 죄를 자백하면 저는 미쁘시고 의로우사 우리 죄를 사하시며 모든 불의에서 우리를 깨끗케 하실 것이요."(요일 1:9)

어떤 사람들은 성령으로 충만해지면 보기 어려운 신비현상들이 많이 나타날 것이라고 생각하고서 엉뚱한 것을 기대한다. 그러나 성경은 성령의 충만에 대해서 그러한 말씀을 주시지 않았다. 신자들이 성령으로 충만해지면, 그 결과로 하나님을 경외하는 신앙과 하나님이 주시는 은혜 안에서 건강하고 올바른 삶을 살아갈 것이라고 말씀한다. 사도바울은 에베소서 5장 18절에서 술 취하지 말고 성령의 충만을 받으라고 신자들에게 명령하고 난 후 계속 언급되는 내용들은 성령으로 충만해진 신자들의 삶의 특징이라고 해석할 수 있는 내용들이다. 예수 그리스도를 통하여 하나님을 경외하며 항상 하나님께 감사하며 살라고 하셨다.

"범사에 우리 주 예수 그리스도의 이름으로 항상 아버지 하나님께 감사하며."(엡 5:20)

죄인들과 하나님 사이의 유일한 중보자이신 예수 그리스도의 은혜 안에서 하나님을 경외하고 섬기며 감사드리는 삶을 사는 것이 성령으로 충만한 신자의 모습이다. 동시에 예수 그리스도의 은혜 안에서 신자들이 서로를 위하고 섬기는 신앙생활이 성령으로 충만한 성도의 모습이라고 말씀하였다.

"그리스도를 경외함으로 피차 복종하라."(엡 5:21)

　바울은 그 다음에는 성도들의 가정에서 나타나야 할 성령충만의 특징을 이야기하였다. 먼저 아내들에게는 남편에게 복종하기를 마치 주님께 하듯이 하라고 하였고, 남편들에게는 아내들을 사랑하기를 마치 자기 몸을 아끼고 사랑하듯이 또한 주님이 교회를 돌보시고 사랑하듯이 하라고 하였다(엡 5:22-3). 그리고 자녀들에게는 복음 안에서 자기 부모들에게 순종하라고 하였고, 그로서 자녀들이 땅에서 잘되고 장수하는 은혜를 누리게 한다고 하였다. 또한 부모들에게는 자녀들에게 상처를 주거나, 분노를 품고 반항하게 만들지 말고 예수 그리스도의 사랑이 넘치는 훈계과 교훈으로 양육하라고 하였다(엡 6:1-4).

　그리고 성령으로 충만한 신자의 신앙은 건강한 사회생활의 모습으로 나타나야 한다고 말씀하였다. 사회에서 고용인(종)의 위치에 있는 사람은 고용주(상전)의 위치에 있는 사람에 대하여 진심으로 공경하고 성실하게 대하며, 마치 예수 그리스도를 섬기는 것처럼 성실하게 일하여야 한다고 하였다. 직장에서 상전(고용주)의 위치에 있는 사람은 종(고용인)을 부당하게 대하지 말고, 언어폭력이나 협박을 일삼지 않아야 하고, 다 같이 심판하시는 하나님 앞에 서 있는 피조물이라는 사실을 기억하고 조심하면서 행하라고 하셨다(엡 6:5-9).

　그리고 마지막으로 사도 바울은 성령충만한 성도의 영적전쟁에 대해서 말하였다(엡 6:10-17). 이 점이 우리가 더욱 주목해야 할 놀라운 사실이다. 영적전투에 관해 일가견을 보이고, 영적세계에 대한 관심도가 뜨거운 사람을 성령으로 이미 충만해진 사람이라고 여기는 경향이 많다. 언제든지 영적전투에 뛰어들려는 용기와 준비된 자세를 성령충만의 분명한 특징이라고 여기고 존경하려고 한다. 그러나 사도 바울은 그것을 성령충만의 증거로서 가장 마지막에 설명했다. 예수 그리스도 안에서 하나님을 경외하고, 예수 그리스도 안에서 성도들끼리 서로 섬기고 위하는 자세가 성령의 충만의 제일가는 특징이고, 그 다음에 건강하고 행복한 가정을 유지하는 것이고, 그 다음에는 성실하고 모범적인 사회생활을 영위하는 것이고, 그리고 마지막으로 영적전쟁이 성령충만한 신자들의 장기가 되어야 한다고 설명한 것이다.

뭔가 있어 보이는 사기꾼들은 반대로 영적전쟁이 성령충만의 가장 중요한 주특기라도 되는 것처럼, 조용히 자기의 삶과 신앙을 돌보지 않고 떼를 지어 돌아다니면서 악한 영을 잡는 중보기도를 한다고 설치면서 설레발을 떤다. 이런 사람들로 인해 이상한 기독교가 되어 버렸다. 가정은 엉망이면서, 매일 다른 사람들의 마음에 고춧가루를 뿌리고 다니면서 귀신을 퇴치하는 영적전쟁 기도놀이에 열중하는 사람들은 하나님의 선량한 성도가 아니다.

성령을 조종하는 안수기도는 불가능

결론적으로 다시 이야기해 보자. 성령의 임재를 유도하고, 성령의 역사를 부리는 안수기도라는 것은 존재하지 않는다. 그런 일을 하는 사람들은 모두 거짓 영과 친화된 사람들이다. 거짓 영은 자기 사람들의 안수행각과 짝짜꿍하면서 속이고 사기치는 만행을 날마다 저지른다. 그러나 성령은 그렇게 역사하지 않으며, 성령의 사람은 안수를 통해 성령을 유도하거나 조절하려고 시도하지도 않는다. 성령의 임재와 역사와 은사를 얻는 것은 오직 하나님의 은혜와 선물이다. 안수를 통해 만들어 내려는 것은 악한 마술사 시몬이 사도에게 돈으로 성령을 사려고 했던 것과 같은 망령된 짓이다.

"시몬이 사도들의 안수함으로 성령 받는 것을 보고 돈을 드려 가로되 이 권능을 내게도 주어 누구든지 내가 안수하는 사람은 성령을 받게 하여 주소서 하니 베드로가 가로되 네가 하나님의 선물을 돈 주고 살줄로 생각하였으니 네 은과 네가 함께 망할지어다."(행 8:18-20)

마술사 시몬은 자신이 안수할 때 성령이 나타나게 되기를 위해 사도들에게 돈을 내려고 하였다. 이것과 오늘 날 안수하여 성령을 유도해내는 사람들의 불법과 다른 것이 무엇인가? 하나님의 선물을 시몬이 돈으로 사서 소유하려고 했던 것과 오늘 날 이상한 사람들이 성령을 소유하기라도 하는 양 안수하고 다니면서 뭔가를 만들어 내는 것이 뭐가 다를까? 결국 그들은 시몬처럼 망하고 저주받을 것이다. 로이드 존스 같은 분도 성령의 세례가 중생 이후 부흥과 능력을 일으키는 차원에서 또 반복된다고 잘못 가르치기는 했어도 안수나 다른 방식으로 성령의 임재와 역사하심이 예비되거나 유도된다고는 가르치지 않았다. 오히려 로이드 존스는 그런 사상을 철저하게 봉쇄했다. 로이드 존스의 그릇된 성령세례 이론을 예로 들면서 안수까지 해 대려는 사람들은 로이드 존스가 성령의 역사를 유도하고 준비시키는 안수행각을 지지하지 않았다는 사실도 함께 숙고해야 할 것이다. 로이드 존스 목사는 다음과 같이 말했다.

"어떤 사람이 여러분에게 안수함으로써 이것이 받아지지 않는다는 것이다. 많은 사람들은 은사를 줄 수 있는 사람이 안수하면 된다고 가르친다. 이제 사도가 그 선물을 가지고 있는 것이 분명했고, 신약시대에 그것이 일부 사도들에게 국한되어 있었다. 그것은 그들의 권위와 독특성에 대한 한 부분이었다… 만일 그런 일이 안수의 결과로 일어난 일은 언제나 그런 것은 아니었지만 매우 드물었다. 내가 인용했던 몇몇 퓨리탄들이나 웨슬레의 경우에 있어서 또는 그 밖에 다른 경우에 있어서 안수를 암시하는 경우는 한 경우도 없었다. 여기서 다시 심리적인 요소가 가미될 경향이 있다." 20)

"이러한 체험은 어떻게 주어지는가? 또한 어떻게 해서 이러한 일들이 우리에게 일어나는 것인가? 여기에서 두드러지는 것은 성령의 절대적인 주권이다. 그것은 성령의 행동이다… 그것은 미리 예고될 수도 없고 어떤 방식으로 조정될 수도 없고 마음대로 받을 수도 없다. 아무도 이러한 축복을 우리에게 주겠다고 약속할 수 없다." 21)

안수자의 영적인 성향이 그 사람에게 안수 기도를 받는 사람에게 전달된다는 주장은 이미 성령을 모조하는 거짓 성령과 짝하면서 영적인 사기를 치는 사이비 성령운동가들의 말이다. 그들은 이미 자기에게서 그런 거짓 영의 역사가 나타나므로 그것을 성령의 역사로 가장하는 것 외에는 다른 선택의 여지가 없다. 안수하여 성령을 부리려는 자들은 사악한 이단들이다.

"주의 성령이 내게 임하셨으니 이는 가난한
자에게 복음을 전하게 하시려고 내게 기름을
부으시고…."(눅 4:18)

"너희는 내가 일러준 말로
이미 깨끗하였으니."(요 15:3)

3부

로이드 존스의 성령세례

제7장
성령운동가들에게 뭉개지는 로이드 존스

로이드 존스
1899-1981

20세기 복음주의(Evangelicalism)의 거장 로이드 존스(David Martyn Lloyd-Jones, 1899-1981)의 저술은 건강한 신앙을 위해 반드시 읽어야 할 기독교 신앙의 보석이다. 존 스토트와 함께 세계 복음주의를 이끌었던 수레

바퀴였다고 평가되는 로이드 존스는 청교도 사상과 개혁신학을 진술하는 탁월한 저술들을 많이 남겼다. 특히 로이드 존스는 조나단 에드워드의 책으로부터 크게 영향받아 성령의 역사하심과 부흥에 대하여 큰 관심을 가지고 연구하여 다른 개혁신학자들이 감히 따라갈 수 없을 정도로 성령의 역사하심에 대해, 성령이 주시는 놀라운 부흥에 대해 깊이 있는 탁월한 저술들을 남겼다.

그런데 현대 교회를 하나님으로부터 멀어지게 만드는 불건전한 성령운동가들이 로이드 존스의 글과 사상을 함께 즐거워하고 앞장서 나누고 있는 것도 지금 우리가 당면하고 있는 아픈 현실이다. 사실 로이드 존스만큼 분명한 지식과 이론을 갖추고서 오순절 운동 신학에 근간을 두고 진행되는 성령운동과 은사주의를 배척하는 데 크게 힘을 쏟은 사람도 없다. 로이든 존스는 교회에서 귀신의 역사가 많아지는 이유 중의 하나가 오순절 운동의 은사주의 때문이라고 보았다. 다음은 로이드 존스가 자신의 책 『Healing and the Scriptures』에서 교회 속에 귀신의 역사가 많아지는 이유를 설명하는 내용이다.

"나의 경험을 통해서 볼 때, 더 중요하고 심각한 문제는 귀신 활동의 결과로 말미암아 사람들이 목사에게 상담을 위해 찾아오고, 이보다 흔하지는 않지만, 여러분들(의사들)에게도 찾아오는 동기가 되고 있습니다. 귀신의 활동은 증가하고 있습니다. 그 이유가 무엇입니까?

(첫째로) 저는 그 주된 원인이 경건의 감소에 있다고 말하고 싶습니다. 이 나라 전체가 경건을 잃었습니다. 대 영적부흥 후에는 항상 어떤 종류의 후광이 남아 있었습니다. 그 부흥의 영향이 몇 세기는 남아 있었습니다. 우리나라는 18세기의 복음주의 부흥운동의 자산으로 약 200년 동안 살아왔습니다. 이제는 끝이 난 것 같습니다. 18세기 대부흥과 19세기의 더 작은 부흥들로 오랫동안 버티어 왔습니다. 이제 그 영향은 사라진 것 같습니다. 경건은 사라지고, 대중의 마음속에 하나님 인식이 감소되어 갈 때, 증가하는 것은 악한 세력의 득세입니다.

또 다른 요소는 마약입니다. 마약은 통제력과 분별력의 본부를 파괴해 버립니다. 우리 주위에서 보는 바와 같이 사람들을 악한 권세의 영향력에 제물이 되게 만들어 버립니다. 또 다른 요소는 잡다한 사람들이 잡다한 밀교(신비종교)에 빠져 들어가는 것입니다. 어린 학생들이 이에 빠져든다는 사실을 말하는 최근 보고서들이 있습니다. 최근 런던 지역에서 이러한 현상의 증가가 계속 보도되고 있습니다. 심각한 문제입니다.

그 다음에는 히스테릭한 매개체에 의한 대중음악의 증가입니다. 이러한 원시적 음악과 운율의 운동은 우리들의 저급한 본능을 자극하고 있습니다. 이런 류의 음악은 우리의 높은 절제력을 약화시키고 무너뜨려 버립니다. 이러한 음악은 그들 주위에 맴돌고 있는 보이지 않는 세력들의 희생물이 되게 합니다.

마지막으로, 나는 은사주의 운동에 대하여 언급하지 않을 수 없습니다. 그 운동 자체보다는 그런 운동을 향해 저돌적으로 달려가서 미친 짓들과 그릇된 유행에 항상 빠져버리는 사람들에 대한 것입니다. '영을 시험'하기는커녕 새로운 경험이라면 무조건 몰입해 버리는 사람들입니다. 소리지르면서 특이한 체험을 불러드리는 시대입니다. 우리는 '이성'에 대한 반항을 목격하고 있습니다." [1]

로이드 존스는 경건생활의 붕괴, 마약, 위험한 음악, 그리고 오순절 운동의 은사주의로 말미암아 귀신의 활동이 교회 속에서 급속하게 증가되었다고 진단하였다. 로이드 존스는 1981년에 세상을 떠났는데, 그때까지만 해도 지금처럼 심각하게 교회의 음악이 위험스러운 대중음악의 영향을 심하게 받지 않았고, 오순절 운동 신학에 바탕을 두고서 성령의 나타남을 추구하는 은사주의자들의 행태도 지금의 신사도 운동 그룹들의 행동에 비하면 약한 수준이었다. 그럼에도 불구하고 로이드 존스는 오순절 운동의 은사주의로 말미암아 교회 속에서 귀신의 활동이 급속하게 증가되고 있다고 보았다.

오순절 신학으로 무장된 은사주의와 성령운동의 또 다른 심각한 문제는 성령의 역사를 인위적으로 기획한다는 사실이다. 많은 사람들이 몰려들고 열광하는 표면적인 모습을 보면 성령의 역사를 기획하는 그들의 기술은 상당한 성공을 거두고 있는 것처럼 보인다. 그러나 기독교의 성령은 사람에 의해 조종되는 성령이 아니다. 창조주이시고 심판주이신 성령 하나님이 어찌 사람의 조종을 받으시겠는가? 은사주의자들이 양복 상의를 벗어 휘저을 때 이는 바람을 따라 성령이 일하시고, 그들의 손짓과 목소리를 따라 성령이 일하시고, 정해진 각본과 순서를 따라 돌아가는 프로그램에 맞추어서 성령이 일하신다는 것은 입에 담을 가치도 없는 내용이다. 이러한 성령운동의 저질 행태를 철저하게 봉쇄해버린 사람도 바로 로이드 존스였다.

행위구원 사상을 전파했던
전도자 **찰스 피니**

성령의 역사가 나타날 수 있는 환경을 조성하여 부흥을 일으킨다는 초기의 발상은 미국의 개혁신학 배경에서 나타난 '행위구원론자' 찰스 피니(Charles G. Finney, 1792–1875)로부터 시작되었다. 원죄가 모든 인간에게 유전된다는 사실을 부정하였고, 예수 그리스도의 십자가의 의가 모든 믿는 자에게 전가된다는 사실도 부정하였던 찰스 피니는 인간이 의지와 결단을 통해 성령이 일하실 여건이 무르익으면 성령이 임재하신다고 가르쳤다. 찰스 피니에게 부흥은 성령이 일하실 여건과 상황을 인간이 마련하였을 때 의례히 나타나는 결과로 여겨졌다.

찰스 피니는 '성령의 두 번째 축복'을 믿었고, 거듭난 신자에게 또다시 성령이 임한다는 개념의 '성령세례'라는 용어를 최초로 사용하여 오순절 운동과 성령운동의 조상으로 여겨지는 사람이다.[2] 찰스 피니의 성령의 역사를 기획하여 부흥을 일으킬 수 있다는 그릇된 사상은 이후 본격적으로 일어난 오순절 운동의 영향을 받은 은사주의를 수용하는 모든 사람들에게로 확산되었다. 그리하여 오늘날 성령을 부리고 유도하고 조종하는 망령된 성령운동가들이 도처에서 영혼들을 도적질하여도 막을 수 없는 지경에 이르게 되었다. 로이드 존스는 인간이 주도하는 이런 성령운동의 망령된 행태가 본격화되기 이전에 이미 그것을 철저하게 봉쇄하였던 사람이다. 로이드 존스는 찰스 피니가 시작한 인간이 기획하여 성령의 부흥을 일으키려는 시도에 대해 다음과 같이 비판했다.

"부흥이 일어나는 시기에 대해 한번 생각해 보십시오. 부흥은 하나님이 정하신 때에 일어납니다. 다른 때에는 절대 일어나지 않습니다. 이미 밝혔듯이 피니가 부흥에 대해서 강연하면서 범한 비극적인 실수가 바로 이것입니다. 그는 일정한 일들을 하고 일정한 조건들을 맞추면 언제든지 원하는 때 부흥을 경험할 수 있다고 가르쳤습니다. 역사도 그의 생각이 틀렸음을 입증하고 있습니다…. 부흥을 주시는 분은 하나님입니다. 그것도 자신이 정하신 때에 따라 주십니다. 그래서 부흥을 기대하기 어려울 때 오히려 부흥이 찾아옵니다." [3]

"부흥에 관한 한 여러분은 어떤 규칙도 끌어낼 수가 없습니다. 매번 새로운 요소가 생기고 변화가 생기며 상이한 점이 생기기 때문에 '알았다. 이렇게 하면 되는구나!'라고 말할 수가 없습니다. 그렇습니다. 부흥은 하

나님의 주권에 달린 일입니다." [4]

"사람들이 인위적으로 부흥을 일으키려고 했던 적이 많이 있었습니다. 그들의 부흥 이야기를 읽고 '아, 부흥이 어떻게 일어나는지 알겠다! 한 사람이 먼저 기도를 시작하면 다른 사람들이 거기에 합세하는구나! 또한 한 무리가 철야기도를 하면 그 다음에 부흥이 일어나는 구나!'라고 말합니다 …. 이런 식으로 부흥 때 있었던 일을 답습하곤 했습니다. 그들은 아주 사소한 사항들까지 따라 했습니다. 또 부흥을 다룬 피니의 책이나 강연 기록을 읽고 그가 시키는 일들을 전부 실행에 옮겼습니다. 피니는 자신이 말한 대로만 하면 부흥이 일어난다고 장담했지만, 부흥은 일어나지 않았습니다." [5]

로이드 존스는 성령의 부흥을 이야기하면서 언제나 강조한 것은 '성령의 주권'이었다. 사람이 기획하고 의도하는 대로 성령이 역사하신다는 주장은 로이드 존스에게서 조금도 용납되지 않았다. 오늘날에는 안수기도가 너무도 무분별하게 이루어지고 있어 대범하고 그럴싸하게 폼을 잡고 안수기도를 잘하면 영권이 있는 목사라고 한다. 특히 저질스러운 성령운동에 힘쓰고 있는 은사주의자들은 시도 때도 없이 아무 때나 달려들어 사람들에게 안수를 하면서 괴이한 영들의 역사를 일으키고 있다. 왜 안수기도를 해야 하는지?에 대해서 성경적인 가르침이 절실한 때이다. 그럴싸하게 안수하면서 성령세례를 유도하고, 치유 이적과 다양한 성령의 역사를 이끌어 낼 수 있는 것처럼 '성령집회', '치유집회' 등의 명칭으로 사람들이 모이게 하여 또 안수하거나 몸을 툭툭 터치하면서 성령(?)을 부리는 현대교회의 '시몬'(행 8:18)들에게 로이드 존스의 가르침은 시원하게 찬물을 끼얹는다. 로이드 존스는 성령의 임재와 역사하심과 은사를 일으키겠다고 안수기도를 시행하는 행태에 대해서 다음과 같이 비판하였다.

"어떤 사람이 여러분에게 안수함으로써 이것이(성령이) 받아지지 않는다는 것이다. 많은 사람들은 은사를 줄 수 있는 사람이 안수하면 된다고 가르친다. 이제 사도가 그 선물을 가지고 있는 것이 분명했고, 신약시대에 그것이 일부 사도들에게 국한되어 있었다. 그것은 그들의 권위와 독특성에 대한 한 부분이었다… 만일 그런 일이 안수의 결과로 일어난 일은 언제나 그런 것은 아니었지만 매우 드물었다. 내가 인용했던 몇몇 퓨리탄들이나 웨슬레의 경우에 있어서 또는 그 밖의 다른 경우에 있어서 안수를 암시하는 경우는 한 경우도 없었다. 여기서 다시 심리적인 요소가 가미될 경향이 있다." [6]

이 외에도 그릇된 오순절 신학으로 무장되어 성령운동하는 사람들이 로이드 존스의 책을 읽으면 자신들의 행동을 깨닫고 이를 부끄러워하게 될 귀중한 내용들이 참으로 많다. 로이드 존스가 부흥에 관하여 가장 강조했던 것은 '하나님의 거룩, 영광, 위엄'이었다. 성령의 부흥이 일어나면 사람들은 거룩한 두려움에 사로잡혀 하나님을 지극히 경외하게 된다고 하였다.

"무엇보다 먼저 알게 되는 것은 하나님의 영광과 거룩하심입니다. 사람들이 갑자기 하나님의 임재를 깨달을 때 어떤 영향이 나타나는지에 주목하여 성경을 읽어 본 적이 있습니까? 그들은 욥처럼 손으로 입을 막거나 이사야처럼 '화로다, 나여! 망하게 되었도다. 나는 입술이 부정한 사람이요.'(사 6:5)라고 말했습니다.

무엇이 문제이기에 그렇게 말했을까요? 그들은 하나님의 거룩하심과 위엄과 영광을 깨달았던 것입니다. 부흥의 때에는 항상 이런 일이 일어납니다. 그러나 전도운동을 벌일 때에는 항상 이런 일이 일어나는 것은 아닙니다…. 그러나 부흥의 때에는 그렇지 않습니다. 사람들이 오히려 두려움에 사로잡힙니다. 경외감과 거룩한 두려움을 느끼며, 위엄 있고 영광스러우며 거룩하고 심히 순결하신 하나님을 인식합니다." [7]

로이드 존스의 책 『부흥』의 한국어판 겉표지에 로이드 존스의 다음의 말이 크게 인쇄되었다는 것은 무엇을 뜻하는가? 로이드 존스는 하나님을 두려워하게 되는 지극히 거룩하심과 순결하심과 놀라우신 하나님의 영광을 맛보는 것이 성령의 부흥이라고 가장 강조했다는 것이다.

"부흥이란 영광 가운데 계시는 하나님의 얼굴을 구하는 것이고, 그분께로 돌아가는 것이며, 그분께 기도하는 것입니다."

그러면 로이드 존스의 성령론과 부흥에 대한 글을 자주 인용하는 현대의 은사주의자들의 상황은 과연 어떠할까? 과연 그들의 삶에서 하나님의 거룩하심이 나타나고 있을까? 다른 사람들이 그들의 삶과 믿음을 볼 때, 하나님을 지극히 두려워하고 복음을 경외하게 되는 성령의 역사가 나타나고 있는가? 유명한 은사주의자들의 삶이 더욱더 그리스도인답지 못하다는 사실은 이미 널리 알려졌다. 쓰러뜨리고 금이빨 만들어 내면서 그런 이상한 일들을 성령의 역사라고 주장하는 사람들의 교회에 과연 하나님의 거룩과 영광이 나타나고 있는가?

모든 사람들이 이미 그 정확한 대답을 다 알고 있다. 은사주의자들에게 더 많은 비리와 스캔들이 있고, 그들이 인도하는 예배에는 하나님의 영광이 드러나기는커녕 무질서와 비인격성이 넘치고 있다. 대부분의 유명한 은사주의자들이 특히 인생의 마지막 때에 추악하게 드러나는 각종 비리들과 스캔들로 인해 하나님과 그리스도의 복음에 최대한의 먹칠을 하면서 인생을 지저분하게 마무리하는 경향을 보인다. 문제는 그뿐이 아니다. 그들이 이끌었던 교회들 속에 하나님의 거룩과 영광을 훼손하는 다양한 거짓 복음이 더 많이 자리 잡고 있다. 이런 내용들이 과연 사실인지 굳이 확인하려고 노력한다는 것은 불필요한 일이다.

그러므로 로이드 존스는 불건전한 성령운동 그룹들에게 가장 무섭고 껄끄럽고 위협적인 인물이어야 한다. 그러나 불행하게도 현실은 그렇지 못하다. 성령운동하는 사람들이 자신들의 그릇된 이론을 주장하고 전파하기 위해 감히 발칙하게 로이드 존스의 글을 아주 즐겁게 인용하고 있다. 왜 이런 이상한 일들이 나타나고 있을까? 우리는 그 이유를 정확하게 파악하여 무엇이 잘못되었는지를 알아야 한다. 로이드 존스의 성령사상의 강점과 약점을 바르게 파악하여 왜 불건전한 자들에게 로이드 존스의 이론이 이용되고 있는지? 진정으로 성령을 모욕하며 '성령훼방죄'를 밥 먹듯이 저지르는 은사주의자들이 로이드 존스의 어떤 약점을 이용하고 있는지?에 대해서 설명할 수 있어야 한다.

로이드 존스가 오순절 신학으로 무장하고서 성령운동을 벌이는 불건전한 자들에게 만만히 여겨지고 있는 가장 근본적인 이유는 중생한 신자들에게 능력과 부흥을 주시는 성령의 세례가 또 반복적으로 나타난다고 아주 강하게 주장했기 때문이다. 그 외에도 부흥을 성령의 부어짐, 즉 성령의 추가적인 강림이 곧 부흥이라고 설명하였고, 쓰러짐 등의 신체적인 반응이 성령의 부어짐으로 말미암아 나타날 수 있다고 하였고, 거짓 방언과 거짓 예언에 대해 길을 열어주는 모호한 노선을 취했고, 특히 '성령의 기름부음'이라는 애매모호한 개념을 자주 언급하고 강조하여 비성경적인 성령의 기름부음 사상을 핵심으로 삼고 등장한 빈야드-신사도 운동가들에게 날개를 달아주게 되었다. 로이드 존스의 성령세례 사상은 다음 장에서 별도로 살펴보기로 하고 여기서는 나머지 것들을 살펴보도록 하자.

성령이 더 부어지는 것이 부흥

로이드 존스는 믿는 자들에게 위로부터 성령이 더 부어지는 것이 곧 '부흥'이라고 늘 강조했다. 이미 성령을 받아 모시고 살며, 성령의 인도하심을 받고 있는 하나님의 자녀들에게 위로부터 성령이 더 부어지는 것이 성령의 부흥이라고 로이드 존스는 매우 강조했다. 그러므로 로이드 존스에게 '성령의 부흥'은 곧 추가적으로 임하는 '성령세례의 물결'이었던 것이다. 로이드 존스는 자신의 책 『부흥』에서 이미 믿는 자들에게 성령이 더 부어지는 것이 부흥이라면서 다음과 같이 강조했다.

"전도운동은 주로 교회 밖에 있는 사람들과 관련된 일입니다. 그러나 부흥의 전체적인 본질은 그 일이 교회에, 교회 안에 있는 사람들에게 일어난다는 데 있습니다. 교회 안에 있는 사람들이 영향을 받으며 감동을 받으며, 그들 가운데 굉장한 일이 일어납니다… 이 질문에 가장 잘 대답하는 길은 '그것은 어떤 의미에서 오순절 사건의 반복'이라고 말하는 것입니다. 교회에 이런 일이 일어날 때, 우리는 사도행전 2장에 기록된 오순절 사건을 필연적으로, 거의 반사적으로 되새기게 됩니다. 이 일의 일반적인 특징 몇 가지를 말씀드리겠습니다.

부흥의 본질은 함께 모인 다수의 사람들, 교회 전체, 또는 다수의 교회, 지역, 나라 전체에 성령이 임하신다는 데 있습니다. 부흥이라는 말이 의미하는 바가 이것입니다. 또는 성령의 찾아오심이라고 말해도 좋습니다. 종종 성령의 부으심이라는 표현이 쓰이기도 합니다." [8]

성령의 부흥에 대한 로이드 존스의 이런 사상은 성령으로 거듭난 신자에게 사도행전 2장의 성령강림이 다시 반복된다고 가르치는 오순절 운동 신학과 맥을 같이 한다. 오순절 운동 신학은 빈 물동이에 바가지로 물을 자꾸 퍼부어서 물이 채워지고 흘러넘치게 되는 것처럼, 이미 중생케하는 성령을 모시고 사는 신자에게 하나님이 더 성령을 부으시므로 부흥과 성령충만이 나타나게 된다고 가르친다. 부흥은 믿는 자들에게 성령이 더 부어지는 것이라고 설명하였던 로이드 존스의 부흥 사상은 오순절 운동 신학과 노선을 같이 하는 것이다.

로이드 존스의 성령의 부흥 이론은 성경적이지 못하며, 특히 개혁신학의 가르침과 달라서 개혁교회에서는 수용되기가 어렵다. 부흥은 그리스도를 믿어 성령을 받고 하나님의 자녀가 된 신자들에게서 성령의 인격적인 다스리심이 더 강력해지므로 신자들에게서 예수 그리스도의 성품과 형상이 회복되는 은혜의 역사이다. 그래서 부흥이 일어나면 하나님의 말씀에서 벗어난 죄악된 행실을 회개케하는 성령의 역사가 넘친다. 또한 성령의 부흥은 더 많은 불신자들에게 진리의 말씀을 전파되어 구원받게 하시는 하나님의 은혜가 넘치는 현상이다. 초대교회 당시 나타난 성령의 부흥을 말해주는 성경 말씀들을 보자.

"이 말을 듣고 마음에 찔려 베드로와 다른 사도들에게 물어 가로되 형제들아 우리가 어찌할꼬 하거늘…, 그 말을 받은 사람들은 세례를 받으매 이날에 제자의 수가 삼천이나 더하더라."(행 2:37-41)

"사람마다 두려워하는데 사도들로 인하여 기사와 표적이 많이 나타나니…, 하나님을 찬미하며 또 온 백성에게 칭송을 받으니 주께서 구원받는 사람을 날마다 더하게 하시니라."(행 2:43-47)

초대교회의 엄청난 부흥을 말해주는 이 말씀에서 성경이 말하는 부흥의 성격과 특징을 알 수 있다. 예수 그리스도의 십자가를 믿음으로 하나님이 부어주시는 성령을 모시고 사는 신자들에게서 성령의 다스리심이 강력하게 나타나면서 성령의 부흥이 시작되었음을 알 수 있다. 신자들 속에 거하시는 성령의 인격적이고도 강력한 다스리심은 세상을 두려워하지 않고 그리스도의 복음을 담대하게 증거하는 모습으로 나타났다. 먼저 믿는 자들이 성령의 역사를 따라 구원의 복음을 담대하게 증거하자 동시에 들는 불신자들의 마음에서도 성령이 역사하여 '형제들아 우리가 어찌할 꼬' 하면서 영혼으로 고뇌하다가 성령을 따라 예수 그리스도를 주로 믿는 전도의 대부흥이 일어났다.

믿는 자들이 성령의 역사와 다스림을 따라 그리스도의 복음을 세상에서 증거하자, 복음증거를 도우시는 성령께서 그리스도의 구주 되심을 선언하는 특별한 이적들을 베푸심으로 불신자들의 마음은 더욱 하나님을 두려워하고 복음에 대해 진지한 자세를 가지게 되었다. 이것만으로 초대교회에 성령의 대부흥이 일어났던 것은 아니다. 더욱 중요한 또 한 가지가 있었다. 성령의 다스림으로 말미암아 먼저 믿는 자들의 삶과 행실에서 예수 그리스도의 아름다운 향기가 나타나기 시작했다. 단지 특별한 이적을 보아서 불신자들이 복음을 진지하게 고민한 것이 아니었다. 성령의 인격적인 통치하심을 받는 믿는 자들의 삶과 행실에서 나타나는 열매로 인하여 교회가 '온 백성에게 칭송'을 받게 되는 상황으로 발전하였다. 그러므로 하나님께서 더 많은 사람들에게 복음을 전파하여 구원하시는 은혜를 베푸셨다. 이것이 초대교회의 성령의 부흥이었다.

성령을 더 받아서 부흥한 것이 아니고 이미 그리스도의 십자가를 통하여 신자에게 오신 성령이 더욱 풍성하게 다스리시고 인격적으로 지배하심으로 말미암아 부흥이 일어났던 것이다. 부흥을 이렇게 이해하고 설명하는 것이 더욱 성경적이다. 성령을 더 부어주심으로 부흥이 일어난다고 가르치는 것은 결국 무력해진 장난감 로봇에 더 강한 새 배터리(battery)가 장착하여 활력을 주는 이치, 즉 물질세계의 에너지 법칙과 같은 수준으로 성령의 역사하심이 격하되게 만들어 버린다. 이것은 오순절 운동 신학이 성령의 역사를 설명하는 전형적인 방식인데, 로이드 존스도 같은 방식으로 성령의 부흥을 설명하였다. 로이드 존스의 다음의 말들을 읽어보자. 그는 철저하게 하나님이 성령을 더 부어주시는 것이 곧 성령의 부흥이라고 하였다.

"사람들이 부흥을 위해 기도하지 않는 주된 이유가 여기에 있습니다. 사람들은 부흥을 위해 기도할 필요성을 느끼지 못합니다. 예컨대 성령이 오순절 날에만 홀연히 임하신 것이 아니라 그 다음 날에도 교회에 임하셨다는 점을 생각지 않는 것입니다. 여러분은 사도행전 4장에서 그 기록을 읽을 수 있습니다. 온 교인이 모여 하나님께 기도하고 있었습니다. 그런데 그렇게 기도하는 중에 성령이 홀연히 임하셨고 그들이 모인 건물이 진동했다고 성경은 전합니다." 9)

"부흥은 문자 그대로 성령 하나님이 자신들 가운데 임하셨음을 알게 되는 것입니다. 여기 있는 대부분의 사람들은 경험하지 못한 일이지만, 바로 이것이 성령이 찾아오셨다는 말의 정확한 의미입니다. 교회의 일상적인 삶과 사역에서 경험할 수 있는 최고 수준을 훌쩍 뛰어넘는 일이 일어납니다. 모여 있던 모든 이들이 문득 누군가 자신들 가운데 오셨다는 것을 인식합니다. 그 영광을 인식하며 임재를 인식합니다. 뭐라고 정의할 수도, 묘사할 수도, 말로 옮길 수도 없지만, 전에는 경험하지 못한 일이 일어났다는 사실을 알게 됩니다." 10)

"오랜 교회의 역사를 읽어보면 이렇게 성령이 찾아오시고 부어지시는 경우가 때때로 있었습니다. 교회의 역사상 이보다 명백한 사실은 없습니다. 실로 그 자체가 교회의 역사처럼 보일 정도입니다. 오순절 날 성령의 큰 부으심이 있었습니다. 그 찾아오심은 한동안 지속되다가 점점 스러져 마침내 소멸되었습니다. 교회는 무기력한 상태로 돌입했고, 이제 끝이 왔다고 생각하는 이들이 있을 만큼 심각한 상태에 빠졌습니다. 그러다가 하나님이 갑자기 성령을 부어 주시자 다시 한 번 정점으로 올라갔습니다. 그런 상태가 한동안 지속되다가 또 점차 사라졌습니다." [11]

전기가 강하게 들어올 때 전구에서 밝은 빛이 나타나지만, 전기가 점차 약해지고 사라지면 동시에 전구에서도 빛이 사라진다. 그러나 어느 때 다시 전기가 강하게 공급되면 또다시 전구는 밝은 빛을 띠게 되는 이치가 로이드 존스가 성령의 부흥을 설명하는 좋은 예가 될 것이다. 사람이 예측할 수 없고 계획하거나 유도할 수 없는 하나님의 주권에 속하는 이유와 때를 따라 하나님께서 자기 백성을 긍휼히 여기시며 은혜를 주심으로 예수 그리스도의 복음을 더욱 강하게 선포하게 되고, 더불어 기도와 회개가 뜨거워지면서 신자들을 다스리시는 성령의 역사가 강하게 나타나는 것이 성령의 부흥이라고 설명해야만 성경적이다. 로이드 존스는 그렇게 하지 않고 성령이 더 부어지는 것이 부흥이라고 가르침으로 현대의 비성경적인 성령사역을 추구하는 자들에게 즐거움을 주었다. 불량스러운 은사주의자들이 복음을 온전하게 선포하고, 말씀에 순종하고, 회개하고, 기도하는 것을 부흥의 요건으로 가르치지 않고 새로운 성령(?)을 더 얻으려고 예배 중에 "하나님, 우리에게 성령을 부어주소서!"라고 말하는 것은 아주 그릇되고 비성경적인 일이다. 아마 그들은 청교도 개혁신학의 거장 로이드 존스가 '성령을 부어주심이 곧 부흥'이라고 가르친 내용들을 어깨너머로 곁눈질하고서 더 악용하고 있는 것이다.

성령으로 인한 특이한 신체적 현상

부흥에 관한 로이드 존스의 사상에는 오늘날의 불건전한 은사주의자들이 매우 좋아할 또 다른 내용이 있다. 로이드 존스는 부흥이 임하면 사람들에게서 특이한 신체적 반응과 현상들이 나타나기도 한다고 하였다. 거짓 영들이 많이 장난하는 성령운동가들의 부흥집회에서는 사람들이 쓰러지거나, 수면상태와 유사한 무아지경에 빠지는 등의 괴이한 신체적인 반응이 자주 나타나고 있다. 그 불량한 자들은 성령이 강력하게 임하심으로 그러한 일이 일어난다고 주장한다.

그러나 그런 일은 성경 어디에서도 볼 수 없는 일이다. 성령의 능력이 충만했던 사도들과 제자들의 사역에서도 성령이 역사하심으로 사람들의 몸이 떨리고, 쓰러져서 정신을 잃는 등의 괴상한 신체적 반응이 나타났다는 말씀을 볼 수가 없다. 이러한 현상은 무속의 귀신들의 '신내림' 현상이 기독교에 스며들어서 나타나는 것이라 볼 수 있다. 이 같은 더러운 일들을 벌이고 있는 성령운동가들은 하나님을 대적하면서 천하를 꾀는 영악한 마귀의 더러운 주술에 포로 된 자들이다.

불행하게도 마귀의 주술에 포로 된 불량한 은사주의자들이 로이드 존스의 글을 읽고서 힘을 얻고 있다. 왜냐하면 로이드 존스가 강력한 성령의 부흥이 임할 때 사람들에게 이해할 수 없는 방식의 신체적 현상이 일어나기도 한다고 자주 강조하였기 때문이다. 20세기 복음주의의 거장이고, 청교도 개혁신학자로서 세계적인 명성을 쌓았던 로이드 존스가 그런 것을 가르쳤다는 것은 바른 믿음을 회복하기 위해 애쓰는 우리들을 매우 당혹스럽게 만들고, 동시에 불량한 성령운동가들에게는 회심의 미소를 짓게 만들어 주었다. 로이드 존스가 뭐라고 가르쳤는지 직접 읽어보자.

"부흥의 때에는 이러한 일이 일어납니다. 이처럼 죄의 깨달음과 큰 기쁨, 주님에 대한 큰 두려움과 감사 및 찬양이 기묘하고 이상하게 혼합되어 나타난다는 것입니다. 어떤 사람의 표현대로 부흥의 때에는 항상 신적인 무질서가 나타나기 마련입니다." 12)

이 내용은 로이드 존스가 자신의 책 『부흥』에서 성령의 부흥이 임할 때에 사람들에게서 특이한 신체적, 감정적 반응이 나타난다고 설명하는 많은 내용들 가운데서 비교적 유순하고 완곡한 내용이다. 그러나 다음과 같은 위험스러운 내용들이 많이 이어졌다.

"부흥의 때에는 이처럼 고통으로 몸부림치며 무섭게 죄를 깨닫는 일들이 나타납니다. 사람들이 영혼의 고통으로 몸부림치며 신음합니다. 울부짖고 흐느끼며 소리를 내면서 괴로워합니다. 그러나 항상 그 정도에서 그치는 것이 아닙니다. 때로는 죄의 깨달음이 너무 크고 성령의 능력이 너무 강하게 느껴진 나머지 의식을 잃고 쓰러지기도 합니다. 몸에 경련을 일으키는 경우도 있습니다. 무의식 상태, 일종의 혼수상태에 빠져 몇 시간씩 정신을 못 차리기도 합니다." 13)

로이드 존스의 이 말의 일부는 받아들일 수 있는 내용들이지만, 또 어떤 내용은 도무지 받아들일 수 없는 아주 위험한 내용이다. "성령의 능력이 너무 강하게 느껴진 나머지 의식을 잃고 쓰러지기도 합니다."와 같은 내용은 성령의 부흥을 설명하는 성경의 어느 곳에서도 나타나지 않는 새로운 이야기이다. 대체 성령의 능력이 강하게 나타난다는 것은 구체적으로 무엇일까? 성령의 능력이 강하게 나타난다는 것은 곧 죄를 정확하게 깨닫게 된다는 것을 의미한다. 성령의 죄를 깨닫게 하시고 돌이키게 역사하시는 분이기 때문이다. 그리고 성령이 강하게 역사한다는 것은 곧 예수 그리스도가 십자가에서 하나님이 나에게 요구하시는 모든 율법의 요구를 대신 이루셨다는 복된 소식, 즉 복음을 굳게 믿으며 오직 십자가에만 소망을 두게 된다는 것이다. 또한 오직 예수 그리스도를 믿음으로 하나님이 의롭다 하시고 영원한 복을 주신다는 복된 믿음 위에 서게 된다는 것을 의미한다.

하나님의 백성들에게 성령이 강하게 역사하시면 자연스럽게 이러한 결과가 나타나게 되어있다. 성령은 자기를 자랑하고, 자기를 과시하고, 자기의 이름을 부르게 하려고 오시지 않았고, 오직 이러한 일을 하시려고 오셨기 때문이다. 하물며 성령이 강하게 역사하니 신자들이 무의식으로 들어가고, 혼수상태를 경험하게 된다는 로이드 존스의 부흥 사상은 성경이 전혀 말하지 않는 내용이다.

로이드 존스 같은 유명한 청교도 개혁주의자가 이러한 부흥 사상을 가지고 있었다는 것은 정말 뜻밖의 일이다. 로이드 존스가 부흥에 대해 너무 많은 관심을 가지고 있었고, 이전에 일어난 부흥의 사례들에 대해 지나친 경외심을 가지고 있었던 것으로 해석된다. 이전의 유명한 부흥 사례들에 대해 아무런 검증이나 신학적인 여과를 거치지 않고 무조건 높이고 칭송하다가 이러한 실수를 저지른 것으로 보인다. 대체 로이드 존스는 이전의 어떤 부흥을 생각하면서 이러한 위험한 사상을 전개하게 되었을까? 로이드 존스가 어떤 부흥 사례를 염두하고서 이런 말을 했는지 실상을 알고 나면, 아마 우리는 로이드 존스에 대해 더 실망하게 될 수도 있을 것이다.

"그는 돌아가서 에스겔 36장을 설교했다고 합니다. 그의 말에 따르면 '한 시간 반을 설교한 후에 메시지를 적용하기 시작'했습니다. 그런데 그가 적용하기 시작했을 때 갑자기 성령이 임하셨고, 그는 한 시간을 더 적용에 바쳤습니다. 그렇게 했을 때 사람들은 말 그대로 바닥에 쓰러져 버렸습니다. 그 한 번의 예배로 500명이 회심하기에 이르렀습니다." [14]

이 내용은 로이드 존스가 1600년대 초반 스코틀랜드에서 활동하였던 리빙스턴(John Livingston)이라는 설교자가 경험한 내용이라며 소개한 내용이다. 그가 설교할 때, 성령이 임하자 500명이 죄를 통회하면서 바닥에 쓰러져 버렸고, 그 중의 어떤 사람들은 완전히 실신지경에 이르러 들것에 실려 나갔다고 하였다. 리빙스턴이라는 300년 전 스코틀랜드의 설교자는 대체 어떤 설교자였을까? 그가 얼마나 성경적이고 건강한 하나님의 사역자였는지 우리는 잘 알 수가 없으므로 로이드 존스가 말하는 이런 내용에 대해서 함부로 믿을 수도 없다.

성령이 사람들에게 강력하게 임하자 사람들이 죄를 깨달았고, 죄의 더러움을 견딜 수 없어 무더기로 쓰러지고, 그 중의 다수가 들것으로 실려 나가는 혼미한 상황이 벌어졌다는 내용은 아주 괴이하고 이상하다. 왜냐하면 성령의 역사로 그런 일이 일어날 수 있음을 설명하거나 암시하는 말씀이 성경에서 일체 발견되지 않기 때문이다. 성경을 보면 하나님의 자녀들이 성령과 조우하였을 때, 쓰러지거나 괴이한 신체적인 반응을 보이는 경우는 없다. 그런 사람들은 그 순간까지 귀신의 주술에 포로가 되어 불쌍한 인생을 살고 있는 사람들이었다. 멀쩡했던 사람들에게 성령이 임하자 신체기능이 이상해지고, 혼수상태로 들어갔다는 내용은 성경에서 찾을 수가 없다.

"부흥의 때에도 마찬가집니다. 이런 점에서 볼 때 부흥의 시기에는 어른들보다 아이들이 더 격렬히 반응하리라는 것을 예상할 수 있습니다. 일정 유형의 사람들이 다른 유형의 사람들보다 더 격렬히 반응하리라는 것을 예상할 수 있습니다… 너무 강렬한 일이 일어나기 때문에 신체에까지 그 영향이 나타납니다… 부흥이 일어나면 히스테리에 빠지는 이들, 실제로 히스테리에 빠지는 이들이 생깁니다. 또 다른 신체적인 현상을 나타내는 이들도 있습니다. 이것은 분명한 사실입니다… 그렇기 때문에 이처럼 강력한 영적 능력이 임할 때 어떤 몸에는 이상이 나타날 수 있습니다. 이것은 도움이 필요한 상황이자 반의학적인 대처가 필요한 상황으로서 옆에서 기도해 주면 진정시켜 줄 필요가 있습니다. 위대한 부흥의 지도자들은 항상 그렇게 대처했습니다." [15)]

로이드 존스의 성령의 부흥에 대한 이러한 말을 성령에 대한 심각한 모욕의 수준에 이르고 있다. 부흥이 임하면 어른들보다 아이들에게서 더 신체적 반응이 격렬하게 나타난다는 말은 대체 무슨 근거로 하는 말일까?

성경에 근거하는 말이라고는 조금도 생각되지 않는다. 오히려 심신의 발달이 미약하여 악한 영의 공격에 쉽게 무너지는 아이들에게서 더 혼미한 일들이 많이 나타난다고 해석해야 맞지 않을까?

로이드 존스는 히스테리 증상도 부흥의 시기에 나타나는 현상이라고 하였다. 지극히 인격적이신 성령이 왜 자기 백성을 이리 괴상하게 만드시겠는가? 인간을 창조하신 하나님이신 성령께서 자기 백성들에게 찾아오시는데 왜 생판 모르는 사람에게 끌려가는 순진한 짐승처럼 히스테리 증상을 보이고, 쓰러지고 뒤집어지고 정신이 혼미해지는 등의 신체적 증상이 나타나는 것일까? 로이드 존스의 말은 조금도 타당성이 없어 보인다.

로이드 존스는 과거의 위대한 부흥의 지도자들이 마치 그런 괴이한 신체적 현상들을 성령의 부흥의 정당한 증상으로 여기기라도 했다는 듯이 말하였다. 그러나 나는 이전에 다른 책에서 존 웨슬리(John Wesley)가 자신의 부흥집회에 참석했던 사람들이 특이하게 웃는 등의 신체적 현상을 보이는 것을 보고서 전혀 하나님의 은혜의 역사로 간주하지 않고 책망하였다는 내용을 분명히 보았다. 웨슬리는 비정상적으로 웃으면서 좋아하는 사람들이 사탄에게 농락당하는 것으로 판단하고 우려하였다.[16] 조나단 에드워드 대각성 운동 당시 은혜를 받았다면서 경박하게 행동하는 사람들을 보았으나 그들의 행동을 조금도 지지하지 않았다. 로이드 존스가 누구를 염두하고서 과거의 유명한 부흥운동 지도자들이 성령으로 말미암는 괴이한 신체적 반응과 현상을 정상적인 것으로 여기고 도왔다고 말하는지는 모르겠으나, 매우 과장되게 이야기하는 것이다.

성경 어디에서도 자기 백성들에게 '망가짐'과 '흐트러짐'을 유발하면서 찾아오시는 하나님을 찾을 수가 없다. 하나님 백성들이 강림하시는 하나님의 영광과 위엄 앞에서 아담의 반역죄에 묶여있는 죄인의 불행한 운명으로 인해 창조주를 감히 보지 못하고 두려워서 떨며 엎드리는 장면은 성경에 나온다. 그러나 하나님의 영광으로 말미암아 실신했다는 이야기는 전혀 없다. 그러나 로이드 존스의 부흥에 대한 말들 속에는 그런 과장과 왜곡이 너무도 많다.

"늘 그런 것은 아니지만 부흥의 때에는 종종 물리적인 현상이 나타나곤 합니다. 여러분은 부흥에 관한 이야기와 기록들을 통해 그 내용을 읽을 수 있습니다…. 매번 그런 현상이 반복되는 것은 아닙니다. 때로는 그 영광이 너무 강렬하게 다가온 나머지 바닥에 쓰러져 버리는 이들도 있습니다." [17]

"여러분은 이 같은 기록을 자주 읽을 것입니다. 하나님의 영광을 체험한 이들, 그 영광을 가까이했던 이들은 땅에 엎드려지거나 실신해 버렸습니다. 어떤 이는 '아, 그런 건 진기한 현상이야!'라고 말합니다. 그러나 이런 현상을 흥미롭게 여기거나 깜짝 놀랄 일로 여겨서는 안 됩니다. 제가 여러분에게 지적해 드리고 싶은 점은, 이 영광이 사람의 신체가 감당할 수 없을 만큼 굉장한 것임을 하나님이 친히 알려주셨다는 것입니다." [18]

부흥의 시기에 강력한 하나님의 영광을 체험하므로 사람들이 쓰러지고 실신하게 된다는 로이드 존스의 말은 정말 위험스럽다. 다메섹으로 가던 바울에게 예수 그리스도의 영광이 나타남으로 바울은 말에서 떨어졌다는 내용이 성경에 있다. 혹 이 내용을 근거로 주장을 하는 사람들이 있을

지라도, 그것은 이치에 전혀 맞지 않는 일이다. 그것은 바울에게 예수 그리스도가 창조주, 구세주이심을 보이시길 원하시는 하나님께서 허락하신 특별계시 사건이었다. 바울에게 그러한 체험을 주신 것은 장차 그를 통하여 예수 그리스도가 하나님이며 구세주라는 사실을 만방에 알리고자 하심이다. 그 사건을 경험한 바울이 저술한 성경들을 통해 예수 그리스도가 하나님이시고 구세주이심이 완전하게 계시되고 확정되었으니, 그 일이 또다시 다른 누구에게 또 반복되지도 않는다.

부흥의 시기에는 성경의 그런 일들이 흔하게 있는 것처럼 가르친 로이드 존스의 주장은 틀렸다. 로이드 존스의 위험한 부흥 사상으로 인해 구약의 선지자들에게 있었고 신약의 사도들에게 있었던 계시현상이 지금도 부흥의 때에 반복되는 것 같은 오해가 일어났고, 그것을 불량한 성령운동 패거리들이 너무도 즐거워한다. 그러나 하나님의 계시현상은 특별계시의 완성 이후 다시 일어나지 않으며, 그런 방식의 특별계시를 체험했던 선지자와 사도들도 정신을 잃고 쓰러지지는 않았다. 부흥에 관한 로이드 존스의 이런 사상 때문에 불량한 은사주의자들은 로이드 존스의 신학을 두려워하지 않고 오히려 만만하게 여기고 있다. 왜냐하면 그들이 '기름부으심', '성령세례', '성령체험' 등의 다양한 말로 표현하는 변태적인 행각과 내용이 유사하기 때문이다.

왜 로이드 존스는 이와 같은 실수를 저질렀던 것일까? 이미 오신 성령의 인격적인 다스리심이 더 충만해지는 것을 부흥이라고 가르치지 않았다는 것이 문제였다. 반대로 성령의 새로운 강림, 즉 하나님이 성령을 더 많이 부어주심이 곧 부흥이라고 생각했다는 것이 가장 근본적인 원인이다. 그의 책 『부흥』을 보면 부흥을 설명하는 내용들 가운데 구약의 선지자들에게 허락되었던 특별한 사건이 자주 인용되고 있다. 하나님이 시내산에서 모세에 나타나신 사건을 예로 들면서 부흥은 '하나님의 강림'이고, '하나님이 지나가심'이라고 설명하였다. 만일 모세가 원하는 대로 하나님이 자신의 얼굴을 모세에게 다 보여주었다면 모세는 그 넘치도록 많은 하나님의 영광을 감당하지 못하고 죽었을 것이나, 하나님이 모세를 덮으시고 자기 얼굴을 보지 못하게 하시고 지나가신 후 얼굴 대신에 등을 보여주신 것처럼, 부흥은 강림하시는 하나님의 영광을 아주 조금만 맛보는 경험이라고 하였다.

"그가 지나가고 계십니다. 부흥이 무엇인지 아십니까? 자, 그가 지나가신다는 이것이야말로 부흥을 완벽하게 설명해주는 말입니다. 부흥은 하나님이 지나가시는 모습, 그의 영광이 지나가시는 모습을 얼핏 보는 것입니다. 이를테면 영광 중에 계시는 하나님이 성령을 부어주시고 다시 올라가시는 것을 느끼는 것이며, 하나님의 영광이 자신들 가운데 있다는 사실, 자신들 옆으로 지나가고 있다는 사실을 아는 것입니다. 말하자면 다만 그의 옷자락을 만지는 것이며 등을 보는 것입니다." [19]

부흥을 이렇게 설명하는 것은 매우 비성경적이고 동시에 개인적 성령강림을 주장하는 오순절 운동 신학에 근본을 두고 있는 모든 불량스러운 성령운동 파들이 좋아할 수밖에 없는 내용이다. 왜냐하면 그들은 처음 믿을 때 하나님이 보내신 성령의 지속적인 다스림과 통치하심을 믿지 않고 성령이 계속 더 오신다고 믿기 때문이다. 성령이 더 오실 때 사도행전 2장의 특별한 현상들처럼 놀라운 일들이 지금도 일어난다고 보기 때문이다. 그러나 사도행전 2장의 성령강림은 역사상 단 한 번의 사건이고 사도행전 2장의 성령현상은 이후 어디에서도 반복되지 않았다. 지금 그런 성령의 더 부어주심의 부흥을 체험한다는 사람들이 경험하는 일들은 전혀 성경적이지 않은 유사 성령의 거짓 속임수일 뿐입니다. 그래서 그들에게는 성령의 열매가 보이지 않는다. 아무리 방언, 예언, 쓰러짐, 실신 등의 현상이 있을지라도 성령이 하시는 일이 아니므로 성령의 열매는 보이지 않고 오히려 더러운 일들이 더 많이 나타나고 있다.

성령의 기름부음

로이드 존스의 성령사상에서 발견되는 또 다른 모호한 점은 '성령의 기름부음'이라는 개념이다. 성령의 기름부음 사상은 오순절 운동의 반복되는 성령세례 사상에 뿌리를 두고 있는 비성경적이고 그 의미도 분명하지 않는 모호한 개념이다. 오순절 운동은 예수 그리스도의 복음을 듣고 믿어 하나님의 자녀가 되고, 하나님이 성령을 부어주신 사람에게 이후 또 반복적으로 성령이 임하신다고 가르치므로, 계속 추가적으로 임하시는 성령의 역사를 표현하기에 좋은 용어가 필요하였다. 공사판에서 벽돌 위에 다른 벽돌이 쌓이듯이, 떡 시루 속에서 떡이 층층이 쌓여 익어가듯이, 물동이에 물이 더 부어져서 물이 차고 넘치게 되듯이, 구원받을 때 성령이 오셨고, 이후에 또 반복적으로 오시는 성령의 사역을 표현하기 위해 고안된 모호한 말이 바로 '성령의 기름부음'이다.

　오순절 운동가들과 이 말을 자주 사용하는 다른 사람들에게 "대체 성령의 기름부음이 뭐요?"라고 물어보면 아무도 시원하게 설명하지 못한다. 구원 이후에 성령이 반복적으로 임하신다고 믿는 사람들이 자신들의 성령사상을 멋지게 표현하는 슬로건(구호, slogan)으로 자리잡은 말일 뿐이다. 물론 기름부음을 이야기하는 성경의 말씀이 있기는 하다. 성경에서 기름부음이라는 단어를 사용한 사람은 사도 요한이다.

"너희는 거룩하신 자에게서 기름 부음을 받고 모든 것을 아느니라."(요일 2:20)

"너희는 주께 받은바 기름 부음이 너희 안에 거하나니 아무도 너희를 가르칠 필요가 없고 오직 그의 기름 부음이 모든 것을 너희에게 가르치며 또 참되고 거짓이 없으니 너희를 가르치신 그대로 주 안에 거하라."(요일 2:27)

사도 요한은 하나님께서 예수 그리스도의 복음을 듣고 믿어 하나님의 자녀가 된 신자들에게 내주하시도록 부으신 성령 그 자체를 기름부음이라고 하였다. 성자 예수 그리스도의 이름으로 신자들에게 오신 성령(요 14:26)을 구약의 표현 방식을 빌려 '기름부음이 너희 안에 거하나니'라고 한 것이다. 구약 시대에는 하나님이 특별한 목적으로 택하신 사람에게 기름을 부었고, 기름부음을 받은 사람에게는 곧 하나님의 성신이 임하였다. 구약의 이러한 기름부음 예식과 더불어 성신의 임하심은 신약시대에 이르러 하나님의 택하심 받은 백성들이 예수 그리스도의 십자가를 통하여 죄 씻음을 받고, 하나님의 자녀가 되면서 성령을 받아 모시고 살게 됨으로 다 성취되었다. 모든 참된 신약의 성도들은 구약 시대의 표현을 빌리자면 '기름부음을 받은 자'들이다.

 "기름부음을 받았다!"라고 말한다고 하여 반드시 문제로 삼을 일은 아니다. 다만 성령이 반복적으로 임하신다는 그릇된 이론을 믿으면서, 추가적으로 오시는 성령을 의미하는 뜻으로 "성령의 기름부음을 받았다!"라고 말하는 것은 분명히 문제이다. 만일 처음 믿을 때 하나님이 성령을 주셨다는 뜻으로 "하나님께서 나에게 기름부어주셨다!" 또는 성령과 기름부음을 동의어로 취급하여 "하나님이 나에게 성령으로 기름부어 주셨다!"라고 표현한다면 문제라고 할 수 없다. 왜냐하면 하나님께서 자녀로 택하신 사람을 예수 그리스도를 통해 죄를 제거하시고 성령을 부어주셨다는 것이므로 아무런 문제가 되지 않는 것이다. 그러나 성령이 반복적으로 강림하고, 또다시 강림하는 성령으로부터 무슨 신령한 것이 부어진다는 뜻으로 "성령의 기름부으심을 받는다!"라고 말하면 비성경적이다. 그때부터는 위험스러운 신비주의로 흘러가게 된다.
 요즘 성령의 기름부음이라는 말을 주도적으로 사용하는 사람들은 대부분이 그런 문제를 가지고 있다. 더 임하시는 성령으로부터 뭔가 더 새롭고 신비한 것이 공급된다는 신비주의적 관점에서 그런 말을 사용하면서 유행시켰다. 더욱 심각한 것은 쓰러지고, 무아지경에 빠지고, 이상한 변태적인 소리현상을 체험하는 등의 못된 것들을 볼 때 "성령의 기름부음이 임했습니다!"라고 말하고 있다는 것이다.
 80년대 이후 세계의 교회는 바로 이 거짓된 기름부음 개념에 완전히 녹아났다. 존 윔버로부터 시작된 'Anointing'(기름부음) 운동이 온 세계 교회를 지저분하게 적시었다. 이제 성령의 기름부음이라는 말은 마귀의 불량한 신사도 운동 등의 성령운동 주술에 포로 된 모든 사람들의 입에서 흘러나오는 악취 그 자체이다. 이제 기름부음을 들먹이는 모든 사람들은 불량한 사상을 가진 사람으로 간주되어야 하는 혼탁한 시대이다.

불행하게도 로이드 존스도 비판받고 오해받기 좋게 성령의 기름부음이라는 말을 일찍부터 사용하였다. 그래서 불량한 은사주의자들은 매우 신났고, 로이드 존스는 그들에게 두려움의 대상이 아니라 약간 다르지만 친근한 사람이고 비슷한 점이 많은 위대한 청교도 개혁신학자로 인식되었다. 대체 로이드 존스는 어떤 생각과 개념을 가지고 성령의 기름부음이라는 말을 자주 사용하였을까? 사도 요한이 성경에서 언급한 '기름 부음'이라는 말이 로이드 존스에게 성령의 기름부음 개념을 발전시키게 만들었던 것으로 파악되었다. 로이드 존스는 요한일서를 강해하면서 요한 사도가 성령으로부터 신자들에게 흘러나오는 '영향력', 좀 더 생생하게 표현하기 위해 '기름부음'이라는 표현을 사용했다고 해석했다.[20] 틀린 말은 아니다. 요한 사도는 당시 영지주의의 공격을 받고 있는 초대교회의 신자들이 성령의 도우심을 받아 영지주의의 거짓됨을 분별하게 될 것임을 확신하면서 '기름부음'이라는 표현을 사용했다.

"그의 기름 부음이 모든 것을 너희에게 가르치며 또 참되고 거짓이 없으니 너희를 가르치신 그대로 주 안에 거하라."(요일 2:27)

요한 사도의 이 말은 성령이 깨우치고 지도하시니 신자들이 결코 이단에게 넘어가서 패배하지 않을 것이라는 뜻이다. 그러므로 성령의 영향력을 뜻하는 차원에서 사도 요한이 '기름부음'이라는 말을 사용했다는 로이드 존스의 해석은 맞다. 사도 요한은 처음 믿을 때 이미 신자들에게 영속적으로 임하신 성령이 신자들의 마음을 조명하시니 진리의 말씀을 깨닫고 적용하여 영지주의 이단에게 패배하지 않을 것이라는 뜻으로 그렇게 말하였다.

그러나 로이드 존스는 요한이 말한 그대로 '기름부음'이라고 하지 않고, '성령의 기름부음'이라고 조금을 더하였다. 이것은 로이드 존스가 분명히 책망을 받아야 할 일이다. 로이드 존스는 왜 그렇게 조금 바꾸었을까? 그는 성경의 가르침과 달리 성령을 받고 거듭난 신자들에게 이후 성령이 더 추가적으로 오신다는 사상을 가지고 있었으므로, 성령이 더 오시어 부흥과 능력을 주시고, 하나님의 영광을 보게 해 주시는 활동을 표현하기 위해 '성령의 기름부음'이라고 조금 바꾸게 된 것으로 짐작된다. 하나님이 추가적으로 부어주시는 성령이 임하실 때 나타나는 힘, 영향력, 능력을 의미하는 새로운 용어가 필요하였고, 사도 요한이 말한 대로 '기름부음'이라고 하면 충분하지 않으니 '성령의 기름부음'이라고 조금 바꾸게 된 것이다.

만일 그냥 성경대로 '기름부음'이라고 로이드 존스가 이야기하였다면 문제될 것이 없었을 것이고, 오늘날의 불량한 자들이 로이드 존스를 지금처럼 만만하게 여기며 좋아하지도 않았을 것이다. 성령이 추가적으로 더 부어진다는 그릇된 신념, 그리고 성령이 더 부어질 때 권능과 능력과 부흥이 나타나게 됨을 표현하기 위해 '성령의 기름부음'이라고 하였던 것이다.

성령의 기름부음이라는 신비적인 개념을 가지게 되었으므로 결국 로이드 존스는 현대의 불량한 성령운동가들과 유사한 모양새를 가지게 되었다. 그러나 로이드 존스와 성령운동가들이 꼭 같은 관점에서 성령의 기름부음이라는 말을 사용하는 것은 아니라는 점도 분명히 해야 한다. 현대의 불량한 성령운동가들은 거짓 영들이 일으키는 지저분하고 웃기는 현상들이 나타나는 광경을 성령의 기름부음이라고 한다. 그러나 로이드 존스는 하나님의 영광, 거룩을 체험하게 만드는 성령의 역사를 뜻하는 차원에서, 그리고 복음의 진리를 깨닫게 하는 성령의 내적 조명하심을 의미하는 차원에서 성령의 기름부음이라는 개념을 표방하였다. 로이드 존스가 성령의 기름부음을 이야기하는 내용을 직접 읽어보자.

"…(중략) 많은 사람이 교회로부터 떨어져 나가는 시대도 있었으며 심지어 교회 지도자들까지도 잘못된 길로 빠져 들어가는 것처럼 여겨지던 시대도 있었다. 하지만 언제나 남은 자들이 있었음도 사실이다. 왜인가? 바로 성령의 기름부음이 그들 안에 머물러 있으면서 그들을 믿음 가운데 그리고 진리 가운데 보호해 지켜 주셨기 때문이다. 참으로 감사한 것은 성령의 기름부음이 우리 안에 내재하는 동안에는 잘못된 길로 나아갈 수 없다는 사실이다." 21)

그러나 동시에 로이드 존스는 오순절 운동가들, 신사도 운동 성령사역자들의 사상과 동일한 차원에서 성령의 기름부음을 이야기하기도 했다. 로이드 존스는 예수 그리스도께서도 요단강에서 세례 요한에게 세례를 받을 때 동시에 성령의 기름부음이 임하여 능력으로 충만해졌다고 가르쳤다. 이 부분은 성령의 반복적 임재를 가르치는 오순절 운동가들이 말하는 내용과 정확하게 일치한다. 로이드 존스는 예수님이 요단강에서 성령의 기름부으심을 받았다고 다음과 같이 말했다.

"다시 한번 말하면 주님이 세례 요한에게 요단강에서 세례를 받으실 때 성령이 그분에게 임하셨다. 바로 그때 주님은 메시아적 사역과 구원 사역을 위해 기름 부음을 받으셨던 것이라고 볼 수 있다. 이것은 우리 모든 그리스도인 개개인에게도 똑같이 적용될 수 있다." [22]

로이드 존스가 예수 그리스도께서 요단강에서 성령의 기름부음을 받았다고 이해하는 것은 명백하게 비성경적이다. 비록 사람으로 태어나셨을지라도 예수 그리스도는 여전히 완전한 제2의 성자 하나님이셨다. 성자 하나님은 영원 전부터 성령 하나님과 함께 계셨고 언제나 성령 하나님과 신비하게 연합되시어 계신다. 성부, 성자, 성령은 인격적으로는 다른 분이시나, 본질적으로는 언제나 한 분의 하나님이시고, 또한 서로가 서로 안에 내주하시며 계신다. 성부 하나님 안에 성자와 성령이 더불어 계시고, 성자 안에 성령과 성부가 함께 계시고, 또한 성령 안에 성부와 성자가 더불어 계신다. 그러므로 성자 예수 그리스도가 메시아 사역을 감당하기 위한 능력을 받는 차원의 '성령의 기름부음'이 일어났다는 주장은 용납할 수 없다.

예수 그리스도는 마리아의 태중에 성령으로 잉태되셨고, 출생하여 지상에서 사시는 동안 내내 성령과 함께 하셨고, 성령으로 충만하셨다. 우리처럼 죄인으로 태어난 분이 아니므로 죄 사함과 성령으로 중생하시는 과정을 거치시지도 않았다. 처음부터 끝까지 거룩하셨으므로 우리처럼 성령을 받은 후 진행되는 성화의 과정도 거치시지 않았다. 그러므로 예수 그리스도가 성령을 받은 기름부음 의식을 가지셨다는 것은 그분에 대한 일종의 모욕이며, 예수님을 보통 사람으로 격하시킴으로 나오는 비성경적인 발상이다.

"주의 성령이 내게 임하셨으니 이는 가난한 자에게 복음을 전하게 하시려고 내게 기름을 부으시고…."(눅 4:18)

예수 그리스도께서는 공생애 사역을 시작하실 때 나사렛 회당에서 구약 이사야의 예언을 다음과 같이 읽으신 후 "이 글이 오늘날 저의 귀에 응하였느니라"(눅 4:21)고 하셨다. 많은 사람들이 이 내용을 근거로 예수님께서도 하나님으로부터 기름부음을 받으셨다고 생각한다. 그러나 신구약 성경 어디를 보아도 예수 그리스도가 하나님으로부터 기름부음을 받았다는 실제 내용은 없다. 그 자신이 성령과 연합되셨고, 그 자신이 성령을 보내시는 하나님이시므로 성령을 받는 것을 의미하는 기름부음을 받으실 이유도 없으신 것이다. 이 내용은 예수 그리스도 자신이 구약의 기름부음의 의미를 성취하는 메시아로 오시었다는 뜻이다. 구약 시대에 기름부음을 받아 세워졌던 왕, 선지자, 제사장으로 오시어 그 기능과 사명을 완성하시는 메시아로 오셨음을 스스로 밝히신 것이다. 그리고 동시에 처음부터 성령을 자기 안에 담지하고 오시어 자기를 믿는 자들에게 성령을 주시는 메시아로 오셨다는 뜻으로 하신 말씀이다.

그러므로 예수 그리스도께서 요단강에서 메시아 사역을 감당하기 위해 능력을 받는 과정으로서 성령의 기름부음을 받으셨다는 로이드 존스의 말은 완전히 틀렸고, 우리도 역시 예수님처럼 중생 이후에 성령의 기름부으심을 받아야 한다는 로이드 존스의 가르침은 더욱더 경계 받아야 마땅하다. 예수 그리스도가 요단강에서 요한에게 물세례를 받으셨던 것은 자신이 십자가에서 해결해야 할 자기 백성들의 죄악을 자기 몸에 전가 받으심이다. 그와 동시에 성부 하나님, 성령 하나님이 성자 예수 그리스도에게 오시어 서로 협력하시면서 자기 백성을 죄에서 건져내려는 사역을 시작하심이다.

로이드 존스가 예수님의 요단강 세례에 대해서 마땅히 이렇게 가르치지 않고 장차 전개될 메시아 사역을 잘 감당하기 위해 능력 받으시는 성령의 기름부음이 임했다고 하였으므로 비슷한 사상을 가지고 있는 성령운동가들이 매우 즐거워한다. 로이드 존스는 요단강에서 예수님이 성령의 기름부음을 받았다고 설명하면서 "이것은 우리 모든 그리스도인 개개인에게도 똑같이 적용될 수 있다."라고 하였다. 우리들과는 직접 비교할 수 없는 예수 그리스도를 우리들의 신앙 여정의 모델로 간주하는 실수를 저질렀다. 성령으로 잉태되고 출생하신 예수님도 다시 성령의 기름부음을 받았으므로, 모든 신자들도 중생할 때 이미 성령을 받았으나 더 능력을 받기 위해 성령의 기름부음을 사모해야 한다는 결론이 나오게 만들어 버렸다.

성령운동가들이 로이드 존스를 두렵고 껄끄럽게 여기지 않고 오히려 만만하게 여기고 있는 이유가 바로 여기에 있다. 예수 그리스도가 하나님의 큰일을 감당하기 위해 성령의 기름부음을 받으셨던 것처럼, 모든 신자들은 하나님께 더 쓰임 받기 위해서 성령의 기름부음을 받아야 한다는 그릇된 이론을 로이드 존스가 크게 강화시켰기 때문이다. 로이드 존스는 부홍을 이끌어 낸 지도자들도 성령의 기름부음을 받았다고 설명하였다.

"조지 윗필드는 성령의 기름부음과 능력을 느끼지 못한 채 설교한 적이 거의 없는 사람이었지만, 그런 사람의 사역에도 편차가 있었습니다." [23]

모호한 방언, 예언

불건전한 은사주의자들이 로이드 존스의 성령론을 은근히 좋아하고 자주 인용하는 또 다른 이유가 있다. 로이드 존스는 성령운동가들이 매우 중시하는 현대의 거짓 방언에 대해서 뚜렷한 입장을 취하지 않았다. 성령의 세례를 받아 이미 거듭난 하나님의 자녀들에게 추후 능력과 부흥을 주는 성령의 세례가 또 나타난다는 이론을 가장 정교하고 열성적으로 펼쳤던 사람이 로이드 존스였다. 로이드 존스의 성령세례 이론과 일반 오순절-신사도 운동의 성령세례(기름부음) 이론 사이에는 거의 차이가 없다. 약간의 차이가 있다면 로이드 존스는 오순절 운동가들처럼 거듭난 신자에게 추후 능력과 부흥을 주는 성령의 세례가 또 나타날 때 방언이라는 소리현상이 동반된다고 강조하지 않았다는 것이다. 그렇다고 로이드 존스가 현대의 변태적 방언 현상에 대하여 분명한 입장을 취한 것도 아니었다. 로이드 존스는 현대의 방언에 대해서 다음과 같은 모호한 방식으로 언급하였다.

"그럴 때 여기에서처럼 '불의 혀같이 갈라지는' 현상이 수반될 수도 있고 방언을 하게 될 수도 있습니다. 물론 매번 그런 현상이 반복되는 것은 아닙니다. 때로는 그 능력과 영광이 너무 강렬하게 다가온 나머지 쓰러져

버리는 이들도 있습니다." [24)

　부흥을 설명할 때 로이드 존스가 말한 이 내용은 마치 지금 이 시대에
도 사도행전 2장의 성령강림 현상과 그때 나타난 16개 국가의 외국어 방
언이 나타나기라도 하는 것처럼 이야기하는 내용이다. 전혀 배우지 않은
남의 나라의 말을 완전하게 구사하면서 예수 그리스도의 복음을 논증하
는 이적이 지금 나타나고 있다는 객관적인 증거는 보고되지 않고 있다.
짧은 한 두 마디의 배우지 않는 외국어를 구사하면서 남의 이름, 국적, 직
업을 이야기하여 맞추는 특이한 현상이 나타났다는 이야기가 종종 들리
고 있으나, 그것은 성경의 방언이 아니고 귀신의 점이라고 보아야 할 일
이다. 사탄은 그 정도의 속임수를 능히 발휘하여 사람들을 사로잡을 수
있는 능력을 가진 천하의 영물이다. 성경의 방언은 배우지 않은 남의 나
라의 말로 예수 그리스도의 복음의 핵심을 심도 있게 설명하는 이적이었
다. 그래서 방언이 있으면 불신자들의 회개가 많았고, 교회가 더욱 든든
하게 세워졌다.

　로이드 존스에게는 성경의 방언에 대한 이런 올바른 가르침이 없었다.
성경의 방언에 대해 정확하게 설명하지 않으면서 마치 지금도 성령의 부
흥이 일어날 때 그 방언이 나타날 수 있는 것처럼 쉽게 말했다. 물론 이론
상으로 로이드 존스의 말이 완전히 틀린 것은 아니다. 성경의 방언을 현
실에서 보기가 매우 어려운 것은 사실이나, 이제 성령의 방언이 100% 끊
어졌다고 절대적으로 단정할 수는 없기 때문이다. 로이드 존스의 문제는
성경의 방언과 현대의 귀신의 변태 방언의 차이를 명확하게 가르치지 않
았다는 것이다. 그러면서 모호하게 사람이 주도하여 만들어 낸 방언은 심

리적인 현상이지 성령의 은사라고 볼 수 없다고 가르쳤다. 그 말을 듣는 심각한 은사주의자들 과연중 누가 자신의 방언이 진정한 방언이 아니고 심리적인 현상이라고 생각하겠는가? 현대의 옹알거리는 거짓 방언과 성경에 나타난 기독교의 참 방언 사이에 일치하는 명확한 특성이 없으니 주의해야 한다고 명확한 입장을 취하지 않고 오히려 현대의 방언이 성경의 방언이기라도 한 것처럼 말을 했으니 오순절-신사도 운동가들이 그를 좋아하지 않을 수가 없었던 것이다. 이런 면에서 로이드 존스는 청교도 개혁신학의 거장이었으나 동시에 오순절 신학으로 무장된 성령운동가들이 가까이할 수 있는 사람으로 인식되고 말았다.

현대의 예언에 관하여서도 로이드 존스는 분명하게 개혁신학의 관점을 취하였다. 그러나 동시에 그 반대되는 위험스러운 자세를 보이기도 했다. 청교도 운동의 극단적 계파로 시작하여 훗날 퀘이커 교파로 발전한 사람들의 직접적 계시수납 사상에 대해 로이드 존스는 아주 단호하고 올바른 입장을 취하였다. 로이드 존스는 퀘이커 교도들이 자신들 안에 내재하시는 성령으로 말미암아 사도들과 마찬가지로 하나님의 영감을 얻고, 직접적인 계시를 받을 수 있다고 주장한 것에 대해 조금도 인정하지 않으면서 다음과 같이 말했다.

"이것이 청교도들과 퀘이커 교도들 간에 있었던 논쟁의 주제였다. 퀘이커 교도들은 기름부음을 내적 조명으로 받아들였으므로 자신들은 기름부음을 통한 내적 조명을 받은 것으로 충분하다고 말했다. 그들은 직접 계시를 받기 때문에 하나님의 말씀(성경)이 필요하지 않다고 했는데, 직접 계시란 어떤 의미에서 사도들이 영감 받았던 것과 거의 동일한 차원의 것을 의미한다. 물론 이런 견해가 퀘이커 교도들 전체의 의견이라고 할 수는 없겠지만 그들 중 한 부류가 주장했던 것임에는 틀림없다." 25)

그리고 성경완성 이후에도 신적 영감으로 말미암아 새로운 진리를 계속 받고 있다고 믿는 로마 천주교에 대해서도 다음과 같이 분명하게 쐐기를 박았다.

"여기에 대한 자세한 내용을 다 말할 수 없겠지만 여러분은 로마 가톨릭 교회가 이와 같이 명확한 사실을 받아들이지 않는다는 것을 알고 있을 것이다. 그들은 이전의 사도들이나 선지자들과 같이 오늘날에도 신적 영감을 계속 받고 있다고 말한다. 또한 신약 성경의 기록이 끝난 이후에도 새로운 진리를 받아왔다고 주장한다. 퀘이커 교도들도 이와 유사한 주장을 한다. 즉 하나님이 그들에게 무엇인가를 계속 계시하고 있다는 것이다. 그들은 이처럼 특별 계시의 타당성을 주장함으로써 성경 말씀에서 명확하게 가르치는 진리를 부인하고 있다." 26)

로이드 존스는 성경의 완성 이후 새로운 계시가 하나님으로부터 직접으로 임할 수 없다면서 올바르게 천주교와 퀘이커 교파를 비판하였다. 그러나 다른 한편으로 특별한 부흥의 시기에 성령으로부터 직접 주어지는 말씀이 있다고 하였다. 바로 이런 점들로 인해 로이드 존스는 현대의 예언운동가들과 그릇된 성령운동가들에게 나쁘지 않은 평가를 받고 있다. 다음은 로이드 존스가 성령의 부흥에 대해서 기술한 책『부흥』에서 특별한 부흥의 시기에 성령의 예언이 있을 수 있다고 말하는 내용이다.

"그뿐만 아니라 때로는 예언의 은사가 주어지는 경우도 자주 있습니다. 문자 그대로 장래를 예고하는 능력을 갖게 된다는 뜻입니다. 우리는 이러한 것들을 대면해 보아야 합니다. 왜냐하면 우리는 학식과 지식을 가지고 성령을 소멸하는 심각한 위험에 처하여 있기 때문입니다. 저는 여러 사례들을 여러분 앞에 제시하고 있습니다. 여러분은 이러한 예언의 현상들, 장래를 예언하는 이러한 능력들이 자주 나타나는 것을 발견할 것입니다. 그런 것이 여러 가지 형태를 띨 수 있습니다.

저는 이러한 은사를 가진 한 목사를 알고 있는데 1904년과 1905년 부흥의 때에 그런 은사를 받은 사람입니다. 그런 은사가 후에는 완전히 사라졌습니다. 그러나 부흥이 지속되는 동안에 그 사람은 그의 교회에서 일어날 일에 대해서 미리 예언했습니다. 한 번만 아니라 아침마다 예언을 했습니다. 그는 새벽 두 시 반에 잠에서 깨어 그날 일어날 일에 대한 직접적이고 정확한 정보를 받게 되었는데, 그것이 그대로 일어났습니다. 그것은 이러한 정신적인 현상들의 또 다른 부분입니다." [27]

여기서 로이드 존스가 특별한 부흥의 때에 성령의 직접적인 예언의 은사도 나타난다고 주장한 것은 아주 위험스럽다. 내재하는 성령으로부터 영감이 임하여 직접적 계시를 받을 수 있다고 주장한 퀘이커 교파가 위험스러운 것처럼 성령이 더 부어지는 특별한 부흥의 때에는 성령의 직접계시를 받는 예언의 은사가 나타난다는 로이드 존스의 사상은 거의 비슷한 수준의 위험스러운 것이다. 바로 이런 점 때문에 불건전한 성령운동가들에게서 로이드 존스는 존 스토트 등의 다른 개혁신학자들보다 칭찬과 존경을 받고 있다.

어떠한 경우에도 성령의 직접적인 계시가 나타난다는 것은 곧 이미 기록된 성경의 절대성에 대한 도전이다. 특별한 부흥의 때이건, 다른 어느 때이건 간에 이 사실은 변하지 않는다. 로이드 존스는 성령의 부흥에 대해 이야기하면서 자신이 그토록 경계하였던 은사주의자들에게 힘을 실어주는 오류들을 범했다. 예언 외에도 로이드 존스가 잘못 말한 내용들은 많다. 나중에 다른 기회를 통해 이런 점들을 살펴볼 수 있기를 바란다.

로이드 존스가 특별한 부흥의 때에 성령의 예언의 은사가 나타나기도 한다며 1904년의 부흥 당시에 그러한 일을 체험한 한 사람을 알고 있다고 하였는데 과연 그 사람은 누구일까? 정황을 보면 로이드 존스가 말한 그 사람은 웨일즈 부흥을 일으킨 주역인 이반 로버츠(Evan Roberts, 1878-1951)일 것으로 짐작된다.

1904년에 일어난 웨일즈 부흥(Welsh Revival)에 대한 비판적인 연구는 비교적 최근에 시작되었다. 오랫동안 웨일즈 부흥은 1907년의 '평양 부흥', 1906년의 '아주사 부흥'과 더불어 하나님의 은혜가 크게 나타난 세계의 3대 부흥의 하나라고 칭송되었다. 그러나 무조건 미화되었던 아주사 부흥의 참모습이 알려지면서 아주사 부흥을 더 이상 하나님이 일으키신 부흥이라고 여기지 않는 사람들이 많아지고 있다. 웨일즈 부흥에 대해서도 같은 일이 서서히 진행되고 있는 중이다. 1904년에 웨일즈 땅에서 일어난 일들이 하나님의 역사하심이었다고 보기에는 너무 의심스러운 요소들이 많았다는 사실이 알려지고 있으므로, 그때 그곳에서 역사한 영이 과연 성령인지?에 대한 의문이 일어나고 있다.

웨일즈 부흥을 일으킨 청년 광부 이반 로버츠는 당시 아직 신학을 공부하지도 않은 목회자 지망생이었다. 신학을 공부하고 목회자가 되지 않았다고 해서 성령이 그 사람을 쓰시지 못한다고 말할 수 없으나, 문제는 그에게서 매우 위험스럽고 불건전한 영적인 현상들이 많이 나타났다는 사실이다. 한국 교회에 신사도 운동을 소개하고 전파하기 위해 이론적으로

1904년의 웨일즈 부흥
(Wales Revival)
부흥의 주역 **이반 로버츠**

크게 공헌한 예영수 박사가 발행하였던 〈카리스월드〉라는 잡지에 웨일즈 부흥의 이반 로버츠에 대한 다음과 같은 내용이 실리기도 했다.[28]

"1904년 봄 어느 금요일 밤, 로버츠는 침대 옆에서 기도하다가 잠이 들었다. 새벽 1시경 갑자기 잠에서 깨어났는데 하나님의 임재하심 가운데 시간과 공간이 없는 위대한 '거대함'으로 들리어져 갔다. '나는 하나님의 임재하심 가운데 말로 표현할 수 없는 기쁨과 경이로움에 쌓여있는 나 자신을 발견했습니다. 4시간 동안 마치 친구와 대면하여 말을 나누듯이 하나님과 말을 나누었습니다. 5시경 나는 다시 지구로 돌아온 것 같았습니다.' 그는 5시부터 9시까지 잠을 잤는데 또다시 9시부터 12시나 오후 1시까지 같은 체험을 했다. 그는 이 체험이 하나님과의 만남이란 것 외에는 어떤 것인지 말로 표현할 수 없다고 했다. 그 이후 3-4개월 동안 매일 아침 이런 대화가 계속됐다. 그 결과 로버츠의 성격이 변화되었으며, 사물을 보는 눈이 달라졌다. 그는 하나님께서 웨일스에서뿐만 아니라 전 세계적으로 역사하실 것을 알았다고 말했다."

"로버츠는 새벽 1시마다 깨어나서 4시간 동안 하나님과 영적 교제를 나누었다. 그 4시간 동안 그는 분명히 많은 환상을 체험했음에 틀림이 없

었다. 그 환상 중의 하나는 달이 어느 때보다 환하게 빛나는 것을 보았는데, 그 달이 환하게 밝아지는 것은 하나님의 임재하심을 반영하는 것 같았다. 그리고 세상을 향해 펼친 팔과 손은 종이 한 장을 들고 있었는데 그 종이에는 '100,000'이라고 적혀 있었다. 이 환상은 수많은 사람들이 그리스도에게로 오는 것으로 해석됐다. 그는 부흥운동이 웨일스에서 일어난다는 것을 느꼈다. 그는 몇몇 친구들에게 하나님께서 웨일스에 부흥운동을 일으키신다는 것을 말하고 사역 팀을 구성했다."

"10월이 지나자 로버츠는 환상 가운데 자신이 고향 로우골에 있는 교회에서 특별히 젊은 사람들과 옛 동료들 앞에서 말씀을 전하고 있는 것을 보았다. 이 환상을 떨쳐 버리려고 애를 써도 계속 그 환상이 나타났다. 마침내 10월 30일(일) 저녁예배 때 주님은 그에게 고향으로 가라고 하셨다. 그는 더 이상 저항할 수가 없었다. 그는 '알았어요! 주님 당신의 뜻이라면 가겠어요.'라고 했더니 환상이 즉시 사라졌다. 그 순간 그는 찬란한 빛을 경험했다. '온 교회가 찬란한 빛으로 가득 차서 단 위에 계시는 목사님이 희미하게 보였어요. 목사님과 나 사이에 태양 빛과 같은 하늘나라의 영광이 가득 차 있었습니다.' 그 이후 갑자기 부흥운동이 불붙기 시작하여 지칠 줄 모르게 지속됐다."

위의 내용이 사실이라면 웨일즈 부흥의 정체성은 다시 제고되어야만 한다. 왜냐하면 이반 로버츠가 구약의 선지자, 신약의 사도들처럼 하나님을 직접 대면하고, 하나님으로부터 직접 환상과 계시를 받았기 때문이다. 기독교를 설립하는 특별계시가 임할 때 선지자들과 사도들에게 나타난 성령의 감동이 이반 로버츠에게 일어났다는 것은 불가능한 일이다. 그에게 아무 일도 일어나지 않았다는 것이 아니고 그가 체험한 황홀한 일들이 성령으로부터 온 것이 아니었다는 것이다. 악한 미혹의 영이 이반 로버츠에게 장난하였고, 그는 마귀의 도구가 되어 여러 영혼들을 속이고 오도하는 거짓된 부흥을 일으켰다. 그래서 신사도 운동가들에게도 이반 로버츠에게서 일어난 일들이 상당한 호재가 되는 것이다.

부흥에 대한 뜨거운 마음을 품었던 로이드 존스는 그만 웨일즈 부흥와 그 중심인물 이반 로버츠에게서 나타난 이와 같은 위험성을 간과하였던 모양이다. 로이드 존스는 '성령의 부흥'이라는 타이틀에 그만 스스로 함몰되어 슬며시 들어오는 미혹의 영들의 도발을 봉쇄하는 데 실패하였다. 평소에는 그 누구도 하나님으로부터 직접 계시를 받거나 성령의 영감이 나타나지 못한다고 바르게 못질을 잘하였으나, 부흥이라는 타이틀을 앞세우면서 특별한 때에는 성령이 주시는 예언이 나타나기도 한다며 위험한 길을 열어버렸다. 그래서 예언운동하는 은사주의자들이 로이드 존스의 글들을 자주 인용하고 있고, 대표적인 개혁주의자 로이드 존스도 인정하였으니 진정한 개혁주의자라면 더 이상 성령의 역사를 훼방하지 말라고 큰 소리를 내고 있다.

제8장
성령운동과 유사한 로이드 존스의 성령세례

예수 그리스도의 복음을 믿어 성령 받고 중생한 그리스도인에게 또 반복적으로 성령이 임한다고 가르치는 오순절 운동이 반복적인 성령세례 이론의 근거로 제시하는 성경적 근거는 무엇일까? 오순절 운동가들이 그릇된 성령세례 주장의 성경적 근거로 제시하는 내용들과 로이드 존스의 성령세례 이론 사이에는 어떤 유사점이 있을까? 만일 로이드 존스가 오순절 신학의 성령세례 사상을 가르쳤던 것이 분명하다면, 그의 이론 속에 오순절 운동가들이 중시하며 성령세례의 성경적 근거라고 주장되는 내용이 나타나게 되어있다. 오순절 운동이 구원받은 신자들에게 반복적으로 임하는 성령세례의 성경적 근거로 주장하는 내용들에 대해서 로이드 존스는 어떤 입장을 취했는지 자세하게 살펴보도록 하자.

예수 그리스도의 성령세례

오순절 운동 신학은 거짓된 성령세례 주장을 만들어 내기 위해 감히 예수 그리스도에게까지 거슬러 올라가서 예수 그리스도께서도 지상에서 성령 세례를 받은 후 능력 있게 메시아 사역을 감당했다고 가르친다. 실제로는 '아주사 난장판'이라고 불러야 마땅하지만, 이미 '아주사 부흥'이라는 명 칭으로 알려진 1906년 미국 캘리포니아 아주사에서 일어난 괴상한 운동 이 나중에 오순절 운동교단을 탄생시켰다. 오순절 운동의 선구자라고 불 리우는 아주사 부흥의 주도자 윌리엄 세이모어(William Seymour, 1870- 1922)가 성령세례에 대해 뭐라고 가르쳤는지 보자. 그는 예수님이 요단 강에서 받으신 성령세례를 통해 영적인 능력을 덧입었기 때문에 이후 공 생애를 성공적으로 감당할 수 있었다고 가르치면서 모든 신자들도 이미 성령을 받아 중생하였을지라도 예수님처럼 다시 성령세례를 받아야 한다 고 설교했다.

아주사 부흥의 주역
윌리엄 세이모어

"예수님은 요단강에서 성령으로 능하게 되신 후에 성령의 권능으로 갈릴리에 돌아오셨습니다. 그리고 그곳에서부터 그분의 명성이 주변의 모든 지역으로 퍼져갔습니다… (중략) 사랑하는 여러 분, 하나님이신 예수님이 그분의 사역과 기적을 위해 성령의 능력을 구하셨다면 그분의 자녀인 우리에게는 오늘날 성령세례가 얼마나 더 필요하 겠습니까? 아! 저는 진정으로 성령과 물세례가 사람들의 영혼에 임하길 원합니다." [1]

오순절 운동의 선구자 윌리엄 세이모어의 이 설교는 예수 그리스도께서 요단강에서 성령세례를 받으심으로 메시아 사역을 위한 능력을 얻으셨다고 가르치는 내용이다. 윌리엄 세이모어를 비롯한 오순절 신학을 따르는 대부분의 사람들은 다음의 성경 내용을 근거로 예수님도 본격적으로 일하시기 전에 성령세례를 받고 능력을 얻으셨다고 가르친다.

"이 때에 예수께서 갈릴리로서 요단강에 이르러 요한에게 세례를 받으려 하신대 요한이 말려 가로되 내가 당신에게 세례를 받아야 할 터인데 당신이 내게로 오시나이까. 예수께서 대답하여 가라사대 이제 허락하라 우리가 이와 같이 하여 모든 의를 이루는 것이 합당하니라 하신대 이에 요한이 허락하는지라. 예수께서 세례를 받으시고 곧 물에서 올라 오실쌔 하늘이 열리고 하나님의 성령이 비둘기 같이 내려 자기 위에 임하심을 보시더니 하늘로서 소리가 있어 말씀하시되 이는 내 사랑하는 아들이요 내 기뻐하는 자라 하시니라."(마 3:13-17)

윌리엄 세이모어 등의 오순절 운동가들은 이 본문의 "하늘이 열리고 하나님의 성령이 비둘기 같이 내려 자기 위에 임하심을 보시더니"라는 부분이 예수 그리스도에게 성령세례가 임했음을 보여주는 내용이라고 한다. 이 내용이 예수님에게 임한 성령세례라고 해석할 일이 아니라는 점에 대해서는 바로 앞 장에서 로이드 존스의 '성령의 기름부음' 개념을 논증하면서 이미 설명했으므로 더 이상 길게 지면을 할애하지 않을 것이다.

삼위 하나님이 함께 추진하시는 구속사역

예수님이 요한에게 세례를 받을 때 성령이 비둘기처럼 예수님에게로 임하셨다는 성경의 기록은 이미 구원받은 성도에게 다시 성령의 세례가 나타난다는 주장의 근거가 될 수 없다. 왜냐하면 예수 그리스도는 성령 없이 우리와 같은 죄인으로 태어나신 분이 아니고, 죄 사함 받으신 후 성령으로 중생하신 분도 아니고, 더 성령으로 충만해지는 과정을 거치실 필요도 없는 분이었기 때문이다. 예수 그리스도는 태초부터 성령 하나님과 함께 계신 성자 하나님이시고, 성부, 성자, 성령 삼위일체 하나님은 상호 간에 내주하심으로 서로가 서로 안에 계신다. 예수님은 성령으로 잉태되셨고, 태어나면서부터 성령으로 충만하셨다.

그러므로 예수님이 메시아 사역을 성공적으로 감당하기 위해 성령을 더 받는 성령세례가 일어났다는 것은 어불성설이고, 예수님과 우리 죄인들의 신앙여정을 동일시하는 심각한 오류이다. 요단강에서 예수님에게 성령 하나님이 오시고, 하늘에서는 성부 하나님의 음성이 나타난 것은 삼위 하나님께서 함께 자기 백성을 살리는 구속사역을 시작하신다는 것을 보여주신 사건이다. 오순절 운동의 성령세례 주장은 이와 같은 심각한 비성경적 결함으로부터 시작한다. 그러나 불행하게도 성령세례를 주장하는 오순절 운동 성령사역자들은 예수님이 요단강에서 물세례를 받을 때 성령이 비둘기 같은 모양으로 임하신 것이 성령세례라고 우기면서 부끄러운 줄도 모르고 사람들에게 이렇게 외치면서 우매한 열심을 쏟아내고 있다.

"성령으로 잉태되시고 출생하신 예수님도 메시아 사역을 감당하기 위해 별도의 성령세례를 받으셨습니다. 우리들도 하나님을 위한 열정과 능력을 얻기 위해 이미 성령을 받아 중생하였을지라도 또 다른 성령의 세례를 사모하여야 합니다."

성령세례 이론을 누구보다 정교하게 개진했던 대표적인 인물 로이드 존스의 책을 보니 안타깝게도 예수님을 그릇된 성령세례 이론의 모델로 설명하는 내용이 기술되어 있었다. 로이드 존스는 예수 그리스도의 요단강 세례 때 일어난 일을 '성령의 세례'라고 설명하면서, 그와 동일한 성령의 세례가 나중에 사도들과 제자들에게 일어났다고 다음과 같이 설명하였다.

"우리 주님은 영원한 하나님의 아들이십니다. 그러나 비록 그는 하나님의 아들이시라 할지라도 인간의 형체를 지닌, 즉 종의 형상을 지닌 메시아로서 그의 사역을 수행하시기 위해 이 성령의 세례를 필요로 하셨으며, 성령이 그 위에 임하셨는데 이것은 마치 제자들과 다락방의 120명, 그리고 고넬료와 그의 가족들 위에 임하신 것과 같으며 부활의 때에 모든 신도들 위에 임하신 것과 같습니다." 2)

그뿐이 아니고 로이드 존스는 요단강에서 예수님에게 일어난 그 일이 '메시아적 사역과 구원사역을 위한 기름부음'이라고도 하였다. 로이드 존스가 예수님이 요단강에서 메시아로서 필요한 기름부음을 받았으니 우리 모든 신자들도 동일한 성령의 기름부음을 받아야 한다며 다음과 같이 말했다.

"다시 한번 말하면 주님이 세례 요한에게 요단강에서 세례를 받으실 때 성령이 그분에게 임하셨다. 바로 그때 주님은 메시아적 사역과 구원사역을 위해 기름부음을 받으셨던 것이라고 볼 수 있다. 이것은 우리 모든 그리스도인 개개인에게도 똑같이 적용될 수 있다." [3]

예수님이 요단강에서 성령세례를 받았다고 주장하는 오순절 운동의 반복적인 성령세례 사상은 성부, 성자, 성령, 세 위격은 분리할 수 없이 완전하게 연합되셨기 때문에 언제나 한 분의 하나님, 삼위일체 하나님[4]이라는 사실을 왜곡하면서 출현하였다. 그런데 그런 위험한 배경을 가지고 있는 이론인 예수님의 성령세례 이야기에 로이드 존스마저도 일조하였다는 사실은 우리에게 무척이나 충격적이다. 정식 신학교육을 받지 않은 전문의사 출신이었던 로이드 존스의 사고의 한계였고, 성령의 부흥에 대한 과도한 소망에서 비롯된 오류라고 생각된다. 그러나 로이드 존스의 삼위일체 하나님에 대한 이해에 중대한 결함이 있다고는 말할 수 없다. 다른 책에서 로이드 존스가 성부, 성자, 성령 삼위 하나님이 영원 전부터 함께 계셨고, 서로 완전하게 결합되시었고, 본질적으로 언제나 한 분이시라는 사실, 그리고 동시에 세 분의 하나님은 인격적으로 사역적으로 독립되었다는 사실을 설명하는 내용들은 너무도 성경적이고 아름답고 장엄하였다.

그러나 오순절 신학의 반복적인 성령세례 주장에 로이드 존스도 일조하였고, 특히 신사도 운동이 크게 유행하여 기둥이 휘어지고 있는 현대교회의 성령의 기름부음 운동이 로이드 존스의 예수님이 받으신 기름부음에 대한 그릇된 이야기로 인해 더 큰 힘을 얻었다는 분명한 사실이다. 최근 한국 교회 신자들에게 큰 영향을 미치면서 그릇된 성령의 기름부음 운동을 펼치는 사람이 있다. 건국대학교 부총장이며, 온누리교회의 장로이며, 치유운동을 추진하는 '해븐리터치 미니스트리'(HTM)라는 단체의 대표이고, 『기름부으심』, 『고맙습니다 성령님』 등의 여러 권의 베스트셀러를 저술한 손기철 장로이다. 손기철 장로도 자신의 그릇된 기름부음 운동의 근거로서 예수 그리스도의 요단강 사건을 근거로 들었다. 손기철 장로는 자신의 책 『기름부으심』에서 다음과 같이 말했다.

손기철 장로

"'예수께서 세례를 받으시고 곧 물에서 올라오실 새 하늘이 열리고 하나님의 성령이 비둘기같이 내려 자기 위에 임하심을 보더니.'(막 3:16). '예수께서 성령의 충만함을 입어 요단강에서 돌아오사 광야에서 사십 일 동안 성령에게 이끌리시며.'(눅 4:1). 예수께서 성령의 권능으로 갈릴리에 돌아가시니 그 소문이 사방에 퍼졌고.'(눅 4:1). 우리는 이 성경 말씀을 통하여 예수님은 성령세례를 받으신 후 성령충만하셨고, 뒤이어 성령의 권능이 나타나게 되었다는 것을 알 수 있습니다. 이 과정을 누가복음 4장 18절은 이렇게 표현하고 있습니다. '주의 성령이 내게 임하셨으니 이는 가난한 자에게 복음을 전하게 하시려고 내게 기름을 부으시고 나를 보내사 포로 된 자에게 자유를, 눈먼 자에게 다시 보게 함을 전파하며 눌린 자를 자유케하고.'(눅 4:18). 결국 예수 그리스도께서는 기름부으심을 받으신 후에 권능을 자기고 하나님의 뜻을 행하셨다는 것입니다. 그 가르치심에 권세가 있고, 하나님 나라의 비밀을

선포하시고, 권능으로 기사와 표적을 일으키신 것도 바로 기름 부으심이 임했기 때문입니다." 5)

신사도 운동가들의 '성령의 기름부음'은 실질적으로 오순절 운동의 반복적인 성령세례 이론의 연장이며 새로운 표현이다. '성령의 기름부음'이라는 말은 오순절 신학에 기초를 두고서 신사도 운동으로 무장된 은사주의자들은 성령이 반복적이고 지속적으로 강림하므로 나타난다고 주장되는 다양한 현상들을 더욱 멋지게 표현하기 위해 애용하는 이단적인 슬로건이다. 이것을 위해 그들은 예수 그리스도에 대해서도 멋대로 각색하여 그분을 한낱 죄인과 같은 신앙여정을 거치는 분으로 만들어 버렸다. 이러한 일이 벌어지도록 마땅히 단단히 막아야 할 로이드 존스가 오히려 길을 여는 데 일조하였다는 것은 참으로 안타까운 일이다.

예수님 제자들의 신앙 여정

반복적인 성령의 세례를 가르치는 오순절 신학이 주장하는 또 다른 성경적 근거 하나를 살펴보자. 그것과 반복적인 성령세례 이론을 강력하게 개진했던 로이드 존스의 성령세례 이론과 어떤 일치점이 있는지 확인해보자. 오순절 신학이 반복적인 성령세례 이론의 강력한 근거로 제시하는 성경의 사례는 예수 그리스도의 제자들의 신앙 여정이다. 예수 그리스도께서 공생애 동안 전도하시고 양육하였던 다수의 제자들이 이미 예수님의 십자가 이전에 구원받았음을 보여주는 성경의 말씀들이 있다.

"예수께서 저희의 믿음을 보시고 중풍병자에게 이르시되 소자야 네 죄 사함을 받았느니라 하시니 어떤 서기관들이 거기 앉아서 마음에 의논하기를 이 사람이 어찌 이렇게 말하는가 참람하도다 오직 하나님 한 분 외에는 누가 능히 죄를 사하겠느냐. 저희가 속으로 이렇게 의논하는 줄을 예수께서 곧 중심에 아시고 이르시되 어찌하여 이것을 마음에 의논하느냐 중풍병자에게 네 죄 사함을 받았느니라 하는 말과 일어나 네 상을 가지고 걸어가라 하는 말이 어느 것이 쉽겠느냐 그러나 인자가 땅에서 죄를 사하는 권세가 있는 줄을 너희로 알게 하려 하노라."(막 2:5-10)

예수 그리스도는 그냥 중풍병자의 병을 고칠 수도 있으셨으나 자신에게 인간의 죄를 사하는 권세가 있음을 밝히시기 위해 중풍병자의 죄를 사하여졌다고 하셨다. 예수 그리스도는 우리의 모든 죄를 짊어지시고 십자가에 달리시기 전에도 원하시는 대로 인간의 죄를 사하여 주실 수 있는 자격과 권한을 가지고 계신 하나님이셨다. 실제로 중풍병자가 죄를 사하여 주었다는 예수님의 말씀을 듣고 곧 자리를 털고 일어나 걸어감으로 그의 죄가 사하여졌음이 증명되었다. 성육신하신 예수 그리스도는 인간의 죄를 사하실 수 있는 하나님이셨으므로 예수 그리스도의 제자들은 먼저 은혜를 입어 구원받았던 것이다. 다음의 또 다른 말씀도 예수님께서 먼저 사랑하신 제자들의 죄를 사하여 주셨음을 보여준다.

"예수께서 가라사대 이미 목욕한 자는 발 밖에 씻을 필요가 없느니라 온 몸이 깨끗하니라 너희가 깨끗하나 다는 아니니라 하시니."(요 13:10)

"너희는 내가 일러준 말로 이미 깨끗하였으니."(요 15:3)

예수 그리스도가 십자가에 달리시고 부활하시기 전에 이미 성령이 제자들과 함께 역사하시었다. 제자들이 전도할 때 성령이 함께하시는 증거가 분명하게 나타났다는 다음의 말씀도 제자들이 이미 구원받았음을 보여준다.

"칠십인이 기뻐 돌아와 가로되 주여 주의 이름으로 귀신들도 우리에게 항복하더이다."(눅 10:17)

예수님은 귀신이 자신들에게 항복하였다는 사실로 인해 흥분한 제자들에게 그것보다 더 기뻐할 일은 그들이 구원받은 하나님 백성이 되었다는 사실이라고 구체적으로 말씀하셨다.

"내가 너희에게 뱀과 전갈을 밟으며 원수의 모든 능력을 제어할 권세를 주었으니 너희를 해할 자가 결단코 없으리라. 그러나 귀신들이 너희에게 항복하는 것으로 기뻐하지 말고 너희 이름이 하늘에 기록된 것으로 기뻐하라 하시니라."(눅 10:19-20)

여러 말씀들이 지상에 사신 예수님으로부터 천국복음을 듣고 은혜를 입었던 소수의 사람들은 십자가와 부활이 있기 전에 먼저 구원받았다는 사실을 분명하게 증거하고 있다. 십자가와 부활 이전에 구원받은 제자들의 경우는 그들이 하나님의 나라 운동을 시작할 일꾼으로 하나님이 부르셨기 때문에 나타난 특수한 사례이다. 예수님의 부활과 승천 이후부터는 미리 훈련된 그 제자들이 예수 그리스도의 십자가와 부활의 복음을 전파하고, 듣고 믿는 자들에게 하나님이 성령을 부어주심으로 죄인들이 구원받는 것이 하나님의 영원한 법이 되었다. 이와 같은 신약의 구원과 다른 예외적인 경우는 예수님의 십자가와 부활의 복음을 전파하여 교회를 설립해야 할 특수한 사명을 받은 사도들과 제자들에게만 해당되었다.

그러나 사도들과 제자들은 구원받았을지라도 복음을 전파하기 위해서는 너무도 부족한 상태였다. 예수 그리스도께서 잡혀가시자 모든 제자들이 주님을 배반하고 도망치고 말았다. 오직 베드로만이 예수님을 따랐으나, 비굴하게 자신의 정체를 숨기며 멀찌감치 떨어져서 예수님의 뒤를 따랐을 뿐이다. 그러나 곧이어 베드로는 생명의 위협을 느끼고서 예수님을 모른다고 두 번이나 부인하였고, 세 번째에는 예수님을 모른다고 저주하기까지 했다(막 14:71). 예수 그리스도가 십자가에 달리기 위해 외롭고 힘들게 십자가를 지고 가실 때에도 모든 사도들과 믿음직스러워 보였던 다른 제자들은 숨었고 아무도 주님이 피 흘리시며 죽으시는 현장을 지키지 못했다. 그리고 이전에 예수님과 함께 동행하며 교육받았던 모든 것을 추억으로 간주하고 다시 이전의 삶으로 돌아갔다. 비록 구원은 받았을지라도 이런 사람들을 통하여 예수 그리스도의 복음이 온 세계에 전파된다는 것은 불가능한 일이었다.

제자들의 극적인 변화

그러나 사도행전 2장의 오순절 날 성령의 강림으로 인해 제자들은 완전히 달라졌다. 그날 최초의 성령의 세례가 사도들과 제자들에 임했고, 그들은 성령으로 충만해짐으로 이전과는 완전히 다른 사람이 되었다. 얼마 전 예수 그리스도를 십자가에 못 박아 죽인 유대 지도자들의 위협을 두려

위하지 않고 담대하게 예수 그리스도의 부활의 복음을 전파하기 시작했다. 예수님을 십자가에 매달아 죽인 바로 그 유대 지도자들이 또다시 자신들에게 예수 그리스도의 복음을 전하여 사람들을 충동질하지 말라고 살벌하게 위협하여도 위축되지 않았고, 오히려 그들은 담대히 꾸짖으면서 예수 그리스도의 복음을 증거하였다.

"그들을 불러 경계하여 도무지 예수의 이름으로 말하지도 말고 가르치지도 말라 하니 베드로와 요한이 대답하여 가로되 하나님 앞에서 너희 말 듣는 것이 하나님 말씀 듣는 것보다 옳은가 판단하라 우리는 보고 들은 것을 말하지 아니할 수 없다 하니."(행 4:18-20)

구원받은 신자에게 다시 성령의 세례가 나타난다는 그릇된 이론을 가르치는 사람들은 바로 제자들의 이런 극적인 변화를 최대한 이용한다. 그들은 예수님의 제자들이 이미 구원을 받았으나, 심지어 성령이 함께하여 귀신도 물리치는 경험도 했었으나(눅 10:19-20) 십자가를 지고 가시는 예수 그리스도를 따르지 못했고, 모두 예수님을 버리고 살고자 도망갔다는 사실을 강조한다. 그러나 사도행전 2장의 오순절 성령강림과 성령세례 체험으로 말미암아 완전히 변했다는 사실을 주목하라고 한다. 구원은 받았으나 헌신, 충성, 능력, 결단이 없었던 제자들이 성령세례를 체험하고서 완전히 변해 능력 있는 그리스도인이 되었던 것같이 오늘날의 모든 구원받은 신자들이 마땅히 성령세례를 받아야만 한다고 가르친다. 이것이 오순절 신학의 성령세례의 주장의 중요한 포인트이다.

이와 같은 오순절 성령세례 신학에 의하면 구원을 받았을지라도 다시 특별한 성령세례 체험을 가지지 못하면 무능력한 신자로 규정되어지는 것이다. 반대로 중생 이후에 특별한 느낌과 현상을 동반하는 성령세례(?)를 경험한 사람들은 마치 자신들이 영적인 엘리트로 도약한 것이라고 착각하게 된다. 그래서 바른 신학을 모르고 영적인 분별력이 부족한 신자들과 목회자들이 "주여, 이대로는 안 됩니다! 주여, 내게도 성령세례를 주옵소서!" 하면서 야밤에 산에서 애꿎은 소나무 뿌리를 흔들다가 성령을 가장하는 귀신을 받고 좋아하는 일들이 많았다. 혀가 꼬이고 옹알거리는 현상이 나타나기 시작하면 영락없이 성령세례를 받았다며 크게 기뻐하였다.

과연 로이드 존스는 예수님의 제자들의 이와 같은 신앙여정을 어떻게 해석하였을까? 로이드 존스도 자신의 성령세례 이론을 개진하면서 예수님의 제자들의 사례를 오순절 신학자들과 같이 해석하고 인용하였을까? 불행하게도 로이드 존스도 성령운동가들과 동일한 관점에서 제자들의 신앙여정을 해석하면서 모든 신자들이 다시 성령의 세례를 받아야 한다고 가르쳤다. 로이드 존스는 제자들의 성령세례 체험에 대해 다음과 같이 말했다.

"이 똑같은 사람들, 이미 신자들이고 거듭난 사람들이며 어떤 의미에서는 이미 성령을 받은 사람들이 성령으로 세례를 받았습니다. 이것은 바로 사람은 주 예수님을 믿는 참된 신자가 될 수 있고 하나님의 자녀이지만, 동시에 성령세례를 받지 못할 수도 있다는 제 주장을 입증해 주고 있습니다." [6]

다음은 로이드 존스가 1959년부터 1978년까지 '웨스트민스터 청교도 연구회'(Puritan and Westminster Conference)에서 강연했던 내용을 묶어 놓은 책 『청교도 신앙-그 기원과 계승자들』에서 발견한 내용이다. 로이드 존스의 신학사상을 잘 보여주는 매우 귀중한 자료인 이 책에는 로이드 존스가 예수 그리스도의 제자들이 오순절이 이르기 전에 이미 성령을 모시고 살았으나 여러모로 부족하였고, 나중에 다시 성령세례를 받음으로 크게 변화되었다고 다음과 같이 가르쳤다고 나온다.

"초대교회의 제자들은 단순히 소망 가운데 기다렸습니다. 그들은 모시지 않은 영을 기다린 것이 아니라 그들이 모시고 있는 영을 더 간구했습니다. 기독교는 스스로 살아가지 못했습니다. 그들은 열흘 동안 마음을 같이하여 기도하며 기다렸습니다. 그때 갑자기 성령께서 그들에게 임하셔서 전에 전혀 알지 못했던 신령한 것들을 이해하는 영안을 주셨고, 누구도 빼앗을 수 없는 기쁨을 주셨습니다." [7]

로이드 존스는 제자들이 성령을 받았으나 부족하였고, 사도행전 2장에서 성령을 더 받음으로 넉넉해졌다고 하였다. 로이드 존스의 이런 가르침의 문제는 무엇일까? 제자들이 사도행전 2장 이전에 이미 구원받았고 성령을 경험했다는 로이드 존스의 말은 맞다. 사도행전 2장의 오순절 성령강림과 성령세례를 경험하기 전까지 제자들은 구원받았으나 예수 그리스도를 따르지 못했고, 담대하게 복음을 전파하지 못했으나 성령세례를 받고 난 후 성령으로 충만한 복음의 증인들이 되었다는 것도 맞는 말이다.

로이드 존스의 문제는 특별한 사람들인 제자들의 신앙 여정을 다른 모든 사람들에게 동일하게 적용한다는 것이다. 2,000년 교회사가 시작되는 과정에서 한때 특별한 역할을 했던 사도들과 그 당시 제자들의 특별한 점을 모르거나 인정하지 않는다는 것이 문제이다. 예수님은 지상의 3년 공생애 동안 먼저 소수의 사람들을 부르시고 사도와 제자로 삼으셨다. 그들을 집중적으로 가르치시고 훈련시키셨다. 십자가와 부활 이후 완전해진 복음으로 하나님의 교회를 설립할 특별한 사람들이 되도록 그들을 먼저 구원하시고 가르치셨던 것이다. 그 특별한 소수의 사람들과 이후의 모든 신자들의 신앙 과정을 동일시하는 것은 매우 심각한 무지이거나 오류이다.

예수 그리스도의 이름으로 오신 성령

예수 그리스도를 직접 따랐던 사도들과 오늘 우리의 신앙 여정의 차이를 이해하는 데 있어 가장 핵심적인 사실은 예수님의 사도들과 제자들이 사도행전 2장에서 경험한 성령의 세례의 의미를 바르게 이해하는 것이다. 무기력했던 그들이 왜 그날 성령의 세례를 받고 난 후 담대하게 예수 그리스도의 복음을 전파하며 교회를 설립할 수 있었던 이유가 무엇인지 설명할 수 있어야 한다.

신약의 하나님의 교회는 사도행전 2장에서 성령의 세례를 받은 성도들이 나타남으로 시작되었다. 사도행전 2장 오순절 이전에도 성령은 지상에 계셨고, 예수님의 제자들에게 성령은 함께 하셨다. 그럼에도 그들은 전혀 권능 있고 담대한 복음의 일꾼이 되지 못했다. 왜 그랬을까? 그 이유는 죽음을 이기시고 부활하신 예수 그리스도와 연합되지 못했기 때문이다. 죽음을 이기시고 부활하신 예수 그리스도와 믿는 자들이 연합되는 방법은 승천하신 예수 그리스도가 아버지 하나님께 요청하여 자신을 대신하여 지상의 남겨진 신자들을 돌보시도록 보내시는 성령을 받는 것뿐이다. 다음은 예수 그리스도가 승천하신 후 지상의 신자들을 버려두지 않고 자신을 대신할 성령을 보내시겠다고 하신 말씀들이다.

"내가 아버지께 구하겠으니 그가 또 다른 보혜사를 너희에게 주사 영원토록 너희와 함께 있게 하시리니."(요 14:16)

"내가 너희를 고아와 같이 버려두지 아니하고 너희에게로 오리라."(요 14:18)

"보혜사 곧 아버지께서 내 이름으로 보내실 성령 그가 너희에게 모든 것을 가르치시고 내가 너희에게 말한 모든 것을 생각나게 하시리라."(요 14:26)

이 말씀들에 의하면 성령은 부활하시고 승천하신 예수 그리스도를 대신하여 지상의 신자들과 함께하시기 위해 하나님 아버지와 예수 그리스도께서 보내어 주신다. 물론 구약 시대에도 제3의 하나님이신 성령이 지상에서 하나님 백성들과 함께 하시면서 특별한 일을 하였던 것은 분명한 사실이다. 그러나 승천하신 예수님이 아버지께 요청하여 지상의 신자들에게 보내신 신약의 성령은 구약의 성령과 같은 분이면서 동시에 다른 분이다. 본질적으로는 구약의 성령과 신약의 성령은 동일하나 기능 면에서는 다른 분이다. 신약의 성령은 십자가에서 죽으시고 부활하신 예수 그리스도의 공로를 하나님 백성들에게 적용시키기 위해 '예수 그리스도의 이름'으로 오신 성령이다. 그래서 신약 성경에는 성령이 '예수의 영', '주의 영'. '그리스도의 영'이라고 표현되기도 한다.

"성령이 아시아에서 말씀을 전하지 못하게 하시거늘 브루기아와 갈라디아 땅으로 다녀가 무시아 앞에 이르러 비두니아로 가고자 애쓰되 예수의 영이 허락지 아니하시는지라."(행 16:6-7)

"베드로가 가로되 그 땅 판 값이 이것뿐이냐 내게 말하라 하니 가로되 예 이뿐이로라 베드로가 가로되 너희가 어찌 함께 꾀하여 주의 영을 시험하려 하느냐."(행 5:8-9)

"만일 너희 속에 하나님의 영이 거하시면 너희가 육신에 있지 아니하고 영에 있나니 누구든지 그리스도의 영이 없으면 그리스도의 사람이 아니라."(롬 8:9)

심지어 베드로 사도는 예수님을 완전히 불신했던 유대인들에게 하나님의 복음을 믿으면 하나님이 성령을 선물하여 주신다는 사실을 그들에게 하나님이 예수를 보내어 주실 것이라고 표현하기도 했다.

"그러므로 너희가 회개하고 돌이켜 너희 죄 없이함을 받으라 이같이 하면 유쾌하게 되는 날이 주 앞에서 이를 것이요 또 주께서 너희를 위하여 예정하신 그리스도 곧 예수를 보내시리니."(행 3:19-20)

지방교회라는 이단의 가르침에 빠진 사람들은 십자가로 죄 사함 받은 신약의 신자들에게 예수 그리스도가 영으로 직접 강림하신다고 주장한다. 그러나 성경은 그렇게 말씀하지 않았다. 성경이 가르치는 것처럼, 성령이 부활하신 성자 예수 그리스도를 대신하기 위해, 예수 그리스도의 이름으로 신자의 몸 안으로 오시는 것이다. 부활하신 예수 그리스도가 직접 신자에게 오신다는 주장은 성경의 가르침이 아니다. 성경은 성령 하나님이 성자 하나님을 대신하여, 성자의 이름으로 오시어 성자의 십자가를 적용시키심으로 믿는 자와 예수 그리스도를 연합시키신다고 말한다.

신약의 하나님의 교회는 죽음을 이기시고 부활하신 예수 그리스도를 대신하기 위해, 예수 그리스도의 이름으로 오신 성령을 몸 안으로 받는 신자들이 탄생하면서 시작되었다. 완전한 구원을 누리는 신약의 신자가 되기 위한 가장 핵심적인 요건은 예수 그리스도의 십자가의 죽음과 부활의 복음을 믿고, 하나님의 자녀가 되고, 동시에 예수 그리스도의 이름으로 오시는 성령을 받는 것이다. 구약 시대의 성령과 달리 신약의 성령은 하나님 백성의 몸 안으로 들어오신다. 예수님은 자신을 대신하기 위해 장차 오실 성령이 제자들의 몸 안으로 오실 것이라고 하셨다.

"저는 너희와 함께 거하심이요 또 너희 속에 계시겠음이라."(요 14:17)

예수님을 대신하시는 성령이 믿는 자들의 몸 안으로 들어오시므로 지상의 믿는 자들은 하나님 보좌 우편의 예수 그리스도와 연합되어진다. 예수님의 복음을 믿고 성령을 받으면 삶이 변하고 생각과 모든 것이 변하게 되는 이유가 바로 여기에 있다. 내주하시는 성령으로 말미암아 예수 그리스도와 연합되기 때문이다. 그러므로 진정한 신자들에게서는 삶과 생각과 모든 것의 변화가 반드시 나타나게 된다. 교회에 30년을 넘게 다녔어도 아무런 변화가 없는 사람은 성령을 받지 않은 사람이고, 다시 말해 예수님과 무관한 사람인 것이다.

비록 예수님의 제자들이 이전에 이미 구원을 받았을지라도 주님을 향한 신앙과 삶과 자세에서 매우 부족했던 것은 예수 그리스도와 연합되지 못했기 때문이다. 마음으로는 따르고 사랑했으나 영적으로 죽음을 이기신 주님과 하나 되고 연합되지 못했으니 십자가의 길을 따라갈 수가 없었다. 그러나 사도행전 2장에서 승천하신 예수님이 하나님 아버지와 더불어서 자기를 대신하도록 그들에게 성령을 부으심으로 완전히 달라졌다. 죽음을 이기시고 부활하신 성령을 몸 안으로 모시니 부활하신 예수님과 하나됨으로 즉시로 신앙과 삶이 변하였고 이전과는 완전히 달라졌다. 예수님을 죽인 자들 앞에서 예수님처럼 담대하게 복음을 전파하는 사람들로 변했다. 제자들은 사도행전 2장에서 성령을 더 받은 것이 아니었다. 사도행전 2장에서 제자들이 부활하신 예수 그리스도의 이름으로 오신 성령을 드디어 받은 것이다. 예수의 영을 받음으로 제자들은 비로소 부활하신 예수 그리스도와 연합된 진정한 신약의 그리스도인이 되었던 것이다. 제자들의 사도행전 2장의 성령의 세례 체험은 오순절 운동가들이 주장하는 것처럼 결코 믿는 자들의 반복적인 성령세례 체험 이론의 근거가 아니다.

로이드 존스가 이와 같이 사도행전 2장의 제자들의 성령세례 체험을 설명하지 않고 성령운동가들과 같이 이미 구원받은 예수님의 제자들이 성령을 추가적으로 더 많이 받은 경험이라고 해석하고 가르친 것은 중대한 실책이다. 그 결과 성령운동하는 은사주의자들은 더욱 힘을 내게 되었고, 로이드 존스를 자기들 편으로 끌어안으려고 시도하게 되었다. 오늘날 우습지도 않은 성령운동가들에게 로이드 존스가 만만하게 여겨지는 이유가 바로 이런 것들이다.

사도행전 4장의 성령충만

이미 성령으로 중생한 그리스도인들에게 다시 반복적으로 성령의 세례가 임하여 능력으로 충만해진다고 가르치는 오순절 신학이 그것의 성경적 근거라고 주장하는 또 다른 내용은 사도행전 4장에 있다. 사도들과 제자들이 간절하게 기도하였을 때 나타난 성령충만 사례가 반복적인 성령의 강림(성령세례)의 성경적 증거라는 것이다. 예수 그리스도를 십자가에 못 박아 죽인 유대교 지도자들에게 체포되어 죽을 위기를 맞았으나 풀려난 베드로와 요한이 다른 제자들과 함께 간절히 기도하였을 때, 하나님께서 유례를 찾아보기 힘든 특별한 방식으로 제자들에게 응답하셨다.

"빌기를 다하매 모인 곳이 진동하더니 무리가 다 성령이 충만하여 담대히 하나님의 말씀을 전하니라."(행 4:31)

심각한 생명의 위협을 받으면서도 담대하게 복음 증거할 능력을 구한 사도들과 제자들에게 하나님은 전무후무한 방식으로 기도의 응답을 주셨다. 제자들이 기도하던 장소가 지진이 난 것처럼 흔들렸다고 성경은 말한다. 바로 이 내용을 성령세례 운동가들은 성령의 반복적인 강림의 증거라고 한다. 그 자리에 있었던 대부분의 사람들이 이미 사도행전 2장에서 성령세례를 받았으나 사도행전 4장에서 또 같은 성령세례를 받았다는 것이다.

그때 제자들의 상태를 성경은 '성령이 충만하여'(행 4:31)라고 말하고 있음에도 성령세례 운동가들이 그때 성령의 세례가 또 임했다고 주장하는 이유는 무엇일까? 이것이 바로 오순절 운동 신학의 성령충만의 개념이기 때문이다. 처음의 성령세례를 기점으로 성령세례가 반복됨으로 성령의 충만이 나타난다고 보는 것이 오순절 운동 신학이다. 사실 대부분의 성령운동가들은 자기가 알아야 할 신학 개념에 대해서 무지하여 그저 나타나는 현상에 집착하므로 뭐가 뭔지도 모른다. 그러나 그중에 자기들의 신학 개념을 조금이라도 아는 사람들은 처음 성령을 받는 사건을 '성령세례'라고 부르고, 그 이후 성령을 또 받은 것을 '성령충만'이라고 설명한다는 것을 안다.[8] 사도행전 4장 31절에서 그 제자들의 상태를 '성령이 충만'이라고 성경이 말하고 있어도, 그날 성령이 또 강림했다고 여기는 성령운동가들의 주장은 이와 같은 오순절 신학에서 나오는 말이다.

사도행전 4장에서 하나님은 땅이 흔들릴 정도로 강하게 제자들에게 역사하였다. 땅이 흔들렸다고 하므로 마치 사도행전 2장의 성령강림이 또 일어난 것이라고 가르친다. 사도행전 2장에서 이전에도 없고 이후에도 없는 단회적 사건인 성령의 역사적 지상강림 때에는 하늘로부터의 급하고 강한 바람 소리가 함께 나타났고, 마치 불의 혀같이 갈라지는 모습으로 성령이 임하셨다. 그러나 사도행전 4장에서는 그런 현상이 전혀 나타나지 않았다. 그러므로 사도행전 4장의 성령의 역사도 성령이 다시 강림하신 것이라고 볼 수가 없다.

땅이 흔들렸다는 내용을 성령의 강림 때문이라고 이해하여야 한다면, 이후 2,000년 동안 이어진 교회사 속에서 비슷한 일들이 자주 나타났어야 한다. 그러나 우리가 다 아는 것처럼, 그 어떤 위대한 성령의 부흥의 시기에도 땅이 흔들리는 일은 일어나지 않았다. 성령의 강림으로 말미암아 사도행전 4장처럼 땅이 흔들리는 현상이 나타나지 않았으므로 그런 현상을 동반하면서 강림하시는 성령을 오매불망 사모하는 우매한 성령운동가들은 어느 지역에서 지진이 나기라도 하면 그것을 성령의 임재와 연관시켜버린다. 수년 전 일본에서 처참한 지진이 일어났을 때에도 불건전한 성령론에 빠진 사람들이 일본에 대부흥이 일어날 징조라고 떠들어 미치광이 기독교인이라는 빈축을 샀다. 당시 이제 막 시작되는 예루살렘의 교회가 악한 유대 지도자들과 마귀의 핍박을 이기며 계속 성장하도록 하나님께서 특별하게 역사하신 것으로 해석하면 될 일을 성령운동가들이 지나치게 비약하고 있다.

오순절 성령운동가들이 사도행전 4장을 이와 같이 그릇되게 해석하면서 반복적인 성령의 임하심을 주장하는 것에 대해 로이드 존스 등의 유명한 사람들은 어떤 입장을 취하였을까? 먼저 오늘날 많은 사람들에게 존경받고 있는 토저(A. W. Tozer)의 입장을 살펴보자. 토저는 사도행전 4장에서 나타난 제자들의 성령의 충만이 사도행전 2장의 성령강림과 같은 것이라고 가르치면서 다음과 같이 말했다.

"이때 모였던 사람들 중 일부는 오순절 사건 때 마가의 다락방에서 성령을 부어주심을 이미 체험한 사람들이었다. 오순절 사건 이후 다시 그들을 충만케 하시는 것이 하나님의 본뜻이 아니라면, 그분은 자신의 뜻을 거슬러 행동하셨다는 말이 된다. 이것은 상상할 수 없는 일이다. 더욱이 사도행전 8장, 10장, 29장에서는 하나님이 성령을 부어주신 또 다른 사건들이 기록되어 있다. 이 모든 것은 최초의 오순절 사건이 일어나고 몇 년이 지난 후에 일어났다." [9]

토저는 이날 생애 최초로 성령의 세례를 경험한 사람도 있었겠으나, 대부분은 이미 사도행전 2장의 오순절 날에 성령의 세례를 체험한 사람들이었다고 하였다. 최초의 오순절 성령강림이 있고 몇 년 후에 또 같은 현상이 일어났다는 것이다.

그러면 사도행전 4장의 제자들의 성령의 충만을 로이드 존스는 어떻게 해석하였을까? 현대의 성령운동가들이 로이즈 존스를 친근하게 여길 때에는 분명히 이유가 있을 것이다. 과연 로이드 존스는 사도행전 2장의 오순절 사건과 사도행전 4장의 성령충만을 어떻게 이해하고 설명하였을까? 불행하게도 로이드 존스의 가르침은 이 부분에 대한 전통적인 오순절 운동의 가르침, 앞에서 살펴본 토저의 가르침과 동일하다. 다음은 로이드 존스가 사도행전 4장에서 제자들에게 일어난 일이 사도행전 2장에서 일어난 것과 동일한 것이라고 가르쳤던 내용이다.

"오순절 사건 이후부터 그들은 완전히 달라졌다. 그들은 (성령에 의한) 세례를 받았다. 같은 일이 사도행전 4장에서도 반복된다. 거기서 우리는 그들이 함께 모여 있는 곳이 진동하고 '무리가 다 성령이 충만하여 담대하게 하나님의 말씀을 전하니라'는 말씀을 보게 된다." [10]

로이드 존스도 토저와 마찬가지로, 사도행전 4장에서 하나님께서 성령을 또 부어주신 것처럼 교회는 언제나 하나님이 성령을 더 부어주시도록 기도해야 한다고 하였다. 이미 임하신 성령 하나님께서 신자들을 인격적으로 다스리심으로 예수 그리스도의 형상이 회복되고 하나님의 뜻이 이루어지기를 위해 기도하라고 가르치지 않고 하나님이 성령을 더 부어주시기를 위해 기도하라고 하였다.

"우리는 성령을 부어주심을 위해서 기도하기로 서약합시다. 스미턴의 말을 인용하여 여러분들에게 호소합니다. '특별한 기도 형식에 대해서는, 보편적인 각성이 있을 때는 언제나 신자들의 공동체가 마치 예수님의 승천과 오순절 성령 강림 사이의 기간 중 초대 교회 신자들이 한마음으로 기도하고 간구하며 성령의 부으심을 기다렸다고 이야기할 수 있습니다. 다른 방법은 없습니다. 현재의 교회는 기다리고 기대하며 기도해야 한다는 모든 증거를 가지고 있습니다.'" 11)

"플리머스 형제단이 취한 원리, 곧 성령은 오순절에 부어졌으므로 교회는 하나님의 성령 부으심을 위하여 더 이상 기도할 필요성이나 정당한 근거가 없다는 주장보다 더욱 오도되고 왜곡된 이론은 없으며, 또한 이보다 더 성령을 모독하는 것은 없습니다. 반대로 교회가 성령을 구하고 기다리면 기다릴수록 교회는 더 많은 것을 받습니다." 12)

구약의 절기들과 예수 그리스도

사도행전 2장에서 일어난 성령강림이 사도행전 4장에서도 다시 재현되었다고 가르치는 로이드 존스 등의 성경해석의 허구성을 증명하는 가장 좋은 방법은 무엇일까? 효과적인 방법 중의 하나는 오순절 명절의 의미가 무엇이었는지? 오순절을 통해 하나님이 계시하신 내용이 예수 그리스도를 통해 어떻게 성취되었는지? 에 대해서 연구해 보는 것이다. 그러면 오순절이 시대마다 개인적으로 반복된다는 그릇된 이론 하에 전개되는 로이드 존스 등의 성령세례 사상이 얼마나 허구인지 드러나게 된다.

구약의 명절들의 의미는 예수 그리스도를 통하여 이루어질 일들을 미리 계시되었다는 것이다. 특히 무교절, 유월절, 초실절, 오순절 속에는 장차 일어날 예수 그리스도의 속죄, 부활, 승천하신 후 보내실 성령에 대한 계시가 내포되어 있었다. 이런 명절들과 예수 그리스도께서 행하신 중요한 일들을 살펴보면, 사도행전 2장의 성령강림이 사도행전 4장에서 또 벌어졌다고 말하는 로이드 존스 등의 성경해석이 얼마나 그릇되었는지 드러날 것이다.

7일 동안 이어지는 무교절의 첫날은 유월절이었다. 전체 7일 동안의 무교절 안에 유월절, 초실절이 포함되어 있었던 것이다. 유월절은 애굽에서 이스라엘 백성들을 위해 피 흘리고 죽은 양을 기념하는 날이었다(출 12:1-2). 무고한 양이 죽으며 흘린 피를 이스라엘 백성들은 집 문설주에 칠하여 장자의 생명을 거두시는 하나님의 재앙에서 예외가 되어 구원받았다. 장차 하나님 백성들을 위해 대신 죽으시는 속죄의 어린 양 예수 그리스도를 미리 계시하신 것이다. 실제로 예수님은 유월절 날에 잡히시어 그 다음 날 십자가에서 피 흘리시며 우리를 위해 대신 죽으셨다. 이제 어린양을 잡아 죽이는 유월절을 더 이상 지키지 않는 이유는 예수 그리스도의 죽으심으로 그 의미가 성취되었기 때문이다. 지금 우리가 양을 잡는 유월절을 지킨다고 하여 하나님께서 더 기뻐하시는 것은 전혀 아니다. 왜냐하면 예수 그리스도의 피의 의미가 약화될 수 있기 때문이다.

7일 동안의 무교절 기간에는 반드시 한 번의 안식일이 들어 있었다. 지금 우리의 시간으로 목요일 해가 지면서 유월절이 시작되었는데, 주님은 그날 밤 유월절 만찬을 드시며 자신의 피로 '새 언약'을 제정하시었다. 그리고 금요일 낮 오후 3시경에 십자가에서 운명하셨다. 구약의 유대인들의 안식일은 금요일 오후 해가 지면서 시작되었고, 토요일 오후 해가 지면서 안식일은 종료되었다. 안식일이 종료되고 다음 날 새벽에 주님이 부활하였는데, 성경은 이 날을 '안식 후 첫날'(눅 24:1)이라고 한다. 세상에서 이날을 일요일(Sunday)이라고 부르고 있는 그리스도인들은 주님이 부활하신 이날을 주일(Lord's Day)이라고 부른다. 7일 동안의 무교절 속에는 반드시 한 번의 안식일이 있었고, 안식일이 지난 그 다음 날을 유대인들은 '초실절'이라는 명절로 지켰다. 훗날 십자가에서 죽으신 예수 그리스도가 부활한 날이 구약에서는 초실절이었던 것이다. 초실절은 계절적으로 아직 여름이 되지 않았을 때이므로 보리 추수를 하기에는 아직 일렀다. 그러나 먼저 무르익은 약간의 보리 열매를 얻을 수는 있었다. 초실절은 먼저 익은 보리를 한 단만 베어 하나님께 제물로 드리는 날이었다(레 23:9-14).

왜 보리를 대량으로 추수할 때까지 기다리지 않고 이제 막 익은 보리한 단을 베어 하나님께 드렸을까? 여기에 매우 중요한 의미가 있다. 유월절 어린양으로 죽으신 예수 그리스도가 우리 모두를 대표하여 가장 먼저 부활하실 것을 계시하신 것이다. 실제로 십자가에서 죽으신 예수 그리스도는 유대인들의 안식일이 지난 그 다음 날 새벽에 부활하셨다(눅 24:1). 그날이 바로 유대인들의 초실절이었다. 초실절의 보리 한 단은 '안식 후 첫날'(눅 24:1)에 부활하실 예수 그리스도를 예고하는 것이었고, 그래서 사도 바울은 부활하신 예수 그리스도를 초실절의 처음 추수한 보리 한 단과 연관시켜서 '부활의 첫 열매'(고전 15:20)라고 말하였다.

사도행전 2장에서 성취된 오순절

초실절로부터 오십일이 지나면 오순절이다. 초실절과 오순절 사이에 안식일이 일곱 번 지나가므로 '칠칠절'이라고도 하였다(신 16:9-10). 오순절은 들판의 모든 보리가 완전히 무르익어 본격적으로 추수하게 되었음을 하나님께 고하며 감사하는 날이었다. 본격적인 보리추수가 시작되기 전 하루를 구별하여 하나님께 감사드렸다. 바로 그날 신약시대를 여는 성령의 지상강림이 일어났다. 사도행전 2장의 오순절 날에 성령강림이 일어났다.

처음 익은 보리 한 단을 제물로 드리는 초실절로부터 50일 후의 오순절, 즉 본격적으로 보리추수를 시작하기 전 하루를 구별하여 감사드리는 그날에 성령강림이 일어났다는 것은 무슨 뜻일까? 이전까지는 초실절의 보리 한 단이신 예수 그리스도 한 분이 영생을 가진 참 하나님 백성이었다. 그러나 이제 예수 그리스도를 믿는 만백성이 영생과 부활을 가진 참 하나님 백성 되는 길이 열린 것이다. 그것은 바로 예수 그리스도의 이름으로, 예수 그리스도의 영으로 오시는 성령의 강림이다. 승천하신 예수 그리스도가 아버지 하나님으로부터 자기를 믿는 자들에게 보내신 성령으로 말미암아 모든 참되게 믿는 자들이 천국백성으로 추수되기 시작했다는 것이다. 다른 날도 아닌 오순절에 성령이 오셨다는 것을 바로 이것을 보여준다.

중요한 사실은 예수 그리스도로 말미암아 모든 명절들의 의미가 성취되었다는 것이다. 예수님의 죽으심으로 유월절이 성취되었고, 예수 그리스도의 부활로 초실절이 성취되었고, 그리고 예수 그리스도가 성령을 보내심으로 오순절의 의미도 성취되었다. 그러므로 더 이상 이런 명절들을 반복하여 지킬 필요가 없다. 그러나 오순절 신학자들은 다른 명절들은 더 이상 반복되지 않는다고 하지만, 오순절은 지금도 개인적으로 반복된다고 한다. 모든 구약의 명절들이 예수 그리스도로 말미암아 그 의미가 성취되었으므로 더 이상 남은 것이 없다고 가르쳐야 마땅하고, 그래야 성경적이다. 만일 어떤 것이 지금도 이어진다고 말하면 그때부터 신앙의 왜곡과 변질이 시작될 뿐이다.

승천하신 예수 그리스도가 하나님 아버지로부터 자기를 대신할 성령을 오순절 날에 맞추어 보내심으로 그 의미가 성취되었는데, 어찌 이제 와서 개인적으로 오순절이 반복된다고 할 것인가? 개인적인 오순절 재현을 주장하는 성령운동가들의 이론은 아주 그릇되었다. 이와 같은 모순에 기초한 것이 바로 성령의 반복적인 임재(강림)를 주장하는 세례 사상이다. 비록 로이드 존스와 같은 유명한 사람이 동조하였다고 해도 진실은 달라지지 않는다. 왜냐하면 성경을 바르게 연구하고 이해하지 못했기 때문이다. 일반 성령운동가들은 오순절이 개인적으로 반복될 때 방언이 나타난다고 크게 강조하나, 로이드 존스는 방언이라고 여겨지는 기만적인 소리현상을 강조하지 않으면서 같은 이론을 전개하였을 뿐이다.

예수 그리스도의 한번 죽으심으로 구약의 유월절이 끝났고, 예수 그리스도의 다시 한 번 사심으로 구약의 초실절이 끝났다. 구약의 오순절도 예수 그리스도의 피 제사에 만족하신 하나님이 구속된 자기 백성들에게 다른 보혜사를 파송하심으로 의미가 성취되어 역사 속에서 사라졌다. 사도행전 2장의 오순절 날에 성령이 오심으로 구약의 오순절의 의미가 완전히 성취되었고 다시 반복되지 않는다고 말해야 한다. 절대로 시대마다 개인적으로 사도행전 2장의 오순절이 반복적으로 경험되어진다고 말할 수 없다. 유월절이 시대마다 반복되고, 초실절이 개인적으로 반복된다고 말하지 않으면서 왜 오순절은 개인적으로 반복된다고 말하는 것인가? 그러면 요즘의 거짓 성령세례가 항상 오순절날에 맞추어서 일어나고 있는가?

사도행전 2장의 오순절 날 성령이 지상에 강림하시고 예수 그리스도를 믿는 사도들과 제자들에게 최초의 성령의 세례가 일어났을 때, 베드로는 주변의 청중들에게 설교했던 내용을 보면 더욱 명백해진다. 베드로는 예수 그리스도를 대신하여 모든 택한 신자들에게 찾아오신 성령에 대해 예언한 구약의 내용이 그날 완전하게 성취되었다고 설교하였다.

"이는 곧 선지자 요엘로 말씀하신 것이니 일렀으되 하나님이 가라사대 말세에 내가 내 영으로 모든 육체에게 부어 주리니 너희의 자녀들은 예언할 것이요 너희의 젊은이들은 환상을 보고 너희의 늙은이들은 꿈을 꾸리라. 그 때에 내가 내 영으로 내 남종과 여종들에게 부어 주리니 저희가 예언할 것이요."(행 2:16-18)

구약의 오순절이 의미했던 내용들이 사도행전 2장의 오순절에서 다 성취되었고 더 남은 것이 없다. 사도행전 2장의 사건은 개인적으로 반복되는 일이 아니다. 사도행전 2장의 사건들이 사도행전 4장에서 동일한 사람들을 대상으로 또 벌어졌다는 로이드 존스의 주장은 아주 기본적인 성경 해석의 원리에서도 크게 벗어났다. 로이드 존스는 사도행전 4장에 나타나는 땅이 진동(행 4:31)하였다는 특이한 내용 때문에 오해에 빠졌다. 아마도 땅이 진동하는 현상이 나타났다는 것 때문에 사도행전 2장에 맞먹는 성령강림이 일어났다고 착각한 것 같다. 만일 성령강림이 또 일어났다면, 사도행전 2장에서 나타난 다른 나라의 언어를 말하는 현상과 정령이 불의 혀같이 갈라지는 현상도 나타났었을 것이다. 그러나 그런 현상은 일어나지 않았다.

사도행전 4장의 땅이 진동하는 특이한 현상은 심한 위급에 처한 제자들의 간절한 기도에 대하여 하나님께서 강력하게 역사하시면서 응답한 것으로 이해되어야 한다. 그때는 교회가 계속 존재하느냐? 넘어지고 마느냐? 의 위급상황이었다. 만일 사도행전 4장에서 또다시 사도행전 2장의 성령강림과 성령세례가 반복됨으로 땅이 진동하는 현상이 나타났다면, 그렇게 믿는 성령세례 운동가들의 사역에서 같은 현상이 자주 나타나야만 할 것이다. 그러나 이후 그 같은 일은 다시 나타나지 않았다.

사도행전 8장의 사마리아 교회

반복적인 성령세례를 주장하는 사람들이 성경적 근거라며 인용하는 또 다른 중요한 내용은 사도행전 8장이다. 빌립 집사가 전도하여 사마리아

지역에 믿는 자들이 생기면서 교회가 설립되는 과정을 보여주는 사도행전 8장의 내용에서 성령으로 중생한 사람이 이후 영적인 능력을 부여하는 성령세례를 또 받는다는 주장의 근거를 찾을 수 있다고 한다. 오순절 성령운동가들이 주장하는 이 내용을 살펴보면서 과연 로이드 존스도 같은 내용을 가르쳤는지 살펴보자.

사마리아 지역에서 최초로 복음을 전파하여 교회를 설립했던 빌립 집사는 예루살렘 교회에서 선출되었던 유명한 일곱 집사(행 6:1-6) 중의 한 사람이었다. 예루살렘에서 복음이 급속하게 전파되자 이를 시기하는 유대 지도자들이 당시 교회의 복음전도의 중심인물 스데반 집사를 체포하여 처형하였다. 훗날 예수 그리스도의 사도가 된 사울이라는 권세 있는 유대교의 젊은 지도자가 더욱 앞장서서 스데반을 죽였고, 다른 믿는 자들을 색출하여 감옥에 넣으려고 안달하였으므로 부득이 성도들이 예루살렘을 떠나 흩어지게 되었다. 이때 빌립 집사는 사마리아로 가서 그곳의 사람들에게 복음을 전하였다.

신앙고백은 성령세례의 열매

사마리아 지역에서 빌립 집사가 복음을 전파하자 예수 그리스도의 십자가 복음을 하나님께서 지지하신다는 이적들이 함께 나타났다. 이로 인하여 더 많은 사람들이 예수 그리스도를 구주로 영접하여 하나님의 자녀가 되었고, 그들은 그 사실을 확증하기 위해 예수 그리스도의 이름으로 세례를 받았다.

"많은 사람들에게 붙었던 더러운 귀신들이 크게 소리를 지르며 나가고 또 많은 중풍병자와 앉은뱅이가 나으니 그 성에 큰 기쁨이 있더라."(행 8:7-8)

"빌립이 하나님 나라와 및 예수 그리스도의 이름에 관하여 전도함을 저희가 믿고 남녀가 세례를 받으니."(행 8:12)

빌립 집사의 사마리아에서의 복음전파를 기술하는 성경의 여기까지의 내용에는 아무런 논란거리가 없다. 문제는 그 다음부터이다. 빌립 집사가 전도하여 믿는 사람들이 생겨났고, 그들이 예수 그리스도의 이름으로 세례를 받았다. 그들이 세례를 받았다는 사실은 무엇을 의미하는가? 하나님이 십자가를 믿는 그들에게 영원한 생명을 주셨고, 그들을 자녀로 삼았다는 사실을 의미한다. 빌립 집사의 복음전도를 통해 사마리아의 그 사람들이 새로운 영적인류 속으로 편입되었다는 것이다. 사마리아 지역에 하나님의 교회가 탄생된 것이다.

어떻게 이런 일이 일어날 수 있었을까? 죽은 사람을 다시 살리시는 예수 그리스도의 영, 성령이 그들에게 임하셨기 때문이다. 하나님께서 예수 그리스도의 십자가 복음을 믿도록 은혜를 주신 사람들이 십자가에서 죽으신 예수 그리스도를 구주로 영접하자 하나님께서 그들에게 성령을 부으심으로 하나님의 자녀가 되는 은혜가 나타났다. 성령이 그들에게 임하시지 않고서는, 즉 성령의 세례가 벌어지지 않고서는 절대로 이런 일이 나타날 수 없다. 바울은 성령세례를 받지 않으면 아무도 예수 그리스도를 주로 고백하지 못한다고 하였다.

"그러므로 내가 너희에게 알게 하노니 하나님의 영으로 말하는 자는 누구든지 예수를 저주할 자라 하지 않고 또 성령으로 아니하고는 누구든지 예수를 주시라 할 수 없느니라."(고전 12:3)

베드로와 요한의 안수

그런데 그 다음에 우리를 혼란에 빠지게 만드는 내용이 이어진다. 사마리아 지역에 믿는 사람들이 생겼고, 그들이 예수 그리스도의 이름으로 세례를 받았다는 소식이 예루살렘 교회에 전파되었다. 예루살렘 교회에서 베드로와 요한 사도를 사마리아에 파송하였다. 베드로와 요한 사도는 사마리아에 도착한 후 그곳의 새로운 신자들이 이미 복음을 믿었고, 예수 그리스도의 이름으로 세례를 받았다는 사실을 다 알면서도 그들에게 안수하였다. 두 사도가 사마리아의 새 신자들에게 안수하자 성령이 그들에게 임하였다고 성경은 말씀하고 있다.

"이에 두 사도가 저희에게 안수하매 성령을 받는지라."(행 8:17)

이미 성령을 받은 사람이 또 성령을 받는 성령세례가 나타난다고 가르치는 사람들이 가장 애용하는 성경 본문이 바로 이 부분이다. 그들은 사도행전 8장의 사마리아 선교에서 나타난 두 단계의 성령의 임재가 자신들의 성령세례 운동의 유력한 성경적 증거라고 주장한다. 이미 성령으로 중생한 신자들도 다시 성령의 세례를 받아야 한다고 강력하게 가르쳤던 로이드 존스는 이 부분을 어떻게 설명하였을까? 불행하게도 최고의 청교도 개혁주의자였던 로이드 존스도 이 부분을 성령운동가들과 동일하게 해석하였다. 로이드 존스는 다음과 같이 말했다.

"그렇다면 여기에 나타난 (사마리아의) 사람들은 신자들이요, 믿음 안에서 즐거워하고 있습니다. 그들은 요한의 세례를 받지 않고 예수 그리스도의 이름 안에서 세례를 받았습니다… 이미 십자가에 못 박히신 주 예수님을 그들의 구주로 믿는 참된 신자들이었습니다. 그들은 신자가 되었기 때문에 그(예수 그리스도)의 이름으로 세례를 받았습니다. 그러나 아직 성령으로 세례를 받지는 못했습니다." [13]

로이드 존스는 사도행전 8장의 사마리아 교인들에게서 일어난 일이 구원을 얻은 후 능력을 주시는 별도의 성령세례를 또 받아야 함을 보여주는 증거라고 가르쳤다. 심지어 로이드 존스는 빌립 집사와 같은 사람에게는 성령세례를 줄 능력이 없었으나 사도들에게는 그런 능력이 있었다고 다음과 같이 말했다.

"확실히 사도들은 이러한 능력을 가지고 있다. 사람들에게 안수하여 그 사람들로 하여금 성령의 세례를 받게 했던 것이다. 마술사였던 시몬의 경우는 이 문제와 흥미 있게 관련되어 있다. 이 권능을 달라고 돈을 준 시몬의 이야기가 사도행전 8장 18, 19절에 나와 있다. 그러나 그 권능은 특별한 목적을 위해 의도된 사도들에게만 국한된 것이었다. 왜냐하면 전도자 빌립마저 그것을 소유하지 못했기 때문이다." [14]

요즘 신사도 운동 등의 괴팍한 성령운동에 빠진 불건전한 사람들이 안수기도 등을 통해 다른 사람에게 성령을 전이하는 것이 가능하다고 주장한다. 실제로 그렇게 말하기 좋은 그럴싸한 현상이 그들을 통하여 나타나고 있으므로 많은 사람들이 혼돈에 빠진다. 계속 '성령의 기름부음'이라는 말이 유행하고 있고, 어떤 사람들이 인도하는 집회에 가면 성령의 기름부음을 받게 된다고 소문이 자자하다. 그러나 "기름부음을 받는다"는 말을 그렇게 함부로 해서는 안 된다. 기름부음을 받는다는 말은 곧 "하나님의 성령을 받는다"는 뜻이기 때문이다. 성경은 예수 그리스도를 믿는 자들에게 하나님께서 부어주시는 성령을 기름부음이라고 말하고 있다(요일 2:27).

기름부음이 어떤 사람의 힘이나 지혜, 능력에 의해 얻을 수 있고, 주고받는 것처럼 이야기하는 모든 말들은 비성경적이다. 기름부음은 오직 하나님께서 예수 그리스도의 십자가 피 제사를 통하여 죄 씻음 받은 사람에게 예수 그리스도의 십자가의 죽으심과 부활을 적용시켜주시기 위해 주시는 성령을 의미한다. 결코 유명한 사람의 집회나 안수를 통하여 기름부음을 얻을 수 있는 것이 아니다. 사도들이 사마리아의 새 신자들에게 안수하였을 때 성령의 역사가 나타났다는 사실이 기름부음 운동의 근거가 될 수도 없다.

베드로와 요한과 같은 사도들은 특별계시를 수납하여 교회에 전달하고, 특별계시에 기초하여 신약의 하나님의 교회를 설립하였던 특별한 사람들이었다. 비록 사도들도 근본적으로는 우리와 동일한 성도였을지라도, 특별계시를 수납하여 교회에 전달하면서 신약의 교회를 설립하였다는 점에서 우리와 같은 성도가 아니었다. 그러므로 사도들을 통하여 나타나는 어떤 특별한 일을 일반화하여 우리 모든 성도들에게 적용하는 것은 필연적으로 중대한 신앙의 왜곡을 초래한다.

구약 시대의 선지자들이 하나님의 명령을 따라 어떤 사람에게 찾아가서 기름을 부었던 일들도 마찬가지였다. 결코 그 선지자 개인의 신앙이나 특별한 영적인 능력을 행사하는 일이 아니었다. 장차 오실 하나님 나라의 왕이신 예수 그리스도의 기능을 임시로 대행할 이스라엘의 왕, 영원하고 완전한 제사장이신 예수 그리스도의 기능을 임시적으로 대행할 제사장, 참 선지자이신 예수 그리스도를 대신할 선지자를 세우기 위하여 행하여진 일이었다. 그래서 선지자가 어떤 사람에게 기름을 부으며 그때부터 하나님의 신(성령)이 기름부음을 받는 사람과 함께 하였던 것이다.

사마리아인들도 하나님 자녀 되었음을 확증

사마리아에서 베드로와 요한 사도가 신자들에게 안수하였던 것도 비슷한 차원에서 설명되어야 한다. 사도들이 개인적으로 누구에게 영적인 능력을 전달하기 위해 안수한 것이 아니고, 신약의 교회를 설립하기 위해 필요한 일을 행하였던 것이다. 두 사도의 안수를 받은 사마리아의 새 신자들이 성령을 받았다고 성경은 기록하였다.

"이에 두 사도가 저희에게 안수하매 성령을 받는지라."(행 8:17)

정말 두 사도가 안수하자 성령이 그들에게 임하였을까? 그렇다면 그들이 신앙고백하고 이미 세례를 받았었는데, 그때는 성령을 받지도 않고 그런 일을 했던 것일까? 이 부분을 이해하는 것은 조금 어려운 일이다. 이 때까지 유대인 신자들은 예수 그리스도를 믿는 이방인들도 동일하게 하나님 자녀가 될 수 있다는 사실에 대해 전혀 눈 뜨지 못하였다. 이방인들은 영원히 하나님으로부터 버려진 비천한 인종들이라고 여겼을 뿐이었다. 특히 이방인도 아니고 유대인도 아닌 사마리아 혼혈족들에 대한 유대인들의 멸시는 더욱 심각했다. 예루살렘의 유대인 신자들도 이방인보다 못한 사마리아 혼혈족들이 예수님을 믿고 같은 하나님의 자녀가 될 수 있다는 사실에 대해서 전혀 알지 못했다.

이런 상황에서 하나님은 사마리아 사람도 예수 그리스도의 복음을 믿으면 동일한 하나님 자녀 될 수 있음을 확증하시기 원하셨던 것이다. 그래서 예루살렘 교회를 대표하는 두 사도를 보내어 복음을 믿는 사마리아 사람도 하나님의 자녀 되었음을 보게 하고, 다른 유대인 신자들에게 증거하게 만드셨다. 그래서 두 사도가 이미 신앙고백한 사마리아 신자들에게 안수하게 하였고, 그들이 안수하자 사마리아 새 신자들에서 성령의 역사가 나타나는 것이 확인되었다. 두 사도는 그것으로서 사마리아 사람도 복음으로 하나님의 교회 속으로 정당하게 포함될 수 있게 되었음을 알게 되었다. 그리고 예루살렘의 다른 유대인 신자들에게 그 사실을 보고하여 오직 믿음으로 이방인들과 사마리아 사람들까지 하나님의 자녀 되는 시대가 열렸음을 알게 하였다. 이러한 차원에서 빌립의 전도로 이미 그리스도인이 된 사마리아 신자들에게 두 사도가 안수하였던 것이다.

두 사도가 사마리아 새 신자들에게 안수할 때 성령이 임하셨다는 내용은 새로 탄생한 사마리아 교회를 섬기는 데 필요한 성령의 은사가 그들에게 나타났다고 해석하는 것이 더욱 바람직하다. 왜냐하면 그들은 이미 성령세례를 받아 예수 그리스도를 구주로 고백하는 신자들이었기 때문이다. 구체적으로 어떤 은사가 나타났는지 성경은 말씀하고 있지 않으나, 당시 교회에 필요한 방언, 예언 등의 성령의 은사가 공급되었다고 보아야 한다.

이렇게 해석해야 예수 그리스도의 복음의 진리가 훼손되지 않는다. 그러나 불행하게도 로이드 존스는 유대인과 이방인들, 특히 사마리아 사람이 예수 그리스도의 복음 안에서 연합하여 교회를 이루게 됨을 보여주는 성경의 이 내용을 바르게 이해하지 못하였다. 오히려 그릇된 성령운동가들과 마찬가지로 성경을 왜곡하여 구원받은 신자들에게 따로 더 받아야 할 성령세례가 있다고 가르쳤다. 그러므로 비록 다른 부분에서는 크게 존경을 받을지라도 성령론에 있어 로이드 존스는 많은 존경을 받지 못하는 것이다. 그러나 반대로 은사주의자들은 로이드 존스를 만만하게 여기고서 로이드 존스도 자기처럼 가르쳤다고 맘대로 글을 쓰고 있는 실정이다.

사도행전 19장의 에베소 교회

이미 중생한 신자에게 다른 성령의 세례가 더 남아있다는 그릇된 주장의 근거로 지목되는 성경의 또 다른 내용은 사도행전 19장에 있다. 사도행전 19장의 에베소 교회의 설립에 관한 내용에서 반복적인 성령세례의 근거가 발견된다고 한다. 아볼로에 의해 먼저 믿게 된 에베소 사람들에게 구원의 은혜는 이미 임했으나 성령이 임하지 않았었다고 그들은 주장한다. 그런데 후에 사도 바울이 에베소에 도착하여 그들에게 성령의 세례를 받았는지 확인하였고, 그들에게 성령의 세례가 일어나지 않았음이 확인되자 안수하여 성령세례가 임하게 했다는 것이다. 성령세례가 임할 때, 예언, 방언 등의 성령의 은사도 함께 나타났다는 성령운동의 중요한 이론의 근거가 사도행전 19장에서 발견된다는 것이다.

"바울이 그들에게 안수하매 성령이 그들에게 임하시므로 방언도 하고 예언도 하니."(행 19:6)

믿는 신자들이 성령세례를 사모해야 한다고 강력하게 주장하였던 로이드 존스는 과연 이 부분에 대해서 뭐라고 가르쳤을까? 불행하게도 로이드 존스도 은사주의자들과 동일한 관점을 취했다. 사도 바울이 에베소에 도착하기 전, 이미 그곳에 참 신앙으로 구원받은 성도들이 존재하고 있었으나 능력을 주는 성령세례가 나타나지 않았다고 다음과 같이 가르쳤다.

"그들은 참 신자, 하나님의 자녀들이었습니다. 그러나 아직 성령으로 세례를 받지는 못했습니다. 사도행전 19장 6절에 보면 '바울이 그들에게 안수하매 성령이 그들에게 임하시므로 방언도 하고 예언도 하니…'라고 나옵니다. 여기에 주 예수 그리스도를 믿는 참 신자이면서도 아직 성령의 세례를 받지 못할 수도 있다는 절대적인 증거가 있습니다." [15]

세례 요한의 신앙

그러나 성경을 조금만 깊이 읽으면 로이드 존스의 근본적으로 그릇되었다는 것을 금방 알 수 있다. 바울 사도의 안수에 의해 에베소 교회의 성도들에게 성령세례가 임하였다는 주장은 매우 그릇된 성경해석이다. 아볼로의 전도 사역을 통하여 에베소 지역에 이미 구원받은 신자들이 존재하였다는 해석도 완전히 틀렸다. 바울이 에베소에 도착하기 전에 에베소 지역에는 구원받은 사람이 아무도 없었고, 그리고 예수 그리스도를 구주로 영접하도록 돕는 성령의 임재하심도 전혀 없었다고 해석해야 정상적인 성경해석이다. 다음의 성경 말씀에서 그 증거를 확인할 수 있다.

"알렉산드리아에서 난 아볼로라 하는 유대인이 에베소에 이르니 이 사람은 학문이 많고 성경에 능한 자라. 그가 일찍 주의 도를 배워 열심으로 예수에 관한 것을 자세히 말하며 가르치나 요한의 세례만 알 따름이라." (행 18:24-25)

아볼로는 많은 학문을 배운 지성인이었고, 또한 구약 성경에 대해서도 많은 바른 지식을 가진 탁월한 인재였다. 그러나 그의 신앙과 믿음은 세례 요한이 전파했던 내용 안에서만 머물고 있었다. 세례 요한이 가르친 내용을 요약하면 "하나님이 세상에 보내시는 구원자가 곧 오시니 맞이할 준비를 하라!"는 것이었다. 죄악된 생활을 청산하고 하나님이 보내실 어린 양 예수 그리스도를 맞이할 준비를 하도록 요한은 이스라엘 백성들에게 회개를 외쳤다. 세례(침례) 요한은 바로 그 일을 하라고 하나님이 세상에 보내신 구약 시대의 마지막 선지자였다. 요한은 자신이 죄인들의 영혼을 구원한다는 생각하지 않았다.

아볼로가 세례 요한의 세례만 알았다는 것은 죄를 사하시기 위해 십자가에서 피 흘리고 죽으신 예수 그리스도를 구주로 영접하여 하나님의 자녀가 되는 예수 그리스도의 복음을 몰랐다는 것이다. 그러므로 그의 전도를 통해 예수 그리스도의 복음이 에베소 지역에서 선포될 수가 없었던 것이다. 더 나아가 인간의 죽은 영혼을 거듭나게 하는 성령이 임하시지 못했다는 것을 의미한다. 왜냐하면 성령은 오직 예수 그리스도의 복음과 더불어 일하시기 때문이다. 성령이 어떤 사람에게 임하시는 근거는 그가 십자가의 피의 제사를 믿음으로 예수 그리스도의 십자가의 공로가 값없이 그 사람에게 전가되어 하나님이 의롭다 선언하여 주시기 때문이다. 성령이 인간에게 임하실 수 있는 다른 이유는 없다.

세례 요한의 물세례에 대해서만 배운 에베소 사람들은 구원받을 수 없었고, 예수 그리스도의 십자가의 죽으심과 부활을 적용시키는 하나님의 성령을 알지도 못했다. 에베소 지역의 사람들이 그러한 영적인 상태에 머무르고 있었을 때, 사도 바울에게서 신앙을 배운 제자 브리스기라와 아굴라 부부가 에베소에 도착하였다. 이 부부를 통하여 아볼로는 예수 그리스도의 십자가의 피의 복음에 대해서 정확하게 배우게 되었다. 자세한 이유를 알 수는 없으나, 아볼로는 브리스기라와 아굴라 부부에게서 예수 그리스도의 복음을 배운 후 더 이상 에베소에서 사역하지 않고 아가야로 떠났다. 이후 아볼로는 예수 그리스도의 십자가의 복음을 훌륭하게 증거하는 전도자로 성장하였고, 각처에서 복음을 전하였다(행 18:27-28).

아볼로가 고린도에서 전도하고 있을 때, 사도 바울이 에베소에 도착하여 비로소 온전한 예수 그리스도의 복음을 전하였다. 아마도 바울은 이전 아볼로의 전도를 받았던 사람들이 기독교의 참되고 온전한 복음을 듣지 못했음을 이미 알고 있었던 것 같다. 왜냐하면 바울 사도가 에베소에 도착하자마자 아볼로의 전도를 받았던 사람들에게 성령을 받았는지를 확인하였기 때문이다.

"에베소에 와서 어떤 제자들을 만나 가로되 너희가 믿을 때에 성령을 받았느냐 가로되 아니라 우리는 성령이 있음도 듣지 못하였노라."(행 19:1-2)

사도 바울은 에베소 사람들이 예수 그리스도의 이름으로 세례를 받은 것이 아니라 예수 그리스도의 오심을 예비하였던 세례 요한의 회개의 세례와 그의 가르침을 배웠다는 것을 알게 되었다.

"바울이 가로되 그러면 너희가 무슨 세례를 받았느냐 대답하되 요한의 세례로라."(행 19:3)

그러므로 사도 바울은 다시 예수 그리스도의 십자가 복음을 전해야만 했다. 진정한 의미에서 에베소 지역의 선교사역은 사도 바울로부터 시작된 것이다. 아볼로에게서 세례 요한의 가르침을 전하여 듣고 회개의 물세례를 받았던 사람들이 바울의 예수 그리스도의 복음을 듣고 예수 그리스도의 이름으로 다시 세례를 받았다. 사마리아 사람들이 이전에는 세례 요한의 세례를 받았으나, 이제 십자가에서 우리를 구원하신 예수 그리스도의 복음을 듣고 믿어 하나님의 자녀 되었음을 공표하는 참 기독교의 세례를 받은 것이다.

"저희가 듣고 주 예수의 이름으로 세례를 받으니."(행 19:5)

에베소 사람들이 예수 그리스도의 이름으로 세례를 받았다면, 이미 그 사람에게 성령의 세례가 일어난 것이다. 왜냐하면 성령이 먼저 임하시어 역사하지 않으면 결코 예수 그리스도에 관한 신앙고백이 나타날 수가 없다고 성경은 다음과 같이 분명하게 말씀하기 때문이다.

"그러므로 내가 너희에게 알게 하노니 하나님의 영으로 말하는 자는 누구든지 예수를 저주할 자라 하지 않고 또 성령으로 아니하고는 누구든지 예수를 주시라 할 수 없느니라."(고전 12:3)

사도가 안수하게 된 이유

에베소의 초신자들에게 단지 구원만 임하였고 성령의 세례가 임하지 않았다고 가르치는 모든 말들은 모조리 배격되어야 한다. 사도 바울이 그곳의 초신자들에게 안수할 때, 그들에게 성령세례가 임했다고 가르치는 말들도 옳지 않다. 바울이 안수할 때 에베소의 초신자들에게 성령이 임하였다는 성경의 내용은 다른 각도에서 해석되어야 할 특별한 문제이다.

바울이 에베소 초신자들에게 안수하여 성령의 역사가 나타나게 한 특별한 경우에 대해 다음과 같은 두 가지 관점에서 해석할 수 있다. 첫째로, 이방인들의 도시인 에베소에도 이제 하나님의 교회가 탄생되었음을 기독교 설립자인 사도 바울을 통하여 확증하셨다는 것이다. 사도 바울이 에베소 교회의 초신자들에게 안수할 때에 성령이 임하였다고 기록되었으나, 사실은 교회가 세워지는 데 필요한 성령의 은사들이 나타났다고 해석하는 것이 더 마땅하다.

이방인들 가운데 교회가 세워질 때 나타난 가장 대표적인 은사는 방언과 예언이었다. 특히 방언은 이방인도 예수 그리스도를 믿음으로 하나님의 자녀가 되는 새로운 시대가 도래하였음을 유대인들에게 알리는 특별한 의미를 가진 이적으로서의 은사였다. 바울이 에베소 교회의 초신자들에게 안수하자 이방인들도 복음 안에서 하나님의 자녀 되었음을 알리는 방언이 나타난 것이다. 그리고 새로 탄생한 교회와 성도들이 나아가야 할 길을 설명하는 예언이 나타났던 것이라고 보아야 한다. 결코 은사주의자들이 말하는 능력을 주는 성령세례가 나타났다고 할 일이 아니다.

둘째로, 당시까지 존재하였던 세례 요한의 가르침이 예수 그리스도의 복음 안에서 종결되었음을 공식화하는 특별한 의식이었다고 이해할 수 있다. 정확히 언제까지였는지는 말할 수 없으나 예수 그리스도의 오실 길을 증거하였던 세례 요한의 물세례 운동과 예수 그리스도의 십자가의 죽음과 부활의 완전한 복음이 공존하였던 과도기가 존재했다. 그래서 아볼로에 의해 에베소에 세례 요한의 가르침이 전파되었던 것이나, 거의 비슷한 시기에 사도 바울이 에베소에 도착하여 예수 그리스도의 완전한 구원복음을 증거하였던 것이다. 이러한 상황에서 교회설립자인 사도 바울은 이제 더 이상 세례 요한의 가르침을 따를 필요가 없다는 사실을 확증하기 위해 다시 예수 그리스도의 이름으로 세례를 준 후 안수하여 성령의 은사가 나타나게 하였다는 것이다.

이 견해는 다음과 같은 점에서 더욱더 설득력이 있어 보인다. 만일 바울이 에베소의 이방인들에게도 하나님의 자녀 되는 은혜가 임하고 성령이 임했다는 것을 보이기 위해 안수한 것이라면, 바울은 다른 이방인들의 도시에서 교회를 개척할 때마다 이와 같은 과정을 만들었을 것이다. 그러나 바울은 에베소에서만 초신자들에게 안수하여 성령의 역사가 나타나게 하였고 다른 이방인들의 도시에서 교회를 개척할 때 이러한 일을 하지 않았다. 그러므로 바울 사도가 에베소의 새 신자들에게 예수 그리스도의 이름으로 안수하여 성령의 역사가 나타나게 한 것은 더 이상 세례 요한의 가르침이 존재할 필요가 없다는 사실을 공식화하려는 의도였다고 볼 수 있다는 것이다.

분명한 사실은 어떠한 경우에도 사도행전 19장의 에베소 교회 사례를 통해 성령이 반복적으로 임한다는 성령세례 이론을 주장하는 것은 불가하다는 것이다. 오순절 신학으로 무장된 은사주의자들이 힘주어 주장하고 로이드 존스도 동조한 그런 성경해석은 심각하게 잘못되었다. 그래서 성령운동가들이 지금 로이드 존스를 만만하게 여기고 자기 글에다 함부로 로이드 존스의 성령에 대한 이론들을 인용하고 있는 실정이다.

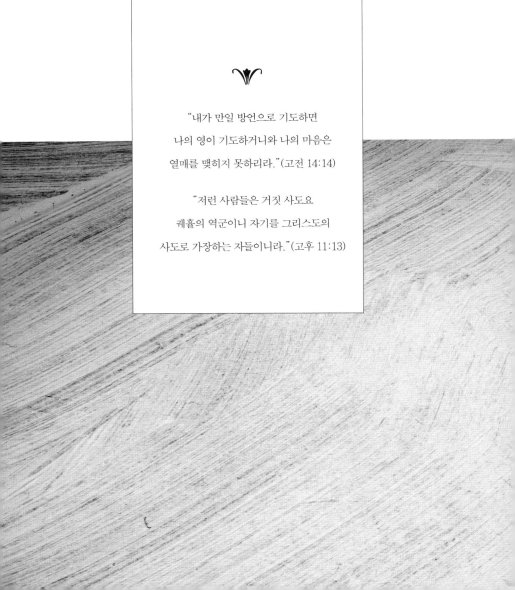

"내가 만일 방언으로 기도하면
나의 영이 기도하거니와 나의 마음은
열매를 맺히지 못하리라." (고전 14:14)

"저런 사람들은 거짓 사도요
궤휼의 역군이니 자기를 그리스도의
사도로 가장하는 자들이니라." (고후 11:13)

4부

참 성령세례와 참 방언

제9장
참 방언은 참 성령세례와 무관했다

구약 시대의 북 이스라엘 왕국은 벧엘과 단에 세운 금송아지 신을 섬기다가 하나님의 심판을 자초하였다. 남쪽의 유다 왕국은 하나님을 섬긴다면서 부지런히 산당을 드나들다가 하나님의 심판을 받아 패망하였다. 그들은 하나님을 섬긴다고 자부하였고 절대로 하나님을 대적하거나 배신한다고 표방하지 않았다. 나름 열심을 다하면서 하나님을 찾았고 섬겼으나 남쪽과 북쪽의 이스라엘 백성들은 하나님의 저주를 받아 망했다.

왜 하나님을 섬겼으면서도 하나님의 저주를 받을 것일까? 그들이 사랑하고 좋아했던 신은 이스라엘을 지으시고 부르신 여호와 하나님이 아니었기 때문이다. 북 이스라엘이 섬긴 금송아지 하나님은 하나님으로 위장하는 사탄이었고, 남쪽 유다 백성들이 사랑했던 산당의 하나님도 성경의 하나님이 아니었다. 그들이 산당에서 만나고 사랑했던 신은 성경의 하나님을 모조하는 사탄이었다. 하나님으로 위장하는 사탄을 숭배하는 죄악을 범했으므로 하나님의 참혹한 심판이 임했던 것이다. 결국 북 이스라엘 왕국의 백성들과 남 유다 왕국의 백성들이 참 하나님에 대한 지식과 거짓 영에 대한 분별력이 없어 망한 것이다.

지도자들이 마땅히 백성들을 바른길로 인도하였어야 하나 불행히도 그런 분별력 있는 지도자들이 많지 않았다. 성경을 보면 산당의 정체를 알아보지 못하였고, 산당을 철폐하기 위해 힘쓰지 않았던 모든 왕들이 하나같이 하나님의 칭찬을 받지 못했다. 혹 다른 잘한 일들이 많을지라도 산당을 방치하거나 보존하는 실책을 범한 왕들은 아쉽게도 그것이 중대한 오점이 되었다.

"오직 산당은 없이하지 아니하니라 그러나 아사의 마음이 일평생 여호와 앞에 온전하였으며."(왕상 15:14)

"여호사밧이 그 부친 아사의 모든 길로 행하며 돌이켜 떠나지 아니하고 여호와 보시기에 정직히 행하였으나 산당은 폐하지 아니하였으므로 백성이 오히려 산당에서 제사를 드리며 분향하였더라."(왕상 22:43)

여로보암의 우상숭배 정책과 함께 시작된 북쪽의 왕들의 신앙의 노선에 대해서는 말할 것도 없다. 다윗의 후손들이 다스린 남쪽 유다의 왕들 가운데 산당에서 백성들의 경배를 받는 신이 여호와 하나님이 아니고 사탄이라는 사실을 알아보고 바르게 행했던 사람은 불과 두 사람뿐이었다. 위대한 종교개혁자였던 히스기야 왕과 요시야 왕, 이 두 사람만이 거짓된 산당의 정체를 꿰뚫어보는 신령한 눈을 가진 믿음의 왕들이었다. 아사 왕이 초년에는 산당을 철폐하는 데 힘을 썼으므로 하나님이 그에게 은혜와 평강을 부어주셨으나(대하 14:5-6), 불행히도 말년에는 그가 산당을 방치하고 보존하는 실수를 범하여 성경에 히스기야, 요시야 왕과 같은 믿음의 왕으로 기록되지 못했다.

문제는 현재의 교회들이 구약의 산당과 같은 곳으로 변질되어 버렸다는 것이다. 대부분의 교회들이 제자훈련, 성경공부, 새벽기도 등을 부지런히 하고 있으니 하나님을 잘 섬기는 것처럼 보인다. 그러나 내막을 알고 보면 그렇지 못하다. 올바른 교회라면 마땅히 그 존재 자체가 사탄에게는 매우 해롭고 불편하고 부담스러워야 할 것이나 현대의 교회들은 그렇지 않다. 특히 제자훈련 등을 잘하기로 소문난 유명한 교회들은 오히려 사탄이 즐겁게 노는 놀이터가 되고 말았다. 한국 교회가 이제 세상이 더 기대를 가지고 볼 것이 없는 추잡한 집단으로 규정되게 만드는 데 크게 공헌한 교회들은 모두 제자훈련 등을 기본으로 하는 크고 유명한 교회들이다. 화려한 건물과 사람의 마을을 사로잡는 멋있는 예배를 가지고 있는 그런 교회들 속에 정말 하나님이 계시다면, 정말 성령이 역사하시고 운행하신다면 오늘 한국 교회가 이렇게 되지는 않았을 것이다.

부자는 망해도 그 힘이 3대는 간다고 하였는데, 한국 교회는 조속히 망해버리고 있다. 3대는커녕 앞으로 30년도 내다보기 어렵고, 그 후에는 예수 그리스도의 복음의 씨도 남아나지 못할 것 같다. 왜 이렇게 되었을까? 하나님의 씨가 아닌 다른 씨가 들어왔기 때문이다. 다른 것이 들어서서 자라고 거대해졌기 때문이다. 성령이 아닌 다른 영에 취하여 흥청거렸고, 큰 건물들을 지었고, 부유해졌고, 비대해졌으나 때가 이르니 이제 그 열매와 정체가 드러나는 것이다.

한국 교회에 다른 영적인 씨가 들어오는 데 사용된 가장 주요한 통로는 뭐니 뭐니 해도 언제나 우리의 가까운 곳에 있었던 거짓된 은사 운동이다. 그중에서도 제일 심각한 것은 전혀 성경적이지 못한 옹알거리는 변태적인 방언 은사이다. 거짓 방언은 그 자체로서 끝나는 문제가 아니다. 마귀가 교회를 잡으려고 던져주는 미끼였으므로 그것을 붙잡으면 반드시 건강한 신앙의 스텝이 꼬이게 된다. 더 깊이 빠지면 사탄의 만들어 낸 거짓 신앙시스템에 완전히 잡히게 되는 것이다. 교회를 자기 것으로 만들려고 마귀가 작정하고 뿌린 씨앗인데, 그 결과가 왜 그리되지 아니하겠는가?

현대 교회를 잠식하고 있는 귀신의 변태방언이 이처럼 강한 위력을 가지게 된 것도 그것이 성령세례의 징조라는 거짓 때문이다. 성령세례를 받은 사람들에게서 나타나는 가장 대표적인 징조가 옹알거리는 영의 언어(?)라는 잡설이 사람들에게 이미 깊이 각인되었다. 그래서 사실은 귀신에게 농락당하거나 무의미한 현상을 신봉하는 미신에 빠진 불쌍한 사람인데 성령의 능력을 받은 귀한 사람으로 추앙되었으니, 어찌 교회가 혼란에 빠지지 않겠는가?

그릇된 성령세례 이론을 주장하는 모든 사람들이 다 같이 거짓된 방언을 그 징조라고 높이지는 않는다. 로이드 존스, 토레이, 토저와 같은 사람들의 그릇된 성령세례 사상에는 변태적인 방언이 크게 결부되지 않거나 전혀 나타나지 않는다. 그러나 1900년대 초에 일어난 아주사의 거짓된 부흥으로부터 시작된 오순절 운동의 전통적인 성령세례 이론에 물든 사람들은 방언이 성령세례에 따르는 가장 핵심적인 표적이라고 가르친다. 물론 그것은 전혀 사실이 아니고, 또한 그들이 지금 가르치는 성령세례는 성경의 가르침과는 무관하고 그들이 말하는 방언도 성경의 방언과는 무관한 다른 영의 변태적인 거짓 방언이다.

기독교의 역사와 방언 은사

기독교의 방언을 정직하게 연구하는 사람들은 모두 성경의 방언은 요즘의 흔한 방언과는 달리 결코 자주 나타나지 않았고, 또한 의외로 일찍 역사 속에서 자취를 감추었다고 공통적으로 말한다. 성령의 놀라운 부흥이 일어난 초대교회의 상황을 기록한 사도행전에는 방언이 불과 세 번밖에 나타나지 않는다. 사도행전 시대에도 기독교의 방언은 매우 진귀한 현상이었던 것이다. 고린도전서 12장에서 바울 사도가 성령의 은사들을 설명하는 내용에는 방언의 은사와 방언을 통역하는 은사가 명확하게 나타나 있다. 그러나 몇 년 후에 저술된 로마서 12장에서 바울이 성령의 은사를 설명하는 내용 속에는 방언이 등장하지 않는다. 물론 완전히 단정할 수는 없겠으나, 신약의 교회가 설립되는 과정에서 중요하고 특별한 역할을 했던 방언이 더 이상 관심을 받지 않게 되었음을 의미한다고 해석될 수 있다.

이러한 추측은 다양한 역사적인 증거들을 통해 설명될 수 있다. 방언이 초대교회 어느 순간부터 사라졌고 더 이상 나타나지 않았음을 보여주는 많은 역사적인 증거들이 있다. 4세기 말의 사람이며, 콘스탄티노플 교회의 대주교였던 요한 크리소스톰(John Chrysostom, 349-407)은 고린도전서를 가르치면서 성경의 방언은 이미 사라졌고 더 이상 나타나지 않는다고 분명하게 말했다. 만일 그 당시까지 교회 안에 성경의 방언의 은사가 지속되고 있었다면 감히 크리소스톰이 성경의 방언이 사라졌다고 말하지 않았을 것이다. 이미 그 당시에는 성경의 방언이 더 이상 교회에서 목격되지 않고 실질적으로 사라졌으므로 크리소스톰은 그렇게 가르쳤던 것이다.

5세기 초의 인물이며, 방언에 대하여 가장 많은 가르침을 성경에 기록한 사도 바울의 신학을 계승하여 후대에 전달한 신학자 어거스틴(Augustine, 354-430)도 그가 살았던 그 시대에 이미 방언이 더 이상 존재하지 않는다는 사실을 명백하게 말했다. 그는 유대 그리스도인들을 위한 특별한 표적이었던 성경의 방언은 이미 사라졌고, 더 이상 교회에서 나타나지 않는다고 분명하게 가르쳤다.[1] 만일 어거스틴이 활동하던 5세기의 교회 속에서 성경의 방언의 은사가 여전히 나타나고 있었다면 감히 어거스틴이 방언이 사라졌다고 말하지 않았을 것이다.

종교개혁자들도 성경의 방언에 관해서 동일한 입장을 취했다. 종교개혁자들에게는 방언이 특별한 관심거리가 되지 못하였다. 왜냐하면 초대교회 이후 방언은 사라졌고 중세시대의 교회에서도 방언이 나타나지 않았기 때문에 아무도 방언에 대한 다른 말을 하지 않았기 때문이다. 종교개혁을 완성한 칼빈 또한 성경의 방언이 초대교회 이후에 사라졌다고 가르쳤고, 성경의 방언은 그 시대의 이방인들의 실제 언어였다고 가르쳤다.

초대교회 이후 성경의 방언은 사라졌으나 한편으로 성경의 방언을 모조하는 거짓 방언 현상을 일으키는 이단들의 활동은 있었다. 성경의 방언을 모조하는 최초의 거짓 방언은 초대교회의 대표적인 이단종파였던 몬타누스파(Montanist)의 활동을 통하여 최초로 나타났다고 보여진다. 그러나 몬타누스가 이단으로 규정됨으로써 거의 방언 또한 이단 현상으로 이해되어 정통 교회에서 수용되지 않았다. 중세 시대에도 다양한 형태의 신비주의 운동들을 통해 성경의 방언을 모조하는 거짓 방언이 간헐적으로 나타났다. 그러나 그들은 성경적인 정통 신앙의 계승자로 인정되지 못하였고, 그들의 방언 등의 신비현상도 교회에서 인정받지 못했다.

방언운동의 현대적인 기원으로 여겨지는 사람은 1800년대의 영국 사람인 에드워드 어빙(Edward Irving)이다. 그는 원래 장로교회의 목사로서 설교에 많은 재능을 보였으나, 1828년부터 신비한 영적 현상들을 체험하기 시작했다. 그리고 인간의 타락에 관한 성경의 가르침을 부정하였고, 환상 등의 신비한 체험들을 자주 나타나기 시작하면서 이상한 방언현상도 그에게서 나타났다.[2] 그러나 그도 정통신앙의 계승자로 인정받지 못하였으므로 그에게서 나타난 방언 등의 신비현상도 인정받지 못했다.

현대 교회의 방언은 1900년대에 시작되어 짧은 시간에 온 세계로 퍼졌다. 현대의 방언운동의 조상이라고 할 수 있는 인물은 찰스 펄햄(Charles Parham, 1873-1929)이라는 미국의 백인 목사이다. 그리고 그의 제자였던 흑인 목사 윌리엄 세이모어(William Seymou, 1870-1922)에 의해 주도된 성령세례 운동과 함께 현대의 방언은 본격적으로 전파되었다. 미국 캘리포니아 아주사에서 윌리엄 세이모어에 의해 시작된 거짓된 성령세례 운동이 '아주사 부흥'이라고 잘못 불리워지고 있는 실정이고, 현대의 방언은 그 성령세례의 징조라고 여겨지면서 확산되었다. 윌리엄 세이모어에 의해 시작된 비성경적인 성령세례와 방언을 체험하는 물결은 순식간에 확산되었고 결국 오순절 운동(Pentecostal Movement)로 발전되었다. 비성경적인 성령세례를 일으키고 그 징조로 나타나는 그릇된 방언을 교회에 도입한 찰스 펄햄과 윌리엄 세이모어가 어떤 신앙을 가진 사람이었는지에 대해서는 나중에 살펴보기로 하자. 그들은 실질적으로 이단이었다.

이제 거짓된 아주사 부흥의 영향을 받지 않은 교단이나 교회를 찾아보기는 어렵게 되었다. 자유주의 물결에 물들지 않고 살아남은 복음주의 교회들 대부분이 오순절 운동의 영향을 크게 받아 성경적 신앙의 정체성을 상실하였다. 성경적 근거가 없는 괴이한 소리현상을 방언이라고 하고, 더 나아가 그것이 성령세례를 받은 엘리트 신자들에게서 나타나는 증거라고 주장하는 비성경적인 말을 반박하면 보수신앙이라고 한다. 성경적 신앙이라고 말해야 할 것을 보수신앙이라고 말함으로 거짓된 방언과 비성경적인 성령세례 주장도 기독교의 테두리 안으로 포함시켜 버리는 것이다. 그러나 진실은 변하지 않는다. 현대의 방언은 성경의 방언이 아니고 거듭난 신자들에게 다시 나타난다는 성령세례에 대한 사상도 성경적으로 지지받지 못한다. 하물며 그것의 징조라고 주장되는 현대의 변태방언에게 무슨 성경적 근거가 있겠는가? 과연 성경의 방언은 어떤 방언이었고, 성경적 성령세례와 방언은 서로 어떤 연관이 있는지 살펴보자.

1) 사람에게 말하는 방언

성령세례를 왜곡하는 가장 대표적인 주장은 방언이 성령세례의 증거라는 주장이다. 오늘날의 방언운동가들의 말을 더 정확하게 표현하자면 '방언기도가 성령세례를 받았음을 보여주는 표적'이라고 한다. 성경에서는 방언으로 기도하는 현상을 전혀 발견할 수가 없음에도 이 단순한 사실을 정확하게 알고 있는 사람이 많지 않다. 방언으로 기도한다는 사람들에게 "성경에 누가 방언으로 기도했다는 명확한 내용이 한 줄이라도 있습니까?"라고 물으면, "방언을 말한다면 왜 방언으로 기도를 못하겠습니까?"라고 대수롭지 않게 말하는 사람들이 있다. 성경의 방언은 하나님이 사람에게 말하는 방언인데, 그것이 순식간에 바뀌어 하나님이 자기 자신에게 말하는 방언으로 변한다는 것인가? 하나님이 왜 자기에게 말을 하시겠는 가? 말이 안 되는 괴변이다. 방언으로 기도하는 은사에 대한 성경의 명확한 내용이 한 줄도 없으나, 이제는 왜 이리 방언으로 기도한다는 사람들이 많을까? 그 사람들은 거의 대부분 자신들이 놀라운 성령세례를 받았다고 자부하고 있다.

"목사님! 목회를 하시는 분이 어째서 방언기도도 못 받고 목회를 하십니까?"

내가 아는 어떤 방언기도를 잘하는 사람이 방언기도를 못하는 자기 교회의 목사에게 이렇게 말하였다. 그 사람은 방언기도는 일반 모국어 기도보다 더 신령하고 마귀의 방해를 받지 않고 직통으로 하나님께 상달되는 능력 있는 기도라고 자주 말한다. 그런데 그 사람은 방언기도만 잘하는 것이 아니고 주변 사람들에게 종종 특별한 기도를 해 주면서 그 자신의 말인지, 하나님이 하시는 말인지 분간하기 어려운 알쏭달쏭한 점하는 식의 말을 내뱉기도 한다고 한다. 아마도 그 사람은 그것이 예언 또는 요즘 흔히 사람들이 말하는 예언기도라고 생각하는 모양이다.

그런데 그 사람이 교회에서 기도할 때 그 괴이하고 흉한 소리로 크게 떠들기 때문에 주변 사람들이 방해를 받지 않으려고 도망치거나, 도망칠 곳이 없어 기도를 못 하였으므로 화가 나서 씩씩거리게 만들기도 한다. 오죽하면 내가 아는 어떤 성도는 그 사람의 꺼림칙한 방언기도에 방해받지 않으려고 귀를 막고 기도했다고 했다. 성경에서 명백한 근거를 찾을 수 없는 방언기도라는 은사를 받은 사람들의 실상이 이렇다. 물론 모든 방언기도자들이 동일하지는 않겠으나 방언기도한다는 사람들에게서 비인격적이고 점쟁이 모습이 나타나는 경우가 더 많다는 것은 분명한 사실이다. 백 보를 양보해서 성경의 방언이 혹 그 같은 것이라 할지라도, 바울은 다른 사람들과 함께 영적인 유익을 공유하도록 통역하라고 했고, 통역하지 못하면 방언은 교회에서 하지 말라고 했다.

"만일 통역하는 자가 없거든 교회에서는 잠잠하고 자기와 및 하나님께 말할 것이요."(고전 14:28)

바울의 이 말은 과연 자기에게, 또는 하나님에게 하나님이 주신 방언을 진짜로 하라는 뜻이었을까? 아니면 교회에서는 통역되지 않는 방언을 하지 말라는 것을 강조하는 표현이었을까? 그러나 이 점을 생각해 보자. 하나님이 방언으로 자기 자신에게 말을 할 필요가 있을까? 기독교의 방언은 통역하여 다른 사람들이 하나님이 주시는 말씀을 듣게 해야만 그 기능이 정상적으로 수행된다는 의미인 것이다.

중요한 사실은 바울이 논증한 이 방언은 사람을 대상으로 말하는 방언이었지, 하늘의 비밀의 언어로 하나님께 말하는 방언은 아니었다는 것이다. 성경에서 하나님께 드리는 기도와 사람에게 언어로 말하는 것을 표현하는 단어가 분명하게 구별되어진다. 위 말씀에서도 사람에게 하는 방언이 통역되어져야 한다는 당연한 사실에 근거하여 통역이 불가능하면 하지 말라는 의미로 "하나님에게나 말해라!"라는 일종의 역설로 기술되었다. 요즘의 옹알거리는 방언기도라는 것은 위 말씀과 직접 관련된 것도 아니지만, 방언기도한다는 사람들은 이 말씀을 왜곡하여 개인적으로 하나님께 방언하면 된다고 주장한다.

성경의 방언은 하나님이 시키는 대로 다른 사람에게 말하는 방언이다. 하고 싶어서 자의로 말하는 것이 아니고 하나님이 하게 하시므로 말하는 방언이지, 그 능력을 이용하여 자신이 원하는 때에 원하는 내용을 말할 수 있는 방언이 아니었다. 성경에 나타난 최초의 방언을 들었던 사람들의 반응이 성경에 이렇게 기록되어 있다.

"우리가 우리 각 사람의 난 곳 방언으로 듣게 되는 것이 어찜이뇨."(행 2:8)

"우리가 다 우리의 각 방언으로 하나님의 큰 일 말함을 듣는도다."(행 2:11)

외국에 살다가 명절을 맞아 예루살렘에 왔던 유대인들이 사도들과 제자들이 자신들이 살고 있는 외국 나라들의 말을 구사하면서 예수 그리스도의 복음을 설명하는 특이한 일을 목격한 것이다. 성경의 방언은 사람이 하나님에게 기도하는 기능을 수행하지 않았다. 하나님이 제자들을 통해 다른 사람들에게 말씀하시는 기능을 수행했다. 하나님께서 방언은사를 통해 말씀하시는 내용은 예수 그리스도의 십자가 복음에 대한 설명이었다. 그래서 사도들과 제자들이 방언을 듣고 '하나님의 큰일을 말함'을 들었다고 고백했다. 하나님께서 방언 은사를 주신 가장 큰 목적은 예수 그리스도를 거부하는 사람들에게 기적적인 방법으로 복음을 전하기 위함이었다. 그래서 최초의 방언이 나타나던 날 삼천 명이나 되는 유대인 불신자들이 예수 그리스도를 구주로 영접하고 세례를 받았다(행 2:41).

현대의 방언기도가 기독교의 방언이라고 주장하는 사람들은 사도행전이 아니라 고린도전서에 현대의 방언기도가 설명되어 있다고 한다. 그들의 말을 요약하면 고린도전서의 방언은 아무도 모르는 하늘의 언어로 하나님께 기도하는 방언이라는 것이다. 현대의 방언기도에 사로잡힌 사람들이 주장하는 내용을 간략하게 살펴보도록 하자.

(1)영의 언어로 하나님께 비밀스럽게 기도한다는 주장

"방언을 말하는 자는 사람에게 하지 아니하고 하나님께 하나니 이는 알아듣는 자가 없고 그 영으로 비밀을 말함이니라."(고전 14:2)

현대의 방언기도에 사로잡힌 사람들은 이 내용이 사도행전의 사람에게 말하는 방언과 다른 고린도의 하나님께 기도하는 비밀 언어 방언의 근거라고 가르친다. 그러나 그렇게 주장하기에는 너무나도 많은 이상한 점들이 존재한다. 첫째, 여기서도 바울은 방언을 (사람에게) 말한다고 하지 기도한다고 하지 않는다. 둘째, 방언기도로 '비밀'을 말한다고 하는데, 대체 하나님이 몰라서 보고해 드려야 할 '비밀'이 어디에 있겠는가? 셋째, '그 영'으로 비밀을 말한다고 하였는데, 바울은 정상적인 기독교의 은사를 설명할 때 '성령으로', '영으로'라고 하지 '그 영'으로 라고 말하지 않는다. 이는 다른 영, 사탄의 영이 만들어 내는 변태적인 방언이라는 사실을 암시하는 것이다.

(2)방언기도는 마음에는 유익이 없으나 영혼에게는 큰 유익이 있다는 주장

"내가 만일 방언으로 기도하면 나의 영이 기도하거니와 나의 마음은 열매를 맺히지 못하리라."(고전 14:14)

현대의 방언기도에 사로잡힌 사람들은 이 말씀에서 사도행전의 사람에게 말하는 방언과 다른 기도하는 방언을 명백하게 보여주고 있다고 주장한다. 그러나 이 주장에도 너무도 많은 이상한 점이 존재한다. 첫째, '내가 만일 방언으로 기도하면'이라는 바울의 말은 언제든지 방언기도를 할 수 있다는 전제에서 나오는 말이 아니고, 바울이 방언기도를 하지 않는다는 전제하에서 나오는 말이라고 성경을 깊이 연구하는 학자들이 설명하고 있다. 둘째, '나의 영이 기도하거니와'라는 말도 바울이 다른 곳에서 가르친 기도에 관한 가르침들과 완전히 모순된다. 바울은 어디에서도 마음과 따로 활동하고 작동하는 인간의 영혼에 대해서 말하지 않았다. 인간의 마음과 분리된 영혼만의 활동에 대한 '유체이탈' 등의 이야기는 다른 신비주의 종교들에게서 나오는 내용이다. 인간 존재에 관한 성경의 가르침은 하나님께 영혼과 육체로 인간을 지으셨고, 이 둘이 완전한 연합을 이룸으로 인간이 '인격'으로 존재하게 된다는 것이다. 영혼과 육체가 분리되는 때는 죽음의 순간이다. 그러므로 영이 방언으로 기도할 때 마음은 아무것도 알지 못한다는 이 내용은 바울의 신앙과 사상이라고 볼 수가 없다. 그릇된 방언을 고린도 교회에 끌어들인 자들이 거짓된 이론을 바울이 언급하는 것으로 보아야 한다.

(3)방언기도는 영의 기도이고 모국어 기도는 마음의 기도라는 주장

"그러면 어떻게 할꼬 내가 영으로 기도하고 또 마음으로 기도하며 내가 영으로 찬미하고 또 마음으로 찬미하리라."(고전 14:15)

현대의 방언기도에 사로잡힌 사람들은 이 내용의 '영으로 기도'가 방언기도이고 '마음으로 기도'가 모국어 기도라고 주장하면서 방언기도가 성경적이라고 외친다. 그러나 이 주장에도 도무지 용납할 수 없는 내용이 들어있다. '영으로 기도'를 다시 번역하면 '성령과 함께 기도'이다. 그리고 '마음으로 기도'는 '이성과 함께 기도'로 다시 번역될 수 있다. 성령을 모시고 사는 그리스도인의 기도는 언제나 성령과 함께 드리는 기도이다. 성경의 근거도 없는 방언기도만이 성령과 함께 드리는 기도이고 모국어 기도는 이성의 기도라는 주장은 황당무계한 괴변일 뿐이다. 이 내용은 바로 앞 절에서 영혼에게는 큰 유익이 되지만 마음에게는 유익이 되지 않는다는 방언기도에 대한 잡설을 교정하고 바로잡는 내용이라고 보아야 한다. 기도는 마땅히 성령과 더불어서, 성령의 도우심을 받으면서 또한 맑고 명료하고 건전한 이성의 활동과 함께 진행되어야 한다는 뜻으로 바울이 한 말이다. 영혼만 알아듣고 마음은 못 알아듣는다는 이상한 방언기도 사상을 바울이 수용하지 않고 꾸짖는 내용이다. 기도는 비성경적 신비현상이 아니고 건전한 이성 안에서 성령의 도우심을 받아 전인격으로 하나님께 간구하는 것임을 가르친 것으로 이해해야 한다.

이상으로 간략하게 살펴본 것처럼, 방언으로 기도한다는 것은 바울의 사상, 신앙과는 무관하다. 그런데 어찌 마치 바울이 그런 사상을 가지고

있었던 것처럼 성경에 기술되고 있는 것일까? 고린도전서와 거의 같은 시기에 바울이 저술한 고린도후서 11장을 보면 이미 고린도 교회에 '거짓 사도들', '궤휼의 역군들', '광명의 천사들'이 침투하여 '다른 복음', '다른 예수', '다른 영'을 전파하였음을 알 수 있다. 바울은 고린도 교회의 신자들이 그들을 구별하지 않고 수용하였다고 크게 책망하였다.

"만일 누가 가서 우리의 전파하지 아니한 다른 예수를 전파하거나 혹 너희의 받지 아니한 다른 영을 받게 하거나 혹 너희의 받지 아니한 다른 복음을 받게 할 때에는 너희가 잘 용납하는구나."(고후 11:4)

"저런 사람들은 거짓 사도요 궤휼의 역군이니 자기를 그리스도의 사도로 가장하는 자들이니라."(고후 11:13)

"이것이 이상한 일이 아니라 사단도 자기를 광명의 천사로 가장하나니."(고후 11:14)

이미 고린도 교회에 이단들이 침투하여 강력하게 활동하고 있었던 것이다. 물론 고린도 교회에서도 사도행전에서 기술된 정상적인 방언이 있었을 것이나, 바울이 떠난 후 침투한 거짓 사도들과 광명의 천사들에 의해 귀신의 변태방언이 더욱 많아졌던 것으로 추측된다. 그래서 고린도 교회의 문제를 바로잡는 내용 속에 이전에 바울이 가르치지 않았던 방언에 대한 특이한 내용들이 등장하는 것이다. 영의 언어로 하나님께 비밀스럽게 기도한다는 것, 방언기도가 마음에는 도움이 되지 않으나 영혼에게는 크게 유익하다는 것, 방언기도는 영의 기도이고 모국어 기도는 이성의 기도라는 것 등은 바울의 사상이 아니고 이단들이 풀어놓은 잡설이었다. 바울이 그것을 언급하면서 반박하고 교정하였다고 보는 것이 가장 정확한 성경해석이다.

실제로 바울은 방언기도(고전 14:14)라는 이상한 것에 대해서 언급을 하면서도 하나도 수용하지 않고 모두 반박하였다. 바울이 방언기도를 인정했다는 증거는 성경에서 발견되지 않는다. 바울이 귀신의 변태방언을 물리치는 과정에서 그릇된 주장을 펼치는 상대방의 이론을 무너뜨리기 위해 상대방의 주장을 마치 수용하는 듯이 기술하면서 자연스럽게 교정하고 반박하는 이 방식은 고대의 문헌에서 자주 발견되는 '디아트리베'(diatribe) 수사법이다.[3] 2,000년 전에 기록된 고대 헬라어의 이러한 부분까지 잘 연구하여 성경을 번역하지 못했으므로 그동안 귀신의 거짓 방언이 이렇게 크게 확산되었던 것이다.

백 보를 양보하여 방언으로 더 깊이 기도하는 은사가 정말 존재한다고 가정하고 또 생각해 보자. 그렇게 중요하고 뛰어난 기도가 따로 있다면, 왜 성육신하신 우리의 신앙의 모델 예수 그리스도에게서는 단 1분도 나타나지 않았을까? 예수님은 승천하시기 전 제자들에게 배우지 않은 남의 나라의 언어를 말하며 복음을 전파하는 이적이 나타날 것임을 예고하시는 했으나(막 16:17), 영의 비밀의 언어로 기도하는 은사가 나타날 것이라고 말씀하시지는 않았다. 마가복음의 마지막 절에서는 새로운 언어를 말하는 이적으로 인해 복음이 확실하게 증거되었다고 하였지, 영의 비밀의 기도로 인해 무슨 일이 일어났다고 말씀하시지 않는다. 예수님과 방언기도는 일체 관련이 없는 것이 분명하다.

예수 그리스도의 사도들과 제자들이 위급한 순간에 모여서 함께 뜨겁게 기도했다는 내용 어디에도 방언으로 기도했다는 내용은 일체 보이지 않는다. 합심하여 다급하고 간절하게 기도했다는 내용은 있으나 방언으로 기도했다는 내용은 단 한 줄도 없다. 방언으로 기도하는 것이 그리도 중요하고 능력이 있다면 교회를 설립하였던 사도들이 매일 방언으로 기도했을 것이다. 그러나 어떤 사도가 방언으로 기도했다는 내용은 성경에 단 한 줄도 없다. 반대로 성경의 모든 방언 관련 구절들은 사람을 향하여 말했다고 표현하고 있다. 이게 우연이거나 실수일까? 다음이 말씀들을 보라! 모두 사람을 향하여 방언의 은사를 활용하였다고 기술하고 있다.

"성령이 말하게 하심을 따라 다른 방언으로 말하기를"(행 2:4)

"이는 방언을 말하며 하나님 높임을 들음이러라"(행 10:46)

"성령이 그들에게 임하심으로 방언도 하고 예언도 하니"(행 19:6)

"방언을 말하는 자는"(고전 14:2)

"방언을 말하는 자는"(고전 14:4)

"방언으로 말하고"(고전 14:6)

"방언으로 말하는 자는"(고전 14:13)

"방언을 더 말하므로"(고전 14:18)

"방언으로 말하는 것보다"(고전 14:19)

"다 방언으로 말하면"(고전 14:23)

"누가 방언으로 말하거든"(고전 14:27)

"방언 말하기를"(고전 14:39)

초대교회의 사도들뿐 아니라 이후 교회사의 신실한 믿음의 사람들을 보아도 방언기도는 존재하지 않는다. 어린 시절 중한 병을 앓다가 하나님의 은혜로 치유받은 이후 평생을 기도의 사람으로 살면서 스펄전, 조지 휫필드, 웨슬리 등의 믿음의 사람들에게 큰 영향을 미친 훌륭한 성경주석을 남긴 메튜 헨리(Mattew Henry)의 저술에서도 이 괴이한 소리를 기도에 활용하라고 한 적이 없다. 위대한 어둠의 시대에 진리의 말씀의 빛을 비추어 교회와 세상을 구한 종교개혁을 시작한 마르틴 루터(Martin Luther)와 종교개혁을 완성한 존 칼빈(John Calvin)의 어떤 책에서도 이런 소리를 성령의 역사라고 말한 적이 없다.

하루 5시간 기도했던 감리교회의 창시자 요한 웨슬리(John Wesley)도 방언이라는 것을 하지도 않았고 가르치지도 않았다. 지난 세기의 최고의 설교자였던 찰스 스펄전(Charles Spurgeon)이 남긴 수천여 편의 설교 어디에도 이러한 소리가 영적으로 유익하다고 예찬한 내용이 없다. 삶이 곧 설교였다고 존경받았던 '주님은 나의 최고봉'(The Upmost for His Highest)의 저자 오스왈드 챔버스의 어떤 책을 보아도 이 소리현상을 영적으로 높이고 칭찬한 적이 없고, 오히려 이러한 체험을 추구하는 자세를 격렬하게 비판하였을 뿐이다.

미국의 대각성 운동의 주역 조나단 에드워드 목사도 방언이라는 소리현상을 가르치거나 권장하지 않았다. 5만 번 기도의 응답을 받았던 기도의 성자 죠지 뮬러(George Muller)도 방언이라는 것을 기도에 도입해야 한다고 가르친 적이 없다. 미국의 복음주의의 거장 존 맥아더 목사는 가장 앞장서서 오늘날의 소리현상이 성경의 방언이 아니라고 가르친다. 하나님의 교회를 굳건하게 말씀 위에 세우며, 많은 영혼들을 구원한 위대한 사람들은 거의 공통적으로 이 소리현상과 무관하게 살았다. 반대로 방언 기도를 한다는 사람들을 보면 다양한 거짓 사상을 잡다하게 가지고 있는 이단계열의 사람들인 경우가 월등하게 많다. 현대의 방언의 역사를 이단의 역사라고 해도 과언이 아니다.

현대의 방언은 영의 비밀의 언어로 하나님께 기도한다는 변태적인 방언이고, 반대로 성경의 방언은 하나님이 실제 지구 상의 언어를 통해 사람에게 말하는 방언이었다. 그런데 이제는 구원 얻은 성도들에게 다시 나타나는 성령세례와 함께 방언으로 기도하는 은사가 나타난다고 하니, 성경과는 무관한 내용들이고 전혀 언급할 가치가 없는 내용들이다. 일단 성경처럼 하나님이 사람에게 말하는 언어의 방언을 해야만, 그 후에 성령세례와 혹 무슨 관련이 있는지 논의하든지 말든지 할 문제이다. 하물며 똑같은 옹알거리는 변태현상이 불교, 힌두교, 몰몬교, 무슬림, 최면술사, 정신병자, 무당 등에게서도 나타나고 있으니 더 말해서 무엇하겠는가?

2) 성경의 방언은 실제 외국어

믿음으로 성령 받아 하나님의 자녀가 된 사람에게 능력을 주는 성령세례가 또 있다는 주장은 거짓이고, 성경의 방언이 그것과 함께 동반되는 중요한 징조라는 주장은 더욱더 거짓말이다. 더욱이 성경의 방언과 아무 관련이 없는 현대의 변태방언이 성령세례의 징조라는 주장은 더욱더 말이 되지 않는 거짓이다. 성경의 방언이 성경적 성령세례와 관련되었는지? 의 문제를 조사하기 위해 오늘날의 변태적인 방언현상과 성경의 방언이 아무 관련이 없다는 것부터 조사해야 한다. 오늘날의 거짓된 방언현상이 성령의 역사로 말미암은 것이 아니라는 사실부터 드러내고 난 후 비로소 성경의 방언이 성경적 성령세례와 무슨 관련이 있는지를 규명해야 할 것이다.

지금 방언의 은사를 가지고 있다고 자부하는 사람들은 성경에서 명백하게 찾을 수 있는 다른 나라의 말이 아니라 지구 상에서 찾아볼 수 없는 신비한 하늘의 언어를 받았다고 주장한다. 웃기는 사실은 그뿐이 아니다. 지구 상에서 유래를 찾을 수 없는 그 소리 나는 현상을 성경적 성령세례와 연관시키면서 자신들이 성령의 세례를 받았다고 자랑하기까지 한다.

성령세례와 방언을 받았다고 자부하는 어떤 목회자와 진지하게 대화한 적이 있다. 그분과 매우 뜨겁게 토론하면서 자신의 방언이 지구 상의 어떤 나라에서 통용되고 있는 어떤 실제의 언어인지에 대해 물었다. 그는 실제 언어가 아니고 하늘에 속한 영적인 언어라고 대답하였다. 그분은 자신의 입에서 나오는 그 방언의 내용을 대략 느끼면서 통역할 수 있다고 자신했다. 나는 그분에게 그 '통역'이라는 것이 단지 그 자신의 주관적인 느낌일 뿐이고, 그 소리 속에는 애초부터 아무런 뜻이 없다고 단언했고, 그것을 통역을 한다는 것 자체가 우스운 일이라고 단호하게 말했다. 그분은 자존심이 상하는 눈치였다. 그래서 나는 그분에게 그 방언이 진짜 방언이고, 그 속에 무슨 뜻이 있는지 알 수 있다는 자신의 능력을 알아보자고 했다. 여러 사람들 앞에서 방언을 말하고 통역하면 간단하게 증명될 것이니 용기를 내어 해보자고 했다. 많은 성도들 앞에서 그 방언이라는 소리를 내고, 스스로 그 내용을 통역하면 정말 멋있을 것이라고 했다. 그리고 그것을 통해 교인들에게서 엄청나게 큰 인기와 존경을 얻을 수도 있으므로 한번 해볼 가치가 있는 일이라고 설득했다.

하나님이 방언을 통해 직접 주시는 말씀을 받아서 교인들에게 멋있게 전달할 수 있다는 것은 정말 대단한 일이다. 그러나 그 일은 동시에 그 사람의 목회적 생명이 좌우되는 일이기도 하다. 왜냐하면 시간이 지나면서 자연스럽게 그 방언이 하나님이 주신 방언인지 검증되기 때문이다. 과연 하나님이 주시는 방언이고, 그 속에 정말 뜻이 있고, 성령의 도우심으로 그 뜻을 정확하게 통역하고 있다면 정말 놀라운 하나님의 은혜가 나타날 것이다. 교인들은 그 목사를 크게 영웅시하며 사도 바울처럼 존경하고 따를 것이다. 이보다 더 멋있는 일이 어디 있을까?

동시에 나는 그분에게 한 가지 심각한 사실을 경고하였다. 시간이 지나면서 스스로 방언을 통역한 내용이 맞지 않음이 드러나면 사람 보기에도 우스워질 것이고, 목회적 리더십이 크게 손상당할 것이라고 경고했다. 괜히 신령한 체 폼 잡으면서 '엘렐렐레 우알라스데 오오요세 신노리세 히빠 빠다 오를랄라자…' 그럴싸하게 소리를 내고, 또한 자기의 느낌을 따라 이말 저말을 통역한답시고 주절거렸다가 나중에 거짓됨이 드러나면 목회를 접게 될 수도 있다고 경고했다. 그러나 하나님이 주시는 방언이고, 하나님이 주신 통역하는 은사라면, 두려워하지 말고 꼭 해보자고 채근했다. 나쁜 쪽으로만 생각하지 말고, 성도들로부터 위대한 지도자로 추앙받을 수 있는 기회이기도 하니 망설이지 말고 해 보자고 권유했다. 그러나 그분은 입을 다물었고, 나의 제안에 아무런 반응을 보이지 않았다.

그분이 그러면서도 그 방언이라는 것을 버리지 않고 계속 혼자서 옹알 거리면서 신앙의 도구로 사용하고 있다면, 그것은 자기 혼자만의 공상의 세계인 것이다. 왜 사랑하는 성도들 앞에서 성경의 말씀처럼 공개적으로 시연해 볼 자신을 내지 못하는 것인가? 성경은 방언을 혼자서 말하지 말고 교회에서 공개적으로 말하고, 또한 통역하여 모두가 함께 은혜를 누리라고 권고한다. 왜 하나님이 주시는 방언을 받았다고 자랑하면서 왜 성경대로 못하는 것인가? 방언하고 통역한다고 자랑이 대단한 사람들을 붙잡고 이렇게 제안하면 모두가 입을 다물고 꽁무니를 뺀다. 왜냐하면 현대의 방언이라는 것은 그 자신의 주관적 세계의 신비주의일 뿐이기 때문이다. 뭔가 대단한 것이 있는 것처럼, 다른 사람들 앞에서 은근히 자기를 과시하는 용도로 활용되고 있는 우스꽝스러운 속임수일 뿐이다.

김우현 피디의 이상한 방언

김우현PD

대표적인 평신도 신사도 운동가 김우현 PD가 그런 유형의 방언 바람을 한국에서 크게 일으켰다. 그는 성경의 방언과는 아무 상관이 없는 괴이한 소리를 내는 변태적인 현상을 선보이면서, 그것이 기독교의 방언이라고 선전하는 책 『하늘의 언어』를 저술하여 한국 교회를 크게 더럽혔다. 그 책을 보니 성령의 역사하심이라고는 도저히 볼 수 없는 해괴한 현상들이 계속 나열되었다. 더욱 안타까운 사실은 그가 성령세례를 많이 강조하고, 방언을 성령세례의 증거라고 말한다는 것이다. 김우현 피디가 자신의 방언에 대해서 말하는 내용의 일부를 보자.

"갑자기 나의 턱과 입이 저절로 마구 돌아가는 것이다. 그러더니 내가 의도하지 않은 전혀 낯선 방언으로 어떤 말을 반복해서 외치는 것이 아닌가. '카할리… 카할리… 카할리…' 입속 근육이 내가 의도하지 않은 형태로 바뀌며 그런 말이 나온 것이." [4)]

과연 이러한 내용이 성경의 방언현상이라고 말할 수 있을까? 김우현 피디는 '카할리'라는 단어가 '내 백성'이라는 뜻의 히브리어 단어라는 사실을 나중에 알게 되었다고 그 책에서 말했다. 그러므로 김우현 피디의 입에서 나온 그 현상은 성경의 방언이 결코 아닌 것이다. 왜냐하면 성경의 방언은 유대인들의 입장에서 결코 하나님의 백성이 될 수 없는 버려진 사람들로 무시받았던 이방 민족들의 실제 언어였기 때문이다. 하나님께서 이방인들의 언어를 수단으로 삼아 예수 그리스도의 복음에 대해 설명하여 주시는 현상이 성경의 방언이었다.

이방인들의 언어가 하나님의 수단이 되었다는 사실이 의미하는 것은 무엇이었을까? 언어 속에는 그 민족의 정신과 문화와 모든 것이 배여있다. 그래서 그 언어를 사랑하고 배우고자 하는 자세는 곧 그 민족을 사랑하고 섬기고자 하는 마음이 있음을 의미하는 표시이다. 하나님이 이방 민족들의 언어를 통하여 예수 그리스도의 복음에 대해 설명하시는 이적을 보이심으로 이방인들의 위상이 달라졌다는 것을 보이셨던 것이다. 즉, 성경의 방언은 신약의 복음 안에서 이방인들과 하나님의 새로운 관계를 선포하는 중대한 의미가 동반된 복음의 표적이었던 것이다. 하나님께서는 이방인들의 언어의 방언을 통해 이방인들도 예수 그리스도를 통하여 하나님의 자녀가 되는 은혜를 누리를 시대가 도래하였다는 사실을 선포하셨다. 그러므로 신약의 방언 은사는 예수 그리스도를 대적하였던 완악했던 유대인들에게 심각한 경고가 되는 심판적 의미로서의 표적이었다.

이 중요한 사실에 대해서 조금 후에 자세하게 살펴볼 것이다. 그러므로 적어도 유대인들의 입장에서 이방인이라며 멸시받았던 사람들이 사용하는 언어가 아니라면 성경의 방언이라 할 수 없는 것이다. 유대인들의 언어인 히브리어 단어가 나오는 방언은 기독교 안에서 존재할 이유가 없다. 왜냐하면 유대인들에게 히브리어 방언은 이적도 아니고 놀라운 일도 아니기 때문이다. 그러므로 자신의 입에서 히브리어 방언이 어색하게 만들어졌다는 김우현 피디의 말을 들어 줄 일고의 가치가 없다. 김우현 피디가 거짓말을 한다는 것이 아니라, 그런 현상을 성령의 역사로 인정할 수가 없다는 것이다. 그러면 누가 그런 일을 했을까? 답은 너무나도 뻔하다.

그런데 김우현 피디의 책을 보니, 더욱더 괴이한 내용이 나왔다. 김우현 피디가 홀로 있을 때, 하나님이 그의 입을 통해 한국어를 더듬거리면서 말하는 방언으로 역사하였다는 내용이 있었다. 하나님이 김우현 피디에게 한국말로 직접 다음과 같이 말씀하셨다고 하였다.

"그 후 나는 방언기도에 더욱 열심을 내었고 내 입이 저절로 말하는 소리를 듣게 되었다. '아바… 아바… 아바… 아바…' 처음에 내가 하고 들은 말은 '아바'(abba, 아빠)의 반복이었다. 내 영이 끝없이 '아바 하나님'을 찾고 있었다. 나중에는 하나님 아빠가 너무 좋아서 마구 뽀뽀하는 지경이 되었다. 어린 시절 아버지를 여읜 내가 사랑하는 아빠에게 어리광을 부리는 그런 기분이랄까. 그리고 얼마 후부터 강한 사로잡힘 가운데 내 입을 사용하셔서 들려주시는 아버지의 말씀을 직접 듣게 되었다. '우…

현… 아… 내… 아들… 너를… 사랑한다….'" 5)

  이런 내용을 너무나도 웃기고 한심스럽다. 성경의 방언은 그 자신이 전혀 알지 못하는 언어였으므로, 그 자신도 통역하지 못했다. 자연적으로 알아듣는 사람이 있거나, 통역의 은사를 받은 사람이 있어야만 그 방언의 의미를 알아듣고 나눌 수 있었다. 그런데 하나님께서 김우현 피디에게 한국말 방언으로 말씀하셨다는 것이다. 다른 사람들이 듣도록 말씀하신 것이 아니고 방언하는 김우현 자신이 듣도록 하나님이 역사하셨다는 것이다. 아무것도 성경과 맞는 내용이 없다. 이런 사람이 쓴 책이 한국 교회를 너무도 더럽히고 말았다는 사실을 우리 모두는 알아야 한다.

  김우현 피디에게 하나님이 말씀하신 내용도 생각하면 웃긴다. "우현아 내 아들아 사랑한다"라고 한국말로 더듬거리면서 말씀하셨다고 하였는데, 하나님이 자신을 사랑하신다는 사실을 김우현 피디가 알 수 있는 방법이 전혀 없었던 것일까? 그래서 꼭 모국어 방언을 통해서 하나님이 서투르게 더듬거리면서 직접 다시 말해 주어야 했다는 것인가? 김우현 피디는 그 자신을 위해 하나님의 아들 예수 그리스도가 대신 죽기까지 하셨다는 것을 몰랐다는 것인가? 왜 기독교인이라면 다 아는 사실을 하나님께서 방언으로, 그것도 김우현 피디가 매일 쓰는 한국말로 이렇게 더듬거리면서 다시 말해야 할 필요가 있는 것일까?

  "우… 현… 아… 내… 아들… 너를… 사랑한다…."

  이상한 점이 너무도 많다. 사도행전 2장을 보면, 사도들과 제자들이 성령의 역사하심을 따라 전혀 배운 적이 없는 외국말 방언을 더듬거리지 않고 유창하게 구사였다. 외국 현지에서 살다가 예루살렘에 방문한 유대인들이 이스라엘에서만 살았던 동족들이 자신들이 사는 현지의 외국말로 예수 그리스도를 전하는 모습을 보고서 크게 놀랐다고 기록되어 있다.

그런데 성령께서 김우현 피디에게 그가 날마다 사용하는 모국어로 직통계시를 주셨다는 것이다. 기왕에 그렇게 직통계시를 주시려면 유창하고 깔끔하게 주시지 왜 저렇게 추하게 더듬거렸을까? 김우현 피디를 지으신 하나님께서는 자신이 지은 사람의 입과 혀를 저렇게 밖에는 못 움직이시는 분이신가? 민수기 22장 28절을 보라! 단순한 울음소리만 내는 짐승도 하나님이 역사하시자 사람의 언어를 유창하게 구사하였다. 그런데 이미 한국말 구사능력이 기계처럼 자동화되어 있는 김우현 피디의 입과 혀를 통해 기껏 몇 마디를 만드시는 일이 김우현 피디의 하나님에게 저리도 어려운 일이란다. 조잡한 귀신이 그의 입과 혀를 가지고 놀며 장난쳤기 때문이다. 귀신이 김우현 피디를 지으신 창조주 하나님을 모조하며 장난하려니 저리도 어색하고 허접했던 것이다. 나 같으면 창피해서 영원히 숨겼을 일인데, 저렇게 책으로 써서 공개적으로 자랑을 하니 참으로 안타깝다.

김우현 피디가 그 책에서 성령세례에 대해서 많이 말을 하기는 했어도 진정한 성령세례를 받은 성도라고 볼 수는 없다. 왜냐하면 성경에 나타난 성령의 방언과는 아무 관련이 없는 괴이한 방언운동을 펼치고 있기 때문이다. 저런 현상은 김우현 피디에게 귀신이 붙어 있으므로 나타나는 현상이다. 성령세례를 받은 참된 성도에게 저렇게 귀신이 붙어서 동거할 수가 없다.

방언을 위한 입 스트레칭

이용규 선교사

많은 베스트셀러들을 저술하여 평신도들에게 큰 인기를 누리고 있는 이용규 선교사라는 분도 매우 의심스럽다. 김우현 피디의 책에서 이용규 선교사에 관한 비슷한 내용이 발견되었다. 이용규 선교사가 아내에게서 나타나는 괴이한 방언 현상을 김우현 피디에게 상담하는 내용이었다.

"이용규 선교사는 자기 아내에게서 일어난 변화를 들려주었다. 몽골국제대학(MLU) 부총장에 유명강사인 남편이 몹시 분주해지자 사모는 마음이 무겁고 우울할 때가 많아졌다고 한다. 아는 분의 소개로 성령의 은사가 깊은 교회에 머물려 일주일 정도 교제했는데, 기도하던 중 갑자기 턱이 돌아가고 이상한 말을 하게 되었다는 것이다. 순간 나는 깜짝 놀라고 말았다. 새벽에 내게 일어난 현상과 같았기 때문이다…. 그런데 오랫동안 은사에 대해 깊이 연구하고 경험한 바 있는 그 교회 목사님이 다음과 같이 말씀을 해주셨다고 한다. '쓰지 않던 턱 근육이 돌아가야만 하나님이 직접…. 그의 입을 사용하셔서 들려주시는 말씀을 들을 수 있습니다.' 그것은 일종의 입 스트레칭(mouth stretching)이며 그 또한 방언기도를 통해서 들어가게 되는 어떤 경지라고 했다. '그렇다면…. 아버지가 내게 직접 말씀해주시려고 그렇게 입을 훈련시키고 여신 것이군요.'" [6]

성경 어디에서도 방언을 위해 성령께서 입 스트레칭을 시켰다는 이야기를 찾을 수 없다. 그런데 왜 요즘에는 하나님이 방언을 주시기 위해 사람의 입과 턱을 흉측하게 비틀어대는 것일까? 하나님께서 이용규 선교사의 아내의 입을 어지간히 찢고 비틀었다면 방언에 대해 더 경험이 많은 김우현 피디에게 상담까지 하지는 않았을 것이다. 보기에도 걱정스러웠고, 저러다가 매우 이상한 사람이 되거나, 자칫 사람을 버릴 것 같은 염려가 들었기 때문에 상담하였던 것이다. 대체 이용규 선교사 부부가 만난 성령의 은사가 깊은 그 목사님은 누구일까? 아마 우리가 누구인지 알면 허탈한 웃음을 짓게 될 것이다. 이용규 선교사가 자신의 홈페이지에 남긴 글을 보니 김우현 피디가 일본을 방문하여 집회를 인도할 때 금가루가 벽에 나타났던 나고야의 신시로 교회의 다키모또 준 목사와도 이용규 선교사는 친분이 깊은 사이라는 것을 알 수 있었다.[7] 다키모또 준 목사는 대표적인 신사도 운동가, 즉 미혹의 영과 더불어 일하는 사람이다.

70년대의 새마을 운동이 한창일 때, 우리나라 사람들은 매일 아침 한 자리에 모여 국민체조를 하였다. 방언을 시행시키기 위해 그와 같이 입을 체조시킨다는 내용을 성경 어디에서 발견할 수 있는가? 어떤 사도가 더 유창하게 방언하기 위해 턱을 좌우로 비틀고, 혀를 쭉 내고 빼면서 준비 운동을 했었는가? 말하도록 지어지지 않은 짐승의 혀도 하나님이 역사하시면 순식간에 정교하고, 세밀하게 움직이면서 사람의 말도 능숙하게 구사하게 하시는 하나님이다. 거짓된 미혹의 영에게 농락당하고 있다는 것을 알아차리는 일이 이렇게 어렵고 난해할까? 분명한 사실은 성경의 방언은 유대인들이 멸시하였던 이방인들의 실제 언어였다는 것이다. 성경의 방언의 은사가 성도들에게 임하였을 때, 아무도 혀를 빼고 박고, 턱을 비틀고 돌리고 하지 않는다. 즉시로 유창하게 외국 말들을 구사하였다.

변태방언을 앞세우는 성령세례 운동

성경의 방언이 아무도 모르는 하늘의 언어, 영의 언어라고 주장하는 사람들 대부분이 사도행전의 방언은 외국어였다는 것을 순순히 인정한다. 그러나 고린도전서의 방언은 다른 종류였다고 우긴다. 오늘날의 방언기도 운동의 물꼬를 처음 열어놓은 사람들은 자신들의 방언이 사도행전의 외국어 방언이라고 주장했다. 1901년 1월에 최초로 자신의 학생들과 함께 기도하다가 방언현상을 경험한 찰스 펄햄은 성령세례와 함께 사도행전 2장의 외국어 방언이 터졌다고 가르쳤다. 선교사가 되기 위해 외국어를 배울 필요가 없다고 가르치기까지 했다. 그의 제자인 세이모어도 1906년 4월에 방언현상을 경험하고서 성령세례와 함께 사도행전 2장의 외국어 방언이 나타났다고 믿었다. 다음은 그 당시에 세이모어가 실제로 설교했던 내용이다.

"우리가 거룩한 삶을 살 때 성령과 물로 세례를 받습니다. 우리는 그리스도를 우리 마음의 보좌의 왕으로 모셔야 합니다. 그분의 충만하심으로 그리스도를 세상에 높이 올려드립시다. 모든 죄에서의 구원뿐만 아니라 세상의 모든 언어를 말할 수 있도록 해 주신 그분의 능력을 높여드립시다." 8)

현대의 거짓 변태방언의 조상들은 다양한 나라의 실제 언어가 나타난다고 믿고 있었던 것이다. 그래서 다시 사도행전 2장의 사도들의 시대가 도래한다는 신사도 운동이 거짓된 방언과 함께 태동되었다. 오늘날의 방언은 교회를 미혹하는 사탄의 최고 장기이다. 이것을 아는 사람은 영적

분별력의 상당한 수준에 이른 사람이다. 1900년대 초에는 아직 외국 여행이 흔하지 않았으므로 과연 그들에게서 나타나는 인도어, 중국어와 같이 들리는 방언 현상이 정말 현지에서 사용되는 실제 언어인지 시험해 볼 수 있는 기회가 흔치 않았다. 그러나 시간이 지나면서 외국의 현지에 가서 실험해 보는 사람들이 생겨났다. 현지의 그 어떤 사람과도 대화를 할 수 없는 거짓된 소리현상이라는 사실이 드러났다.

세이모어는 심지어 방언을 통역하면 하나님이 주시는 직통의 예언이 된다고 설교하였다. 그러나 이런 일이 어떻게 일어나겠는가? 신구약 성경으로 특별계시가 완성된 후 어떻게 또 하나님의 예언이 직접 주어질 수 있겠는가? 거짓된 방언은 본질적으로 직통계시와 추가계시 사상을 동반하는 심각한 이단 운동인 것이다. 왜냐하면 하나님이 주시는 방언이므로 반드시 뜻이 있는 것이고, 또한 그 뜻을 통역할 수 있다고 믿기 때문이다. 다음은 그 당시 세이모어가 실제로 설교했던 내용이다.

"예언은 교회에 있어 최고의 은사입니다. 왜냐하면 예언은 성도들을 세우고, 그들의 덕을 세우며, 주 예수님 안에서 보다 높은 것들로 인도하기 때문입니다. 만일 형제, 자매가 영어를 말하지 않고 방언을 말하며 다 함께 방언으로 설교하고 통역이 없다면 그것은 예언보다 못합니다. 그러나 만일 통역을 한다면 그것은 예언과 같습니다." 9)

사도행전 2장의 성령세례가 회복되면서 외국어 방언이 다시 나타난다는 초기 방언운동가들의 믿음은 완전히 허구였다. 그렇게 얻어지는 방언이 외국어가 아니고, 아무짝에도 쓸모없는 변태적인 소리현상이라는 사실이 드러났을 때에라도 그만두었어야 했다. 그러나 그들은 사도행전의 방언은 알려진 것처럼 당시의 실제 외국어였으나, 고린도 교회의 방언은 이 세상의 언어가 아닌 영적인 언어였다는 다른 이론을 밀고 나가면서 계속 방언운동을 이어갔다.

물론 그것도 전혀 사실이 아니다. 그러나 고린도전서의 상황과 사도행전의 상황의 연대적 차이는 불과 5년 미만이다. 그들의 주장은 불과 5년 사이에 기독교 안에 두 종류의 방언이 출현하였다는 것이다. 이게 말이 되겠는가? 초기 기독교 안에 두 종류의 방언이 있었다는 것은 말이 안 되는 이야기이다. 바울이 고린도 교회를 개척한 시점을 생각하면 더욱더 말이 되지 않는다. 사도행전에서는 방언이 총 3회 등장한다. 2장의 오순절 날의 방언, 10장의 이방인 고넬료 가정의 방언, 19장의 에베소 교회의 방언이다.

그런데 바울의 고린도 교회 개척의 이야기는 사도행전 18장에 있고, 에베소 교회 개척에 관한 이야기는 사도행전 19장에 있다. 하늘의 언어 방언 이론을 숭상하는 은사주의자들은 바울이 고린도에서 교회를 개척할 때에는 영적인 하늘의 언어 방언이 나타났고, 그 다음에 에베소에서 교회를 개척할 때에는 외국어 방언이 나타났다는 주장하는 것이다. 어찌 이런 주장이 신학적으로 가당하겠는가? 고린도전서를 기록한 바울 사도와 사도행전을 기록한 '누가'는 스승과 제자였다. 두 사람은 늘 함께 움직이는 같은 선교팀이었다. 어찌 그 두 사람 사이에 서로 다른 방언 사상, 다른 종류의 방언 체험이 있었겠는가?

무엇보다 중요한 사실은 바울이 고린도전서에서 기독교의 방언이 외국어였다는 사실을 명백하게 언급했다는 사실이다. 바울이 고린도 교회에 보내는 성경 속에서 방언에 대해 가르칠 때, 구약 성경을 인용하면서 고린도 교회에 나타나는 방언이 외국어였음을 언급하는 다음과 같이 분명하게 언급하였다.

"율법에 기록된바 주께서 가라사대 내가 다른 방언하는 자와 다른 입술로 이 백성에게 말할지라도 저희가 오히려 듣지 아니하리라 하였으니, 그러므로 방언은 믿는 자들을 위하지 않고 믿지 아니하는 자들을 위하는 표적이나."(고전 14:21-22)

이 내용은 사도 바울이 구약성경 이사야 28장 11절을 인용하면서 고린도 교회의 성도들에게 고린도 교회에서 나타나는 방언에 대해서 가르치는 내용이다. 바울은 이사야 선지자의 이 말씀을 인용하였다.

"그러므로 생소한 입술과 다른 방언으로 이 백성에게 말씀하시리라."(사 28:11)

이사야 선지자가 말한 이 내용은 하나님께서 교만하고 거역하는 이스라엘 백성들을 이방인 군대를 통하여 심판하여 회개시키겠다는 말씀이다. '생소한 입술', '다른 방언'은 유대인들 입장에서 생소한 외국어를 말하는 이민족을 뜻하는 말이다. 실제로 하나님은 교만하고 거역하는 이스라엘 민족을 생소한 외국말 하는 바벨론 군대를 통하여 심판하셨다. 즉, 이사야의 이 말씀은 하나님이 교만한 이스라엘을 저주하는 내용이었다.

바울이 방언에 대해서 가르치면서 이 말씀을 언급한 이유는 무엇일까?

예수 그리스도를 거부하는 이스라엘을 하나님이 심판하시는 표적으로서 성경의 방언이 나타났다는 것이다. 과거처럼 이방인들이 군사적 행동으로 이스라엘을 침략한다는 것이 아니다. 교만한 유대인들은 예수 그리스도를 거부함으로 넘어졌으나, 겸손한 이방인들은 예수 그리스도를 영접하여 하나님의 자녀 되어 구약 성경이 이미 예언한 것처럼 이방인들이 이스라엘을 영적으로 대신하게 되었음을 보이신 것이다(미 5:8). 이방인들이 하나님의 자녀 되었음을 하나님이 친히 증거하시는 표적이 성경의 방언이다. 교만한 이스라엘이 버려지고 겸손한 이방인들이 그 자리를 차지하였으니 더욱더 큰 영적인 심판이 이스라엘에게 임한 것이다. 성령으로 말미암아 믿는 신자들에게 이방인들의 언어의 방언이 나타났다는 것이 곧 하나님께서 예수 그리스도를 거부하는 유대인들에게 주시는 책망이며 큰 심판의 경고였다.

"그러므로 방언은 믿는 자들을 위하지 않고 믿지 아니하는 자들을 위하는 표적이나."(고전 14:22)

이 내용은 바울이 성경의 방언은 그리스도를 거부하는 유대인들에게 하나님이 주시는 심판과 책망의 표적이라고 분명하게 말하는 내용이다. 여기의 '믿지 아니하는 자들'이란 우리 주위의 일반 불신자들이 아니다. 실제로 우리 주변의 불신자들은 현대의 교인들에게서 나타나는 옹알거리는 변태현상을 보고서 전혀 경외심을 가지지 않는다. 그런 모습을 보고서 예수님을 믿을 마음이 생겼다고 말하는 불신자를 찾아보기 어렵다. 그런데 현대의 변태방언자들은 그런 식으로 주장하고 있다. 바울이 말한 '믿지 아니하는 자들'은 그 당시 예수 그리스도를 거부하였던 유대인 불신자들을 뜻한다. 그런데 오늘날 많은 사람들이 이 말씀을 오해하여 자신의 방언이 자신의 주변의 일반 불신자들에게 전도하기 위한 표적이라고 주장하고 있다. 그것이 사실이라면, 과연 지금의 방언을 잘하여서 불신자들을 교회로 이끌었다는 좋은 사례가 있는지 조사해 보아야 할 것이다. 나는 요즘의 이상한 방언이 전도의 열매를 맺었다는 이야기를 들어보지 못했다.

성경의 방언은 아무도 모르는 하늘의 언어가 아니었다. 성경의 방언은 유대인들에게 이방인들의 변화된 영적인 신분에 대해 하나님의 주시는 증거와 심판과 경고의 차원에서 나온 방언이었다. 그러므로 그 시대의 이방 민족들의 실제 언어였다. 성령세례와 방언이 관련이 있느니? 없느니? 하는 심각한 토론을 시작하려면, 반드시 외국인들의 실제 언어를 구사하는 방언을 말해야 한다. 실제 외국어가 아닌 이상한 뜻 없는 소리를 주절대면서 '하늘의 언어', '영적인 언어'…, 멋대로 둘러대는 사람들의 방언은 기독교와는 무관하고, 성령세례와는 더욱더 관련이 없다. 변태적인 소리를 옹알거리는 사람들은 방언과 성령세례에 대한 토론에 끼어들 아무 자격조차도 없다. 성경에서 유래를 찾을 수 없는 그런 변태적인 소리가 왜 몰몬교, 무슬림, 불교, 무당, 힌두교, 최면실습, 정신병자 등에서도 동일하게 나타나는지, 그 이유부터 설명해야 할 것이다.

3) 성경적 방언은 십자가 구원계시의 표적

이미 구원받은 신자들에게 또 성령의 세례가 임한다는 그릇된 이론은 괴이한 거짓 방언을 조장하고 권장하므로 더욱더 심각해진다. 기독교와 아무 연관이 없는 변태적 방언 현상에 사로잡힌 사람들이 오히려 신령한 은혜를 입은 성도인양 스스로 자랑하고 과시하게 만들어 버리는 마귀의 절묘한 수작이 그릇된 성령세례 사상과 함께 퍼졌다. 그러나 성경적 방언과 성경적 성령세례 사이에는 어떠한 연관이 없다. 바울 사도가 방언에 대해서 많이 다루는 고린도전서 14장의 내용을 아무리 보아도 성경적 방언이 성경적 성령세례와 분명한 연관이 있다는 그 어떤 내용도 나타나지 않는다. 그러므로 방언이 그런 성령세례와 결부되었다는 것을 뜻하는 그 어떤 내용도 발견될 수가 없는 것이다. 하물며 성경의 성령세례 가르침을 허무는 그릇된 추가적 성령세례의 핵심 징조라는 주장에 더 생각해 볼 무슨 가치가 있겠는가? 성령을 받은 신자에게 성령세례가 다시 나타난다는 것은 기독교 안에 존재하지 않는 것이고, 더욱이 그것과 방언이 연관되었다는 이론은 한마디로 잡설이다.

방언은 십자가 구원계시의 표적

그러면 초대교회에 방언이 나타난 이유는 무엇이었을까? 크게 두 가지로 설명할 수 있다. 하나는 유대인들에게 도무지 이해될 수 없었던 예수 그리스도의 십자가 구원 사건에 대한 하나님 자신의 증거였다. 예수 그리스도는 승천하시기 직전에 장차 사도들이 세상에 나아가 십자가 복음을 전파할 때, 하나님께서도 그 복음이 자기 백성들을 구원하시기 위한 최종적이고 완전한 구원계시임을 증거하시기 위해 친히 놀라운 이적으로 함께 하실 것이라고 말씀하셨다. 그 이적들 가운데 방언이 포함되어 있다.

"믿는 자들에게 이러한 표적이 따르리니 곧 저희가 내 이름으로 귀신을 쫓아내며 새 방언을 말하며 뱀을 집으며 무슨 독을 마셔도 해를 받지 아니하며 병든 사람에게 손을 얹은즉 나으리라 하시더라."(막 16:17-18)

예수님이 말씀하신 이 표적들은 단순한 이적이 아니다. 예수 그리스도의 승천 이후에 신약 교회를 설립하는 사명을 받은 사도들과 제자들의 복음전도 사역의 현장에서 나타나게 될 하나님의 특별한 이적을 뜻한다. 그들이 전하는 예수 그리스도의 십자가 복음이 유대인들이 지극히 존경하는 창조주 하나님이 보내신 완전한 구원계시라는 사실을 하나님이 친히 보증하시는 차원에서 나타나는 이적들이다. 이것을 신학자들은 '사도적 이적', '사도적 권능'이라고 한다.

설마 예수님께서 맨손으로 독사를 잡고, 농약을 부주의하게 마셔도 아무 해를 당하지 않을 것이라고 말씀하셨겠는가? 무지하게도 이 말씀을 문자 그대로 믿고서 뱀을 맨손으로 다루다가 죽는 미국의 오순 교회의 목사들의 소식이 종종 들려온다. 금년에도 미국의 켄터키 주에 사는 제이미 쿠츠라는 목사가 교회에서 뱀을 맨손으로 다루는 시범을 보이던 중 뱀에게 물렸다. 신고를 받고 출동한 구급대가 병원에 가자고 권고했으나, 그는 '성령의 기름 부음을 받은 자는 믿음만 있으면 독사에 물려도 해를 입지 않는다'는 믿음을 신봉하면서 거부했다. 그리고 다음 날 집에서 사망하고 말았다.[10] 마가복음 16장의 뱀을 실제 뱀으로 해석하면서 만용을 부리다가 죽는 미국 목사들의 이야기를 잊을 만하면 또 나타난다.

예수님이 뱀을 집는다고 하시는 말씀은 예수님의 십자가 복음으로 인해 이전까지 왕 노릇했던 사탄의 권세가 무너진다는 뜻이다. 그래서 예수님은 이 말씀을 하시기 전에 먼저 "너희는 온 천하에 다니며 만민에게 복음을 전파하라"(막 16:15)고 하셨다. 예수 그리스도의 십자가 복음이 하나님 나라를 건설하는 능력이기 때문이다. 사도들과 제자들이 예수 그리스도의 복음을 전파하고 교회를 설립하는 현장에서 사탄의 권세가 무너지는 것을 보여주는 놀라운 이적들이 실제로 나타났다. 귀신들이 쫓겨났고, 태어나면서부터 소경이고, 앉은뱅이였던 불치병자들에게 완전한 치유가 임했다. 심지어는 죽은 사람이 다시 살아나는 이적도 나타났다. 그와 같은 이적들은 오늘날 기도의 응답으로서 나타나는 일반적인 치유와는 차원이 다른 예수 그리스도의 십자가가 하나님이 보내신 최종적이고 완전한 구원계시라는 사실을 하나님 자신이 친히 증거하시는 표적이었다.

방언도 그와 같은 차원에서 나타났다. 마가복음의 방언을 표기한 헬라어 단어는 그 시대의 외국어를 뜻하는 평범한 단어이다. 결코 그 당시 지구 상에 존재하지 않았던 하늘의 언어를 뜻한다고 볼 근거가 없다. 십자가 복음이 증거될 때 배운 적이 없는 외국말로 예수 그리스도의 복음을 설명하는 이적이 나타날 것임을 미리 말씀하신 것이다. 전혀 배운 적도 없는 이방인들의 외국어를 구사하면서 예수 그리스도의 복음을 설명하는 이적이 나타날 때, 듣는 유대인들은 크게 충격을 받게 되었다. 사도들과 제자들이 배운 적 없는 다른 나라의 언어로 복음을 설명하는 놀라운 장면을 보고서 불신자들은 다음과 같이 생각했을 것이다.

"하나님이 아니면 저들이 어찌 이런 놀라운 일을 행하시겠는가? 하나님이 십자가 복음을 전하는 저들과 친히 함께하시는구나! 예수 그리스도의 십자가 복음은 하나님이 준비하신 최종적인 구원계시이구나!"

제자들이 전혀 배우지 않은 이방인들의 언어로 십자가 복음을 설명하는 방언 현상을 목격하는 유대인 불신자들은 하나님이 예수 그리스도와 그의 제자들과 함께 하신다는 사실을 깨닫게 되었다. 그래서 방언이 나타나는 현장에서는 예수 그리스도를 박대했던 유대인들이 회개하고 예수님을 영접하는 놀라운 열매가 많이 나타났다.

방언은 이방인도 성령 받았음을 증거

성경의 방언의 또 다른 의미는 유대인들에게서 멸시받았던 이방인들도 하나님이 자기 백성으로 삼으시고 성령을 부어주셨음을 선포하는 이적이었다는 것이다. 하나님으로부터 버려진 인종이라고 여겨졌던 이방인들의 언어로 예수 그리스도의 복음을 증거하는 방언은 믿는 이방인들을 하나님이 자녀로 받으셨음을 증거하는 표적이었다. 하나님이 친히 이방인들의 언어로 예수 그리스도를 높이고 찬양하는 모습을 유대인들에게 보이심으로 이방인들이 믿음으로 성령을 받고 하나님의 자녀로 입양되었음을 선언하신 것이다. 바울은 그 사실을 고린도전서 14장 21, 22절에서 이렇게 설명하였다.

"율법에 기록된바 주께서 가라사대 내가 다른 방언하는 자와 다른 입술로 이 백성에게 말할찌라도 저희가 오히려 듣지 아니하리라 하였으니 그러므로 방언은 믿는 자들을 위하지 않고 믿지 아니하는 자들을 위함이니."(고전 14:21-22)

여기서 바울은 이사야 28장 11절을 인용하였다. 이사야가 완악한 유대인들에게 하나님이 바벨론 군대로 심판하실 것임을 예언한 내용을 인용하여 신약의 방언을 설명한 것이다. 이전에는 이방인 군대의 칼로 죄악된 자기 백성들을 심판하셨으나 이제는 죄악된 유대인들을 버리고 대신 믿는 이방인들을 자기 백성으로 삼으시고, 그 증거로 이방인들의 언어로 예수 그리스도를 설명하는 이적을 보이신다는 것이다. 이것이 신약의 방언의 의미이다.

그러므로 성경적 방언은 하나님 백성들이 예수님 믿음으로 성령을 받는 것과는 아무런 직접적 연관이 없다. 성경의 방언은 성령 받은 사람에게 또 성령이 임한다는 잡설과는 더욱더 연관이 없다. 그런데 지금 너무도 많은 사람들이 그릇된 방언-성령세례 잡설에 깊이 현혹되었다. 사도행전에서 방언이 불과 세 군데 나타나는데, 그 내용을 분석하면 방언은 성경적 성령세례와 관련되지 않았음이 분명하게 드러난다. 주로 방언은 그 주변에 이방인들에게 대해 완고한 마음을 가지고 있는 불신 유대인들이 있는 곳에서 나타났다. 방언은 유대인들에게 십자가에서 죽으신 예수 그리스도가 구원자라는 사실과 더불어 이방인들도 믿음으로 하나님의 자녀되어 성령을 받았음을 보여주는 기능을 수행했다.

사도행전 2장의 방언

신약의 최초의 방언이 현상이 기록된 사도행전 2장을 보자. 사도행전 2장의 방언은 약 16개 이방인 나라에서 이민 생활하다가 명절을 맞아 예루살렘을 찾아온 예수 그리스도를 믿지 않는 유대인들을 대상으로 나타났다.

방언을 통해 하나님께서 그들에게 예수 그리스도의 복음을 설명하셨다. 그날의 방언을 들은 불신 유대인들은 "우리가 우리 각 사람의 난 곳 방언으로 듣게 되는 것이 어찜이뇨."(행 2:8)하면서 깜짝 놀랐다. 예수 그리스도의 십자가에 대해 깊이 고민하게 되었다. 곧이어 베드로의 복음선포하는 설교가 시작되었고, 결국 삼천 명이나 되는 유대인들이 예수 그리스도를 구주로 믿고 세례를 받았다.

직접적 언급은 없으나, 이날의 방언을 목격한 불신 유대인들에게서 이방인들에 대한 관점의 변화가 일어났을 것이라는 짐작은 충분히 가능하다. 하나님에게서 버려진 사람들이라고만 여겼던 이방인들의 혼과 정신과 문화가 담긴 이방인들의 언어로 하나님께서 예수 그리스도의 복음을 자신들에게 친히 설명하시는 방언을 통해 그들은 과연 무엇을 느꼈겠는가? 하나님 안에서 이방인들에 대한 관점과 인식이 달라졌을 것이다. 하나님이 예수님을 믿는 믿음 안에서 이방인들도 하나님의 자녀로 받으신다는 사실을 체감하였을 것이다.

사도행전 10장의 방언

사도행전 10장의 고넬료 가정에서 나타난 방언을 보면 이 사실이 더욱 분명해진다. 베드로가 하나님의 지시하심을 따라 이방인 고넬료 가정을 방문하여 예수 그리스도의 복음을 전하였다. 그러자 그들에게 성령이 임하셨고 방언이 나타났다. 고넬료 가정의 방언은 그들이 예수 그리스도를 믿음으로 사도들과 성령을 받았다는 증거로 이해되었다. 고넬료와 그곳의 이방인들이 베드로 앞에서 성령의 역사하심을 따라 다른 이방인들의 언어로 예수 그리스도를 높이고 설명하기 시작했다. 그 모습을 보고 베드로는 '이 사람들이 우리와 같이 성령을 받았으니'(행 10:47)라고 하였다. 그 말은 사도행전 2장 오순절 날에 체험한 성령의 이방인 언어의 방언이 고넬료 가정에서도 그대로 나타났음을 의미한다. 고넬료 가족에게 성령이 임하였고, 자신들과 동일하게 성령을 받았음을 증거하는 방언이 나타나는 것을 본 베드로는 하나님이 이미 예수 그리스도를 믿는 믿음 안에서 이방인 고넬료와 그의 가족들과 친구들을 자녀로 받으셨음을 확신했다. 그래서 즉시 세례를 베풀었다.

고넬료 가정에서 방언이 나타나는 장면은 이후 초기 기독교의 방향을 바꾸었다. 예루살렘 교회의 중심인물이고 초기 기독교의 핵심적인 인물인 베드로와 다른 유대인들이 고넬료 가정에 성령이 임하는 것을 보았다는 사실이 매우 중요하였다. 그들이 사도행전 15장의 예루살렘 공의회에 참석하여 고넬료 가정에서 목격한 사실을 다른 유대인 지도자들에게 증언하였다. 사도 베드로가 보고하는 내용을 듣고서 다른 기독교 지도자들이 하나님이 예수 그리스도를 믿는 이방인들을 자녀로 삼으시고, 또한 성령을 부어주셨다는 사실을 확신하였다. 그리고 이방인들을 하나님의 자녀로 부르는 선교활동을 공식적으로 시작하는 데 동의하였다. 성경의 방언은 이와 같이 유대인들에게 이방인들도 믿음으로 하나님의 자녀 되었음을 증명하는 기능을 확실하게 수행했다. 방언은 복음과 이방인의 관계를 보여주는 표적이었던 것이다.

사도행전 19장의 방언

사도행전 19장의 에베소 교회에서 나타난 방언도 동일한 차원에서 설명될 수 있다. 에베소에는 회당을 중심으로 모이는 유대인들이 바울의 복음

전파와 교회개척 사역을 극심하게 훼방하였다. 바울이 에베소에서 복음을 전하고 교회를 시작할 때, 새 신자들에게 성령이 임하고 방언을 말하는 현상이 나타났다(행 19:6). 예수 그리스도의 복음과 이방인들에게 하나님의 복음을 전도하는 일을 방해하는 유대인들을 보도록 하나님께 방언을 주신 것이다. 이방인들의 언어로 하나님의 큰일, 즉 예수 그리스도의 십자가 복음을 선전하는 이적이 나타나는 것을 불신앙하는 유대인들이 본 것이다. 불신 유대인들이 다음과 같이 놀라면서 생각하였을 것이라고 추측할 수 있다.

"하나님이 이방인의 언어로 예수 그리스도를 높이고 선전하는 놀라운 일을 행하시는구나! 예수 그리스도가 구원자이심을 믿어야 하겠구나! 불신앙하는 우리 유대인들을 버려지고, 이전에 버려졌던 이방인들은 겸손하게 예수 그리스도를 믿음으로 하나님의 자녀가 되는 시대가 열렸구나!"

고린도 교회의 방언

사도행전에는 고린도 교회에서 방언이 나타났다는 명시적인 내용은 없으나 반대로 고린도 교회에 잠입한 거짓 사도들과 광명의 천사들(고후 11장 참조)에 의해 귀신의 변태 방언이 전파되었음을 보여주는 내용은 많이 있다. 성경에 기록되지 않았다고 하여 고린도에서 성경적 방언이 나타나지 않았다고 단정할 수는 없다. 당시 고린도에도 유대인들의 회당이 있었다. 고린도에 시작되는 예수 그리스도의 복음전파 사역을 회당을 중심으로 모이는 유대인들이 강력하게 방해하면서 대적하였다. 사도행전에는 유대인들이 바울의 고린도에서의 복음전파를 매우 방해했다고 기록되었다.

"안식일마다 바울이 회당에서 강론하고 유대인과 헬라인을 권면하니라. 실라와 디모데가 마게도냐로서 내려오매 바울이 하나님의 말씀에 붙잡혀 유대인들에게 예수는 그리스도라 밝히 증거하니 저희가 대적하여 훼방하거늘 바울이 옷을 떨어 가로되 너희 피가 너희 머리로 돌아갈 것이요 나는 깨끗하니라 이후에는 이방인에게로 가리라 하고"(행 18:4-6)

하나님은 고린도 교회에서 나타나는 방언을 통해 훼방하는 불신 유대인들에게 예수 그리스도가 하나님이 보내신 구원자이시고, 동시에 예수 그리스도를 영접하는 고린도의 이방인들도 하나님의 자녀가 되었음을 알리셨다. 바울이 당시 개척한 고린도 교회의 예배 장소는 유대인들의 회당 바로 옆에 있었다. 그런데 회당의 지도자였던 사람이 결국 예수 그리스도를 믿는 사람이 되고 말았다. 완악한 회당의 지도자가 은혜를 입고 그리스도인이 되었다는 사실을 통해서 방언이 여기서도 하나님이 크게 역사하는 도구가 되었을 것이라고 짐작할 수 있다.

"거기서 옮겨 하나님을 공경하는 디도 유스도라 하는 사람의 집에 들어가니 그 집이 회당 옆이라. 또 회당장 그리스보가 온 집으로 더불어 주를 믿으며 수다한 고린도 사람도 듣고 믿어 세례를 받더라."(행 18:7-8)

성경 어디를 보아도 성경적 방언이 성경적 성령세례의 징조로 등장했다고 볼 내용이 없다. 성경의 방언은 성령의 세례와는 전혀 별도로 다른 기능을 수행했다. 사도행전에는 성령이 임하여 하나님의 자녀가 되었던 사람들의 이야기가 많이 나온다. 그러나 그들에게 성령이 임하는 순간에 방언이 나타났다는 내용은 전혀 나타나지 않는다. 성령이 임하여 하나님의 자녀가 되었으나 방언이 나타났다고 기록되지 않은 사례들은 다음과 같다.

1)사마리아 사람들이 빌립 집사에게서 복음을 듣고 세례를 받았을 때(행 8장),

2)에디오피아 내시가 빌립 집사를 통하여 구원받고 세례를 받았을 때(행 8장),

3)예수님을 대적했던 청년 사울에게 성령이 임하여 눈에서 비늘이 벗겨질 때 (행 9장),

4)중풍병자 애니아에게 성령이 임하여 치유되었을 때(행 9장),

5)죽었던 여제자 다비다에게 성령이 임하여 다시 살아났을 때(행 9장),

6)바울의 전도를 받고 예수님을 믿은 비시디아 안디옥의 신자들(행 13장),

7)바울의 전도로 구원받고 치유받은 이고니온의 앉은뱅이(행 14장),

8)빌립보에서 바울의 전도로 예수님을 믿은 루디아와 그 가족들(행 16장),

9)억울하게 투옥되었던 바울에 의해 복음을 받고 영생을 얻은 빌립보 감옥의 간수와 그 가족들(행 16장)

성경 어디에서도 기독교의 방언이 성령세례와 연관되었다고 볼 내용이 없다. 성경적 성령세례와 성경의 방언이 연관되지 않았는데, 하물며 비성경적 성령세례 주장과 관련된 성경적 방언이 세상 어디에 있겠는가? 요즘 많은 불건전한 운동을 벌이는 사람들이 성령이 육체 가운데 임할 때, 그 징조로 나타나는 현상이 방언이라고 한다. 바르게 배우지 못한 많은 신자들이 몰라서 이러한 요설에 현혹되고 있다.

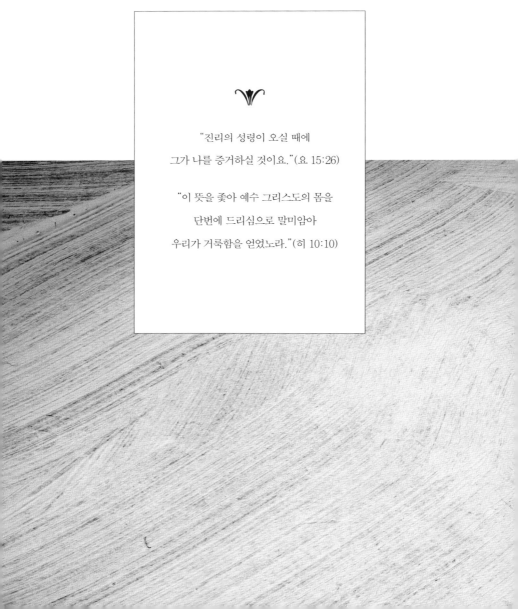

"진리의 성령이 오실 때에
그가 나를 증거하실 것이요."(요 15:26)

"이 뜻을 좇아 예수 그리스도의 몸을
단번에 드리심으로 말미암아
우리가 거룩함을 얻었노라."(히 10:10)

5부

성령세례 운동의 변천

제10장
오순절 운동(Pentecostal Movement)의 성령세례

현대의 유행하고 있는 성령세례 운동, 즉 이미 성령을 받아 중생한 그리스도인들에게 다시 성령이 임재한다는 반복적 성령세례 사상의 역사는 겨우 100년 정도 되었다. 1901년 미국의 백인 목사 찰스 펄햄에 의해 최초로 그 이론이 등장했고, 1906년에 펄햄의 제자였던 흑인 목사 윌리엄 세이모어가 캘리포니아 아주사(Azusa)에서 일으킨 비성경적 신앙운동으로부터 본격적으로 시작되었다. 아주사 부흥이 있기 전까지 반복적인 성령세례 사상과 그것의 핵심 징조라면서 도입된 옹알거리는 방언 현상은 논의되지도 않았고 조금도 중시되지 않았던 것이었다. 물론 그 이전에 성령세례에 대한 주장들과 이론들이 전혀 없었던 것은 아니다. 아주사 부흥으로부터 시작된 오순절 운동으로 인해 성령세례와 방언 운동이 교회에서 본격적으로 시도되기 전까지 성령세례에 대한 논의가 어떻게 전개되었는지 잠시 살펴보도록 하자.

오순절 운동 이전의 성령세례

그리스도인을 대상으로 하는 성령세례 운동의 최초의 원인 제공자는 감리교 운동을 시작한 행위구원론자이며 도덕칭의론자였던 요한 웨슬리(John Wesley, 1703-1791)였다. 요한 웨슬리가 성령세례를 직접 주장했거나 요즘의 괴상한 방언을 했다는 것은 결코 아니다. 웨슬리는 먼저 주시는 '선행은총'으로 각성된 인간의 자유의지가 인간이 구원에 이르는 믿음을 택할 수 있게 하고, 하나님을 기쁘시게하는 선을 행할 수 있게 만든다고 가르쳤다. 자유의지를 통해 믿음을 선택한 신자가 하나님이 기뻐하시는 선을 행함으로 실제로 의로워지고 지속적으로 성화의 길을 걸어갈 때, 어느 순간에 불현듯 완전한 성화, 즉 '그리스도인의 완전'이 신자에게 도래할 수 있다고 하였다. 웨슬리의 완전성화 개념은 신자에게 다시특별하게 임재하시는 성령을 가정하지 않고서는 상상할 수 없으므로 신자에게 또다시 성령이 임하신다는 이론이 이때 처음으로 등장한 것이다. 웨슬리의 바로 이런 비성경적인 사상이 후에 나타난 성령세례 주장을 몰고 나오는 오는 단초가 되었다.

웨슬리의 동역자 존 플레쳐(John Flecher)와 다른 사람들에 의해 웨슬리의 이론은 조금 변형되었다. 사람의 회개, 금식, 기도, 간절한 소원 등의 노력이 성령의 두 번째 임재하심을 준비시킬 수 있다는 쪽으로 달라지기 시작했다. 웨슬리가 전혀 인간의 의지와 무관하게 나타난다고 생각한 성령의 특별한 임재하심이 사람에 의해 준비되어질 수 있다는 쪽으로 방향이 틀어졌다. 웨슬리의 가르침과 플레쳐의 영향을 크게 받아 1800년대 중후반 미국 감리교회들을 중심으로 '성결운동'(Holyness Movement)이 일어났다. 성결운동의 영향을 받은 미국 교회의 일부 신자들이 중생 이후에 찾아오는 두 번째 성령의 은혜, 즉 성령세례를 체험하고자 자신의 힘과 의지로 지극히 노력하고 사모하는 신앙 성향을 가지게 되었다.

비슷한 때 미국의 개혁주의 진영에서 비슷한 사상을 전파하는 찰스 피니(Charles Grandison Finney,1792-1875)가 등장했다. 찰스 피니는 사람이 성령의 임재와 역사가 나타나도록 노력하고 예비하여 성령의 부흥을 유도할 수 있다고 가르쳤다. 사람이 노력과 행위로 성령의 역사를 준비하여 성령의 임재와 부흥을 경험할 수 있다는 찰스 피니의 가르침과 사상은 신자에게 또다시 나타난다는 성령세례에 관한 이론에 힘을 실어주면서 분위기를 더욱 뜨겁게 달구었다.

인간의 노력과 신앙적 선행으로 성령의 추가적인 임재, 즉 성령세례가 경험되어진다는 이론을 가장 힘차게 전개한 사람은 시카고의 무디성경학교의 교장이었던 토레이(R. A Torrey, 1856-1928)였다. 토레이는 이전의 누구보다 봉사의 능력과 부흥을 일으키는 추가적인 성령의 세례를 강조했고, 회개, 금식, 사모하는 마음, 간절한 기도 등의 조건을 충족되면 성령의 세례가 더 가능해진다고 가르쳤다. 토레이의 성령세례 사상에는 방언에 대한 내용이 일체 없었다. 토레이가 강조한 내용은 모든 그리스도인이 더욱 충성된 군사가 되어 봉사의 사명을 잘 감당하기 위해서는 다시한 번 더 성령의 추가적인 능력, 즉 성령세례를 받아야 한다는 것이었고, 성령세례와 부흥과 밀접한 연관을 가진다는 것이었다.[1]

토레이는 영국, 미국의 다양한 지역을 여행하면서 이러한 사상을 전파하였다. 그의 성령세례 사상의 영향을 받은 많은 사람들이 선교사가 되어 세계의 여러 지역으로 나아가서 복음을 전파하였고, 그 중의 어떤 선교사들은 우리나라에 와서 복음을 전했다. 1907년에 일어난 평양부흥은 토레이의 성령세례 사상과도 많은 관련이 있다. 평양 부흥에서 방언 등의 신비 현상이 거의 등장하지 않고 회개가 가장 중시되었던 것은 토레이의 성령세례 사상의 영향을 받은 선교사들이 우리 선조들을 지도했기 때문이라고 볼 수 있다. 토레이 외에도 무디(Dwight L. Moody), 심슨(A. B Simpson), 고든(A. J Gordon) 등의 많은 유명한 사람들이 이미 성령으로 중생한 그리스도인들에게도 성화와 봉사의 능력을 주는 성령세례를 받아야 한다고 가르쳤다. 그러나 그들에게도 전혀 방언현상이 나타나지 않았고, 아무도 옹알거리는 변태적 방언 현상을 성령세례와 연관하여 주장하지 않았다.[2]

오순절 운동의 방언이 강조되는 성령세례 사상은 토레이로 대표되는 그 이전의 성령세례 개념이 한 차원 변형되면서 나타난 것이다. 거짓된 방언을 성령세례의 보편적인 증거라고 가르치는 오순절 운동의 성령세례 이론은 그 당시 미국에서 일어나고 있던 그릇된 종말부흥사상의 영향을 깊이 받은 사람들에 의해 시작되었다. 간단히 말하면 오순절 운동의 방언과 성령세례 이론은 그 이전까지 존재했던 성령세례 사상에 이단들의 종말부흥 사상이 결합되면서 탄생한 것이다. 그 일을 본격적으로 추진한 흑인 목사 윌리엄 세이모어와 최초로 사도행전 2장의 성령세례와 방언이 재현되었다고 주장하면서 그릇된 성령세례 이론을 수립했던 세이모어의 스승 찰스 펄햄은 이단이었다.

찰스 펄햄의 신앙배경

방언을 핵심 징조로 여기는 오순절 운동의 아버지라고 추앙되고 있는 찰스 펄햄(Charles Parham, 1873-1929) 목사는 그 이전까지 어떤 신앙배경 속에서 성장하였을까? 어쩌다가 거짓된 방언 현상을 핵심으로 내세우는 엉터리 방언과 성령세례의 이론의 아버지가 되었을까? 그는 그 이전에 이미 여러 종류의 위험스러운 이단적 사조들로부터 이미 많은 영향을 받았던 사람이었다.

찰스 펄햄

1901년 1월 최초로 방언-성령세례에 대한 그럴싸한 이론과 실제현상을 이끌어낸 오순절 운동의 아버지 찰스 펄햄이 어떤 과정을 거치면서 그 지경에 도달하게 되었는지 자세하게 살펴보자. 펄햄이 독자적으로 단기간에 그러한 이론과 거짓된 현상에 도달했던 것은 아니었다. 이미 그 이전에 그러한 거짓 이론을 발전시킨 다양한 사람들의 불건전한 운동들이 많았다.

감리교회의 목사였던 펄햄은 1800년도 말에 미국의 감리교회들을 중심으로 크게 일어났던 '성결운동'(Holyness Movement)의 영향을 크게 받은 사람이었다. 성결운동은 신자들이 완전한 성화의 수준에 도달하기 위해 성령의 특별한 임재를 사모하고, 성령이 임재하도록 기도, 금식, 회개 등의 인위적인 노력을 강조하였다. 펄햄이 이러한 신앙운동으로부터 영향을 받았다는 것은 비록 거짓된 방언과는 아직 연관되지 않았으나 구원받은 신자에게 다시 성령세례가 임한다는 그릇된 사상이 자리 잡기 시작했다는 것을 뜻한다.

펄햄은 이미 구원받은 신자들이 능력을 입어 더욱 완전해지기 위해 성령의 불세례를 받아야 한다고 강조하였던 벤자민 어윈(Benjamin Irwin)에게서도 많은 영향을 받았다. 어윈의 '불 세례성결교회'(Fire-Baptisted Holyiness Church)를 중심으로 일어난 특별한 신앙운동은 그 당시 미국의 서부지역에 많은 영향을 미쳤다. 어윈은 그리스도인이 영적인 '완전'(perfection)과 권능을 가지기 위해 성령의 불세례를 받아야 한다고 가르쳤다. 그리고 그가 인도하는 집회에서는 소리를 지르는 현상, 입신, 방언, 춤(holy dances, 성령 춤?), 웃음(holy laught, 거룩한 웃음?) 등의 현상이 나타났다.[3] 이러한 현상은 80년대에 등장한 빈야드 운동과 함께 본격적으로 출현하였는데, 이미 이때부터 조금씩 나타나고 있었던 것이다.

1900년에 펄햄은 메인(Maine) 주의 더햄(Durham)에서 '실로'(Shiloh)라는 신앙공동체와 '성령과 우리성경학교'(The Holy Ghost and Us Bible School)라는 신학교를 운영하고 있던 프랭크 샌포드(Frank Sanford)을 만나 그에게서도 많은 영향을 받았다. 샌포드는 하나님께서 많은 '기사와 이적'(sings and wonders)을 일으키면서 마지막 시대의 부흥을 일으키실 것이라고 가르쳤다.[4] 샌포드의 이러한 사상은 피터 와그너가 주창한 제3의 물결의 선두주자인 존 윔버가 80년대에 주창한 빈야드 운동의 '능력전도'(Power Evangelism) 사상과 그 내용에 있어서 상당히 유사하였다.

샌포드는 초대교회의 사도들의 삶과 능력을 재현시킬 수 있다고 여기는 매우 위험스러운 사람이었다.[5] 신약 교회의 설립과 성경저술 등을 위해 하나님의 특별하게 세우신 단회적인 직분자들인 초대교회의 사도들의 권능이 다시 나타나게 한다는 것은 결코 이루어질 수 없는 그릇된 욕망이다. 성경과 기독교의 진리를 바로 알지 못하는 이런 무모한 사람들의 헛된 욕망을 통하여 사탄이 크게 역사하여 오늘날의 신사도 운동의 뿌리가 되는 '늦은 비 운동'이라는 것의 내용이 이 무렵부터 발전되기 시작했다. 샌포트의 영향을 받은 사람들에게서 사도행전의 방언을 사모하는 경향이 함께 나타났다. 초대교회의 사도들의 능력이 방언과 함께 나타날 것이라는 그릇된 종말사상이 샌포드를 중심으로 형성되었기 때문이었다. 샌포드 본인도 1901년까지 방언을 회복시킬 수 있다고 믿었다.[6]

그러므로 거짓된 방언에 대한 이론은 펄햄이 처음 만들어 낸 것이라고는 말할 수 없다. 그 이전부터 확산되고 있던 비성경적 종말 부흥사상과 연관되었고, 그들이 사모하는 방언은 허황된 종말의 대부흥의 중요한 표적으로 여겨지고 있었던 것이다. 현대의 변태적 방언의 이론을 최초로 정립한 사람은 펄햄이지만, 그 이전에 이미 거짓된 방언과 그것을 동반하며 나타난다는 성령세례 사상이 이미 형성되고 있었다.

그 외에도 펄햄은 샌포드에게서 또 다른 어이없는 이단 사상을 전수 받았다. 샌포드는 신약의 교회와 구약의 이스라엘 민족의 관계에 대해서 바르게 이해하지 못하고서 '앵글로-이스라엘주의'(Anglo-Israelism)라는 이단 사상에 심취하였다. 그는 '앵글로-색슨'(Anglo-Saxons)족이 이스라엘의 잃어버린 10지파의 후손이라고 가르쳤고, 현재의 영국과 미국이 하나님이 구약의 이스라엘에게 주신 모든 언약과 은혜를 상속받았다고 주장했다.[7] 오늘날 전 세계에 퍼진 오순절 교회의 신앙운동의 아버지라고 추앙받는 사람의 가르침 속에 이렇게 그릇되고 어이없는 사상들이 존재하고 있었던 것이다. 과연 이러한 사상을 가졌던 펄햄의 신앙운동을 통하여 지상의 하나님의 교회를 더욱 신실하게 세우는 선한 믿음의 역사가 나타날 수 있었을까?

펄햄의 거짓 성령세례 체험

펄햄은 1900년 10월 그의 나이 27세였을 때 캔자스 주 토페카(Topeka)
에서 성경학교를 시작하였다.[8] 약 40명의 학생들이 모였고, 그중에는 이
미 교회에서 사역하고 있는 12명의 사역자들도 포함되어 있었다. 펄햄
은 샌포드가 운영하였던 성경학교를 모델로 하여 시작한 그 학교의 이름
을 '벧엘성경학교'(Bethel Bible School)라고 하였다. 펄햄은 주로 사도행
전을 학생들에게 집중적으로 가르치면서 성령세례가 임할 때에 가장 일
반적으로 나타나는 현상이 무엇인지 학생들에게 연구하고 발표하게 하였
다. 깊이 있는 성경 연구를 진행할 능력이 없는 학생들은 성경을 아주 단
순하게 읽고 방언을 말하는 것이 성령세례의 증거라고 이구동성으로 말
했다. 펄햄의 지도를 받는 학생들은 그런 식으로 펄햄의 이단 사상에 동
화되었고, 펄햄이 주장하는 대로 성령세례와 방언을 사모하였다.[9] 펄햄
은 그 학교의 수업을 통하여 학생들에게 예수 그리스도가 재림하시기 전
에 많은 기사와 이적들이 나타나는 대부흥이 있을 것이라는 내용, 즉 조
금 후에 그 용어가 등장하는 '늦은 비 운동' 사상을 이때부터 가르쳤다.[10]

　1901년 새해를 맞아 펄햄과 벧엘성경학교의 학생들은 특별한 목적을
가지고서 기도회를 시작했다. 그들의 기도회의 목적은 사도행전 2장의
성령세례와 방언을 체험하는 것이었다. 그들은 성령의 놀라운 역사를 기
대하면서 24시간 마라톤 기도를 일주일 동안 시행할 것을 계획하였다.[11]
1월 1일 밤, 드디어 놀라운 일이 시작되었다. 가장 먼저 아그네즈 오즈만

(Agnes Ozman)이라는 여학생에게서 특별한 현상이 나타났다. 그녀는 자신에게 방언이 나오도록 펄햄이 안수하여 줄 것을 요청하였고, 펄햄이 안수하자 오즈만에게서 중국어와 유사한 옹알거리는 방언 현상이 나타나기 시작했다.

안수하여 괴이한 현상을 이끌어 내는 숭악한 성령운동이라는 것이 이런 식으로 시작된 것이다. 성경 어디에도 이미 믿는 자들에게 방언이나 성령의 임하심을 위해 안수하여 성령을 유도하고 조종하라고 가르치지 않는다. 이런 식으로 사람에 의해 조종되는 성령은 기독교의 성령이 아니다. 오즈만에게서는 이후 3일 동안 영어를 단 한 한마디도 말하지 못하고 오직 중국 말과 비슷한 옹알거리는 방언 현상만 지속되었고, 심지어 글을 쓸 때에도 중국어와 유사한 글자가 나타났다.[12] 물론 오즈만이라는 여성에게서 나타난 중국어와 유사한 소리현상은 지구 상의 어느 누구도 알아듣지 못하는 아무짝에도 쓸모없는 사탄의 속임수였다.

아그네즈 오즈만

이러한 일을 경험한 펄햄은 자신의 거짓 성령세례의 증거로서 나타나는 그 거짓 방언이 지구 상에 실재하는 외국어이고, 선교사가 되기 위해서는 힘들여 외국어를 공부할 필요가 없으며, 기도하여 그 방언을 받기만 하면 된다고 가르치기까지 했다.[13] 그래서 대부분의 학생들이 펄햄의 가르침에 세뇌되어 그런 괴이한 성령세례와 방언을 구하였다.[14] 흥미로운 사실은 그렇게 열렬하게 방언에 대해 가르치고 있던 펄햄 자신도 그때까지 그가 강조하는 방언 현상을 경험하지 못했다는 것이다. 그 자신이 방언을 체험하지도 못했으면서 방언을 동반하는 사도행전 2

장의 성령세례 현상이 나타날 것이라고 학생들에게 부지런히 가르쳤다. 그가 왜 그랬을까? 벤자민 어윈과 프랭크 샌포드 등에게서 그런 그릇된 신학 사상을 배웠고, 그 사상에 깊이 심취되었으므로 무조건 그 사상을 열렬하게 전파하는 전도사가 되어버린 것이다.

과연 펄햄을 통하여 나타났던 성령세례 현상과 옹알거리는 변태적인 소리가 성경의 방언이었을까? 그동안 이것에 대해 냉정한 비판은 이루어지지 않았고 그저 신비로운 성령의 부흥이 그때 일어났다고 근거 없이 포장내용들이 주를 이루었다. 펄햄과 학생들은 그 현상이 사도행전 2장의 성령세례와 외국어 방언이라고 환호하였으나, 사도행전 2장의 방언과는 아무 관련이 없었다. 사도행전 2장을 보면 예루살렘에 일시 방문한 해외 거주 유대인들이 즉각적으로 사도들과 제자들의 방언이 자신들의 현지의 언어임을 인정하였다. 그리고 언어로 전해지는 예수 그리스도에 관한 내용을 이해하였다.

"저희가 다 성령의 충만함을 받고 성령이 말하게 하심을 따라 다른 방언으로 말하기를 시작하니라. 그때에 경건한 유대인이 천하 각국으로부터 와서 예루살렘에 우거하더니 이 소리가 나매 큰 무리가 모여 각각 자기의 방언으로 제자들의 말하는 것을 듣고 소동하여 다 놀라 기이히 여겨 이르되 보라 이 말하는 사람이 다 갈릴리 사람이 아니냐. 우리가 우리 각 사람의 난 곳 방언으로 듣게 되는 것이 어찜이뇨. 우리는 바대인과 메대인과 엘림인과 또 메소보다미아, 유대와 가바도기아, 본도와 아시아, 브루기아와 밤빌리아, 애굽과 및 구레네에 가까운 리비야 여러 지방에 사는 사람들과 로마로부터 온 나그네 곧 유대인과 유대교에 들어 온 사람들과 그레데인과 아라비아인들이라 우리가 다 우리의 각 방언으로 하나님의 큰일을 말함을 듣는도다."(행 2:4-11)

　이날 제자들에게서 나타난 외국어 방언을 듣고서 회심하여 예수 그리스도를 구주로 영접한 유대인의 수가 삼천 명이나 되었다(행 2:41). 십자가에서 죽은 예수 그리스도를 범죄자로 여기고 멸시하였던 외국에서 살다 일시 귀국한 유대교 신자들이 갑자기 태도를 바꾸어 예수 그리스도를 구주로 믿고자 결단한 이유는 무엇이었을까? 고기잡이하면서 평생을 갈릴리에서만 보낸 사람들이 자신들이 살고 있는 외국 나라의 말을 실제로 구사하면서 예수 그리스도의 복음을 이야기하는 모습을 보고 충격을 받았기 때문이다. 여호와 하나님의 역사하심이 아니면 그런 일이 일어날 수 없으므로, 그들은 예수 그리스도가 구약의 여호와 하나님이 보내신 구세주임을 믿게 되었던 것이다.

　이것이 성경의 방언을 이해하는 데 필요한 가장 중요한 골격이다. 방언을 이렇게 바르게 이해하지 못하고, 아무 소리라도 나오면 방언이라고 여기고 환영하는 시대가 도래하여 이제 도처에서 미혹하는 귀신들이 준동한다. 성경의 방언은 그 시대의 다양한 이방 나라들의 실제 언어였다. 오늘날 이미 성령으로 중생한 신자들이 또다시 성령의 세례를 받는 것이 가능하다고 주장하면서 방언을 이야기하는 사람들이 많다. 그들의 말대로 사도행전 2장의 성령세례가 개인적으로 반복되어진다면 사도행전 2장의 외국어 방언도 그대로 나타나야 옳다. 그러나 최초로 믿는 자들에게 다시 임하는 성령세례와 그 징조로 동반되는 방언에 대해서 가르쳤던 찰스 필햄을 통해서 실제 외국어 방언은 전혀 나타나지 않았다. 단지 중국, 인도 등의 나라들의 언어와 유사한 소리가 나왔는데, 그것은 귀신의 농간이었다.

아무리 느낌이 좋아도 성령의 역사가 아니면 귀신의 장난이다. 중간에 있는 어떤 다른 것은 없다. 성경의 방언을 모조하는 변태적인 소리현상은 속이는 귀신의 작품이다. 성령이 꼭 아니어도 귀신이라고 할 수도 없는 그런 영은 없다. 이 사실을 빨리 깨닫고 냉혹하게 자신의 현실에 적용해야 한다. 자신과 아주 가까운 사람에게서 이런 현상이 나타난다고 해도 다르게 적용하면 안 된다. 직설적으로 말하고 단도직입적으로 말하고 판단해야 한다. 왜냐하면 영혼이 죽고 사는 문제이기 때문이다. 거짓된 현상이 설령 나의 부모에게서 나타난다고 할지라도 예외로 치지 말고, 전혀 에누리를 두지 말아야 한다. 부인, 남편, 자녀, 스승, 친구…, 아무도 예외가 되지 않아야 아니다. 그래야 사람을 살리고 영혼을 건진다.

"내 아내가 방언하는 것을 들어보면 참 아름다워요!"

거짓된 복음을 물리쳐야 한다고 목소리를 높이고, 다른 사람들이 이상한 방언을 한다고 크게 말하던 사람이 방언하는 자기 아내에게서 나타나는 변태적인 소리 현상에 대해서 이렇게 말하는 것을 보았다. 그러니 어찌 사람들에게 성경을 바로 가르치겠는가? 찰스 펄햄에게서 성령세례가 임하도록 안수기도를 받은 아그네스 오즈만이라는 여학생에게서 나타난 괴이한 소리현상은 아무 가치가 없는 것이었다. 요즘 그런 일은 이상한 집회를 인도하는 사람들 사이에서 너무도 흔하게 나타나는 일이다. 신사도 운동가들이 흔히 말하는 '성령의 기름부음'(Anointing)이라는 것, 또는 다른 말로 '임파테이션"(Impartation), '인카운터'(Encounter)라고 부르면서 요란을 떨 때 가장 흔하게 나타나는 것이 바로 변태적인 소리 현상이다. 찰스 펄햄이 그 일을 벌이던 1901년에는 그런 일이 지금처럼 흔하지 않았고, 그것에 대한 올바른 지식과 정보가 없었으므로 그런 일이 크게 일어날 수 있었던 것이다.

펄햄의 기독교의 사도적인 혁명

그러나 펄햄의 성령세례 운동과 거짓 방언 운동은 머지않아 큰 난관에 봉착했다. 이 모든 과정을 함께 경험하였던 펄햄의 학생들 중에서 펄햄이 가르치는 성령세례와 방언이 비성경적이라고 의문을 제기하는 사람들이 많이 나타났기 때문이다. 그들 중에서 가장 대표적인 사람이었던 라긴스 (S. R. Riggins)는 무분별하게 펄햄의 가르침을 따르는 다른 학생들과 격렬한 논쟁을 시작했다. 그는 그 지역의 신문 〈토페카 스테이트 저널〉(Topeka State Journal)과 다른 신문에 자신의 학교에서 나타난 비성경적인 현상들의 실상을 폭로하는 글을 기고하였다. 이 때문에 펄햄과 벧엘성경학교는 사람들의 큰 조롱과 비판을 받게 되었고, 결국 그곳에서 더 있을 수 없었다. 결국 펄햄은 학교 건물을 매각하고 그곳을 떠났다.[15]

분별하는 성숙한 학생들의 거센 항의와 비판으로 인해 신학교를 접고 토페카를 떠난 펄햄은 여러 곳을 여행하면서 계속 성령세례와 방언에 대해서 가르쳤다. 그리고 1905년 텍사스(Texas) 주 휴스턴(Huston)에 정착하여 본격적으로 자신의 사상을 펼치기 시작했다. 그의 사상과 가르치는 내용을 간략하게 요약하면 '사도적인 신앙'(Apostolic Faith)이었다.

그는 점점 이상해지기 시작했다. 그는 자신이 새로운 성령의 시대를 개막시키는 세례요한이라고 생각했고, 자신이 '사도의 믿음의 설계자'(The Projector of Apostolic Faith)라고 자신이 쓴 책에서 말하였다.[16]

그 무렵 펄햄은 참 이상한 일을 벌였다. 그를 따르는 사람들에게 특별한 옷을 입히고 휴스턴 시가지를 행진하게 했다. 펄햄은 그 사람들의 행렬을 '오순절 군대'라고 선포하였다. 오순절 군대는 휴스턴의 거리를 행진하면서 '사도적 기독교의 혁명'이 일어났다고 선언하였다. 그리고 휴스턴에서 만난 커더로스(W. Faye Carothers) 목사의 교회를 본부로 삼고서 본격적어로 '사도적 믿음 운동'(Apostolic Faith Movement)을 전개하기 시작했다.[17] 사도행전 2장의 성령세례와 방언이 자신의 운동을 통해 다시 재현되었으므로 기독교가 특별한 종말시대로 진입했다고 선포하였던 것이다.

그 당시 펄햄이 주장했던 핵심 내용은 기독교가 다시 사도들의 시대의 기독교로 회귀했다는 것이다. 오늘날 문제가 되고 있는 신사도 운동의 골자가 펄햄을 통해 이렇게 태동되어 무르익었다. 1901년 1월 캔자스 주 토페카에서 벧엘성경학교를 운영하던 시절 학생들과 함께 기도하다가 거짓 방언을 동반하는 특이한 현상을 경험한 것이 끝내 이런 결과를 만들어 낸 것이다. 성경의 방언과는 아무 관련이 없는 사탄의 속임수였는데, 결국 교회를 크게 훼손하는 혼란을 일으키게 되었다. 이것이 바로 신사도 운동의 초기의 형태인 '늦은 비 운동'의 태동이었다. '늦은 비 운동'이라는 용어는 조금 후에 등장하게 된다.

윌리엄 세이모어의 등장

윌리엄 세이모어

1905년 휴스턴에서 특별한 두 사람이 만났다. 오순절 교회들이 오순절 운동의 아버지라고 부르는 펄햄과 오순절 운동의 선구자라고 부르는 펄햄의 제자 윌리엄 세이모어(William Seymour, 1870-1922)라는 애꾸눈의 흑인 남자 목사가 만났다. 펄햄이 휴스턴에서 운영하는 성경학교에서 공부하기 위해 세이모어가 찾아와서 학생이 되었다.

이때 세이모어는 펄햄에게서 방언이 징조가 되는 성령세례 이론에 대해 배웠고, 나중에 캘리포니아로 이주하여 방언-성령세례 운동을 세계에 퍼뜨리는 아주사 부흥을 일으키게 된다.

거짓된 성령세례 운동을 크게 일으킨 세이모어의 신앙 배경을 살펴보자. 믿는 자에게 방언을 동반하는 성령세례에 대한 그의 주장도 그 이전의 이단들의 가르침으로부터 많은 영향을 받으면서 형성되었다. 세이모어는 1870년 5월 2일 루지애나 주 센터빌에서 출생하였다. 그 당시는 인종차별이 극심하여 흑인은 공공장소에서 감히 백인 근처에 앉을 수도 없었던 시절이었다. 흑인이었던 세이모어는 정식 교육을 받지 못하였고, 스스로 성경을 독학하면서 성장했다. 어린 시절에 로마 가톨릭 교회에 출석하면서 그곳에서 세례를 받았다고도 하고, 혹자는 침례교회를 다니면서 어린 시절을 보냈다고도 하나 분명하게 확인할 수가 없는 사실이다.

세이모어는 1891년에 루지애나를 떠나 테네시 주 멤피스로 갔다. 그곳의 이발소에서 일했고, 어떤 제지공장에서 운전수로도 일하였다. 그는 다시 1893년에 인디애나 주 인디애나폴리스로 이사하였다. 그곳에서 세이모어는 고급스러운 레스토랑의 바텐더로 일하면서 그 도시에 있는 성공회 교회에 출석하였다. 이 무렵부터 세이모어는 신앙의 확신을 가지게 되었고 매우 전도에 열정적인 자세를 가진 그리스도인이 되었다.[18]

1895년에 세이모어는 신시내티에서 마틴 냅(Martin Knapps)이 이끄는 '하나님의 부흥운동'(Church of God Reformation Movement)을 접하였다. 마틴 냅은 이미 성령을 받아 중생한 사람에게도 다시 성령의 추가적인 임재가 있으며, 성도는 마땅히 그것을 사모해야 한다고 강조하는 불건전한 이론을 가진 사람이었다. 그는 자신이 역사의 종말기에 살고 있고, 휴거가 일어나기 전에 하나님이 성령을 부어주시는 큰 성령의 은혜가 나타날 것이라고 가르쳤다.[19]

마틴 냅은 기본적으로 성령의 두 번째 은혜로 신자의 삶의 성화, 하나님과의 친밀함, 거룩함, 회개, 도덕적 생활 등을 매우 강조하였던 '성결운동'(Holiness Movement)에 깊이 헌신되어 있던 사람이었다. 당시 이 운동에 헌신된 사람들의 특징은 자신들이 역사의 마지막 시대를 살고 있다는 종말의식과 하나님께서 성령의 크신 역사를 이 땅에 부어주심으로 큰 부흥이 일어날 것이라는 믿음이었다.[20]

세이모어는 1901년부터 1902년까지 마틴 냅이 운영하는 '하나님의 성경학교'(God's Bible School)에 학생으로 등록하여 공부하였다. 그리고 이때 "어둠 속에서 빛나는 성도들"(Evening Light Saints)이라는 신앙단체에 가입하여 활동하였다. 이 무렵에 세이모어는 구원받기 위해서 성령의 첫 번째 은혜가 먼저 필요하고, 성화되기 위해 또 다른 성령의 두 번째 필요하다는 그릇된 사상에 깊이 학습되었다. 특히 거듭난 신자에게 성령의 두 번째 은총이 임하여 다시 죄를 범하지 않을 수 있는 정도로 완전하

게 성화될 수 있다고 하는 비성경적인 사상에 깊이 영향받았다.[21]

세이모어가 이때까지는 방언이 성령의 두 번째 은혜의 증거라고 배우지는 않았으나, 이미 예수를 믿어 성령을 받아 중생한 신자에게 다시 추가적인 성령의 은혜(성령세례)가 주어짐으로써 특별한 영적인 은총이 임한다고 배웠으니, 이미 거반 오순절 운동의 성령세례 사상에 접근하여 있었던 것이다. 그는 이 당시 종말의 때에 큰 부흥이 일어나면서 '진정한 교회'(The true church)가 회복되어 나타날 것이라고 그릇된 종말 사상을 배웠다.[22]

이것은 사도행전 2장의 성령강림 이후 1900년 동안 존재하였던 모든 교회들이 진정한 교회가 아니라는 것을 의미한다. 다시 사도행전 2장의 성령세례와 방언이 나타나면서 종말의 진정한 교회가 등장한다는 이단 사상이다. 그릇된 신앙운동들과 많은 이단들에게서 발견되는 특징은 사도행전 2장의 오순절 성령강림과 더불어 시작된 신약의 교회를 완성된 교회로 여기지 않는다는 것이다. 자신들의 운동이나, 자신들에게 임한 특별계시를 통해 완전하고 참된 교회가 시작되고 있다고 가르친다. 이런 그릇된 교회론이 나중에 아주사 부흥을 일으킨 세이모어에게 주입되고 있었던 것이다. 여기에서 세이모어는 목회자가 되는 안수를 받았다.[23]

세이모어에게서 가장 결정적인 사상의 변화는 휴스턴에서 펄햄을 만나면서 시작되었다. 세이모어가 언제 신시네티를 떠나 휴스턴에 도착했는지에 대해서는 정확하게 알 수가 없다. 어떤 자료에는 세이모어가 1903년에 휴스턴에 도착했다고 되어 있고, 어떤 자료에는 1905년에 도착했다고 되어 있다. 더 많은 자료들이 펄햄이 휴스턴에 도착하여 성경학교를 시작한 해가 1905년이라고 말하고 있으므로 세이모어가 펄햄을 만났던

해는 1905년으로 보아야 할 것이다.[24] 분명한 사실은 세이모어가 찰스 펄햄이 운영하던 '휴스턴성경학교'(Huston Bible School)의 학생이 되고 난 후부터 방언을 동반하는 성령세례 사상을 집중적으로 배웠다는 것이다.[25]

세이모어가 펄햄의 제자가 되고, 빠르게 펄햄의 사상을 배우고 학습할 수 있었던 것은 그 이전부터 이미 비슷한 사상을 형성하고 있었기 때문이었다. 두 사람 모두 감리교회의 창시자 존 웨슬리(John Wesley)가 가르친 비성경적인 '완전성화' 사상에서 유래한 감리교회들 중심의 성결부흥의 영향을 크게 받았다. 또한 두 사람 모두 이미 성령을 받아 하나님의 자녀 된 사람에게 성령의 두 번째 임재가 일어나고 더불어 큰 부흥이 나타난다는 그릇된 종말론의 영향을 받았다. 찰스 펄햄이 더 먼저 방언을 동반하는 성령세례 이론을 주장하였고, 그의 학생이 된 세이모어도 펄햄의 가르침을 통해 방언을 동반하는 추가적인 성령세례 이론을 확신하게 되었다.[26]

천연두로 인해 한쪽 눈을 잃어버린 세이모어는 인종차별을 심하게 하는 백인들에게 멸시를 많이 받으면서 공부했다고 한다. 그는 백인 학생들과 함께 강의실에 앉을 수 없었으므로 다른 방에 홀로 앉아서 열린 창문을 통하여 펄햄의 강의를 들으면서 공부하였다. 펄햄이 휴스턴에서 시작했던 그 학교도 오래가지 못하고 폐교되었다. 세이모어도 1906년 1월에 로스앤젤레스의 한 성결교회의 부목사로 청빙되어 캘리포니아로 이사하였다.[27] 세이모어는 캘리포니아에 가는 길에 알마 화이트(Alma White)가 특별한 신앙운동을 주도하고 있던 콜라라도(Colorado) 주 덴버(Denver)에 들렸다. 그들은 성령의 특별한 임재와 역사하심으로 신자가 더 이상 죄를 범하지 않을 수 있는 '완전성결'의 상태에 이를 수 있다고 가르쳤고, 성령의 특별한 임재로 인해 완전한 상태에 도달하면 춤(성령 춤?)을 추는 현상이 나타난다고 주장하는 사람들이었다.[28] 이런 내용을 보면 나중에 아주사에서 거짓된 성령세례와 방언의 부흥을 일으킨 세이모어가 어떤 사람이었는지 짐작할 수 있는 것이다.

성령 춤을 추는 김우현 PD

지금 한국 교회에서도 비슷한 일들이 일어나고 있다. 손기철 장로, 김우현 PD와 같은 사람들이 '방언찬양'이라는 것을 주장하고 있고, 더불어 '성령 춤'이라는 것도 말하고 있다. 괴상한 방언 열풍을 일으켜서 자타가 공인하는 방언전도사가 된 김우현 씨의 책을 보니 그도 아침에 일찍 일어나 방언으로 기도하고, 성령 춤을 추었다고 한다.

"늦게 잠들었는데, 새벽 일찍이 잠에서 깬 나는 혼자서 뜨거운 부흥회를 했다. 무려 2시간을 방언으로 기도하고, 찬양하고, 혼자 춤을 추었다. 할수록 더욱 깊은 임재로 들어가니 나오기가 싫은 정도였다." [29]

김우현 씨가 새벽에 일찍 일어나 혼자 춤을 추었다는 것은 요즘 말해지고 있는 '성령 춤'이라고 하는 것이다. 그리고 바로 그 앞을 보니 그는 '방언찬양'이라는 것도 잘 하는 모양이다. 모두 비성경적인 일들이다. 대체 성경 어디에서 이러한 행태가 기독교 신앙의 일부분이라고 말하고 있는가?

기독교 신앙의 근거와 기준은 오직 성경이다. 성령은 우리에게 성경과 예수 그리스도를 가르치고 전파하시려고 오셨지, 성경에 없는 일을 하시려고 오신 분이 아니다. 성령은 우리가 성경의 진리를 배우고, 하나님의 뜻을 행하므로 하나님을 기쁘시게 해 드리는 백성이 되게 하시려고 역사하시는 분이다. 성령이 옹알거림 현상, 춤, 쓰러짐, 무아지경 등의 현상으로 자신의 존재를 드러내시는 분은 결코 아니다. 진리의 말씀이 깨달아지고, 예수 그리스도 중심의 신앙과 삶이 정착되어지는 것이 성령이 임하시고 역사하신다는 증거이다. 요한복음 14, 15, 16장에서 예수님이 제자들에게 곧 오실 보혜사에 대해 하신 말씀들을 보면 하나님의 말씀과 예수 그리스도를 우리들에게 알리시는 것이 성령이 하시는 일들의 핵심이다.

"저는 진리의 영이라"(요 14:17)

"그가 너희에게 모든 것을 가르치고 내가 너희에게 말한 모든 것을 생각나게 하시리라"(요 14:26)

"진리의 성령이 오실 때에 그가 나를 증거하실 것이요"(요 15:26)

"그와 와서 죄에 대해, 의에 대해, 심판에 대하여 세상을 책망하시리니"(요 16:8)

"진리의 성령이 오시면 그가 너희를 모든 진리 가운데로 인도하시리니"(요 16:13)

"그가 내 영광을 나타내리니"(요 16:14)

성령이 하시는 일에 대해 예수님이 말씀하신 성경의 가르침과 요즘 성령세례 운동을 일으키면서 '성령 춤', '방언찬양' 등의 이야기를 하는 사람들의 행위는 전혀 맞지 않는다. 기독교는 예수 그리스도의 구원과 진리를 설명하는 성경에만 근거한다. 예수님을 믿는다는 사람들의 행태와 신념, 그들이 선보이는 특이한 현상이 기독교가 본질이 아니다. 그러므로 김우현 씨나 그 누구에게서 방언찬양이나 성령 춤 등의 신비 현상이 나타난다고 하여 그것을 기독교적인 행동이라고 인정해야 할 이유가 없다.

세이모어가 캘리포니아로 가는 길에 덴버에 들려 이런 성향을 가진 사람들과 교제하였다는 것은 세이모어의 신앙 스타일도 그들과 유사했다는 것을 말한다. 세이모어의 신앙은 요즘 유행하는 말로 하자면 '이단 스타일'이었다. 그런 사람을 통해 믿는 자들을 상대로 벌이는 성령세례 운동이 시작된 것이다. 그때 덴버에서 세이모어를 만났던 알마 화이트도 세이모어에 대해서 아주 나쁜 인상을 받았다고 후에 말했다. 여러 면에서 매우 불건전했던 알마 화이트도 세이모어에 대해 다음과 같이 말했다.

"나는 지금까지 많은 종류의 종교 사기꾼들을 만나보았지만, 세이모어와 같은 사기꾼은 처음 보았다." 30)

로스앤젤레스에 도착한 세이모어는 한 번 설교하고서 그 교회에서 추방당했다. 그가 필햄에게서 성령세례와 방언에 대해서 배운 대로 설교하면서 1901년 1월 필햄과 학생들에게 나타난 현상을 사도행전 2장 4절을 기초하여 설교하였기 때문이었다. 31) 허친스라는 여자 목사가 인도하는 그 교회는 당시 미국에서 크게 일어난 성결운동의 영향을 받은 교회였다. 그들은 성령의 두 번째 은혜가 신자에게 임하여 모든 죄가 소멸되고 영적으로 완전해질 수 있다는 그릇된 신앙을 신봉하고 있었다. 32)

당시 성결운동의 영향을 받은 교회들은 중생한 신자에게 임하는 성령의 두 번째 은혜를 간절하게 사모하고 있었다. 그러나 방언이 나타난다고 믿지는 않았고, 방언을 받으려고 사모하지도 않았다. 성결운동의 영향을 받은 어떤 교회에서도 성령의 두 번째 임재로 말미암아 방언이 시작된다고 믿는 교회는 없었다. 그러므로 성령세례와 함께 방언을 받아야 한다고 설교한 세이모어는 용납될 수 없었다. 그 교회는 중생한 신자에게 나타나는 두 번째 성령의 은혜가 임하면 변화된 삶, 봉사의 능력, 확실한 성화가 나타난다고만 믿었다.

아주사의 거짓 성령세례

자신을 초청한 교회에서 단 한 번 설교한 후 추방되어 갈 곳이 없는 세이모어를 리(Lee)라는 여 성도가 자신의 집으로 초청하였다. 세이모어는 그 성도의 집에 잠시 머물렀고, 얼마 후에 세이모어의 설교를 듣기 원하는 흑인들을 중심으로 기도 모임이 형성되었다. 그리고 1906년 2월 아주사에 사는 리처드 애즈베리(Richard and Ruth Asberry)부부가 세이모어를 자신들의 집으로 다시 초청하여 거주하게 했다. 바로 그곳에서 우리가 '아주사 부흥'이라 부르는 일들이 발생하였다. 세이모어가 머물며 사람들을 모아 최초로 집회를 시작했던 그 집은 아주사의 노스 보니 브레가 214번지(214 North Bonnie Brae Street, Azusa, CA)에 위치하는 평범한 가정집이었다.

1906년 4월 9일, 바로 이 집에서 일곱 사람에게 최초로 방언현상이 나타났다.[33] 그들은 기쁨에 들떠서 밤새도록 웃고, 소리치며, 노래(찬양)하였다. 그 소문이 나면서 다음날 주변의 사람들이 몰려들었다. 세이모어는 3일 후인 4월 12일에 방언을 최초로 체험했다. 이때까지 그 자신도 경험하지 못한 성령세례와 방언을 다른 사람들에게 가르쳤고, 자신에게서 배운 다른 사람들이 그가 가르친 것을 더 일찍 경험한 상황에서 자신도 조금 늦게 경험한 것이다. 계속 사람들이 찾아왔고, 집이 비좁았으므로 더 넓은 공간이 필요하게 되었다. 그래서 그들은 1907년 4월 14일부터 아주사 거리 312번지의 한 목조건물로 이동하여 계속 집회를 열었다.[34]

이 건물은 이전에 말들을 기르는 장소였고 그때까지 말똥 냄새가 다 가시지 않았다고 한다. 여기서 세이모어는 하루에 세 번, 일주일 내내, 삼 년 동안 집회를 인도하였다. 당시 그가 인도했던 집회에는 복음선포 등의 정

214 North Bonnie Brae Street, Azusa, CA

해진 예배순서와 같은 것은 없었고, 오늘날 빈야드 집회에서 나타나는 웃음, 방언찬양, 방언, 구르는 현상, 동물소리, 몸을 기괴하여 구부리는 현상, 말을 하려고 해도 혀가 굳어 말이 나오지 않는 현상 등이 많이 나타났다.[35]

귀신들이 신났던 아주사 부흥

그런데 믿는 자들에게 다시 성령세례를 일으키는 아주사 부흥의 현장에서는 이해할 수 없는 이상한 일들이 대량으로 나타났다. 성령이 역사하셨다고 보기 어려운 일들이 너무 많이 나타났는데, 그동안 그 자세한 내막이 알려지지 않고 있었다. 가장 이해할 수 없는 현상은 아주사 인근의 귀

신을 다루는 사람들이 찾아와서 함께 어우러졌다는 것이다. 귀신을 부리는 사람들이 몰려와서 성령세례를 경험하는 아주사의 성도들과 아수라장을 연출하였다. 그러나 세이모어는 자신이 인도하는 집회에 이단들과 귀신을 부리는 강신술사들이 와서 치유되었다고 했다. 귀신이 떠났고, 그들이 참 성도로 변화되었다고 설교하였다. 다음은 세이모어가 했던 설교에 들어있는 내용이다.

"강신론자들이 우리 모임에 왔을 때 그들에게서 귀신이 나가고 구원을 받고 거룩하게 되었습니다. 크리스천 사이언스 신봉자들이 모임에 왔을 때 크리스천 사이언스의 영들이 쫓겨나고 보혈을 받아드렸습니다." [36)]

세이모어는 무엇을 근거로 귀신의 장난이 나타나는 사람들이 아주사의 성령세례 부흥운동의 현장에 와서 치유되었다고 하였을까? 세이모어가 귀신을 섬기고 이단에 속한 사람들이 자신의 집회에 참여하여 귀신이 떠나갔다고 주장하는 근거는 그들이 집회 중에 '경련'을 일으켰다는 것이다. 귀신을 섬기는 이단자들과 무속인들에게서 몸이 떨리고 진동하는 현상이 나타났으므로 귀신이 나갔다고 그는 말했다. [37)]

치유사역자라고 알려진
손기철 장로(온누리교회)

오늘날에도 한국의 신사도 운동가 손기철 장로 등이 비슷한 말을 한다. 신체가 비정상적이 모습을 보이고, 얼굴이 흉측하게 일그러지는 등의 현상이 그 사람 속에 있는 귀신이 나가는 현상이라고도 하고, 성령의 기름부음이 임하는 현상이라고도 한다. 손기철 장로는 자신의 책 『알고 싶어요 성령님』에서 다음과 같이 말했다.

"그런 사람은 드물겠지만 자신의 생각이나 견해와 다르다고 해서 성령님을 부인하거나 성령의 역사로 나타나는 여러 가지 현상들을 잘못되었다거나 또 그것을 악한 영의 짓이라고 매도하는 것은 결코 옳지 않습니다. 예를 들면, 성령님이 임하실 때 쓰러지거나 몸을 떨거나 소리를 지르거나 기침하거나 우는 일들을 보며 성령님이 역사하신다면 어떻게 이런 일들이 일어날 수 있느냐고 반문합니다. 그러나 그런 현상은 성령님이 우리 혼과 육에 임하셨기 때문에 일어나며 또는 그 결과로 우리 안에 있던 악한 영들이 드러나는 것입니다." [38]

1900년대 초에 성령세례 운동을 시작한 세이모어의 집회에서도 똑같은 현상이 일어났고, 그는 지금의 신사도 운동가들이 말하는 것처럼 악한 영이 떠나가는 모습이라고 했다. 물론 성경에도 귀신이 떠날 때 그 사람을 심히 경련하게 만들었다는 내용이 나온다(막 1:26). 그러나 이상한 사람들이 인도하는 집회에서 나타나는 쓰러짐과 경련 등의 흉측한 현상은 거짓 영이 이미 미혹된 사람들을 가지고 노는 모습이라고 보아야 한다. 그런 모습을 보이는 사람에게서 정말 귀신이 나갔다면, 이후 다시는 그러한 일이 일어나지 않아야 할 것이다. 그런데 그런 현상을 보이는 사람들에게서 이후 또다시 같은 현상이 나타나는 경우가 많다.

이미 고인이 된 온누리교회 설립자 하용조 목사가 생전에 하와이에 있는 열방대학의 훈련에 참여하는 동안 자기 속에서 귀신이 나가는 것을 체험했다고 많은 성도들 앞에서 공개적으로 말했던 적이 있다. 정확히 언제

(고) **하용조** 목사
(온누리교회 설립자)

였는지는 자세히 기억나지는 않으나, 하용조 목사가 자신에게서 귀신이 나갔다고 말한 것은 분명한 사실이고, 그 일로 인하여 많은 사람들이 하용조 목사가 이상해졌다고 여기기 시작했다. 그러면 당시 하용조 목사는 경험한 현상의 정체는 무엇이었을까? 과연 하용조 목사에게서 그때 정말 귀신이 나갔다면, 그 이전까지 귀신들린 상태로 온누리 교회의 담임목사일을 했다는 것이다. 온누리 교회는 귀신들린 사람이 인도하는 가운데 한국을 대표하는 교회로 성장했다는 것이라는 결론이 나오게 된다.

그때 하용조 목사에게서 귀신이 나갔던 것으로 볼 일이 아니다. 주로 그런 현상은 이미 불건전한 거짓 경건에 오염된 사람들에게서 나타나는 증상이다. 그런 일이 가장 많이 나타나는 곳은 귀신론으로 유명한 김기동 씨의 이단교회이다. 그곳에서 귀신이 추방되는 일은 매우 흔하게 나타나고 있으나, 정말 귀신이 추방된다고 볼 수가 없다. 오히려 귀신과 미혹된 사람들이 함께 놀아난다고 보아야 할 일이다. 귀신이 불쌍한 사람들을 주무르면서 노는 것을 가지고 귀신이 추방된다고 하니, 귀신에게는 재미가 많을 것이다. 하용조 목사도 80년대 초에 그 이단에게서 성경을 배웠다고 많은 사람들이 증언하고 있다. 하용조 목사가 그 이단이 운영하는 베뢰아 아카데미라고 하는 곳에 성경을 배우는 과정에서 틀림없이 그에게서 안수기도도 받았을 것으로 짐작된다. 이단에게 안수 받은 후 신앙과 영혼이 변질되는 경우는 매우 흔하게 나타나는 현상이다. 하용조 목사는 그런 과정을 거치면서 영혼이 지저분해졌고, 나중에 병이 깊어졌을 때에는 사탄의 금가루 이적이 나타나는 신사도 운동 집회와 관련되기도 했다.

집회 도중에 사람들에게서 쓰러짐, 괴성, 경련, 입의 거품 현상 등이 일어난다고 귀신이 나가는 것으로 볼 이유는 없다. 그러나 그런 것을 귀신이 떠나가는 현상으로 이해하였던 세이모어의 성령세례 부흥운동은 시간이 지나면서 더욱 심각해졌다. 무당들과 인근의 많은 사교집단에 속한 사람들이 아주사 부흥의 현장에 찾아와서 최면을 걸고 강신술을 행하였다. 그렇게 걷잡을 수 없는 상황으로 치닫자 세이모어는 자신의 스승 찰스 펄햄에게 그곳으로 와서 상황을 바로 잡고 지도해 달라고 요청했다. 펄햄이 아주사에 도착하여 상황을 보니 그 상황은 정말 실망스러웠고 혼란스러웠다. 펄햄은 이렇게 탄식하면서 자신의 제자 세이모어가 악한 영에게 사로잡혔다고 한탄하였다

"최면술사들과 심령술사들이 집회를 다 점령해 버렸다!" 39)

펄햄은 사람들이 몸을 통제하지 못하고 바닥에서 뒹구는 모습을 보고서 이렇게 말했다.

"우리는 '홀리 로울러'(holy rollers, 집회 중에 바닥에서 뒹구는 사람들을 뜻하는 말)들이 운동선수처럼 몸을 뒤트는 것에 동조하거나 찬성하지 않습니다. 그들은 발작을 일으키고 공중제비를 돌며 모임 장소의 바닥을 뒹굴면서 발로 찹니다." 40)

이러한 현상은 오늘날의 신사도 운동 등의 불건전한 집회에서 흔하게

나타나는 일들이다. 세이모어의 성령세례 운동의 현장에서 왜 그런 일들이 일어났을까? 성령으로 가장하는 거짓 영들이 그곳에서 크게 역사하였기 때문이다. 이미 성령을 모셨고, 거듭난 신자들에게 또다시 성령이 임하는 성령세례 주장은 비성경적이고, 그것의 징조라고 주장되는 옹알거리는 변태적 현상도 성경과는 무관하다. 세이모어의 집회의 현장에서 역사하였던 영은 성령이 아니고 악령이었던 것이다.

세이모어는 자신이 더 이상 감당할 수 없는 상황으로 치닫자 스승인 펄햄에게 도움을 요청했다. 급히 아주사에 찾아온 펄햄은 경악하였고 세이모어에게 멈추라고 강경하게 말했다. 그러나 이미 아주사의 상황은 걷잡을 수 없는 지경이었고, 누가 지도하여 막을 수 있는 상황이 아니었다. 펄햄은 세이모어와 아주사의 괴이한 성령세례 불을 받은 사람들에게 영적인 매춘행위를 중지해야 한다고 심각하게 비판했다. 그래서 두 사람은 불편한 사이가 되었고, 펄햄은 기껏 두 번 설교하고서 세이모어와 그를 따르는 사람들로부터 외면당하게 되었다. 두 사람은 이렇게 불행하게 결별하였고 이후 다시 보지도 않았고 화해하지도 못하고 죽었다.[41] 이것이 아주사에서 일어난 성령세례 부흥운동의 실상이었다. 그런 개판 성령세례 운동의 한 복판에는 옹알거리는 변태 방언이 자리 잡고 있었다. 이것이 오순절 운동의 성령세례의 실상이다.

방언으로 노래한다는 '방언찬양'

그동안 아주사에서 성령세례 운동이 크게 일어날 때 방언이 많이 나타났다고만 알려졌었다. 그러나 그곳에는 방언 외에도 다른 정체불명의 괴이한 현상들이 많았다. 다음은 아주사 부흥의 현장에 참여하여 큰 은혜(?)를 경험한 존 G. 레이크라는 사람이 저술한 『하나님과의 모험』이라는 책에 나오는 내용이다. 그 당시에 이미 방언으로 노래를 부른다는 방언찬양이라는 것이 흔하게 나타났음을 기술하고 있다.

"집회의 가장 놀라운 특징 중 하나는 '천상의 합창단'이다. 몇몇 사람, 혹은 20명 정도가 알지 못할 방언으로 노래했다. 그것은 인간이 만든 오케스트라가 아니었다. 모든 것이 성령의 지시하에 이뤄졌다. 참으로 하늘이 지상에 임했다." 42)

다음은 세이모어가 아주사에서 일어난 일들을 홍보하기 위해서 창간한 〈사도적 믿음〉이라는 잡지 제1권 제1호에 기술되어 있는 내용이다. 여기에서도 방언으로 찬양하는 현상이 나타났음을 이야기하고 있다.

"많은 이들이 성령의 영감으로 말할 뿐만 아니라 찬양의 은사를 받았습니다. 주님은 새로운 목소리를 주시고, 옛 노래를 새 방언으로 바꾸시며, 천사들이 부르는 음악을 주셨다. 주님은 하늘의 노래를 화음으로 부르는 천국의 찬양단을 가지고 계시다. 그 음악은 아름답고 어떤 악기도 집회에서 필요치 않다." 43)

1908년에는 아주사 부흥운동의 여파가 예루살렘에까지 전파되었고, 그곳에서도 방언으로 노래하는 현상이 나타났다. 예루살렘의 엘리자베스 브라운이라는 여신도가 방언과 방언찬양의 은사를 받았다는 내용이 〈사도적 믿음〉 제2권, 13호에 다음과 같이 기록되어 있다.

"시리아 베이루트 출신의 한 사역자가 겨울을 나기 위해 예루살렘에 왔다. 하나님께서는 그에게 성령세례를 주셨고 방언도 한다…. 그녀는 내 방에 와서 성령세례를 위해 내게 안수해 달라고 부탁했다. 그녀는 불의 파도가 그녀의 머리와 얼굴로 지나가는 것을 느낀 후에 방언을 말하기 시작했다. 그녀는 지금 하늘의 음조로 노래한다. 그녀의 노래를 듣는 것은 소중한 일이다." – 팔레스타인 예루살렘에서 미국 영사의 도움을 받고 있는 루시 M. 레더맨.[44]

훗날 세이모어의 부인이 된 제니 무어라는 여성에게서도 이 당시 히브리어와 유사한 방언찬양 현상이 나타났다.[45] 오늘날 비성경적인 방언찬양 현상이 급속히 확산되면서 많은 사람들을 미혹하고 있는 중이다. 방언찬양은 빈야드 운동을 시작했던 존 윔버에게서도 그럴싸하게 나타났던 현상이다. 존 윔버가 앞에서 인도하고 많은 사람들이 함께 그런 소리로 노래도 아닌 노래를 부르는 장면의 영상을 보았다. 성경에서 전혀 근거를 찾을 수 없는 그런 일이 사람의 눈에는 아주 멋있어 보였고 매우 그럴싸했다. 미혹하는 영의 장난이 정말 보통이 아니다.

쓰러짐 등의 현상들

아주사의 성령세례 부흥운동에서는 사람들이 쓰러지는 현상도 자주 나타났다. 1906년 아주사에 일어난 일들을 직접 경험하고, 그것을 미화하는 글을 써서 널리 홍보하였던 프랭크 바클맨(Frank Bartleman, 1871-1935)의 저서 『아주사의 거리』에는 다음과 같은 내용이 소개되어 있다.

"누군가 말하는데 갑자기 성령께서 회중 위에 임하셨다. 하나님께서 친히 강단 초청을 하셨다. 사람들은 마치 전투에서 칼에 맞은 것처럼 집안 여기저기에 쓰러지거나 아니면 하나님을 구하기 위해 무더기로 강단을 향해 돌진했다." [46)]

아마도 이 상황은 세이모어의 집회의 규모가 커져 아주사 거리 312번지의 낡은 목조건물로 이동하기 전 어떤 성도의 집에서 집회를 가졌을 때의 상황인 것 같다. 집회 중에 사람들이 집안 여기저기에 쓰러졌다고 기술하고 있다. 이 내용은 비판자의 기록에서 나온 것이 아니고 아주사 부흥을 높이고 선전하는 사람이 남긴 기록에서 발견된 내용이다. 만일 그 당시 아주사에서 일어나는 일들을 비판적인 시각으로 분석하고 정리하는 사람이 있어 기록되었다면, 우리는 그 실상을 더 자세하게 알 수 있었을 것이다. 아주사 성령세례 운동은 문맹률이 높았던 흑인들 중심으로 일어난 거짓 부흥운동이었다. 당시 흑인들은 교육수준이 낮아 어떤 일들에 대한 기록을 남기는 데 익숙하지 못했다. 그래서 아주사 부흥의 실상이 잘 알려지지 않았던 것이고, 오히려 많이 미화되었다. 그러므로 사실에 근거한 객관적인 연구가 진행되기 어려웠던 것이다.

아주사 부흥 당시 세이모어가 인도했던 집회에서는 특별히 정해진 순서도 없었다. 그저 성령이 시키는 대로 노래하고, 방언하고, 소리를 지르고, 황홀경에 빠지고, 몸을 흔드는 현상들이 이어졌다.[47] 이런 무질서한 모습은 그 지역의 신문에도 크게 소개되었다. 1906년 4월 18일에는 그 지역의 시사 주간지 〈로스앤젤레스 타임〉의 전면에 "기괴한 방언 바벨탑"이라는 헤드라인 뉴스가 등장하였다. 그 내용은 아주사에서 새로운 광신도 집단이 탄생하였다는 것이었다. 성령세례를 받은 신자들의 모습이 세상 사람들의 눈에는 미치광이로 보였던 것이다. 그러나 불행하게도 이 기사는 오히려 사람들의 호기심을 자극하여 더 많은 사람들이 무슨 일이 일어나는지 보기 위해 아주사의 현장으로 찾아가게 만들어 버렸다.[48]

하나님의 신부 된다는 신비주의

신사도 운동의 대표적인 현상 중의 하나가 신부운동이다. 대부분의 신사도 운동 교회들은 성도들에게 순결한 예수 그리스도의 신부가 되라고 가르친다. 이는 지극히 비성경적인 그릇된 경건사상이다. 그들의 신부 개념은 은혜를 입은 개인들이 각각 예수 그리스도의 신부가 된다는 것이다. 그러나 성경은 하나님 백성을 하나님의 신부라고 비유한다. 구약에서는 이스라엘 백성들을 하나님의 신부라고 하였고, 신약에서는 하나님의 교회를 예수 그리스도의 신부로 표현하였다. 그런데 신사도 운동은 성도들 각자가 하나님의 신부라고 하면서 자신들의 운동을 통해 나타나는 기름부음을 받아야 예수님의 좋은 신부가 된다고 가르친다.

이와 같은 그릇된 신부 사상이 아주사 성령세례 운동에서부터 등장하였다. 아주사 부흥운동 당시 세이모어가 했던 설교에서도 신부사상에 대한 내용이 나온다. 세이모어는 성령이 다시 자신들에게 특별하게 임하심으로 예수님과의 혼인관계가 이루어졌다고 보았다. 세이모어는 성령세례와 방언이 신부 된 사람의 증거라고 설교하였다. 이것이 바로 오늘날의 신사도 운동의 신부사상의 시작이었다. 하나님 백성 전체를 하나님의 신부라고 보지 않고 특별한 성령의 역사를 경험한 개인을 하나님의 신부라고 가르치는 이상한 신비주의 경건사상의 원조가 아주사의 성령세례 운동이었던 것이다. 당시 세이모어는 다음과 같이 가르쳤다.

"성령세례를 받은 사람들은 모두 그리스도의 신부입니다. 이들은 영혼을 구원한 선교의 영을 가지고 있습니다. 또한 오순절의 영도 가지고 있습니다. 하나님께 영광입니다!" [49]

"그리스도의 신부는 순결하고 흠이 없습니다. '너는 순전히 어여뻐서 아무 흠이 없구나'(아 4:7). 그리스도의 신부는 정결하며 죄와 모든 더러움이 없습니다. 주님은 그녀를 위해 자신을 주셨습니다…. 우리는 지금 성령 안에서 그리스도와 결혼했습니다(롬 7:2-4). 그분이 오실 때에 우리는 그리스도와 결혼합니다. 성령과 불로 거룩하게 되고 세례를 받았다면 당신은 이미 그분과 결혼한 것입니다." [50]

직접 글을 받아쓰는 '영서'

아주사 부흥운동에서는 하나님께서 직접 글을 써서 우리들에게 특정한 메시지를 주신다는 '영서'라는 현상도 나타났다. 그러나 영서라는 현상은 전혀 성경적인 근거가 없다. 하나님이 주시는 직접적인 계시는 성경으로 종료되었고, 지금은 성경의 내용을 이해하고 바르게 해석하여 적용하게 하시는 성령의 조명의 시대이다. 성령의 조명은 주어진 계시를 해석하고 적용하는 성령의 역사하심이다. 결코 성경에 없는 내용을 계시하시는 성령의 계시활동이 아니다. 그러므로 하나님이 우리의 손을 빌어서 어떠한 글을 직접 작성하여 메시지를 주시는 영서와 같은 현상은 믿을 것이 아니다. 그런 사람들이 끄적거리며 만들어내는 꼬부랑거리고 이상한 그림도 아니고 글자도 아닌 영서라는 것을 우리는 혐오해야 한다. 이것도 이단 시비가 일어나는 사람들에게 자주 나타나는 것이다. 아주사의 성령세례 운동에서 이 현상도 나타났다. 다음은 『사도적 믿음』 제1권, 제6호에 기술되어 있는 영서에 대한 내용이다.

"3월 21일 워싱턴 주 스포케인 / 하나님께 감사하자. 성령의 역사가 이 땅 끝까지 뻗어 가고 있다. 30명 이상이 지난 며칠 동안 이곳 스포케인에서 오순절을 받았다. 이들은 방언을 하고, 글을 쓰며(영서?) 모든 일에 있어서 하나님을 찬양했다." [51]

직통으로 받는 예언

하나님이 직접 말씀하시는 내용을 받는 예언, 즉 하나님의 말씀을 대언하는 운동이 아주사 부흥을 통하여 시작되었다. 하나님이 직접 말씀하여 주시는 것을 받아 전하는 예언사상은 계시가 종결되지 않고 지금도 이어진다는 위험스러운 행태이다. 직통계시 주장은 기독교의 근본이 되는 성경의 절대적 권위를 망가뜨리는 결과를 초래한다. 이것이 세이모어와 아주사 부흥의 현장에서 의례히 나타났다. 세이모어는 그 당시의 거짓 방언을 통역함으로 말미암아 하나님이 주시는 예언(대언)이 나타난다고 주장했다. 다음은 『사도적 믿음』 1권 5호에 실린 세이모어의 '성령의 은사'라는 제목의 설교에서 발견되는 내용이다.

"예언은 교회에 있어 최고의 은사입니다. 왜냐하면 예언은 성도들을 세우고, 그들의 덕을 세우며, 주 예수님 안에서 보다 높은 것들로 인도하기 때문입니다. 만일 형제, 자매가 영어를 말하지 않고 방언을 말하며 다 함께 방언으로 설교하고 통역이 없다면 그것은 예언보다 못합니다. 그러나 만일 통역을 한다면 그것은 예언과 같습니다." [52]

세이모어는 방언이 하나님께서 주시는 말씀이므로 방언을 통역하면 그것이 곧 하나님이 하시는 말씀을 대언(예언)하는 것이라고 가르쳤다. 그러나 그때 나타난 방언이라는 것이 어떠한 종류의 실제 언어가 아니었고 아무 뜻 없는 소리였을 뿐이다. 그것을 통역한다는 것은 그 사람의 주관적인 기분과 즉흥적인 느낌을 따라 아무렇게나 나오는 대로 주절대는 현상일 뿐이다.

이 말에 동의하고 싶지 않은 사람들은 어떤 사람의 방언을 녹음하여 통역한다는 사람들에게 주어서 통역하게 해 보기를 바란다. 한 사람에게만 주지 말고 통역한다고 자부하는 몇 사람을 찾아서 각각 통역하여 그 내용을 말해 달라고 하면, 참으로 어이없는 결과를 보게 될 것이다. 지금의 옹알거리는 변태적인 방언에는 아무런 뜻이 없고, 그것을 통역한다는 것 또한 자기의 느낌대로 말하는 것에 불과하다. 열 사람이 하면 열 사람 모두 다르고, 백 사람이 하면 백 사람 모두 다르게 말하는 것이 지금의 방언통역이다.

"깨달은 방언의 뜻을 가급적 공개적으로, 성도들 앞에서, 가능하다면 설교 시간에 자주 말하십시오. 성령의 역사가 맞다면 목사님의 목회가 더욱 풍성해질 것입니다. 하나님이 직접 주신 말씀을 왜 혼자서만 간직하십니까? 그 방언이 하나님이 주신 것이고, 목사님의 통역이 맞으면 반드시 좋은 결과가 있을 것입니다. 그러나 단지 목사님의 느낌일 뿐이라면 모두가 실상을 알게 될 것입니다. 여러 사람들에게 좋은 교육이 될 수 있습니다. 위험을 감수하시고 공개적으로 자주 말하십시오! 그것이 진정한 믿음의 자세입니다!"

나는 방언의 은사가 있다고 하고, 자신이 그 뜻을 안다고 자랑하는 목사들을 만나면 이렇게 말한다. 그러면 그들은 모두 슬그머니 뒤로 물러선다. 왜냐하면 그대로 했다가는 크게 망신당하고, 자칫 목회생명에도 타격이 올 것임을 느끼기 때문이다. 우리 모두 자신에게 방언의 은사가 있다고 자부하고, 방언으로 기도하고, 스스로 그 뜻을 통역할 수 있다고 말하고, 마음에 와 닿는 하나님의 예언을 받는 은사가 있다고 자부하는 사람을 만나면 다 이렇게 말하자!

"혼자서만 간직하고, 혼자서만 즐기지 마십시오. 가급적 그 내용을 여러 사람들 앞에서 공개하십시오. 성령이 하시는 일이라 믿으시면 두려워 말고 공개적으로 시연하십시오. 진짜 성령의 역사이면 당신은 하나님의 위대한 믿음의 사람이 되어 만인의 존경을 받을 것입니다. 그러나 성령의 역사가 아니고 무의미한 소리이거나, 귀신의 소리이거나, 혹 당신의 느낌에 불과하다면, 대가를 치르면서라도 고치셔야 합니다. 그것이 당신의 장래를 위해서는 복된 일입니다. 지금 현재 믿으시는 대로 진실하게 행동하시기 바랍니다!"

이렇게 제안하면 방언하면서 그 뜻을 풀이한다는 사람들 대부분이 입을 다문다. 그 분야의 선구자들과 대가들이 이미 충분하게 망신당했다는 것을 알기 때문이다. 그럼에도 방언통역과 예언의 은사에 대한 미련을 떨치지 못하는 사람들이 많다. 남이 하면 불륜이지만 자기가 하면 로맨스라고 하듯이 다른 사람들의 방언을 가짜라고 비판하면서 자기의 방언은 진짜라고 우기는 것이다. 이러한 기만과 혼란이 아주사 성령세례 운동으로부터 시작되었다.

제11장
은사 운동의 성령세례

1906년에 일어난 아주사 부흥으로 인해 뜻 없이 옹알거리는 변태 방언을 동반하는 거짓된 성령세례를 일으킨 흑인 세이모어 목사는 추종하는 많은 사람들을 가지게 되었다. 그러나 그의 인기와 성공은 그리 오래가지 못했다. 자신에게 방언과 성령세례에 대해서 가르쳐준 스승 백인 찰스 펄햄 목사에게서 격려와 지지를 받기 위해 그를 아주사로 초청하고 설교를 부탁했으나, 펄햄은 세이모어를 칭찬하기는커녕 도리어 귀신들의 난장판을 걷어치우라고 그를 혹독하게 비판하였다. 세이모어는 가장 믿었던 스승에게서 인정받지 못하게 되었고, 그 또한 자신을 가르친 스승에게 등을 돌리게 되었다. 펄햄은 이때 매우 불쾌한 감정을 가지고 세이모어를 떠났고, 이후 두 사람은 죽을 때까지 다시 보지 않았다.

세이모어에게 상처와 아픔을 주는 사람들이 더 나타났다. 아주사 부흥 초기부터 세이모어를 강력하게 지지하며 도왔던 백인 윌리엄 더햄 목사라는 사람도 세이모어를 비판하면서 떠났다. 세이모어가 그에게 설교하도록 기회를 주었을 때, 더햄은 세이모어의 신학과 사상을 공개적으로 공격하고 세이모어를 떠나 자기의 길을 개척하였다. 이로 인해 세이모어는 다시 한 번 크게 상처를 받았다. 그 이후 세이모어에게 비슷한 아픔이 또 일어났다. 아주사 부흥의 초기부터 매우 신뢰하였던 플로렌스 크로포드라는 백인 여성이 세이모어를 버리고 떠났다. 그녀가 세이모어를 배반하게 된 가장 직접적인 원인은 세이모어가 다른 여성과 결혼하였기 때문이다. 그녀는 세이모어의 결혼에 대해 반발하면서 세이모어가 아주사에서 일어나는 성령세례 운동을 홍보하며 전도하기 위해 창간한 〈사도적 신앙〉(The Apostolic Herald)의 구독자 명부를 가지고 도망쳐버렸다.[1]

공교롭게도 세이모어에게 깊은 상처를 준 이 사람들은 모두 백인이었다. 세이모어는 믿었던 백인 동역자들로부터 버림받고 배반당하는 아픔을 경험하면서 백인들의 인종차별주의에 대해 크게 절망하였다. 백인들로부터 당한 아픔으로 인해 세이모어의 신학적 관심과 강조점이 달라졌다. 그 이전까지 옹알거리는 변태방언 현상이 성령세례를 증명하는 가장 중요한 징조라고 가르쳤으나, 백인들에게 아픔을 당한 이후부터 갈라디아서 5장 22, 23절에서 언급되는 성령의 열매가 중생한 신자에게 또 임하는 성령세례의 증거라고 강조하였다. 특히 백인 신자들에게 성령세례가 임했음을 보여주는 가장 분명한 증거는 인종차별 의식이 사라지는 것이라고 여기기 시작했다.[2]

시간이 지나면서 세이모어는 점점 더 고립되었고, 따르는 교인들의 숫자도 급격하게 줄었다. 1922년 그가 세상을 떠났을 때, 그의 죽음을 애도하기 위해 찾아온 사람들 가운데 백인은 단 한 명도 없었다고 한다. 세이모어가 진정으로 예수 그리스도의 복음을 위해 수고하였다면 하나님께서 세이모어의 인생을 이렇게 인도하지는 않았을 것이다.

세이모어가 죽은 후에도 그가 처음 시작했던 거짓된 방언을 동반하는 비성경적인 성령세례 운동은 계속 확산되었다. 1914년에는 윌리엄 더햄 목사에 의해 방언을 동반하는 성령세례를 추구하는 것을 신앙의 골자로 삼는 최초의 오순절 운동 교단 '하나님의 성회'(The Assembly of God)가 창립되었다. 이후 유사한 오순절 운동 교단들이 우후죽순처럼 생겨나기 시작했고, 1930년대에는 약 30여 개의 오순절 운동 교단들이 미국에 존재하게 되었다.

그러나 그때까지 옹알거리는 거짓 방언이 징조로 간주되는 성령세례 이론을 용인하지 않는 기존의 교단들의 장벽이 매우 높았다. 칼빈주의 신학을 따르는 기존의 많은 교회들이 성경의 방언과는 무관한 변태적인 소리 현상을 동반하는 이상한 성령세례 운동을 강력하게 배척하였으므로 오순절 운동은 한계에 부딪히고 말았다. 1950년대에 이르자 거짓된 성령세례를 추구하는 오순절 운동의 추진력이 급격하게 약화되면서 쇠퇴하려는 조짐을 보이기 시작했다.

바로 그 무렵에 성령세례 운동이 조금 다른 모습으로 새롭게 등장하였다. 60년대부터 중생한 신자들에게 다시 성령세례를 경험하게 만드는 운동이 좀 더 새롭게 시도되었다. 그들은 매우 지혜로운 전략을 구사하면서 마치 전혀 새로운 운동이 일어난 것처럼 위장하였다. 다시 성령세례 운동을 새롭게 일으키는 그 사람들은 전통적인 신학을 추구하는 교단들에게서 거부당했던 '오순절 운동'이라는 용어를 사용하지 않았다. 대신 '은사주의'(Charismatic), '은사 운동'(Charismatic Movement)이라는 새로운 용어를 표방하였다.

오순절 운동과 은사 운동

많은 사람들이 '은사 운동'과 '오순절 운동' 차이가 무엇인지 파악하기 어렵다고 한다. 사실 이 둘 사이에 존재하는 실질적인 차이는 거의 없다. 오순절 운동은 1906년 아주사 부흥으로부터 시작된 첫 번째 성령세례 운동의 물결을 의미하는 말이다. 그리고 은사 운동이라는 말은 오순절 운동이 쇠퇴하자 1960년대부터 그것이 다시 새로운 모습으로 일어난 것이다. 둘다 믿는 자들이 다시 성령세례를 받아야 한다는 것을 강조하였던 성령세례 운동이었다. 오순절 운동과 은사 운동 사이에 실질적인 차이가 없으므로 일부에서는 은사 운동이라는 말보다 '신오순절 운동'이라고 부르기를 선호했다.

오순절 운동과 은사 운동은 예수 그리스도를 믿음으로 하나님이 부어주신 성령을 받아 중생한 신자에게 이후 능력을 주는 추가적인 성령의 세례를 경험하는 것을 가장 중요시하는 성령운동이었다. 둘 사이에 있는 약간의 차이를 굳이 이야기하자면, 은사 운동이 오순절 운동보다는 방언에 대해 약간 느슨한 입장을 취했다는 것이다. 은사 운동은 오순절 운동가들처럼 방언이 없으면 성령세례를 받았다고 말할 수 없다는 식으로는 말하지 않았으나, 그렇다고 은사 운동이 옹알거리는 변태 방언을 중시하지 않은 것은 아니었다. 또한 그것이 성령세례와 무관하다고 강조하지도 않았다. 그러므로 은사 운동과 오순절 운동 사이의 실질적인 차이는 없었다고 보아야 한다.

신자들이 다시 성령세례를 받게 만드는 그릇된 운동이 은사 운동이라는 새로운 명칭으로 크게 일어나게 하는 데 가장 크게 공헌한 사람은 성공회 교회의 신부 데니스 베네트(Dennis Bennett, 1917-1991)라는 인물이었다. 베네트 신부는 영국에서 태어났으나 미국의 캘리포니아에서 성장하고 교육받은 사람이었다. 그는 1960년 부활절 날 자신이 시무하던 캘리포니아 밴 나이스(Van Nuys, California)에 있는 성 마가 성공회 교회(St. Mark's Episcopal Church)의 예배에서 자신이 추가적인 성령세례를 받았다고 공개적으로 설교하였다.[3] 그 때문에 그 교회에서는 옹알거리는 거짓 현상이 능력을 주는 추가적인 성령세례의 증거라고 믿는 사람들이 많이 나타났다. 그러나 동시에 그런 소리 현상을 성령의 역사로 인정할 수 없고, 또한 그런 일은 성령세례라고 부를 수 없는 이단 현상이라고 믿는 다수의 신자들이 단호한 입장을 펼치면서 강력하게 대립하게 되었다. 베네트 신부는 결국 신자들의 사임 요청을 수락하고 교회를 떠나야 했다.

그는 다시 시애틀에 있는 세인트 루크 교회(St. Luke's Episcopal Church)에 부임하였고, 신자들이 자신처럼 그릇된 방언과 성령세례를 경험하게 만드는 운동을 계속 진행하였다. 베네트 신부가 루크 교회의 성도들과 기도회를 열자 또다시 방언 현상이 나타났다. 그 일을 경험한 교인들은 열광하면서 베네트 신부를 더욱 따랐고, 더 많은 사람들이 교회를 찾아오므로 교인의 수가 급속하게 증가하였다. 나중에는 베네트 신부가 속한 교단의 지도자들도 방언을 동반하는 성령세례 운동을 지지하기 시작했다.

그러나 은사 운동에 대한 기존의 전통적인 교회들의 저항도 여전했다. 구원받은 신자에게 다시 임하는 성령세례를 추구하는 오순절 운동에 대해 강력하게 반대하였던 기존의 교회들은 은사 운동에 대해서도 여전히 같은 자세를 취했다.[4] 그럼에도 불구하고 은사 운동이라는 새로운 이름과 이미 지로 인해 많은 사람들이 분별하지 못하고 다시 성령세례를 받는 것을 좋게 여기기 시작했다. 방언을 체험하고 성령세례를 받아 능력을 가지게 된다는 그릇된 신앙이 불길처럼 온 세상으로 번졌다. 시간이 지나면서 은사 운동은 오순절 운동을 거부했던 장로교회, 성공회, 루터교회, 감리교회 등의 주요 기독교 교단들 속으로 파고 들어갔다. 물론 성령세례 사상을 반대하는 기존의 교단들이 태도를 바꾸어서 성령세례 운동을 수용하자고 공개적으로 결의한 것은 아니었다. 목회자들과 성도들이 개인적으로 방언과 성령세례 운동에 물들어가면서 서서히 내부적으로 변화가 시작되었다. 겉으로는 여전히 장로교회, 침례교회 등의 모습을 유지하고 있었으나 이미 많은 목회자들과 신자들이 은사 운동에 영향을 받았으므로 성령세례 운동에 대해 이전처럼 강력하게 대처할 수가 없게 된 것이다.

한국 교회와 은사 운동

미국에서 60년대에 일어난 은사 운동이 한국 교회에서는 특별하게 여겨지지 않았다. 방언을 핵심적 표적으로 여기면서 진행하는 성령세례 운동이 여의도 순복음 교회와 조용기 목사를 중심으로 이미 활발하게 진행되고 있었기 때문이다. 한국에서 방언을 동반하는 성령세례를 추구하는 신앙운동은 1928년부터 시작되었다. 아주사 부흥이 일어나는 현장을 경험했던 미국인 독신 여성 선교사 럼시(Mary C. Rumsey)가 개인자격으로 서울에 도착하여 오순절 신앙을 전도하여 한국 교회 안에서도 성령세례 운동의 씨앗이 뿌려졌다. 1933년 4월에는 외국인 럼시와 한국인 허 홍, 박성산 등이 힘을 합하여 한국 최초의 오순절 교회인 서빙고교회를 설립하였고, 1938년에는 허 홍, 박성산, 배부근 등이 목사 안수를 받으므로 최초의 한국인 오순절 교회의 목사들이 탄생하였다. 1953년에 미국인 선교사 체스넛(A. B. Chesnut)과 한국인 허 홍 목사 등이 중심이 되어 한국의 최초의 오순절 교단 '기독교 대한 하나님의 성회'를 창립하였다.[5]

조용기 목사(전도사)가 개척한 여의도 순복음 교회의 전신인 대조동 천막교회(1958년 개척) 모습.

한국 교회의 성령세례 운동을 대표하는 사람은 조용기 목사이다. 그는 신유, 가난으로부터 해방, 방언, 방언통역, 예언 등을 강조하며 세계 최대의 오순절 운동 교회인 여의도 순복음 교회를 세웠다. 조용기 목사는 한때 오순절 교단 내부에서 이단 시비를 당하여 이단으로 정죄 되기도 했다. '한국 기독교 하나님의 성회'가 조용기 목사의 이단성 문제를 제기하면서 조용기 목사를 제명하였다(1981년). 조용기 목사를 옹호하는 측이 '기독교 대한 하나님의 성회'를 창립(1984년)하였으므로 한국의 오순절 교회는 분열되었으나, 1992년에 양측은 다시 통합되었다.[6] 조용기 목사는 처음부터 변함없이 방언을 증거로 드러내는 성령세례를 받는 신앙을 열성적으로 전파하여 한국 교회와 사회에 큰 영향을 미쳤다. 한국에서는 이미 조용기 목사 등을 중심으로 방언을 동반하는 성령세례를 받는 운동이 계속 활발하게 진행되고 있었으므로 60년대에 미국에서 일어난 은사 운동은 한국에서 특별하게 여겨지지 않았다.

은사 운동과 로마천주교

1960년대에 일어난 은사 운동은 1967년부터 로마 천주교 속으로 스며들었다.[7] 은사 운동이 천주교 속으로 유입됨으로 인해 전혀 예기치 못했던 심각한 일이 벌어졌다. 기독교 교회들과 천주교가 연합하고 일치하려는 배교운동이 시작된 것이다. 기독교 내부의 성령세례 운동가들과 천주교 내부에서 생겨난 성령세례 운동가들 사이에 서로의 교리는 다르지만 동일한 성령의 역사가 있으므로 서로 연합하자는 일치운동이 나타나게 된 것이다. 교황을 중심으로 전 세계의 모든 교회들을 하나로 묶기를 원하는 천주교 측은 방언을 나타내는 성령세례 운동을 매개로 기독교와 천주교를 연합시킬 수 있다는 사실을 간파하고서 성령운동을 적극적으로 활용하기 시작했다.

로마 천주교는 콘스탄틴 대제가 313년에 기독교에 대한 박해를 중지하기 위해 선포한 '밀라노 칙령' 이후 로마의 교회가 서서히 변모하면서 지금의 모습으로 발전되었다. 로마 제국의 사두정치를 종식시킨 콘스탄틴 황제는 강력한 신흥종교였던 기독교를 통하여 넓은 로마 제국이 하나로 통일되기를 바랬다. 기독교는 그 이전까지 사나운 사자에게 찢겨서 참담하게 죽는 등의 극심한 핍박을 받아 신자들이 세상에서 패가망신하게 만드는 종교였으나, 밀라노 칙령과 함께 세상의 성공과 출세에도 크게 도움되는 종교로 변했다.

세계를 지배하는 가장 힘 있는 나라의 대표적인 종교가 되자 로마의 교회는 달콤한 세상맛에 깊이 취하였고, 더 많은 사람들이 더 쉽게 교회로 들어오도록 믿음의 문턱을 낮추기 시작했다. 그 결과 핍박받으면서도 굳건하게 붙들었던 사도들이 전수해 준 신앙은 흐릿해졌고, 반대로 로마에 원래부터 있었던 다양한 종교들의 잔재가 로마 교회 속으로 빠르게 유입되었다. 로마의 교회는 그렇게 성경과 멀어지면서 지금의 로마 천주교로 발전하였다.

사람들은 로마 천주교와 개신교를 '구교'-'신교', 또는 '큰 집'-'작은 집'이라고 한다. 모두 적절하지 못한 말들이다. 종교개혁을 통하여 나타난 개신교가 로마 천주교에서 갈라져 나온 교회라고 할 수는 없다. 로마 천주교가 성경으로부터 너무 멀리 벗어나자, 다시 예수 그리스도의 사도들의 가르침으로 돌아가기 위해 종교개혁이 일어났고, 그 결과 개신교가 탄생했다. 그러므로 개신교를 '신교', '작은 집'이라고 부르면서 개신교가 로마 천주교에 뿌리를 두고 있는 것처럼 말하는 것은 옳지 않다. 개신교는 성경과 사도들의 가르침을 계승한 참다운 교회일 뿐이다. 개신교라고 부르지 말고 기독교라고 불러야 마땅하다. 로마 천주교의 신앙의 중심적인 특징을 간략하게 살펴보자.

교황제도

로마 천주교의 핵심적인 내용과 교리들을 간략하게 살펴보자. 먼저 로마 천주교의 가장 중심에 있는 인물(직분)인 교황에 대해서 살펴보자. 로마 천주교에서 교황에 대해서 다음과 같이 가르친다.

A. '교황무오'
1869-70년에 개최된 '제 1바티칸 종교회의'에서 로마 천주교는 성경을 바르게 해석할 수 있는 사람은 오직 교황이며, 교황은 성경을 해석하고

교리를 제정함에 있어서 전혀 오류가 없다고 다음과 같이 선언하였다.

"우리는 다음을 하나님이 계시하신 교리로 가르치고 정의한다. 로마 교황이 '엑스 캐소드라'(ex cathedra, '권위의 좌석으로부터'라는 의미)로 선언할 때…, 그는(교황) 하나님이신 구세주께서 당신의 교회가 신앙과 도덕에 관한 교리를 결정하는데 누리도록 계획하신 무류성(무오성)을 교황이 소유하고 있다." [8] (제1바티칸 종교회의)

"교황은 모든 그리스도인의 최고 목자이며 스승으로서 신앙과 도덕에 관한 교리를 확정적 행위로 선언하는 때에, 교황은 자기 임무에 따라 무류성(무오성)을 지닌다. 그러므로 교황의 결정은 교회의 동의 때문이 아니라 그 자체로서 마땅히 바뀔 수 없는 것으로 여겨진다." [9] (제1바티칸 종교회의)

교황 피우서 10세는 제1바티칸 종교회의에서 결의한 교황무오설을 적극 변호하면서 만일 누구든지 교황의 절대무오성에 도전하면 이단이라고 다음과 같이 경고하였다.

"교황에게는 오류가 있을 수 없다. 신앙과 도덕의 문제를 규정함에 있어 그는 절대무오하다…. 교황의 절대무오성(infallible)에 대한 교리는 바티칸공의회에서 성교회에 의해 정의되었으므로, 감히 교황의 절대무오성을 부인하는 자가 있다면, 그가 바로 이단이다."(교황 피우스 10세, 요령집)[10]

B. '그리스도의 대리자'

로마 천주교에서 교황을 부를 때에 공식적으로 사용하는 9개의 호칭들이 있는데, 그중에서 가장 대표적인 공식 호칭은 '그리스도의 대리자'(Vicarius Christi)라는 호칭이다.[11] 로마 천주교의 교회법에는 다음과 같이 명시되어 있다.

"주님으로부터 사도들 중 첫째인 베드로에게 독특하게 수여되고 그의 후계자들에게 전달될 임무가 영속되는 로마 교회의 주교는 주교단의 으뜸이고, 그리스도의 대리자이며, 이 세상 보편 교회의 최고 목자이다. 따라서 그는 자신의 임무에 대하여 교회에서 최고의 완전하고 직접적이며 보편적인 직권을 가지며 이를 언제나 자유로이 행사할 수 있다."(교회법 제331조; 가톨릭 교회 교리서, 881)[12]

다음은 서울의 암사동 성당의 홈페이지에 수록되어 있는 내용이다. 로마 천주교에 속한 모든 신자들은 교황이 '그리스도의 볼 수 있는 대리자', '그리스도의 대리자'라고 교육받고 있다.

"교황은 베드로의 후계자요, 그리스도의 볼 수 있는 대리자이며, 온 교회의 으뜸이고, 사도들의 후계자인 주교들과 더불어 하느님의 교회를 다스린다. 교황의 호칭은 교종(敎宗), 아버지(Papa, Pope), 로마의 주교, 예수 그리스도의 대리자, 사도의 으뜸인 베드로의 후계자, 보편교회의 최상 주교 등이다."[13]

그러나 지상에서 예수 그리스도를 대리할 수 있는 사람은 있을 수 없다. 왜냐하면 모든 사람은 죄인이며, 타락하였고, 죄와 허물에 오염되었기 때문이다. 하나님의 감동하심으로 주어진 정확무오한 예수 그리스도의 계시의 말씀인 성경만이 예수 그리스도를 대리할 수 있다. 천주교에서 교황이 예수 그리스도를 대리한다고 하는 것은 교황이 성경을 해석하고 교리를 제정하는 활동을 하는 데 있어 오류가 없다는 교리를 수립하였기 때문이다.

C. '성스러운 아버지', '최고의 제사장'

'그리스도의 대리자' 외에도 로마 천주교가 교황을 부르는 여러 개의 다른 호칭들이 많이 있다. 그 대표적인 예가 '성스러운 아버지'(the Holy Father)와 '최고의 제사장'(Pontifex Maximus) 등의 호칭들이다. 세계 각국의 정치인들이 교황을 알현할 때에 'Holy Father'라는 호칭을 주로 사용한다고 한다. 영어 사전에서 이 단어를 검색하면 로마 천주교의 교황을 뜻하는 고유명사로 설명되고 있다. 그러나 기독교에서 '성스러운 아버지'라고 호칭될 수 있는 분은 성부 하나님뿐이다. 성경에서 '거룩한 아버지'로 표현되는 분은 언제나 하나님 아버지이다. 예수 그리스도께서도 하나님을 부를 때 '아버지'(요 17:1)라고 호칭하였다. 그러므로 사람인 교황에게 'Holy Father'라는 호칭을 사용된다는 것은 일어나서는 안 될 현상이다.

자주 교황의 이름 앞에 표기되는 'Pontifex Maximus'라는 호칭은 교황 베네딕토 16세가 '~@Pontifex'라는 계정으로 자신의 트위터를 개설하면서 더욱 회자되었다. 원래 이 말은 고대 로마에서 신들에게 제사하는

업무를 관장하는 국가의 사제집단의 수장을 의미하는 호칭, 즉 '최고 제
사장'이라는 뜻이었다. 로마 제국의 기초를 놓은 천재적인 정치인 율리어
스 카이사르에게 이 호칭이 사용된 후 모든 로마의 황제들에게 이 호칭이
부여되었다. 기독교를 공인하였으나 끝까지 태양신을 숭배하였던 콘스탄
틴 황제도 'Pontifex Maximus'라는 호칭을 죽을 때까지 보유하였다.[14]
진실한 기독교인이었던 그라시안(Gracian) 황제가 등장하여 이 호칭이
폐기(375년)하였는데, 나중에 교황이 이 호칭을 자신을 위해 사용하여
지금에 이르렀다.[15]

'Fontifex'라는 단어는 '다리'를 의미하는 라틴어 'Pons'와 '~하다'라
는 뜻인 'Facere'가 합성된 말이다. 즉, '다리를 놓는 사람'이라는 뜻을 가
진 단어이다. 로마인들이 경배하였던 신들과 사람 사이의 '연결고리' 역
할을 하였던 우상 제사장들을 뜻하는 말이었다. 'Maximus'라는 말은 '최
고'(great)를 뜻하는 단어이다. 사탄과 사람들 사이를 중매하는 최고의
무당을 뜻하였던 호칭이 지금 로마 천주교의 교황에게 사용되고 있는 것
이다. 알고 나면 참으로 이상한 일이다. 하나님과 사람 사이를 연결하는
사람이라는 뜻으로 이 호칭을 사용할지라도 용납될 수 없다. 기독교에서
하나님과 죄인을 이어주는 다리가 되는 분(중보자, 딤전 2:5)은 십자가에
서 죄인들을 위해 죽으신 예수 그리스도뿐이기 때문이다.

천주교가 주장하는 교황제도의 근거

로마 천주교는 예수님의 12사도의 대표인 베드로의 직분을 교황이 물려받았다고 주장한다. 베드로 사도가 최초의 로마의 감독이었다는 것이다. 그리고 베드로가 로마에서 순교한 이후 후대의 로마 감독들이 그의 직분을 계승했다고 한다.

"주는 그리스도시오 살아계신 하나님의 아들이시니이다⋯. 또 내가 네게 이르노니 너는 베드로라 내가 이 반석 위에 내 교회를 세우리니 음부의 권세가 이기지 못하리라. 내가 천국 열쇠를 네게 주리니 네가 땅에서 무엇이든지 매면 하늘에서도 매일 것이요 네가 땅에서 무엇이든지 풀면 하늘에서도 풀리리라 하시고."(마 16:16-19)

로마 천주교는 성경의 이 내용에서 베드로가 고백한 예수님의 신앙을 교회의 기초라고 여기지 않는다. 대신 베드로라는 인간을 교회의 기초로 여긴다. 또한 영혼을 구원하는 참 복음을 전하는 베드로뿐 아니라 교회와 모든 복음전도자들에게 천국 열쇠가 주어진다고 보지 않고 베드로 개인과 그의 직분을 계승하는 로마의 감독들과 교황에게 주어진다고 가르친다.

그러나 베드로가 전체 교회와 12사도를 대표한다고 볼 수 있는 내용이 성경에 없다. 베드로가 로마에 갔다는 역사적인 증거도 없다. 사도 바울이 로마에 보낸 편지에 로마에 있는 많은 성도들의 이름이 언급되어 있으나 베드로의 이름은 나오지 않는다. 사도 바울이 생애의 마지막 순간 로마의 감옥에서 기록한 에베소서, 빌립보서, 골로새서, 빌레몬서에도 베드로가 로마에 체류하고 있음을 암시하는 내용이 없다.

베드로의 사도직은 구원계시인 성경과 신약의 교회를 설립하기 위한 단회적인 직분이었다. 성경이 완성되고 교회가 설립된 후 사도직은 종결되었다. 최초의 사도들이 사망한 후 사도 직분은 더 이상 반복되지 않았고, 다른 사람에게 계승되지 않았다. 그러므로 12사도를 대표하였던 베드로의 사도직이 후대의 로마 감독들에게 계승되어 현재의 교황에까지 이른다는 천주교의 주장은 틀리다.

성모 마리아

로마 천주교의 또 다른 특징은 예수 그리스도가 사람으로 세상에 오시도록 쓰임 받은 한 여인을 신의 반열에 올리고 숭배하는 것이다. 로마 천주교에서는 예수님의 육신의 모친 마리아가 예수 그리스도보다 더 실제적으로 존경을 받는다. 천주교 신자들은 급하면 성모 마리아를 먼저 찾으면서 은총과 자비를 구한다. 로마 천주교가 가르치는 성모 마리아에 대한 내용을 요약하면 다음과 같다.

A. '무죄잉태'(The Immaculate Conception)
로마 천주교는 하나님께서 마리아가 무죄한 상태에서 예수 그리스도를 잉태하도록 특별하게 섭리하셨다고 가르친다. 마리아가 아담의 원죄를 물려받지 않고 태어난 후 예수 그리스도를 잉태하였다는 교리를 1854년에 공식적으로 결의하였다.[16] 천주교 신자들은 마리아를 '온전히 거룩하신 분', '죄의 더러움에 물들지 않으신 분', '일생 동안 어떤 죄도 범하지 않으신 분'이라고 믿고 있다.

B. '영원한 동정녀'

마리아가 요셉과 결혼했을지라도 육체관계를 금하여 평생 동정녀였다고 한다. 예수 그리스도가 마리아의 몸을 통하여 출생하였을지라도 마리아는 처녀로서의 동정성을 상실하지 않았다고 가르친다. 그러나 성경은 예수님에게는 다른 육신의 형제들이 많이 있었다고 기록하고 있다(마 12:46, 막 3:31, 눅 8:19, 막 6:3-4, 요 7:5, 갈 1:19). 로마 천주교는 마리아의 영원한 처녀성에 대해 다음과 같이 공식적으로 가르친다.

"태양 광선이 유리의 고체 물질을 조금도 깨뜨림 없이 뚫고 나가는 것 같이, 더욱 고귀한 방법으로 예수 그리스도가 출행하셨을 때에 당신 어머니의 동정을 완전무결하게 본래대로 보존하셨다."(로마 교리 문답)[17]

C. '마리아 승천'(Assumption of Mary)

로마 천주교는 1950년에 마리아 승천설을 공식적으로 정의하였다. 마리아는 죄 없고 완전하기 때문에 생을 마칠 때에 하나님께서 기적적으로 그녀의 육체를 하늘로 올리셨으므로, 그 육체가 지상에서 부패되지 않았다고 한다.[18]

D. '공동 구속자'(The Co-Redeemer)

천주교는 마리아가 예수 그리스도를 잉태하고 출생시키는 순간부터 그 아들 예수 그리스도가 십자가를 통하여 이루실 구원사역에 협력하였으므로, 마리아는 예수 그리스도와 함께 공동 구속주가 되었다고 한다. 마리아는 예수 그리스도와 연합하여 십자가에서 예수 그리스도를 하나님께 희생 제물로 드리는데 큰 공헌을 하였으므로 예수님과 함께 죄인들을 구원하는 공동 구속자라고 가르친다. 로마 천주교는 제2바티칸 종교회의를 통하여 다음과 같이 공식 정의하였다.

"하와의 불순종으로 묶인 매듭이 마리아의 순종을 통하여 풀렸다. 처녀 하와가 불신으로 묶어 놓은 것을 동정녀 마리아께서 믿음을 통하여 풀어 주셨다." [19]

"하와를 통하여 죽음이 왔고. 마리아를 통하여 생명이 왔다." [20]

"성모님께서는 당신 외아들과 함께 극도의 고통을 겪으시며 당신에게서 나신 희생 제물에 사랑으로 일치하시어 아드님의 희생 제사에 어머니의 마음으로 당신을 결합시키셨다." [21]

E. '천상의 모후'(Regina Caeli)

로마 천주교에서 마리아는 '하느님의 어머니(Mater Dei)'라는 칭호와 함께 '천상의 모후' 또는 '하늘과 땅의 모후'라는 칭호가 주어진다. 교황 비오 12세가 반포한 회칙 '천상의 모후게'(Ad Caeli Reginam)라는 문서에는 예수 그리스도가 이스라엘의 임금이며 더 나아가 하늘나라와 온 우주의 통치자이므로, 그 어머니인 마리아는 당연히 천상의 모후로 불러 마땅하다고 설명되어 있다.[22] 교황 비오 9세는 다음과 같이 말하였다.

"주님께서는 성모님을 하늘과 땅의 모후로 세우셨습니다. 성모님께서는 모든 천사들의 무리보다 그리고 성인들의 계급보다 더 높이 올림을 받으셨습니다. 성모님께서는 당신의 외아드님이신 주 예수 그리스도님의 오른편에 서 계십니다. 성모님께서는 당신의 모성의 기도로 가장 강력하게 우리를 위해 중재하시며 당신께서 원하시는 바를 얻으십니다. 성모님께서는 결코 실망하게 되실 수 없습니다." [23]

F. '중보 여인'(Mediatress)

로마 천주교는 예수 그리스도를 "중보자"(Mediator)라고 하고, 마리아를 "중보 여인"(Mediatress)이라고 가르친다. 마리아의 중보를 통하지 않고서는 아무것도 얻을 수 없으며, 마리아를 "하나님의 아들과 함께 전 인류를 위한 가장 강력한 중보 여인이며 대언자, 영광의 중보자"라고 부른다.[24] 이는 마리아가 우리를 구원하는데 직접적인 영향을 행사하는 권세를 가졌다는 의미이다. 실제로 천주교 신자들이 '주님의 기도'(주기도문)와 함께 가장 많이 암송하는 '성모송'의 내용은 다음과 같다.

"은총이 가득하신 마리아님…, 이제와 저희 죽을 때, 저희 죄인들을 위하여 빌어 주소서! 아멘."

천주교가 신자들을 가르치는 교리서에도 마리아의 중보하는 권세에 대해 이렇게 기록되어 있다.

"당신 아들이 십자가에서 죽을 때처럼 마리아께서는 우리가 죽을 때도 함께 계셔 주실 것이며, 우리가 저 세상으로 건너가는 시간에 우리의 어머니로서 우리를 맞아 천국에 계신 당신의 아들 예수님께로 우리를 인도해 주실 것이다."(가톨릭 교회 교리서, 2677)[25]

미사

로마 천주교의 미사(Mass)는 개신교의 예배와는 다르다. 천주교의 미사는 예수 그리스도의 몸으로 하나님께 현재 제사를 드린다는 개념이다. '가톨릭 교회 교리서' 1366번 항에는 천주교 미사의 본질이 예수 그리스도의 십자가 제사를 재현하는 것이라고 다음과 같이 명시한다.

"성찬례는 십자가의 희생 제사를 재현(현재화)하고, 이를 기념하며, 그 결과를 실제로 적용시키기 때문에 희생 제사이다." [26]

로마 천주교는 예수 그리스도께서 제자들과의 마지막 만찬에서 최초의 미사를 제정하셨다고 한다. 마지막 날 유월절 만찬에서 예수 그리스도께서 친히 대제사장이 되어 자신의 몸과 피를 떡과 포도주 안에서 구현하여 최초의 주교들인 12사도들에게 먹이셨고, 자신이 다시 오실 때까지 이 일을 반복하라 명하셨다고 가르친다.[27] 천주교의 미사의 핵심에서 가장 중요한 역할을 하는 사람은 '신약의 사제(제사장)'로 임명된 천주교의 사제들이다(가톨릭 교회 교리서, 1337).[28]

사제들은 떡과 포도주를 예수 그리스도의 살과 피로 변하게 할 권한을 가지고 있다고 한다.[29] 사제들은 '축성' 의식을 통해 떡과 포도주를 실제 예수 그리스도의 살과 피로 변화시킨다. 사제들은 그것을 하나님께 신자들의 죄를 속하는 제물로 올려드려 신자들의 죄에 대한 하나님의 진노를 달래고, 또한 신자들이 먹게 한다. 천주교 신자들은 사제들로부터 떡을 받을 때 예수 그리스도의 실제 살을 받는 것으로 믿는다.[30]

천주교는 예수님의 실제 살과 피로 변한 떡과 포도주를 '성체', '영성체', '성체 그리스도'라고 하며, 떡과 포도주를 하나님께 제물로 드리고 신자들이 먹는 의식을 '성체 성사', '성찬례'라고 한다. 천주교는 축성된 떡과 포도주 안에 예수 그리스도가 항구적으로 현존하신다고 가르친다. 빵과 포도주 속에 예수 그리스도가 현존하시므로 신자들이 최고의 정성을 다해 그 앞에서 섬기고 경배하도록 교육한다.

천주교 신자들은 미사를 드린 후 남은 축성된 빵은 현존하시는 예수 그리스도이므로 최대한 경배하여야 하고, 그 앞에서 기도를 올린다. 천주교 신자들은 사제들로부터 그 떡을 받아서 먹을 때 더욱 성화되고, 의로워지고, 신앙이 성장한다고 믿는다. 그러나 사제로부터 떡을 받아먹음으로 기계적으로 성화되고, 축성된 빵을 예수 그리스도의 현존이라고 믿고 그 앞에서 경배하고 기도하는 것도 전혀 성경에서 근거를 찾을 수 없는 일이다.

미사의 정신과 원리는 성경에 부합되지 않는다. 예수 그리스도가 친히 대제사장이 되시어 자신의 흠 없는 몸을 우리의 죄를 위하여 하나님께 제물로 드림으로 속죄의 제사를 완성하셨기 때문이다. 구약 시대에는 매일 동물의 살과 피로 드리는 제사가 반복되었으나, 그것은 장차 나타날 완전한 예수 그리스도의 십자가 제사를 상징하며 기다린다는 의미였다. 예수 그리스도가 오시어 십자가에 매달려 우리의 죄를 완전히 속죄하셨으므로 더 이상의 제사는 필요하지 않다.

"이 뜻을 좇아 예수 그리스도의 몸을 단번에 드리심으로 말미암아 우리가 거룩함을 얻었노라."(히 10:10)

또한 예수 그리스도는 십자가 희생 제사를 마치실 즈음에 "다 이루었다"(요 19:30)라고 하시며 운명하셨다. 예수님께서 다 이루셨다는 것은 더 이상 반복되거나, 더 추가해야 할 남은 사역이 없는 것이다. 빵과 포도주에 대해서도 결코 예수님의 살과 피로 변하거나, 그 속에 예수님이 현존하신다고 말씀하시지 않는다. 십자가에서 예수님이 피 흘리고 죽으신 일의 의미를 깨달아 알고 '기념'(고전 11:24)이라고 하셨다.

천주교와 기독교의 연합의 물꼬를 튼 성령세례 운동

이와 같은 천주교는 더 이상 기독교라고 볼 수가 없다. 그런데 놀랍게도 마귀는 성경에서 너무도 멀리 벗어난 천주교와 기독교 사이에 연합하는 움직임이 일으키는 데 성공하였다. 그 원인으로 다양한 것을 지목할 수 있으나 가장 중요한 동력원은 거짓 방언을 동반하는 성령세례 운동이었다. 1900년대 초 최초로 방언이라는 소리 현상과 성령의 추가적인 세례 운동을 교회 속으로 도입한 사람들은 이단이었다. 그 이전부터 이미 존재했던 성령세례 사상에다 비성경적인 종말의 부흥 사상이 합해져서 나타난 것이 '옹알거리는 소리' 현상을 드러내는 성령세례였다. 방언 외에도 쓰러짐, 향기, 진동, 영서, 이상한 노래(방언찬양?), 이상한 춤(성령 춤?)…, 등의 괴이한 일들이 추가적으로 임하는 성령세례 현상이라고 주장되었다.

처음에 이런 운동은 복음적인 교회들에서 전혀 수용되지 않았으나, 시간이 지나가면서 무디어지기 시작했다. 처음에는 이 운동에 물든 사람들이 교회에서 처리 받기도 했으나, 시간이 갈수록 그것과 친화되는 사람들이 많아졌다. 교회들이 하나씩 하나씩 이 운동에 점령되어 갔고, 이제는 이 운동에 대해서 분명한 자세를 취하는 목사들과 교회들을 보기 어려운 실정이다.

방언과 성령세례 운동은 기독교 내의 다양한 교단들의 타협할 수 없는 교리적인 차이들을 무시시켰다. 하나의 예를 들어보자. 감리교는 인간이 스스로 예수님을 믿어 구원에 이르고, 또한 인간이 스스로 믿음을 버리고 타락하면 다시 구원을 상실한다고 가르친다. 그러나 장로교회는 하나님이 구원주실 자를 미리 예정하고, 반드시 예수님을 믿게 만드는 불가항력적인 은혜가 임하고, 한번 구원이 임하면 영원한 하나님의 인치심이니 그 어떤 일로도 다시 구원을 상실하는 것이 불가능하며, 하나님께서 택하신 자가 믿음에서 떠나도록 결코 방치하시지 않는다고 믿는다. 기독교 내부의 교단들 간에는 이와 같은 교리적인 차이가 있었으므로 교단들 간의 연합운동은 결코 쉬운 일이 아니었다.

그러나 60년대 이후 은사 운동의 여파로 방언과 성령세례 운동이 여러 기독교 교단들 속으로 영향을 미치면서 분위기는 달라졌다. 타협하기 어려운 교리적 차이를 가지고 있는 기독교 교단들 사이에 "우리는 같은 성령(?)의 역사를 체험하고 있다!"라는 의식이 확산되었다. 은사주의로 말미암아 교리를 초월하여 연합하는 초교파주의가 태동되면서 서서히 교

90년대의 플로리다의
신사도 운동의 중심인물
존 킬패트릭 목사

리를 중시하지 않는 그릇된 풍토가 조성되었다. 다음은 1990년대 중반에 플로리다 주 팬사콜라(Pensacola)에서 괴이한 웃음부흥을 일으킨 대표적인 은사주의 교회인 브라운스빌 교회의 존 킬패트릭(John Kilpatrick) 목사가 했던 말이다. 은사주의에 헌신된 다수의 사람들에게서 이런 위험스러운 초교파주의 성향이 발견된다.

"성령의 흐름이 들어올 때 그것은 하나님을 따르는 모든 교단을 일으킨다. 나는 모든 교단에 속한 사람들 즉 침례교인, 감리교인, 장로교인, 루터교인, 감독교인, 그리고 가톨릭교인 모두를 사랑한다. 전에는 결코 모든 교단을 향한 그러한 사랑이 내게 없었다. 나는 모든 교단이 이 강에서 아이들처럼 뛰어들어 수영하고 노는 모습을 보았다. 그렇다. 당신의 정체성이나 이름표, 취향 등은 전혀 신경 쓸 필요가 없다. 다만 하나님의 영의 주권적인 운행만이 중요하다." [31]

성령은 진리의 영이다. 예수님은 자신을 대신하여 오실 보혜사에 대해 제자들에게 이야기하실 때 '진리의 성령이 오시면'(요 15:26, 16:13)이라고 하셨다. 그냥 성령이 아니고 '진리의 성령'이다. 성령은 예수 그리스

도의 진리의 말씀을 전파, 설명, 적용, 조명하시는 분이다. 예수 그리스도의 구원 진리를 부정하고, 왜곡하는 교리를 가진 종교(교파)에서 일하실 분이 아니다. 그런데 성령의 역사로 옹알거리는 소리를 내고, 다양한 신기한 현상들을 체험하는 은사주의에 물든 사람들은 왜 이렇게 믿음과 교리의 차이에 대해서 관대할까? 그런 자세는 어디에서 나오는 것일까?

로마교회의 은사주의

비성경적인 옹알대는 소리(방언?)를 체험하는 성령세례 운동이 로마 천주교에서도 일어났다. 로저 오클랜드(Roger Oakland)의 연구에 의하면, 로마 천주교서의 은사 운동은 1967년 2월부터 본격적으로 시작되었다. 1967년 2월 17-19일, 미국의 피츠버그(Pittsburgh)에서 어떤 가톨릭 교회가 '두케인 주말 수련회'라는 명칭의 집회를 개최하였다. 바로 이때 이미 개신교에서 일어나고 있던 '성령체험'이 크게 나타났고, 그 일이 로마 천주교에서 일어난 최초의 오순절 운동 집회였다. 다음은 로마 천주교의 은사주의자 패티 갤라거 맨스필드(Patti Gallagher Mansfield)의 책 『새 오순절 : 가톨릭 은사 혁신의 드라마 같은 시작』에 수록되어 있는 내용이다.

  "'후에 두케인 주말'(Duquesne Weekend)로 알려지게 된 그 수련회는 1967년 2월 17-19일에 있었다. 이 수련회는 일반적으로 가톨릭 교회의 은사 갱신의 시작으로 인정되었다. 이 수련회는 가톨릭 그룹이 성령세례와 성령의 은사들을 체험했던 첫 번째 사건이었다. 물론 '두케인 주말 수련회' 전에 성령으로 세례를 받은 가톨릭 교인들이 있을 수도 있지만, 이 수련되는 가톨릭 은사 갱신 운동을 공식화하여 미국과 전 세계로 널리 퍼지게 되는 시작이 되었다." [32]

이 무렵부터 천주교 신자들에게 개신교 안에서 먼저 일어난 오순절 운동에 관한 책이 소개되기 시작했다. 개신교의 오순절 운동가인 데이비드 윌커슨(David Wilkerson) 목사의 책『십자가와 튀어나오는 칼』(The Cross and The Switchblade)과 존 쉐릴(John Sherril)의 책『그들이 다른 방언으로 말한다』(They Speak With Other Tongues)가 천주교 신자들에게 소개되었고, 많은 천주교 신자들이 영향을 받아 성령세례 운동에 친숙해졌다. [33]

그 결과 천주교의 교리로 무장되었으면서 동시에 성령세례 운동에 매료된 수 백 만의 로마 천주교회 신자들이 생겨났다. 이들은 로마 천주교회의 중요한 교리들을 전적으로 믿고 따르면서 미국 기독교의 아주사 부흥으로부터 시작된 비성경적인 성령체험 운동에 깊이 동화되었다. [34] 이후 방언 운동은 로마 천주교 안에서 더욱 크게 불붙었고, 천주교는 그것을 성모 마리아와 연관시켜 더욱 신비하게 포장하였다.

종교 일치운동과 은사주의

로마 천주교는 성령세례 운동을 통하여 천주교와는 다른 교리를 가진 개신교 교회들을 천주교의 품 안으로 끌어들일 수 있다는 가능성을 발견하였다. 로마 천주교와 개신교의 연합의 물꼬를 트는 사건이 1977년에 미국 미주리 주에서 일어났다. 로마 천주교, 루터교, 침례교, 장로교, 감리교, 성공회 등의 수많은 개신교회의 은사주의자들이 '은사 운동의 제1차 국제집회'라는 명칭의 대형집회를 열었다.

개신교의 교회들에 속한 사람들이 서로의 교리적인 차이를 극복하고 함께 모이는 것도 어려운 일이었지만, 성경의 기독교와는 전혀 다른 길을 걸어가는 로마 천주교에 속한 사람들까지 그 자리에 함께 모인다는 것은 더욱더 어려운 일이었다. 그런데 그들이 '주 예수의 주 되심 안에서 일치'라는 주제를 가지고 모여서 서로를 존중하고 이해하는 집회를 성공적으로 마무리하였다. 그럴 수 있었던 이유는 한 가지였다. 비록 서로의 믿음은 다르지만, 모두 공통적으로 옹알거리는 방언현상과 다른 성령세례 현상을 체험하고 있다는 것이었다. 다음은 당시 이 행사를 보도하였던 한 신문의 기사이다. 준비위원장과 핵심 연사들이 모두 로마 천주교의 사람들이었고, 그 집회를 통해 교파 간의 차이를 사라졌다고 보도되었다.

"약 50,000명의 은사주의자들-로마 가톨릭, 루터교, 침례교, 성공회, 메노나이트, 장로교, 감리교, 그리고 무교파의 사람-이 '주 예수의 주되심 안에서의 일치'라는 주제 하에 1977년 9월에 모임을 가졌다. 준비위원장은 로마 가톨릭 교회의 케빈 라나간이었고, 핵심 연사는 레온 수에넨스 추기경이었다. 남침례교의 루스 카터 스테이플튼은 '이 운동에서 가장 중요한 것 가운데 하나는 모두가 교파의 장벽을 헐어버리고 있다는 점이다.'라고 말했다."(「Cherr Hill Courier-Post」, 1977년 7월 23일)" [35]

로마 천주교와 개신교 교회들의 은사주의자들이 연합하는 이런 종류의 집회는 이후 미국에서 더욱 자주 열렸다. 1980년 9월에도 미국의 워싱턴에서 약 30만 명의 로마 천주교회의 은사주의자들과 개신교단에 속한 은사주의자들이 모여서 '예수대회'(Jesus Rally)를 개최하였다.[36] 1981년에도 '81 예수대회'라는 명칭으로 이 행사가 세계 곳곳에서 개최되었다. 이 행사의 분위기는 점점 무르익었고, 로마 천주교회와 개신교회들을 일치하게 만드는 운동의 바람직한 모델로 여겨지기 시작했다. 미국 뉴욕에서 열린 '81 예수대회'의 의장직은 천주교 사제인 제임스 페리가 맡았고, 펜실베니아 주에서 열린 '81 예수대회'에서도 로마 천주교회의 래리 톰크착과 교부 밥 맥도갈 사제가 함께 하였다. 그리고 약 31명의 개신교 은사주의자들이 이 행사에 참여하여 함께 연설하면서 교제하였고 매일 미사를 드렸다.[37]

교황 요한 바오로 2세
(1978-2005년 재위)

시간이 갈수록 천주교 측은 방언을 추구하는 은사 운동을 매개로 개신교 교회들을 다시 천주교의 품속으로 끌어들이고자 시도했다. 교황 요한 바오로 2세는 1981년 5월 4-9일 동안 로마에서 개최되었던 '제4차 은사 운동 지도자들의 국제회의'에 참석하여 다음과 같이 연설하였다.

"이번 회의 장소로 로마를 택했다는 사실은 여러분이 교황청에 중심을 두며 믿음과 사랑의 가톨릭 연합 안에 뿌리를 둔다는 것의 중요성을 이해하고 있다는 특별한 표시입니다."(교황 요한 바오로 2세)

"여러분이 우리의 분리된 형제자매(기독교인들)도 함께 나누고 있는 성령의 많은 은사를 체험했으므로, 성령이 우리를 이끌고 가는 통합에 대한 욕망 안에서 그리고 에큐메니즘이라는 중대한 과제를 수행하는 과정에서 여러분이 성장하고 있다는 것이 여러분을 위한 특별한 기쁨이 될 것을 나는 확신합니다."(교황 요한 바오로 2세)

WCC와 성령운동

지구 상의 모든 종교들 간의 대화와 일치를 추구하는 '세계교회협의회'(WCC)도 로마 천주교와 기독교 간의 일치와 연합을 추구하는 성령세례 운동가들에 크게 힘을 얻었다. 그 대표적인 예는 1983년에 밴쿠버에서 개최되었던 제6차 WCC 세계총회이다. 방언을 중시하는 성령세례를 추구하는 은사주의자들이 준비위원이 되어 WCC 총회가 시작되기 전에 미리 밴쿠버에 도착하여 집회를 위해 24시간 연속 기도하는 '24시간 중보기도'를 실시하였다. 6차 WCC 총회에서 연설했던 두 플레시스(David Du Plessis, 1905-1987)는 WCC를 위해 수고하였던 성령세례 운동가들 중에서 기독교와 천주교 간의 연합과 일치를 위해 가장 앞장섰던 인물이었다.[39] 18세에 거짓 방언과 성령세례를 체험하였던 그는 60년대부터 일어난 은사 운동을 대표하는 인물이 되었고 비오순절 교회들에게 크게 영향을 미쳐 성령세례 운동을 추구하게 만들었다.[39] 그는 WCC 6차 총회에서 연설할 때, 천주교 중심으로 개신교회들이 모여 연합을 이루는 종교통합 운동에 힘쓰는 성령운동가들을 알곡으로, 그 밖의 다른 사람들을 가라지로 표현하며 다음과 같이 말했다.

"나는 지금까지 5번에 걸친 모든 회의에 참석했었다. 처음 참석했을 때 나

는 가라지 외에는 아무것도 볼 수 없었다. 그런데 이제는 알곡이 가라지를 압도하고 있다." [40]

교회 바오로 6세(가운데) 바로 우편의 인물이 두 플래시스이다.

지난 2010년 스웨덴의 스톡홀름에서 열린 '오순절세계협의회' (Pentecostal World Conference)에 WCC 사무총장 올라드 픽세 트베이트 (Olav Fykse Tveit)도 참석하여 연설하였다. 그가 이때 전했던 내용을 전하는 신문의 기사를 보면 방언과 성령세례 현상을 추구하는 성령운동이 세계의 다양한 종교들 간의 대화와 일치 운동의 효과적인 수단이 되었음을 알 수 있다.

"그는 현대의 오순절 운동을 여러 교단과 인종, 계급을 하나의 기도, 선교, 심지어 새로운 공통의 언어로 묶어주는 운동으로 평가했다. 트베이트는 '해방시키며 새롭게 하시는 성령의 능력은, 우리 모두로 하여금 우리가 어디에 와 있는지, 더 나아가 하나님의 은사를 찾기 위해 어떤 곳으로 나아가야 하는지를 깨닫게 해준다.'라고 말했다. 연설을 마칠 무렵에 트베이트는 WCC와 오순절 운동이 그리스도인들의 일치를 위해 노력해가는 '위대한 소망'에 대해서 역설했다."("WCC 사무총장 오순절 교회와의 협력강조", 크리스찬타임즈 2010. 9. 2)

제12장
신사도 운동의 성령세례

피터 와그너
(1930 ~)

신사도 운동의 정체를 잘 모르는 사람들은 신사도 운동이 이전 교회의 역사에서 한 번도 모습을 드러내지 않은 새로운 운동이라고 생각한다. 신사도 운동에 대해 연구가 깊지 못한 분들이 강의하는 내용을 보면, 신사도 운동이 사도와 선지자를 내세우면서 최근에 갑자기 등장한 것처럼 이야기하는 경우가 많다. 그러나 신사도 운동은 결코 이전에 본 적이 없었던 전혀 새로운 운동이 아니다. 1900년대 초에 등장한 오순절 운동, 60년대에 나타난 조금 모습을 달리하여 다시 새롭게 나타난 은사 운동, 그리고 80년대에 나타난 존 윔버의 빈야드 운동이 신사도 운동과 맥을 같이하고 있다. 신사도 운동은 과거에 이미 일어난 방언과 성령세례를 추구하는 거짓된 운동의 연장선상에서 나타났으므로 본질적으로 동일한 뿌리에서 뻗어 나온 가지들이라고 보아야 한다.

신사도 운동은 존 윔버의 빈야드 운동에 일찍 매료되었던 플러신학교 교회성장학 교수 피터 와그너(Peter Wagner)가 2000년에 텍사스주 달라스(Dallas)에서 "국제사도연맹"(The International Coalition of Apostles, ICA)[1]이라는 거짓 사도들의 모임을 결성함으로 그 모습이 완성되었다. 신사도 운동은 거짓 사도들과 그들의 거짓된 계시활동이 더욱 강조된다는 측면에서 이전의 오순절 운동과 은사 운동과는 조금 다른 특징을 보인다. 그러나 오순절 운동, 은사 운동, 신사도 운동은 모두 이미 성령을 받아 중생한 신자들에게 다시 권능을 동반하면서 임재하는 성령을 체험하는 것을 중시한다는 점에서 본질적으로 동일한 비성경적인 성령운동이다. 다만 신사도 운동에서 표방되는 용어가 달라졌을 뿐이다. 이전까지는 성령세례를 받으라고 했으나 신사도 운동 때부터는 성령세례를 받으라고 강조하지 않는다. 대신 성령의 기름부음이라는 비성경적인 개념이 대두되었다. 이 점에 대해서 나중에 자세하게 살펴볼 것이다.

신사도 운동을 완성한 대표적인 신학자 피터 와그너는 신사도 운동의 뿌리가 오순절 운동과 은사 운동의 기원인 아주사 부흥이라고 다음과 같이 분명하게 말한다.

"20세기에 일어난 유명한 아주사 거리의 부흥운동(1906년)은 삼위일체의 세 번째 위격이신 성령 하나님의 사역과 성품이 비로소 올바른 자리를 찾도록 만들었다. 미국의 신사도 개혁 운동의 기원을 추적하면 독립은 사주의 교회들(The independent chrismatic churches), 그리고 그 이전의 전통적인 오순절 운동(Classical Pentecostalism), 그리고 그 이전의 아주사 부흥운동으로 거슬러 올라간다." [2]

그리고 신사도 운동을 대표하는 신학자 피터 와그너가 오순절 운동을 성령의 제1의 물결, 은사 운동을 성령의 제2의 물결, 그리고 신사도 운동을 성령의 제3의 물결로 정의하였다는 것은 신사도 운동이 이전의 오순절 운동과 은사 운동의 뒤를 이어 이미 성령을 모시고 있는 중생한 신자들에게 다시 성령을 체험시키는 그릇된 운동이라는 사실을 더욱 분명하게 보여준다. 피터 와그너는 1900년대 이후 세 번의 성령세례의 물결이 일어났다고 다음과 같이 가르친다. 다음은 피터 와그너가 오순절 운동을 성령의 제1의 물결이라고 정의하는 내용이다.

"첫 번째 성령의 물결은 오순절 운동으로 불리워진다. 그것은 20세기 초에 시작되어 빠르게 전 세계로 전파되었다. 오순절 운동의 특징은 그 시대의 일반적인 그리스도인들이 경험하지 못한 이적을 일으키는 성령의 강력한 능력의 사역이었다." [3]

다음은 피터 와그너가 은사 운동을 성령의 제2의 물결이라고 정의하는 내용이다.

"성령의 제2의 물결은 20세기 중반에 전 세계에 파급된 은사 운동이다. 제2의 물결을 통하여 기존의 교회들에게 성령의 신비한 능력을 알게 해 주었던 초창기 오순절 운동가들의 염원이 실현되기 시작하였다. 은사 운동은 성공회, 루터교회, 장로교회, 감리교회, 그 외의 많은 개신교단의 교회들뿐 아니라 로마 천주교회에까지 강력한 영향을 미치었다." [4]

또한 피터 와그너는 존 윔버의 빈야드 운동으로부터 시작된 신사도 운동이 성령의 제3의 물결이라고 정의하였다.

"성령의 제3의 물결은 60년에 일어난 은사 운동이나 1900년대 초에 시작된 오순절 운동에 동의하지 않는 복음주의 교회들 속에서 일어난 새로운 성령의 물결이다. 제3의 물결의 기원은 더 앞으로 거슬러 올라갈 수 있으나, 나는 1980년대에 이르러서 본격적으로 시작되었고 1990년대 말에 크게 꽃을 피웠다고 본다⋯. 제3의 물결에서도 성령은 이전과 같이 동일하게 기적적인 방법으로 역사하시나, 그 특성이 이전과는 조금 다르다. 나는 제3의 물결 시대의 성령의 사역이 조금 다르기는 하나 제1의 물결과 제2의 물결의 성령과 매우 유사하다고 생각한다. 하나님의 성령의 사역이므로 마땅히 이 모든 성령의 물결에서 나타나는 모습이 동일해야만 하는 것이다.

제3의 물결의 가장 명백한 특징은 성령의 역사하심으로 인하여 나타나는 결과에 있지 않다. 병든 자들이 치유되고, 절름발이들이 다시 걷고, 귀신이 떠나고, 그 외의 신약성경에 기록된 모든 초자연적인 현상들이 다시 나타나는 것이 제3의 물결 시대의 성령의 역사하심의 특징이다. 이러한 일들은 오순절 운동과 은사 운동에서도 나타났다.

제3의 물결의 특징은 성령세례와 성령세례를 증명하는 것으로 이해되었던 방언에 대하여 이해하는 방식이 달라졌다는 것이다. 예를 들어서 나 자신은 사람들이 나를 은사주의자라고 부르는 것을 좋아하지 않는다. 나 자신도 나를 은사주의자라고 생각하지 않는다. 나는 나 자신, 내가 속한 교회, 그리고 하나님께서 선택하신 모든 곳에서 역사하시는 성령에 관하여 마음을 활짝 열고 있는 복음주의자 중의 한 사람일 뿐이다."

신사도 운동은 오순절 운동의 변신

신사도 운동가들이 이미 성령으로 중생한 신자들에게 다시 권능으로 임하는 성령의 임재를 반복적으로 경험하도록 가르친다는 점에서 오순절주의자들, 은사주의자들과 같다. 다만 성령세례를 받으라고 강조하지 않고 성령의 기름부음을 받으라고 말한다.

그러나 신사도 운동가들에게서는 오순절 운동과 은사 운동에 헌신된 사람들에게서 나타나지 않았던 특이한 점들이 나타난다. 대부분의 신사도 운동가들이 자신을 영적권세를 발휘하면서 영적전쟁을 수행하는 능력을 가진 중보기도의 장군들이라고 소개한다는 것이다. 그들은 자신들이 마귀를 물리치는 중보기도 영적전쟁을 수행하면서 하나님 나라 확장을 방해하는 악한 영들을 제압하여 아직 성취되지 않고 있는 예수 그리스도의 뜻을 성취한다고 주장한다. 또한 이스라엘을 최종 목표로 삼는 선교 사역을 진행하며 예수 그리스도의 재림을 성취하는 종말적 영적 전쟁을 수행한다고 한다. 이런 점들은 이전의 오순절 운동과 은사 운동에서는 보이지 않았던 현상들이다.

그리고 신사도 운동에서 나타나는 더욱 분명한 특징은 사도와 선지자 사상이다. 이전의 오순절 운동과 은사 운동에서도 예언은 여전히 존재했고 중시되었다. 조용기 목사와 같은 많은 오순절 운동가들이 공개적으로 하나님이 직접 자신에게 주시는 예언을 받아서 사람들에게 전했다는 것은 다 알려진 일이다. 그러나 오순절 운동과 은사 운동은 예언하는 사람들에게 사도, 선지자라는 호칭을 부여하지는 않았다. 오순절 운동가들 중에서 자신이 하나님으로부터 직통으로 오는 계시와 음성을 수납하여 교회에 전하는 사도와 선지자라고 주장한 경우는 거의 없었고, 그들은 다만 예언을 하나님께로부터 받아서 전한다고 했다. 이런 점에서 신사도 운동은 이전의 오순절 운동, 은사 운동과는 구분된다.

그럼에도 불구하고 신사도 운동은 여러 가지 측면에서 오순절 운동과 아주 유사하다. 신사도 운동은 근본적으로 1900년대 초에 나타난 아주사 거짓 부흥을 통해 일어난 비성경적인 성령운동이다. 아주사 거짓 부흥으로부터 가장 먼저 오순절 운동이 나타났고, 오순절 운동이 쇠락해가는 60년대에 이르러 조금 다른 옷을 입은 은사 운동이 등장하였다. 그리고 같은 내용이 조금 다른 옷을 입고 80년대부터 나타나서 발전하다가 2000년부터 정체를 구체적으로 드러냈다. 그것이 신사도 운동이다.[5]

신사도 운동가들은 그 이전에 오순절 운동가

빈야드 운동의 대표
존 웜버

신사도 운동이 오순절 운동의 산맥에서 최근에 솟은 새로운 봉우리라는 사실은 그 중심인물들의 신앙배경을 조사하면 더욱더 분명해진다. 신사도 운동을 일으킨 최초의 물결을 만들어 낸 존 웜버(John Wimber, 1934-1997)를 보자. 존 웜버는 1963년부터 기독교인이 되었으나, 일찍부터 오순절 신학을 가르치는 Gunner Payne's Bible study에 참여하였다. 그리고 오순절 신학을 많이 가르치는 아주사 퍼시픽 대학(Azyda Pacific University)에 입학하여 오순절 신학의 영향을 많이 받았다.[6] 또한 존 웜버는 퀘이커 교도 가정에서 자란 아내 Carol에게서도 영적인 영향을 받아 Yorba Linda Friends (Quaker) Church의 협력목사(1971년)가 되었고 그의 아내는 이 교회에서 Elder의 직분을 받기도 했다. 만일 존 윔버가 오순절 신학으로 훈련된 목사가 아니었다면 비성경적인 이적과 치유를 강조하는 빈야드 운동은 등장하지 않았을 것이다.[7]

괴이한 웃음 부흥의 문을 연 토론토 공항교회도 오순절 교회이고, 그 교회의 담임 존 아놋(John Arnott) 목사도 오순절 교회에서 성장하였다.[8] 신사도 운동의 최고의 웃음부흥사였던 남아프리카 공화국 출신의 로드니 하워드 브라운(Rodney Morgan Howard-Brown) 목사도 오순절 교회에서 성장하였고, 오순절 신학교에서 교육받았다.[9]

로드니 하워드 브라운의 부흥회에 참석하여 괴상한 기름부음을 체험한 후 큰 능력을 발휘하는 신사도 운동가가 되어 미국과 유럽의 여러 도시들을 방문하여 집회를 열어 많은 목회자들을 오염시킨 헌터부부(Charles &Frances Hunter)도 오순절 교회에서 성장한 사람들이다.[10] 이들은 기름부음의 전도사로 널리 알려진 한국의 평신도 신사도 운동가 손기철 장로가 처음 치유사역을 시작할 때 모델로 삼고서 흠모하였다는 사람들이다. 미국의 오순절 운동을 대변하는 잡지 〈Chrisma〉 1986년 5월호에는 헌터부부가 영향력 있는 오순절 은사주의자 20위권에 속하는 유명한 사람들이라고 소개되었다.[11]

80년대 초에 플러신학교에서 존 윔버와 함께 강의하면서 빈야드 운동에 매료되었고, 후에 사도들의 연합단체인 '국제사도연맹'을 직접 설립하여 신사도 운동을 체계화시킨 피터 와그너도 세계적인 교회성장학자였던 자신의 스승 도날드 맥가브란(Donald Mcgavran, 1897-1990) 교수의 지도하에 오순절 교회들의 성장에 대해 연구하면서 신학의 중대한 변화를 경험하였다. 1999년 미주리 주 캔자스에서 IHOP을 설립하여 신사도 운동의 예언 운동을 이끌어간 마이크 비클(Mike Bickle)도 루터란 교단에 속한 은사 운동 교회에서 목회하면서 먼저 예언과 친숙해졌다.[12] 1995년에 일어난 신사도 운동의 거짓 부흥의 한 줄기인 '펜서콜라 부흥'(Pensacola Revival)을 일으킨 플로리다 주의 브라운즈빌교회(Brownsville Assembly of God)도 오순절 교회이다.

1993년 시애틀에서 집회를 인도하던 중 "내가 펜서콜라에 큰 부흥을 보낼 것이고 얼마 지나지 않아 부흥의 불길이 전 미국을 불태울 것이다."라고 하나님이 직접 주시는 말씀을 사칭하며 거짓된 예언을 전하였고,[13] 신사도 운동의 대표자인 피터 와그너를 여의도 순복음 교회로 초청하여 그의 신사도 운동 사상을 전파한 조용기 목사[14]도 한국과 세계를 대표하는 오순절 운동가이다.

2008년 잠시 반짝하다가 허무하게 사라진 거짓 사도 타드 밴틀리(Tod Bentley)를 초청하여 '레이크랜드 부흥'(Lakeland Revival))이라는 신사도 운동의 거짓 부흥의 한 줄기를 일으킨 플로리다 주 레이크랜드(Lakeland)의 이그나티드 교회(Ignited Church)의 스테판 스트레이더(Stephen Strader) 목사도 오순절 운동가 오랄 로버츠가 세운 학교에서 공부하였다.[15] 신사도 운동의 대표적인 예언사역자이며 영적전쟁을 수행하는 중보기도 운동의 장군인 신디 제이콥스(Cindy Jacobs)라는 여성도 거짓방언이 징조로 간주되는 성령세례에 대한 확신으로 무장된 오순절 운동가이다.[16] 신디 제이콥스는 일찍부터 성령으로 거듭난 신자들이 방언을 동반하는 성령세례를 받아야 한다는 사실과 성령세례 운동가들이 주장하는 신비적인 현상들을 매우 강조하였다.

일반 오순절 교회의 신학자들과 목회자들은 자신들이 신사도 운동과 같은 궤도 안에 있다는 말을 불쾌하게 여긴다. 그들은 오순절 운동과 신사도 운동이 다르다고 주장하면서, 1949년 미국의 오순절 교회가 신사도 운동의 초기 인물이었던 윌리엄 브랜험(William M. Branham, 1909-1965)을 정죄하였다는 사실을 증거로 제시한다. 그러나 당시 정죄 받았던 윌리엄 브랜험의 주장과 사상이 현재 일반 오순절 교회 안에서 더 이상 정죄당하지 않고 수용되고 있다. 1949년 미국의 오순절 교단이 비성경적이라면서 정죄하였던 윌리엄 브랜험과 그가 중심이었던 '늦은 비 운동'의 가르침의 중심 내용은 다음과 같았다.

1) 교회의 기초가 되는 사도직과 선지자직의 복원 사상.

2) 사람의 뜻을 따라 안수함으로써 성령의 기름부음이 전이된다는 임파테이션에 대한 가르침.

3) 사람에 대한 죄로부터의 귀신축출과 고백.

4) 안수를 통하여 선교 사역을 위한 언어은사와 다른 사역들을 위한 기술을 전달하는 비성경적 임파테이션.

5) 예언 또는 예언적인 선포 등에 의해 사람들에게 지도력을 부여하거나 극단적이고 비성경적인 임파테이션(인위적인 성령의 능력전달)을 하는 행위.

6) 교회들이 일반적으로 수용하는 가르침에 반하는 왜곡된 성경해석. [17]

오순절 교회들이 지금도 이러한 사상을 가진 사람들을 비성경적인 이단이라고 규정할 수 있을까? 조용기 목사나 다른 오순절 운동가들이 여기에 해당하는 일을 벌인다고 하여 교단으로부터 치리 당하는 일이 일어날 수 있을까? 그런 바람직한 일이 오순절 교회에서 더 이상 일어날 수 없다는 것은 이제 온 세상이 다 안다. 오순절 교단뿐 아니라 장로교단과 다른 교단들에게서 일어나지 못할 일이 되어버렸다. 윌리엄 브랜험은 방언찬양, 성령을 말미암아 나타나는 새로운 형태의 춤(성령 춤?)이 예배에서 하나님의 임재를 강화한다고도 가르쳤다. 그때에는 미국의 오순절 교단이 그런 점들을 용인할 수 없어서 그를 정죄하고 그의 사상을 교회에서 추방하였다. 그러나 현재의 오순절 교회에서는 어떠한가? 비성경적인 방언찬양과 성령 춤이라는 것이 오순절 교회의 목사들과 신자들에게는 너무나도 당연하고 자연스러운 성령의 역사로 이해되고 있다. 1949년에 신사도 운동의 선구자 윌리엄 브랜험이 미국의 오순절 교단으로부터 정죄받았다는 사실이 오순절 운동이 신사도 운동을 반박할 수 있다는 주장의 근거가 되지는 못한다. 한때 그런 일이 있었을 뿐이다.

신사도 운동을 발전시킨 핵심 인물들 모두가 오순절 교회에서 성장하였거나 오순절 신학으로부터 깊은 영향을 받았다. 이 분명한 사실이 의미하는 바는 무엇일까? 신사도 운동은 근본적으로 오순절 운동의 하나이고, 오순절 운동이라는 산맥에서 최근에 솟은 또 하나의 봉우리이다. 오순절 운동과 신사도 운동 사이에는 너무도 많은 공통분모가 존재한다. 위에서 언급하지 않은 다른 신사도 운동 관련자들을 조사하면 이 사실은 더욱더 분명하여 질 것이다. 그러므로 신사도 운동은 본질적으로 아주사 거짓 부흥운동으로부터 시작된 비성경적인 오순절 운동에 속하고, 새로운 시대에 맞게 진화된 새로운 형태의 오순절 운동이라고 정의되어야 한다.

피터 와그너의 속임수

신사도 운동의 신학과 강조점이 이전의 오순절 운동과 다르게 여기도록 만들어 버리는 한 가지 트릭이 있었다. 오순절 운동의 핵심은 중생한 신자들에게 성령세례가 다시 또 나타난다는 것이었다. 그러나 피터 와그너가 정립한 신사도 운동 신학에서는 중생한 신자들이 다시 성령세례를 받아야 한다는 말이 없다. 그리고 오순절주의자들이 성령세례의 증거라고 강력하게 주장하던 거짓된 방언현상에 대해서도 대폭 완화된 입장을 취하였다. 거짓된 방언이 나타날 수도 있고, 나타나지 않을 수도 있다고 피터 와그너는 가르쳤다. 피터 와그너는 "성령으로 충만해졌다!"라고 말해야 할 것은 "성령세례를 받았다!"라고 이전의 오순절 운동가들이 잘못 가르쳤다고 비판하였고, 신사도 운동 시대에는 방언이 특별하게 주목받을 필요가 없다고 가르쳤다.[18] 다음의 피터 와그너의 말이다.

"나는 성령으로 충만케 되는 일은 한 번이며 마지막 사건이 아니라 우리 그리스도인들이 전 생애를 통해 자주 반복되도록 기대해야 할 어떤 것이라고 믿는다. 성령세례의 사건은 우리가 거듭날 때 한 번이며 마지막 경험이라고 충분히 말할 수 있게 된다는 것이다."[19]

"신약성서는 성령의 힘으로 가득 채워지는 그리스도인의 체험을 성령세례(baptism)란 표현보다는 성령으로 충만케 된다(filling)는 표현으로 기록하고 있다. 사실 성서적으로는 오순절 날 신자들이 '성령으로 세례를 받았다'는 것보다는 '성령으로 충만케 되었다'(행 2:4)는 것이 훨씬 정확하다."[20]

"그러므로 당신은 제3의 물결 그룹 안에서 다른 그리스도인들에게 성령의 세례를 받으라고 권한다든지, 다른 은사보다 방언을 중시하는 사람을 발견하지 못할 것이다." 21)

피터 와그너가 성령세례를 추구했던 오순절 운동의 신학의 문제점을 완전하게 간파하고 있고, 방언에 대해서도 비교적 바른 관점을 가지고 있는 것처럼 보인다. 그러나 피터 와그너가 바른 가르침을 전파하고 있다고 생각하면 오산이다. 왜냐하면 피터 와그너가 사용하는 '성령충만'이라는 개념은 올바른 성경연구자들이 이해하는 것처럼, 예수 그리스도를 믿을 때 한번 영속적으로 임재하신 성령의 인격적인 다스림을 뜻하는 것이 아니고, 성령이 반복적으로 임하심으로 신자에게 성령이 누적되어 흘러넘치게 되는 것을 뜻하는 말이기 때문이다.

오순절 신학에서는 성령충만이 성령세례의 반복과 누적의 결과로서 생겨난다고 가르친다. 피터 와그너의 성령충만 개념은 바로 그 관점에서 나오는 이야기인데, 우리들이 오순절 신학을 간파하지 못해 성령충만을 이야기하는 그의 말은 오해하였다. 한국의 대표적인 오순절 운동 신학자 박정열 박사의 다음과 말을 읽어보라! 오순절 신학의 성령충만은 곧 신자에게 누적되는 성령세례 체험과 동일한 것이다.

"이와 같이 성령세례를 받는다는 것은 내가 성령충만 속에 그리고 성령충만이 내 속에 들어와 계신다는 것을 의미한다고 할 수 있다. 이러한 의미에서 성령세례를 '성령충만' 혹은 '성령의 충만'이라고 표현하였을 것이다." 22)

기름부음은 성령세례

신사도 운동은 성령의 기름부음을 매우 강조한다. 근본적으로 신사도 운동의 본질은 이미 성령으로 중생한 신자들을 다시 성령세례 받으라고 선동하는 그릇된 성령운동이다. 그런데 성령세례를 받으라고 주장하지 않으므로 오순절 운동과 다르게 보인다. 성령세례 운동의 시작인 아주사 거짓부흥에서 일어난 모든 괴이한 현상들이 현재의 신사도 운동에서 재현되었고 수용되었다. 사람들은 흔히 아주사 부흥의 현장에서 거짓방언만 나타났다고 오해하고 있으나, 사실 그렇지 않았다. 방언 외에도 쓰러짐, 몸의 진동, 괴이한 웃음, 성령 춤, 끄적거리는 영서, 방언찬양, 괴성, 넘어져서 구르기 등의 웃기는 현상들이 당시에 많이 나타났다. 증거들이 너무 많아 일일이 말하기 어려우므로 몇 가지만 제시하겠다. 다음은 아주사 거짓 부흥을 널리 선전하기 위해 아주사 부흥을 일으켰던 윌리엄 세이모어(William Seymour, 1870-1922)가 창간하여 발행한 『사도적 믿음』이라는 잡지 제2권 13호에 수록된 방언찬양에 대한 내용이다.

"시리아 베이루트 출신의 한 사역자가 겨울을 나기 위해 예루살렘에 왔다. 하나님께서는 그에게 성령세례를 주셨고 방언도 한다…. 그녀는 내 방에 와서 성령세례를 위해 내게 안수해 달라고 부탁했다. 그녀는 불의 파도가 그녀의 머리와 얼굴로 지나가는 것을 느낀 후에 방언을 말하기 시작했다. 그녀는 지금 하늘의 음조로 노래(방언찬양?)한다. 그녀의 노래를 듣는 것은 소중한 일이다."-팔레스타인 예루살렘에서 미국 영사의 도움을 받고 있는 루시 M. 레더맨.[23]

다음은 아주사 부흥을 현장에서 체험한 프랭크 바클맨(Frank Bartleman, 1871-1935)의 책『아주사의 거리』에 수록된 집회 중에 사람들이 쓰러지는 현상에 관한 기술이다.

"누군가 말하는데 갑자기 성령께서 회중 위에 임하셨다. 하나님께서 친히 강단 초청을 하셨다. 사람들은 마치 전투에서 칼에 맞은 것처럼 집안 여기저기에 쓰러지거나 아니면 하나님을 구하기 위해 무더기로 강단을 향해 돌진했다." 24)

아주사 부흥으로부터 시작된 오순절 운동에서는 이러한 현상들이 신자에게 성령이 또다시 임재하시는 성령세례의 현상이라고 설명되어졌다. 신사도 운동에서도 이런 현상들이 동일하게 나타났으나 성령세례라고 설명되지는 않았다. 신사도 운동은 '성령의 기름부음'이라는 새로운 개념을 내세웠다. 내용은 동일했으나 성령세례라는 말이 등장하지 않고 '기름부음'이 임하는 현상이라고 기술되기 시작한 것이다. 기존의 성령세례라는 용어가 사라지고, 기름부음이라는 말이 난무해졌으므로 사람들은 오순절 운동과 은사 운동과는 다른 것이 새로 등장하였다고 오해하였다.

신사도 운동의 대표자 피터 와그너도 80년대 초 존 윔버를 만나 빈야드 운동을 접하게 되면서 곧바로 기름부음이라는 모호한 개념에 빠졌다. 피터 와그너는 존 윔버를 통해 나타나는 괴이한 기름부음 현상들을 일찍 체험했고, 그것이 새로 떠오르는 하나님의 역사라고 믿고 플러신학교에서 존 윔버가 빈야드 운동을 강의하도록 주선했다. 형식상으로는 존 윔버와 피터 와그너가 공동으로 이끄는 강의였으나, 실제로는 존 윔버가 빈야드 운동의 기름부음 현상의 이론과 실제를 학생들에게 체험시키는 방식으로 수업을 주도했다. 존 윔버가 학생들이 기름부음을 체험하도록 실습할 때에 피터 와그너도 따라 하면서 특별한 체험을 경험하면서 그의 신학은 변질되었다. 다음은 피터 와그너는 자신의 책 『The Third Wave of Holy Spirit』에서 존 윔버와 함께 진행했던 그 강의에 대해 회상하는 내용이다.

"예외 없이 기도할 때마다 하나님께서는 능력을 보고 느낄 수 있는 방식으로 드러내어 주셨다. 많은 학생들이 육체적인 질병을 고침 받았고, 또한 많은 학생들이 정신적, 영적인 치유를 경험했다. 어떤 사람들은 성령으로 충만해졌었다. 어떤 학생들이 처음으로 손을 내밀어서 다른 병든 사람을 위해서 기도하였고, 그때마다 사람들이 치유되는 것을 보았다. 어떤 사람은 성령의 기름부으심을 받으며 떨었고, 어떤 사람은 그대로 누워 있었다." [25)]

실제로 치유가 일어났는지, 일어나는 것 같았는지에 대해서는 확인할 수 없으나 이런 모습은 아주사 부흥 때부터 흔하게 나타났었고, 사람들은 그것이 신자에게 다시 성령이 임하시는 성령세례의 현상이라고 믿었다. 그러나 존 윔버의 영향을 받은 피터 와그너는 동일한 현상을 '성령의 기름부으심'이라고 이해하였다. 오순절 신학의 반복적인 성령세례나 신사도 운동의 성령이 임재하는 기름부음 개념 사이에는 전혀 차이가 없다.

피터 와그너의 책을 보면 존 윔버가 인도하는 수업시간에 신사도 운동가들이 '지식의 말씀'이라고 주장하는 거짓 영이 점하는 현상과 다른 거짓된 이적들이 많이 나타났음을 알 수 있다. 이런 일들이 이전에는 성령세례의 현상이라고 설명되었으나, 신사도 운동에서는 기름부음이 임하는 현상이라고 설명된다.

"수업이 열리는 밤마다(당시 그 수업은 매주 월요일 밤에 있었음) 그 자리에서 즉시 확인 가능한 지식의 말씀(words of knowledge)들, 그 자리에서 고침 받는 환자들, 귀신들의 쫓겨남, 그리고 그 외의 다양한 초자연적인 현상들이 나타나는 것을 보았다." [26]

"존 윔버는 성령의 인도하심에 자신을 완전하게 맡겼고, 수업의 흐름을 주관하는 성령의 인도하심을 받았다. 때론 수업은 존 윔버를 통하여 나타나는 지식의 말씀과 더불어서 시작되었다. 때로는 수업에 참여한 학생들 가운데서도 지식의 말씀이 나타났다." [27]

신사도 운동은 기름부음 운동

신사도 운동을 살펴보면 대부분의 신사도 운동가들은 먼저 다른 누군가로부터 기름부음 현상을 체험한다. 그리고 후에 그 자신도 다른 사람들에게 기름부음을 전하는 사람이 된다. 이것이 신사도 운동의 가장 핵심적인 특징이다. 신사도 운동을 잘 모르면서 신사도 운동에 대해서 말하는 사람들은 사도, 선지자, 예언과 같은 개념이 등장하지 않으면 신사도 운동이 아니니 안심해도 된다고 가르친다. 그것은 신사도 운동에 대해서 몰라서 하는 소리이다. 장신대의 현요한 교수도 그런 실수를 범했다. 현요한 교수는 손기철 장로의 영적인 정체에 대해서 한국 교회가 바로 보지를 못하고 혼동에 빠져있을 때 손기철 장로가 신사도 운동과는 무관하다고 했다. 장신대의 현요한 교수는 손기철 장로가 신사도 운동과는 무관하다며 다음과 같이 말했다.

"신사도 운동은 성령의 충만한 임재를 강조하고, 그 임재를 체험한 사람은 사도적인 권위를 가지며, 그가 하는 예언은 사도적 권위를 가진 것으로 인정하고 따라야 한다고 주장한다. 그러나 손 장로는 자신이나 자신의 치유사역 스태프들의 사도적 권위를 주장하지도 않고, 사도적 권위로 무슨 예언을 하지도 않는다. 그는 다만 지식의 말씀의 은사의 도움으로 치유사역을 할 뿐이다. 그가 신사도 운동 계열의 사람들로부터 어떤 영향을 받았는지 모르지만, 그 자신이 그 운동을 추종하거나 전파하는 것 같지는 않다." 28)

손기철 장로가 사도직에 관한 주장을 하지 않는다 하여 신사도 운동과 관련이 없다는 현 교수의 말은 신사도 운동에 대한 무지에서 나온 말이고, 또한 손기철 장로가 '지식의 말씀의 은사'로 치유사역을 한다고 말한 내용은 더욱더 그릇된 내용이다. 왜냐하면 손기철 장로가 주장하는 지식의 말씀은 처음 보는 사람의 비밀을 알려주는 점하는 영의 장난이기 때문이다. 일각에서는 은사중단론은 손기철 장로의 사역을 인정하지 않으나, 은사지속론은 손기철 장로의 사역을 인정할 수 있다고 하는데, 말도 안되는 소리이다.

손기철 장로가 주장하는 '지식의 말씀의 은사'가 어떤 것인지 더 알고 싶은 독자들은 손기철 장로의 책『고맙습니다 성령님』의 155페이지 부근을 읽어보기 바란다. 그는 처음 보는 어떤 여성의 얼굴에 '낙태'라는 글씨가 나타나는 것을 보고서 그녀가 아기를 인위적으로 유산시켰고 그 때문에 죄책감을 가지고 산다는 것을 알았다고 했다. 손기철 장로가 말하는 '지식의 말씀'이란 바로 그와 같은 귀신의 점을 일컫는 말이다. 그는 성령께서 미래에 대해서 말씀하여 주시는 것은 '예언'이고 과거와 현재를 알려주시는 것을 지식의 말씀(고전 12:8)이라고 주장하였다. 성경이 말씀하는 예언에 대해서도 그는 전혀 맞지 않는 소리를 하고 있고 또한 지식의 말씀을 그렇게 설명하는 것도 우스운 일이다.

중요한 사실은 오순절 운동과 은사 운동에서 성령세례라 불렀던 현상이 신사도 운동에서는 기름부음이라고 불리워지면서 더욱 광범위하게 진행되었다는 것이다. 신사도 운동의 기름부음의 특징은 사람의 의지와 행위를 따라 전이된다는 점이다. 그러나 기름부음이라고 부르는 신사도 운동의 현상은 힌두교의 '구루'(Guru)라고 불리우는 숙련된 영적인 선생들이 초보 영성수련자들의 이마, 어깨 등을 터치할 때 나타나는 '쿤달리니 각성'(Kundalini Awakening) 현상과 동일하다. 힌두교에서 쿤달리니는 우주의 원초적인 에너지로 이해되고 동시에 쿤달리니의 각성을 통한 우주 최고의 신 브라마와의 연합하게 된다고 여겨지고 있다. 힌두교에서 쿤달리니는 인간의 육체 안에 깃들어 있는 '신성의 씨앗'(God seed)이고 이를 활성화시킴으로 인간이 신화의 경지에 이르게 되는 것으로 여겨지고 있다.[29] 힌두교의 영성 수련자들에게 구루들의 도움과 다른 다양한 방법으로 쿤달리니 에너지가 각성되면 눈물, 웃음, 진동, 방언, 방언찬양, 이상한 춤동작, 환상 등의 특이현상 등이 나타나고, 우울증 등의 질병이 치유되는 현상도 자주 나타난다. 시그먼트 프로이드(Sigmund Freud)는 쿤달리니 세계를 체험하고 이렇게 말했다.

"그러면 그들의 몸은 발작을 하는 것처럼 엄청나게 흔들리고 몸이 꼬입니다. 그들의 감정은 엄청난 에너지로 인하여 그 누구도 예측할 수 없는 심한 감정의 기복을 나타냅니다. 분노, 염려, 슬픔, 기쁨, 황홀경에 사로잡힘 등의 모습이 나타나지요. 이 과정에서 각 개인들은 그들의 몸과 정신을 다스릴 수 없습니다. 오직 쿤달리니 에너지의 강력한 움직임이 이들을 다스릴 뿐입니다. 이러한 현상 중에는 의도하지 않은 비정상적인 웃음들, 눈물들, 방언들, 전에 알지 못했던 노래들을 부르는 현상들, 영적인 주문을 외는 모습들, 요가 자세를 취하는 모습들, 다양한 동물들의 소리들을 내거나 동물들처럼 움직이기도 합니다." 30)

더욱더 놀라운 사실은 그 현상을 경험한 사람이 또 다른 사람에게 동일한 현상을 유도해 낸다는 것이다. 이와 동일한 현상이 오래전부터 오순절 운동가들과 은사 운동가들이 부흥회에서 나타났고, 우리는 무지하여 그것을 '성령의 불'이라고 믿고 사모했다. 신사도 운동이 등장하면서 이 무서운 현상은 더욱더 보편화되었다. 신사도 운동가들은 그 누구보다 더 전문적으로 그런 악한 이적과 현상들을 유도하고 만들어 낸다. 자신들에게 성령의 능력을 다른 사람에게 수여해 주는 능력이 있다는 관점에서 '임파테이션(impartation) 사역'이라고 당당하게 말한다. 신사도 운동은 기름부음을 전하는 임파테이션 운동이고 신사도 운동가들은 힌두교의 구루들과 같은 임파테이션 전문가들이다.

손기철 장로의 임파테이션

두 가지 사례들을 통해 기름부음을 전파하는 신사도 운동의 임파테이션에 대해서 더 자세하게 설명해 보겠다. 먼저 '기름부으심'이라는 책을 써서 한국 교회 안에서 신사도 운동의 기름부음 사상을 열열하게 전파하였고, 수없이 치유집회를 열어 거대한 임파테이션 물결을 일으키는 온누리 교회의 손기철 장로를 보자. 그에게도 동일한 임타페이션 사상과 능력이 실제로 나타나고 있다. 다음의 손기철 장로의 책에 나오는 임타페이션에 대한 다음의 내용을 보라!

"최근에 나는 100여 명이 참석한 대한항공신우회 수련회에서 1박 2일 동안 이 내용을 강의하고, 그분들에게 기름부으심을 흘러보냈습니다. 2일째 실습시간에 놀랍게도 동일한 기름부으심이 그들 대부분에게 임했으며, 그들이 다른 분들을 위해 기도할 때 동일한 하나님의 역사가 일어나는 것을 목도하게 되었습니다." [31]

"안수기도를 하자 성령님께서 즉시 임재하셨고 그는 곧 성령세례와 방언을 함께 받았습니다. 나는 내게서 기름부으심이 흘러가는 것을 느낄 수 있었습니다. 감격해하는 그에게 이 말 한마디를 덧붙였습니다. '기름부으심을 꼭 흘려보내십시오.'" [32]

"기름부으심은 다른 사람에게 '전이'(impartation, 임파테이션)되기까지 합니다. 내가 기름 부으심이 넘치는 목사님에게 안수기도를 받을 때, 나에게 기름부으심이 흘러 들어왔습니다. 이와 동일하게, 내가 다른 사람을 위해 기름 부으심을 흘려보내는 기도를 하면 성령님의 능력이 전달되고, 그 기도를 받은 사람도 나와 같은 사역을 할 수 있게 됩니다. 단 기름 부으심이 무조건 전이되는 것은 아닙니다. 하나님의 계획하심과 기름 부으심을 흘려보내는 사람과 받는 사람의 믿음과 마음의 상태가 결정적인 역할을 한다고 생각합니다." [33)]

이전에 안수하면서 방언을 일으키는 성령세례가 나타나게 했던 오순절 부흥사들의 행위가 손기철 장로와 같은 신사도 운동가를 통하여 그대로 재현되고 있는 것이다. 다만 성령세례가 전파된다고 말하지 않고 기름부음이 전이된다고 달리 말하고 있을 뿐이다.

WLI Korea의 임파테이션

신사도 운동이 기름부음을 중시하고, 신사도 운동가들이 힌두교 구루들과 같이 귀신의 능력을 전파하는 자들임을 보여주는 또 다른 사례가 있다. 한국의 대표적인 신사도 운동가 홍정식 목사가 대표로 있는 한국의 신사도 운동 신학교 'WLI Korea'이다. 피터 와그너의 사상을 전파하는

WLI Korea의 대표
홍정식 목사

신사도 운동 신학교 한국 지부인 'WLI Korea'의 홈페이지에는 신사도 운동이 임파테이션을 중시한다는 사실을 노골적으로 밝히고 있다. WLI Korea의 홈페이지의 'WLI Korea는'이라는 항목에는 기술된 내용은 다음과 같다.

"미국 콜로라도 스프링스에 본부를 두고 있는 WLI(와그너 리더십 인스티튜트)는 미국 지역 및 세계 각국에 세워지고 있고, WLI KOREA는 2004년 4월, 세계에서 7번째로 문을 열었다. 2004년 1월, 피터 와그너 박사는 홍정식 목사(과천 하베스트 샬롬교회 담임)를 본부로 초청, 총장으로 임명하였고, 2005년부터 매년 10월, 한국에 방문하여 WLI KOREA 졸업식을 이끌고 있다. 전통적인 신학교의 교육방식과는 완전히 다른 패러다임 위에 세워진 WLI KOREA는 세계 각국에서 하나님께 놀랍게 쓰임 받는 사역자들을 초청, 그들이 가진 최상의 정보를 나눌 뿐 아니라 그들이 갖고 있는 성령의 기름부음을 전수(impartation)하도록 하는 데 역점을 두고 있다." 34)

'WLI Korea'는 성령의 기름부음이라는 마귀의 미혹을 전파하는 세계 각국의 유명한 사탄의 일꾼들을 초청하여 한국 사람들에게 임파테이션을 전수하는 기관인 것이다. 다시 말해 마귀의 영을 전파하는 곳이다. 이곳의 '학사 안내'라는 공간의 인텐시브 코스를 소개하는 곳에서도 다음과 같이 임파테이션에 대해서 안내하고 있다.

"학위를 취득할 필요는 없지만 뛰어난 강사들의 강의와 은사의 임파테이션(impartation)을 원하는 일반인도 청강이 가능하나 학생과 동일한 수업료를 납부한 경우 강의 참석이 가능하다." 35)

이 학교에 입학하여 학위를 취득할 목적이 없더라도 이곳에 와서 강의하는 국내외의 신사도 운동가들로부터 성령의 은사와 능력을 전수받는

'임파테이션'을 위해 돈을 내고 청강하기만 해도 받을 수 있다고 한다. 이전에 사람들이 성령세례와 방언 등의 성령의 은사들을 받으려고 오순절 운동 부흥사들에게 찾아가서 안수기도를 받았었는데, 이제는 신사도 운동가들에게서 임파테이션을 통해 기름부음을 체험하고 있다. 용어가 달라졌을 뿐이지 모든 것은 동일하다. 그들은 정말로 성령의 능력을 사람을 통하여 얻을 수 있다고 여긴다. 신사도 운동에 빠진 사람들은 임파테이션을 통하여 자신에게 성령이 온다는 것을 추호도 의심하지 않기 때문에 가급적 더 유명한 신사도 운동가들이 인도하는 집회가 열리면 꼭 참석한다. 그들은 하나님께서 귀히 쓰시는 사람을 통하여 자신에게 성령의 은사와 능력이 더 임할 수 있다고 믿기 때문이다.

　신사도 운동의 기름부음 사상이 이렇게 빨리 전 세계에 전파된 것은 이미 오순절 운동을 통해 방언을 동반하는 성령세례를 받는 운동이 널리 퍼졌기 때문이다. 신사도 운동의 기름부음을 위한 임파테이션은 이미 오순절 운동가들과 오순절 부흥신앙을 가진 사람들에게 너무도 당연하게 받아들여졌다. 대표적인 오순절 운동가 오랄 로버츠(Oral Roberts, 1918-2009)는 자신의 손을 통해 성령의 능력이 나간다고 사람들에게 가르쳤

한 신자에게 안수하고 있는
조용기 목사

다. 그래서 사람들은 그에게 안수기도를 받으려고 간절히 사모했다. 세계적인 오순절 운동가 조용기 목사도 무수히 많은 사람들에게 안수기도를 주었다. 왜 사람들은 조용기 목사에게 안수기도 받는 것을 자랑으로 여겼을까? 유명한 오순절 부흥사에게 안수기도를

받으면 성령세례와 능력이 들어온다고 믿었기 때문이다. 이러한 병폐들이 신사도 운동 시대에 이르러 '기름부음'과 '임파테이션'이라는 다른 명칭으로 계속 이어지고 있는 중이다. 그래서 오순절 교회들은 다른 교회들보다 더 일찍 신사도 운동을 쉽게 받아들였고, 지금도 신사도 운동의 정체를 올바로 인식하고서 단호하게 정죄하지 못하고 있다.

3장

1) 서철원, 「성령세례와 구원」, Google 검색창에서 다운로드할 수 있다.

2) 밴 비이드, "현대의 방언, 성령인가? 악령인가?", http://blog.daum.net/hakema/483.

5장

1) 존 스토트, 『성령세례와 충만』, 김현희 역, (서울: IVF, 2002), p. 59.

2) A. W 토저, 『이것이 성령님이다』, 이용복 역, (서울: 규장, 2011), pp. 52-53.

3) Ibid., p. 89.

4) Ibid., p. 109.

5) R. A 토레이, 『성령세례 받는 법』, 이용복 역, (서울: 규장, 2011), p. 116.

6) R. A 토레이, 『성령세례 받는 법』, 이용복 역, (서울: 규장, 2011), p. 53.

7) 디. 마틴 로이드 존스, 『성령론』, 홍정식 역, (서울: 새순출판사, 2003), p. 146.

8) D. M 로이드 존스, 『성령세례』, 정원태 역, (서울: CLC, 2010), p. 70.

9) 다음을 참고하라. 서철원, "그리스도를 제시하는 복음선포가 사는 길",

　　http://www.good-faith.net/news/articleView.html?idxno=250

6장

1) https://www.youtube.com/watch?v=DTzs1KWdIYg.

2) http://www.good-faith.net/news/articleView.html?idxno=232.

3) 두날개 교육을 받으면서 김성곤 목사의 강의 내용을 듣고 기록하신 분이 제보한 내용에서 발견하였다.

4) 기독신문, "과거 일부 표현 문제삼아 왜곡했다", http://www.kidok.com/news/articleView.html?idxno=91866.

5) 행크 해너그라프, 『빈야드와 신사도의 가짜 부흥운동』, 이선숙 역, (서울: 부흥과개혁사, 2009), p.95.

6) Ibid., p.95-96.

7) http://egloos.zum.com/allahmaai/v/3091437

8) 로저 오클랜드, 『새 포도주와 바벨론 포도나무』, 스데반 황 역, (서울: Band of Puritan, 2010), p. 211.

9) 행크 해너그라프, 『빈야드와 신사도의 가짜 부흥운동』, 이선숙 역, (서울: 부흥과개혁사, 2009), p.97.

10) http://blog.daum.net/_blog/BlogTypeView.do?blogid=0C3BJ&articleno=16515627 #ajax_history_home

11) http://blog.daum.net/abbajin/11039869

12) https://www.youtube.com/watch?v=NIIgGPPwSsQ

13) 행크 해너그라프, 『빈야드와 신사도의 부흥운동』, pp. 113-14.

14) 로저 오클랜드, 『새 포도주와 바벨론 포도나무』, pp. 211-212.

15) 피터 와그너, 『제3의 바람』, 정운교 역, (서울: 하늘기획, 1993), p.52.

16) WLI Korea의 'WLI 소개', http://www.wli.or.kr/sub01_04.php(2015년 10월 28일 확인).

17) WLI Korea의 홈페이지의 '학사안내', http://www.wli.or.kr/sub03_01_01.php(2015년 10월 28일 확인).

18) 백금산 편저, 『조나단 에드워즈처럼 살 수 없을까?』, (서울: 부흥과개혁사, 2011), pp. 174-75.

19) https://www.facebook.com/pastor.yoo/posts/679287008874929?fref=nf&pnref=story.

20) 디. 마틴 로이드 존스, 『성령론』, 홍정식 역, (서울: 새순출판사, 2003), p. 122.

21) Ibid., p. 159.

7장

1) D. Martyn Lloyd-Jones, Healing and the Scriptures (Nashville, TN: Oliver Nelson, 1988), pp. 159-160.

2) 배본척, "근대개혁과 성령운동".
http://blog.naver.com/PostView.nhn?blogId=jbetheljp80&logNo=30024355522&parentCategoryNo=&categoryNo=&viewDate=&isShowPopularPosts=false&from=postView

3) 마틴 로이드 존스, 『부흥』, (서울: 복있는 사람, 2012), p. 434.

4) Ibid., p. 435.

5) Ibid., p. 257.

6) 디. 마틴 로이드 존스, 『성령론』, 홍정식 역, (서울: 새순출판사, 2003), p. 122.

7) Ibid., p. 189.

8) 마틴 로이드 존스, 『부흥』, (서울: 복있는 사람, 2012), pp. 187-188.

9) 마틴 로이드 존스, 『부흥』, (서울: 복있는 사람, 2012), p. 99.

10) Ibid., p. 569.

11) Ibid., p. 222.

12) 마틴 로이드 존스, 『부흥』, (서울: 복있는 사람, 2012), p. 193.

13) Ibid., p. 207.

14) Ibid., p. 217.

15) Ibid., pp. 270-271.

16) 행크 해너그라프, 『빈야드와 신사도의 가짜 부흥운동』, 이선숙 역, (서울: 부흥과개혁사, 2009), p. 329.

17) 마틴 로이드 존스, 『부흥』, (서울: 복있는 사람, 2012), p. 376.

18) Ibid., p. 404.

19) Ibid., p. 405.

20) 마틴 로이드 존스, 『하나님의 자녀: 요한일서 강해 1-3장』, 임성철 역, (서울: 생명의말씀사, 2010), p. 392.

21) ibid., p. 406.

22) ibid., p. 393.

23) 마틴 로이드 존스, 『부흥』, (서울: 복있는 사람, 2012), p. 569.

24) ibid., p. 376.

25) 마틴 로이드 존스, 『하나님의 자녀: 요한일서 강해 1-3장』, 임성철 역, (서울: 생명의말씀사, 2010), pp. 395-96.

26) Ibid., pp.399–400.

27) 마틴 로이드 존스, 『부흥』, (서울: 복있는 사람, 2012), pp. 252-253.

28) http://blog.naver.com/PostView.nhn?blogId=yoochinw&logN
o=130143212470(2015년 10월 28일 확인).

8장

1) 로버츠 리어든, 『아주사 부흥』, 김광석 역, (서울: 서로사랑, 2008), p. 140.

2) D. M 로이드 존스, 『성령세례』, 정원태 역, (서울: CLC, 2010), p. 48.

3) 마틴 로이드존스, 『하나님의 자녀』, 임성철 역, (서울: 생명의말씀사, 2010), p. 393.

4) 다음을 참고하였다. 서철원, 『교리사』, (서울: 총신대학출판부, 2012), pp. 402-405.

5) 손기철, 『기름부으심』, (서울: 규장출판사, 2008), pp. 18-19.

6) D. M 로이드 존스, 『성령세례』, 정원태 역, (서울: CLC, 2010), pp. 26-27.

7) 마틴 로이드 존스, 『청교도 신앙-그 기원과 계승자들』, (서문강 역), (서울: 생명의 말씀사, 2009), p. 43.

8) R. A 토레이, 『성령세례 받는 법』, 이용복 역, (서울: 규장출판사, 2011), p. 116.

9) A. W 토저, 『이것이 성령님이다』, 이용복 역, (서울: 규장, 2011), p. 109.

10) 디. 마틴 로이드 존스, 『성령론』, 홍정식 역, (서울: 새순출판사, 2003), p. 146.

11) 마틴 로이드 존스, 『청교도 신앙-그 기원과 계승자들』, (서문강 역), (서울: 생명의 말씀사, 2009), p. 43.

12) Ibid., p. 44.

13) D. M 로이드 존스, 『성령세례』, 정원태 역, (서울: CLC, 2010), p. 27.

14) 디. 마틴 로이드 존스, 『성령론』, 홍정식 역, (서울: 새순출판사, 2003), p. 269.

15) D. M 로이드 존스, 『성령세례』, 정원태 역, (서울: CLC, 2010), p. 31.

9장

1) 김효성, "은사운동의 혼란",
http://www.oldfaith.net/03modern/04%EC%9D%80%EC%82%AC%EC%9A%B4
%EB%8F%99.htm

2) Wilson Ewin, The Pied Piper of the Pentecostal Movement (Nashua, New
Hampshire: Bible Baptist Church, 1986), p. 16.

3) 이창모, "김동수의 방언은 고린도에 나타난 변태방언"
http://www.good-faith.net/news/articleView.html?idxno=295.

4) 김우현, 『하늘의 언어』 (서울: 규장출판사, 2009), p. 113.

5) Ibid., p. 119.

6) Ibid., pp. 118-119.

7) 이용규 선교사의 홈페이지, http://www.nomadlove.org/
xe/?mid=prayer&page=1&document_srl=1921

8) 로버츠 리어든, 『아주사 부흥』, 김광석 역, (서울: 서로사랑, 2008), p. 121.

9) Ibid., p. 128.

10) https://www.facebook.com/lee.jeong.7374.

10장

1) "서철원 교수의 성령론"과 "R.A 토레이의 성령론(2)"(박정우)을 참고하라.
(http://www.ghsm.co.kr/bbs/zboard.php?id=thesis의 "논문자료" 편).

2) 로버츠 리어든, 『아주사 부흥』, 김광석 역, (서울: 서로사랑, 2008), p. 49.

3) W. David Cloud, The Laughing Revival: From Azusa To Pensacola (London,
Canada: Bethel Baptist Church, 1998), p. 7.

4) Ibid., p. 8.

5) Ibid.

6) Ibid.

7) Ibid., pp. 8-9.

8) 로버츠 리어든, 『아주사 부흥』, 김광석 역, (서울: 서로사랑, 2008), p.77-79.

9) Robert R. Raden, Our Apostolic Heritage: An Official History of the Apostolic Church
of Pentecost of Canada Incorporated, (Kyle Printing and Stationary, Calgary, 1971).
로저 오클랜드, 『새 포도주와 바벨론 포도나무』, 스데반 황 역, (서울: 밴드 오브 퓨리탄스,
201), p. 313에서 재인용.

10) W. David Cloud, The Laughing Revival: From Azusa To Pensacola (London,
Canada: Bethel Baptist Church, 1998), p. 9.

11) Robert R. Raden, Our Apostolic Heritage: An Official History of the Apostolic
Church of Pentecost of Canada Incorporated, (Kyle Printing and Stationary,
Calgary, 1971). 로저 오클랜드, 『새 포도주와 바벨론 포도나무』, 스데반 황 역, (서울:
밴드 오브 퓨리탄스, 201), p. 313에서 재인용.

12) W. David Cloud, The Laughing Revival: From Azusa To Pensacola (London, Canada: Bethel Baptist Church, 1998), p. 9. 그리고 다음을 참고하라. 행크 해너그라프, 『빈야드와 신사도의 가짜 부흥운동』, 이선숙 역, (서울: 부흥과개혁사, 2009), p.239.

13) Ibid.

14) 로버츠 리어든, 『아주사 부흥』, 김광석 역, (서울: 서로사랑, 2008), p. 79.

15) Ibid., p.82.

16) W. David Cloud, The Laughing Revival: From Azusa To Pensacola (London, Canada: Bethel Baptist Church, 1998), p. 9.

17) 로버츠 리어든, 『아주사 부흥』, 김광석 역, (서울: 서로사랑, 2008), p. 84.

18) Ibid., pp. 97.

19) Ibid., p. 98.

20) Ibid., pp. 96-98.

21) David W. Cloud, The Laughing Revival: From Azusa To Pensacola (London, Canada: Bethel Baptist Church, 1998), pp. 56-57.

22) Ibid., p. 57.

23) 로버츠 리어든, 『아주사 부흥』, 김광석 역, (서울: 서로사랑, 2008), pp. 98.

24) Robert R. Raden, Our Apostolic Heritage: An Official History of the Apostolic Church of Pentecost of Canada Incorporated, (Kyle Printing and Stationary, Calgary, 1971). 로저 오클랜드, 『새 포도주와 바벨론 포도나무』, 스데반 황 역, (서울: 밴드 오브 퓨리탄스, 201), p. 297에서 재인용.

25) David W. Cloud, The Laughing Revival: From Azusa To Pensacola (London, Canada: Bethel Baptist Church, 1998), p. 57.

26) Ibid., p. 57.

27) Robert R. Raden, Our Apostolic Heritage: An Official History of the Apostolic Church of Pentecost of Canada Incorporated, (Kyle Printing and Stationary, Calgary, 1971). 로저 오클랜드, 『새 포도주와 바벨론 포도나무』, 스데반 황 역, (서울: 밴드 오브 퓨리탄스, 201), p. 297에서 재인용.

28) David W. Cloud, The Laughing Revival: From Azusa To Pensacola (London, Canada: Bethel Baptist Church, 1998), p. 57.

29) 김우현, 『하늘의 언어』, (서울: 규장출판사, 2009), p. 206.

30) David W. Cloud, The Laughing Revival: From Azusa To Pensacola (London, Canada: Bethel Baptist Church, 1998), p. 57.

31) Robert R. Raden, Our Apostolic Heritage: An Official History of the Apostolic Church of Pentecost of Canada Incorporated, (Kyle Printing and Stationary, Calgary, 1971). 로저 오클랜드, 『새 포도주와 바벨론 포도나무』, 스데반 황 역, (서울: 밴드 오브 퓨리탄스, 201), p. 298에서 재인용.

32) Ibid.

33) Robert R. Raden, Our Apostolic Heritage: An Official History of the Apostolic Church of Pentecost of Canada Incorporated, (Kyle Printing and Stationary, Calgary, 1971). 로저 오클랜드, 『새 포도주와 바벨론 포도나무』, 스데반 황 역, (서울: 밴드 오브 퓨리탄스, 201), p. 298에서 재인용.

34) Ibid., p.104-105.

35) W. David Cloud, The Laughing Revival: From Azusa To Pensacola (London, Canada: Bethel Baptist Church, 1998), p. 10.

36) 로버츠 리어든, 『아주사 부흥』, 김광석 역, (서울: 서로사랑, 2008), p. 123.

37) 행크 해너그라프, 『빈야드와 신사도의 가짜 부흥운동』, (이선숙 역), (서울: 부흥과개혁사, 2009), P. 243.

38) 손기철, 『알고 싶어요 성령님』, (서울: 규장출판사, 2012), p.45.

39) 행크 해너그라프, 『빈야드와 신사도의 가짜 부흥운동』 (이선숙 역) (서울: 부흥과개혁사, 2009), p. 243.

40) 로버츠 리어든, 『아주사 부흥』, 김광석 역, (서울: 서로사랑, 2008), p. 89.

41) 행크 해너그라프, 『빈야드와 신사도의 가짜 부흥운동』 (이선숙 역) (서울: 부흥과개혁사, 2009), P. 242.

42) 로버츠 리어든, 『아주사 부흥』, 김광석 역, (서울: 서로사랑, 2008), p. 115.

43) Ibid., p. 149.

44) Ibid., p. 167.

45) 행크 해너그라프, 『빈야드와 신사도의 가짜 부흥운동』, 이선숙 역, (서울: 부흥과개혁사, 2009), P. 242.

46) 로버츠 리어든, 『아주사 부흥』, 김광석 역, (서울: 서로사랑, 2008), p. 110.

47) David M. Gower, 『오순절 표적부흥의 실체』. 절판된 이 책의 모든 내용을 소개하는 다음의 싸이트의 "4장 - 1 / 오순절: 은사주의의 오류, 과장, 속임수" 편에서 인용하였다. http://blog.naver.com/PostList.nhn?blogId=khi4040&from=postList&categoryNo=34.

48) 행크 해너그라프, 『빈야드와 신사도의 가짜 부흥운동』, 이선숙 역, (서울: 부흥과개혁사, 2009), P. 242.

49) 로버츠 리어든,『아주사 부흥』, 김광석 역, (서울: 서로사랑, 2008), p. 142.

50) Ibid., p. 143.

51) Ibid., p. 153.

52) Ibid., p. 128.

11장

1) http://lord.kehc.org/essay/chistory/azusareti.htm.

2) Ibid.

3) https://en.wikipedia.org/wiki/Dennis_Bennett_(priest)

4) C. Peter Wagner, the Third Wave of Holy Spirit (Ann Arbor, Michigan: Vine Books, 1988), pp.17-18.

5) "성령운동의 완성은 사회적 구원" (뉴스파워, 2013.4.15).
   http://www.newspower.co.kr/sub_read.html?uid=22001&section=sc4&section2=

6) 박정렬,『오순절 신학』(서울: 순신대학교출판부, 1996), p. 35.

7) Wilson Ewin, The Pied Piper of the Pentecostal Movement (Nashua, New Hampshire: Bible Baptist Church, 1986), p. 3.

8) 제임스 G. 멕카티,『가톨릭에도 복음이 있는가?』, 조남민 역, (도서출판 한인성경선교회, 2006), p. 389.

9) Ibid., p. 390.

10) http://666blog.com/R1-3-3.html.

11) 위키 백과사전 '교황', http://ko.wikipedia.org/wiki/%EA%B5%90%ED%99%A9.

12) Ibid.

13) http://www.amsachurch.net/sub2/sin6_4_3b.php.

14) http://m.newshankuk.com/news/content.asp?news_idx=201212051456521609 (2014년 5월 16일).

15) http://blog.naver.com/PostView.nhn?blogId=soundofhim&logNo=40156946413 (2014년 5월 16일).

16) 제임스 G. 멕카티,『가톨릭에도 복음이 있는가?』, 조남민 역, (도서출판 한인성경선교회, 2006), p. 273.

17) Ibid., p. 274.

18) Ibid., p. 275.

19) Ibid., p. 295.

20) Ibid.

21) Ibid., p. 296.

22) http://ko.wikipedia.org/wiki/%EC%B2%9C%EC%83%81%EC%9D%98_%EB%AA%A8%ED%9B%84.

23) Ibid.

24) 제임스 G. 멕카티, 『가톨릭에도 복음이 있는가?』, 조남민 역, (도서출판 한인성경선교회, 2006), p. 300.

25) http://mobile.catholic.or.kr/web/doctrine/?flag=4&seq=9383

26) http://mobile.catholic.or.kr/web/doctrine/?flag=2&seq=7187

27) 로저 오클랜드, 『가톨릭 성체 비판』, 스데반 황 역, (기독교문서선교회, 2010), p. 41.

28) http://mobile.catholic.or.kr/web/doctrine/?flag=2&seq=7187

29) 로저 오클랜드, 『가톨릭 성체 비판』, 스데반 황 역, (기독교문서선교회, 2010), p. 40.

30) Ibid., p. 37.

31) 윌슨 유인 외, 『오순절 은사운동 바로알기』, 정동수 편역, (인천: 그리스도 예수 안에, 2010), p. 193.

32) Patti Gallagher Mansfield, As By A New Pentecost: The Dramatic Beginning of the Catholic Charismatic Renewal, (Franciscan University Press, Steubenville, OH, 1992). 로저 오클랜드, 『새 포도주와 바벨론 포도나무』, 스데반 황 역, (서울: 밴드 오브 퓨리탄스, 2010), p. 308에서 재인용.

33) Wilson Ewin, The Pied Piper of the Pentecostal Movement (Nashua, New Hampshire: Bible Baptist Church, 1986), p. 23.

34) Ibid., p. 25.

35) 윌슨 유인 외, 『오순절 은사운동 바로알기』, 정동수 편역, (인천: 그리스도 예수 안에, 2010), p. 49.

36) Ibid., p. 49.

37) Ibid., p. 50.

38) W. David Cloud, The Laughing Revival: From Azusa To Pensacola (London, Canada: Bethel Baptist Church, 1998), p. 70.

39) https://en.wikipedia.org/wiki/David_du_Plessis.

40) 윌슨 유인 외, 『오순절 은사운동 바로알기』, 정동수 편역, (인천: 그리스도 예수 안에, 2010), p. 63.

12장

1) "국제사도연맹"(ICA)의 공식 홈 페이지(http://www.coalitionofapostles.com/about-ica/)

2) C. Peter Wagner, Dominion (Grand Rapid, Michigan: Chosen Books, 2008), p.25.

3) C. Peter Wagner, the Third Wave of Holy Spirit (Ann Arbor, Michigan: Vine Books, 1988), p.16.

4) Ibid., p. 17.

5) Ibid., pp. 18-19.

6) http://www.good-faith.net/news/articleView.html?idxno=249.

7) 윌슨 유인 외, 『오순절 은사운동 바로알기』, 정동수 편역, (인천: 그리스도 예수 안에, 2010), p. 145.

8) Ibid., p. 146.

9) Ibid.

10) 손기철, 『고맙습니다 성령님』, (서울: 규장, 2010), p.138.

11) W. David Cloud, The Laughing Revival: From Azusa To Pensacola (London, Canada: Bethel Baptist Church, 1998), p. 85.

12) Mike Bickle, Growing In The Prophetic(Lake Mary, FL: Chrisma House, 2008), p. 6-8.

13) Wekipedia 'Brownsville Revival' 편, http://en.wikipedia.org/wiki/Brownsville_Revival.

14) http://blog.daum.net/7gnak/15715256. (2013년 5월 1일 실제 집회 영상 확인)

15) http://www.linkedin.com/pub/dir/Stephen/Strader

16) 정이철, 『제3의 물결에 빠진 교회』, (서울: 에스라서원, 2013), p. 40.

17) http://www.deceptioninthechurch.com/nardvd.html

18) 피터 와그너, 『제3의 바람』, 정운교 역, (서울: 하늘기획, 1993), p. 28.

19) Ibid.

20) Ibid., pp. 27-28.

21) Ibid., p. 29.

22) 박정렬, 『오순절 신학』, (서울: 순신대학출판부, 1996), p. 154.

23) 로버츠 리어든, 『아주사 부흥』, 김광석 역, (서울: 서로사랑, 2008), p. 167.

24) Ibid., p. 110.

25) C. Peter Wagner, the Third Wave of Holy Spirit (Ann Arbor, Michigan: Vinebook, 2008), p.28.

26) Ibid., p. 24.

27) Ibid., p. 28.

28) 현요한, "손기철 장로의 치유사역과 신학에 관하여",
http://www.kportalnews.co.kr/news/articleView.html?idxno=12932.

29) http://m.cafe.daum.net/aspire7/9z5w/16666?listURI=%2Faspire7%2F_rec.

30) 로저 오클랜드, 『새 포도주와 바벨론 포도나무』, 스데반 황 역, (서울: band of Puritan, 2010), p.271.

31) 손기철, 『기름부으심』, (서울: 규장, 2008), p. 12.

32) 손기철, 『고맙습니다 성령님』, (서울: 규장, 2010), p. 71.

33) 손기철, 『고맙습니다 성령님』, (서울: 규장, 2010), p. 186.

34) WLI Korea의 'WLI 소개', http://www.wli.or.kr/sub01_04.php(2015년 10월 28일 확인).

35) WLI Korea의 홈페이지의 '학사안내', http://www.wli.or.kr/sub03_01_01.php(2015년 10월 28일 확인).

사진 출처

3장

p. 52 서철원 박사 | google images

5장

p. 117 존 스토트 | http://www.christianstandard.co.kr/news/articleView.
html?idxno=780

p. 119 A. W. 토저, 1897-1963, 출처:http://www.christianstandard.co.kr/news/
articleView.html?idxno=780)

p. 123 R. A. 토레이 | https://www.google.com/search?q=%ED%86%A0%EB%A0%88
%EC%9D%B4&biw=1600&bih=785&tbm=isch&tbo=u&source=univ&sa=
X&ved=0CD8QsARqFQoTCMjv2MHa48YCFYeoHgodt_YG_g&dpr=1

p. 124 D. M 로이드 존스 | http://m.hoebok.com/core/mobile/board/board.html?Mode=vi
ew&boardID=www16&num=1000&page=&keyfield=&key=&bCate=

6장

p.146 장경동 목사 | google images

p.153 김성곤 목사 | google images

p.158 조용기 목사 안수 장면 | http://www.good-faith.net/news/articleView.
html?idxno=192

p.161 옥한흠 목사 | http://www.good-faith.net/news/articleView.html?idxno=184

p.188 조나단 에드워드 | https://en.wikipedia.org/wiki/Jonathan_Edwards_(theologian)

p.189 유기성 목사 | face book

7장

p.202 로이드 존스 | google images

p.205 찰스 피니 | http://blog.daum.net/hongpyp/268

p.241 이반 로버츠 | http://brikoch.org/xe/sub6_1/1098

8장

p.245 윌리엄 세이모어 | http://www.good-faith.net/news/articleView.html?idxno=266

p.250 손기철 장로 | http://www.heavenlytouch.kr/xe/?document_
srl=250925&mid=HTM8_4

9장

p.313 김우현 피디 | google images

p.318 이용규 선교사 | google images

10장

p.342 찰스 펄햄 | http://www.revival-library.org/pensketches/am_pentecostals/parham.
html

p.346 아그네즈 오즈만 | http://www.religionfacts.com/christianity/denominations/
pentecostalism/origins_of_pentecostalism.htm

p.352 윌리엄 세이모어 | http://enrichmentjournal.ag.org/199904/026_azusa_2.cfm

p.360 214 North Bonnie Brae Street, Azusa, CA | http://enrichmentjournal.
ag.org/199904/026_azusa_2.cfm

p.361 손기철 장로 | google images

p.363 (고) 하용조 목사 | google images

11장

p.381 조용기 목사 | http://www.christiantoday.co.kr/view.htm?id=200258

p.397 John kilpatrick | google images

p.401 요한 바오로 2세 | google images

p.403 교황 바오로 6세, 두 플래시스 | http://www.theiccc.com/history.html

12장

p.404 Perter Wagner | google images 'Perter Wagner'

p.409 Johm Wimber | google images

p.424 홍정식 목사 | google images

p.426 조용기 목사 | google images

가짜 성령세례에 빠진 교회
[로이드 존스 성령세례 사상의 오류를 분석하다]

초판 1쇄 2015년 11월 11일

지은이 ㅣ 정이철
펴낸이 ㅣ 황순신
펴낸곳 ㅣ 지엔피북스(㈜지엔피링크)
등록 ㅣ 2010년 1월 27일 제2012-000185호
주소 ㅣ 서울시 마포구 동교로 25길 23 정암빌딩 3F
전화 ㅣ 02-6203-1532
팩스 ㅣ 02-6203-1533

디자인편집 ㅣ ㈜지엔피링크
제작 ㅣ ㈜지엔피링크

ISBN 978-89-964546-5-6
값 20,000원

※ 이 도서의 국립중앙도서관 출판예정도서목록(CIP)은 서지정보유통지원시스템 홈페이지
 (http://seoji.nl.go.kr)와 국가자료공동목록시스템(http://www.nl.go.kr/kolisnet)에서
 이용하실 수 있습니다. (CIP제어번호 : CIP2015030373)